Willi Oelmüller

Die unbefriedigte Aufklärung

Beiträge zu einer Theorie der Moderne von Lessing, Kant und Hegel

Suhrkamp Verlag

Erstes bis zweites Tausend 1969
© Suhrkamp Verlag Frankfurt am Main. Alle Rechte vorbehalten
Satz in Linotype Garamond, und Druck
bei Georg Wagner, Nördlingen
Printed in Germany

Primus sapientiae gradus est, falsa intelligere,
secundus, vera cognoscere
Lactantius, Institutiones divinae

Inhalt

I. Kapitel: Einleitung

Einleitende Bemerkungen zu einer philosophischen Untersuchung sind nach Hegel mißlich, weil sie notwendigerweise nur eine allgemeine »Angabe der Tendenz und des Standpunkts« und »eine Verbindung von hin und her sprechenden Behauptungen und Versicherungen über das Wahre« (Phän 9)[1] sein können. Trotzdem sind sie dann, wenn man weniger als je zuvor Übereinstimmung über das, was Philosophie ist und sein soll, voraussetzen kann, zu einer ersten Orientierung über den Gegenstand und den Sprachgebrauch der Untersuchung zweckmäßig.

Die folgenden Untersuchungen unter dem Titel »*unbefriedigte Aufklärung*« (Phän 407) wollen Beiträge liefern zu einer Theorie der Moderne im Sinne der sich seit dem 17. und 18. Jahrhundert zunächst in Europa und seitdem darüber hinaus realisierenden geistig-wissenschaftlichen und gesellschaftlich-politischen Welt, die sich heute trotz großer ungelöster Spannungen und Differenzen immer mehr als die eine Welt des Menschen erweist. Die Untersuchungen gehen davon aus, daß zur Deutung der Gegenwart einerseits die durch die Aufklärung formulierten und fixierten Alternativen, z. B. alteuropäische Gesellschaft und moderne Gesellschaft, Glauben und Wissen, Heteronomie und Autonomie, Reaktion und Revolution, Verfall und Fortschritt, die mit der gegenwärtigen Geschichte vermittelte kritische Subjektivität nicht mehr zu überzeugen vermögen und daß andererseits plausible und verbindliche Deutungsversuche der Gegenwart nur auf dem Boden der seit der Aufklärung sich realisierenden einen Welt möglich sind. Sowohl die Alternativlösungen der Aufklärung als auch der Anspruch derjenigen, die glauben, die Aufklärung und d. h. die kritische Subjektivität und die kritische Philosophie von zum Teil entgegengesetzten Positionen: Existentialismus und Personalismus, Neopositivismus und analytische Philosophie, Empirismus und philosophische Hermeneutik überwunden zu haben, werden durch die seit dem 17. und 18. Jahrhundert fortbestehenden, ja sich bis heute verschärfenden geschichtlichen Aporien widerlegt. Der unentschiedene Streit über eine angemessene Epochenbezeichnung der Gegenwart, z. B. über den Begriff Moderne, über Anfang und Ende, Legitimität und Illegitimität der Neuzeit und der Aufklärung überhaupt, ist ein Symptom dafür, daß es bis heute keine allgemein anerkannte Theorie der Moderne gibt. Die von Hegel als »unbefriedigte Aufklärung« gedeutete Aporie der Zeit besteht bis heute fort.

In dieser Situation ist für eine Philosophie, die ausgehen will von »der gereiften Urteilskraft des Zeitalters, welches sich nicht länger durch Scheinwissen hinhalten läßt« (K 3, 7), »der kritische Weg ... allein noch offen« (K 3, 571). Die philosophische Reflexion, die sich heute nicht nur in der etablierten Fachphilosophie, sondern auch in den Einzelwissenschaften und im Leben des Einzelnen vollziehen muß, hat hierbei ein Doppeltes zu leisten: Sie muß (1.) die spezifischen Voraussetzungen der Theoreme und Institutionen sichtbar machen, die den Anspruch erheben, die Aufklärung überwunden zu haben, und die eben damit bewußt oder unbewußt heute notwendige Fortschritte erschweren und mögliche Rückschritte nicht wirksam genug verhindern. Die Philosophie muß heute ihre kritische Funktion nicht nur an unaufgeklärten religiösen, sittlichen und politischen Tabus und an Freiheit verhindernden Institutionen, sondern auch an den über ihre eigenen Voraussetzungen unaufgeklärten Wissenschaften bewähren. Eine kritische Philosophie muß (2.) von dem in der Geschichte erreichten Stand der Vernunft aus in Denkmodellen Plausibles und Verbindliches für die Einsicht und Praxis zu formulieren versuchen, dem die Vernunft eine freie und begründete Zustimmung geben kann. Solche Denkmodelle müssen sich sowohl von bloß privaten Reflexionen und unverbindlichen Einfällen als auch von solchen Basistheorien unterscheiden, die in einer angeblich wissenschaftlichen Genealogie aus einem für die kritische Vernunft fremden Ursprung total Kompromittierendes oder total Legitimierendes »herausvernünfteln« (K 6,131) wollen. »Primus sapientiae gradus est, falsa intelligere, secundus, vera cognoscere.«[2] Dies ist, wie Lessing bei seiner Interpretation dieses Satzes von Laktanz zeigt, der einzige Weg, auf dem in der Moderne »ein kritischer Schriftsteller« die Sache selbst in den Griff bekommen kann: »Ein kritischer Schriftsteller, dünkt mich, richtet seine Methode auch am besten nach diesem Sprüchelchen ein. Er suche sich nur erst jemanden, mit dem er streiten kann: so kömmt er nach und nach in die Materie, und das übrige findet sich« (L 6,360).

Die folgenden Untersuchungen beschränken sich in einer doppelten Weise: Sie wollen (1.) diesseits der Alternative von historischem und systematischem Denken und ohne unmittelbare und unkritische Applizierung auf die Gegenwart Beiträge der klassischen deutschen Philosophie, vor allem von Lessing, Kant und Hegel, zu einer Theorie der Moderne sichtbar machen. Lessing, Kant und Hegel gehen davon aus, daß die Philosophie nur noch von der mit der Geschichte vermittelten Vernunft aus Plausibles und Verbindliches für die Theorie und die Praxis zu entwickeln vermag. Die Distanz unserer heutigen Welt zu der Lessings, Kants und Hegels soll weder durch Beschwörung von angeblich verbindlichen Traditionen noch durch Erinnerung und Erweiterung unseres historischen Bewußtseins unkritisch überspielt werden. Im Gegenteil, erst bei einer kritischen Distanz zur klassischen deutschen Philosophie wird deutlich, daß sie durch ihre Kritik der damaligen Lösungsversuche der »unbefriedigten Aufklärung« und durch ihre Denkmodelle manche Probleme sichtbar gemacht hat, die man im Denken des 19. und beginnenden 20. Jahrhunderts zwar weithin für historische Probleme hielt, die heute jedoch in verschärfter Weise neue Lösungen verlangen. Hierbei wird sich z. B. zeigen, daß bereits in den Differenzen zwischen Kants und Hegels Diagnosen der Gegenwart und in ihren Lösungsversuchen mehr Probleme der Moderne sichtbar werden, als die bisherigen, fast ausschließlich an den Gegensätzen zwischen Hegel und den Nachhegelianern interessierten Diskussionen dies vermuten lassen. Allein bei einer kritischen Distanz zu Lessing, Kant und Hegel kann deutlich gemacht werden, warum und wie heute die von ihnen entfaltete Theorie der Moderne weiterentwickelt werden muß, wenn sie für die Gegenwart fruchtbar gemacht werden soll.

Die folgenden Untersuchungen beschränken sich (2.) auf Probleme, die man üblicherweise unter den Titeln praktische Philosophie,

Philosophie der Kunst und Philosophie der Religion erörtert. An diesen drei philosophischen Disziplinen wird, wie im folgenden gezeigt werden soll, in besonderer Weise deutlich, was hier unter der bis heute »unbefriedigten Aufklärung« verstanden wird.

In der Mitte des 20. Jahrhunderts wird die eine Welt, die bisher mehr Utopie als Realität war, immer mehr zu der geschichtlichen Wirklichkeit, die in zunehmendem Maße das Handeln des Einzelnen, der gesellschaftlichen Gruppen, der Völker und Staaten bestimmt. Angesichts der immer größeren wissenschaftlichen, technischen, gesellschaftlichen und politischen Veränderungen der Lebenswelt des Einzelnen, der gesellschaftlichen Gruppen, der Völker und Staaten wird heute sowohl in der sozialistischen und bürgerlichen Gesellschaft als auch in der ›Dritten Welt‹ eine neue Begründung der *praktischen Philosophie* immer dringlicher. Die Aporie der gegenwärtig herrschenden Begründungen zeigt sich etwa darin, daß die drei besonders einflußreichen Positionen: der Marxismus, vor allem in der sozialistischen Gesellschaft, der Existentialismus und Personalismus sowie der Neopositivismus und die analytischen Wissenschaften, vor allem in der bürgerlichen Gesellschaft, ihre bisherigen Handlungsanweisungen korrigieren müssen und daß sie dies zum Teil bereits getan haben.

Marx glaubte in der ersten Hälfte des 19. Jahrhunderts noch, ausgehend von den ungelösten sozialen Spannungen der bürgerlichen Gesellschaft, von einer transformierten Hegelschen Geschichtsphilosophie und einem modifizierten Materialismus, auf Grund seiner ökonomischen und gesellschaftlichen Analyse der Gegenwart im Klassenbewußtsein des Proletariats objektive Tendenzen und sich realisierende Möglichkeiten zur revolutionären Veränderung des Bestehenden zu erkennen und auf Grund dieser Einsicht das Proletariat als Subjekt der revolutionären Aktion ermächtigen zu können. Er war der Überzeugung, daß »sich die Menschheit immer nur Aufgaben [stellt], die sie lösen kann, denn genauer betrachtet wird sich stets finden, daß die Aufgabe selbst nur entspringt, wo die materiellen Bedingungen ihrer Lösung schon vorhanden oder wenigstens im Prozeß ihres Werdens begriffen sind«.[3] Diese Marxsche Idee hat sich jedoch, was Marx selbst der idealistischen Philosophie vorwarf, angesichts der fortschreitenden Wirklichkeit sowohl in der Theorie als auch in der Praxis »blamiert«, da sie nicht einmal in der sozialistischen und bürgerlichen Gesellschaft dem tatsächlich allgemein herrschenden »menschlichen Interesse« entspricht. Die Einheit von Theorie und Praxis zerbrach nach Marx. Die Auseinandersetzung mit den Naturwissenschaften, vor allem dem Darwinismus, führte bei Engels und endgültig in der Zweiten Internationalen zur Weltanschauung des dialektischen Materialismus, die als Theorie für die Praxis nicht taugte. Die von Lenin geschaffene Parteientheorie, nach der die kommunistische Partei in die Massen das fehlende sozialistische Bewußtsein »von außen« hineinträgt, diese Massen integriert und zur revolutionären Aktion leitet, führte zum Stalinismus, der dort, wo er zur Macht gelangte, alle humanen Ideale von Marx verriet. Lenins Parteientheorie ist heute weder in den industriell entwickelten Staaten, wie bereits die kommunistischen Revolutionen in Deutschland, Italien und Ungarn 1919/20 zeigten, noch in der ›Dritten Welt‹ als Revolutionsmodell überzeugend. In den Industriegesellschaften des Westens entwickelte sich deshalb der Marxismus entweder zu einer politischen Partei, deren Ziele und Methoden des politischen Handelns sich von denen anderer politischer Parteien nicht so unterscheiden, daß sie die Menschen zur revolutionären Aktion zu bewegen vermögen, oder er entwickelte sich zu Theorien, die für die konkrete Praxis folgenlos sind: zur naturphilosophisch begründeten Hoffnungsphilosophie (Bloch), zur Philosophie der total entfremdeten Gesellschaft ohne Hoffnung, die nur noch Denkmodelle unentfremdeten Lebens zu denken vermag (Adorno) oder die nur noch die ›große Weigerung‹ und die permanente Revolution zu empfehlen vermag (Marcuse).

Marx kritisierte bereits an der Philosophie der Linkshegelianer, daß ihre Philosophie, »eben weil sie nur der transzendente, abstrakte Ausdruck der vorhandenen Zustände war, wegen ihrer Transzendenz und Abstraktion, wegen ihres imaginären Unterschieds von der Welt die vorhandenen Zustände und die wirklichen Menschen tief unter sich gelassen zu haben wähnen mußte; daß sie andererseits, weil sie sich nicht wirklich von der Welt unterschied, kein wirkliches Urteil über sie fällen, keine reale Unterscheidungskraft gegen sie geltend machen, also nicht praktisch eingreifen konnte, sondern höchstens mit einer Praxis in abstracto sich begnügen mußte« (a.a.O. 1, 709). Innerhalb der sozialistischen Gesellschaft bleibt heute der Versuch, in Auseinandersetzung mit dem Stalinismus und in Anknüpfung an nationale, sozialistische und demokratische Traditionen Sozialismus und Demokratie zu verbinden, eine große Hoffnung, aber ein einstweilen nicht einmal in Europa, geschweige in der ›Dritten Welt‹ realisierbares Modell. Es gibt jedoch Anzeichen dafür, daß sich heute auch Marxisten immer mehr von der inhumanen Praxis des Stalinismus und von den Theorien einer »Praxis in abstracto« distanzieren, um nach neuen Modellen des Sittlichen und Politischen zu suchen.

Auch die philosophischen Theoreme, die man seit dem 1. Weltkrieg in der bürgerlichen Gesellschaft und nach dem 2. Weltkrieg zum Teil auch in der sozialistischen Gesellschaft unter den Begriffen Existentialismus und Personalismus diskutiert, sind aus sehr verschiedenen Gründen gezwungen, ihre bisherigen Begründungen des Sittlichen und Politischen zu korrigieren. Der Existentialismus versucht in sehr verschiedener Weise eine neue Begründung des Handelns von der »choix originel« (Sartre), der Existenz, von unmittelbaren Ich-Du-Beziehungen, von der Intersubjektivität und vom Anderen, von neuen Werten oder vom Absurden aus.[4] Alle existentialistischen Begründungsversuche stehen jedoch vor einer gemeinsamen Schwierigkeit: Der Aufruf zur Umwertung aller Werte stellt für die kritische Subjektivität eine Quadratur des Zirkels dar. Der Mensch, der sich von der platonisch-christlichen Moral und ihren Tabus befreien will, verlangt einerseits nach einer neuen »Tyrannei der Werte« (N. Hartmann), die wie die alten Tabus so übermächtig sind, daß sie den Menschen unmittelbar überzeugen und verpflichten. Als kritische Subjektivität durchschaut der Mensch andererseits jedoch eben diese neu gesetzten Werte als beliebige und zufällige Setzungen. Auch angesichts der gegenwärtigen Konflikte zwischen den verschiedenen gesellschaftlichen Systemen und Rassen und der wachsenden Spannungen zwischen den industriell entwickelten und den noch nicht entwickelten Ländern bleiben diese Theoreme unbefriedigend. Der

Personalismus, der die Spannungen, in denen der Mensch heute lebt und leben muß, zur Antithese von unmittelbaren Ich-Du-Beziehungen und Es-Welt, von Intersubjektivität und versachlichten Institutionen, von Gemeinschaft und Gesellschaft, von Kultur und Zivilisation fixiert, gibt nicht nur die theologischen und rechtsphilosophischen Voraussetzungen und Implikamente des klassischen Personbegriffs preis,[5] er führt auch zu einer Privatisierung und Entpolitisierung des Sittlichen. Die für die Ethik und Politik in gleicher Weise verhängnisvolle Antithese von bloß individueller Ethik und privater Moral einerseits und moralfreier Politik als Lehre von der Technik der Macht, ihrer Gewinnung und Bewahrung andererseits kann auf dem Boden des Existentialismus und Personalismus nicht überzeugend und wirksam kritisiert werden. Es ist daher verständlich, daß heute die Einsicht wächst, daß der Existentialismus und Personalismus weder für die bürgerliche und sozialistische Gesellschaft noch für die ›Dritte Welt‹ plausible und verbindliche Ziele des Sittlichen und Politischen und Bedingungen und Mittel zu ihrer konkreten Verwirklichung zu formulieren vermögen.

Die Vernunft, die im 18. und 19. Jahrhundert ausgehend von den jeweiligen geschichtlichen Notwendigkeiten und Möglichkeiten als kritische Vernunft sittliche und politische Ziele des Einzelnen, der gesellschaftlichen Gruppen, der Völker und Staaten und Bedingungen und Mittel zu ihrer Verwirklichung formulierte, reduziert sich im Neopositivismus und in den analytischen Wissenschaften auf eine ›wertfreie‹ Wissenschaft, die sich die Reflexion auf die gegenwärtig notwendigen und möglichen Ziele der Praxis verbietet. Für die Neopositivisten, die sich am Sprach- und Methodenideal der Mathematik und der exakten Wissenschaften orientieren, ist eine Ethik und Politik als Wissenschaft schlechthin unmöglich. Für sie kann es »keine Sätze der Ethik geben. Sätze können nichts Höheres ausdrücken«.[6] »Die vermeintlichen Sätze der Metaphysik, der Wertphilosophie, der Ethik ... sind Scheinsätze.«[7] Wo der Neopositivismus und die analytischen Wissenschaften jedoch auf Grund ihrer empirischen Beschreibungen und Analysen geltender Handlungsanweisungen und durch Strukturuntersuchungen, Vergleiche und Typologieverfahren allgemeine Definitionen vom

Wesen des Menschen, der menschlichen Handlungen und der Institutionen liefern, bleiben diese so allgemein und formal, daß sie zur Kritik bestimmter Verhältnisse und zur Formulierung heute notwendiger und möglicher sittlicher und politischer Ziele und Bedingungen und Mittel zu ihrer Verwirklichung unergiebig sind. Für Fragen der konkreten sittlichen und politischen Praxis ist die Zweck-Mittel-Reflexion der reinen wissenschaftlichen und technischen Rationalität in der Tat blind. Die Grenze der formalen und idealtypischen Analysen hat bereits Max Weber deutlich formuliert, wenn er von einem akademischen Lehrer die Einsicht verlangt, daß »Tatsachenfeststellung, Feststellung mathematischer oder logischer Sachverhalte oder der inneren Struktur von Kulturgütern einerseits, und andererseits die Beantwortung der Frage nach dem Wert der Kultur und ihrer einzelnen Inhalte und danach: wie man innerhalb der Kulturgemeinschaft handeln solle – daß dies beides ganz und gar heterogene Probleme sind«.[8]

Für diejenigen Neopositivisten und analytischen Wissenschaftler, die die Vernunft auf ein Vermögen korrekter Handhabung formallogischer und methodologischer Regeln in der Natur- und Sozialtechnik reduziert haben und für die konsequenterweise der Computer ihr Ideal von Rationalität verwirklicht, gelten nur noch solche Handlungsanweisungen als vernünftig und wissenschaftlich, die auf Grund von kontrollierbaren Erfahrungen und Handlungsabläufen planbar und organisierbar sind. Eine solche Form von wissenschaftlicher und technischer Rationalität ist jedoch nicht nur ohnmächtig gegenüber dem wachsenden Irrationalismus und blinden Dezisionismus, sondern fördert ihn auch. Was heute geplant und organisiert werden muß, ist nämlich durchaus nicht wertfrei, sondern von sittlichen und politischen Entscheidungen abhängig, die entweder die Freiheit und Würde des Menschen fördern oder sie unterdrücken. Wäre der Mensch heute tatsächlich so manipulierbar oder so als Ensemble der gesellschaftlichen Verhältnisse oder der unbewußten Triebkräfte bestimmbar, wie es manche Utopien und Theorien glauben machen wollen, gäbe es tatsächlich den »posthistoric man« (Seidenberg)[9] und die geschichtslose Gesellschaft der »post-histoire« (Cournot, Gehlen), so wären in der Tat philosophische Reflexionen über das sittliche und politische

Handeln des Menschen im wörtlichen Sinne gegenstandslos. Es gibt heute jedoch Anzeichen dafür, daß auch Neopositivisten und analytische Wissenschaftler angesichts der ungelösten und verschärften Aporien der gegenwärtigen Welt ihre Modelle einer geschichtslosen, wissenschaftlich und technisch total planbaren und manipulierbaren Gesellschaft differenzieren und nach neuen Modellen des Handelns suchen.

Wissenschaftsgeschichtlich und gesellschaftlich-politisch spricht heute also manches für die Möglichkeit, ja Notwendigkeit einer neuen Begründung der praktischen Philosophie. Wie die klassische deutsche Philosophie von der Vernunft und Geschichte aus die von Plato und Aristoteles geschaffene und bis zum 18. Jahrhundert lebendige philosophische Tradition der praktischen Philosophie neu begründet hat und wie sie damit einen Ansatzpunkt für eine praktische Philosophie in der Moderne entwickelt hat, soll im folgenden vor allem von Kant und Hegel aus sichtbar gemacht werden.

Auch an der Geschichte der Ästhetik und an einer heute möglichen nachästhetischen *Philosophie der Kunst* wird das deutlich, was hier die bis heute »unbefriedigte Aufklärung« genannt wird. Die Ästhetik als eine besondere Disziplin im System der Philosophie ist in der Geschichte von Baumgarten bis Vischer[10] vor allem in zwei Bedeutungen wirksam geworden: in der Bedeutung Baumgartens als cognitio sensitiva und analogon rationis im Sinne einer legitimen, durch die theoretische Philosophie nicht ersetzbaren Weise der Wahrheitsvermittlung und in der des frühen Schelling als Wissenschaft des Schönen und der schönen Künste im Sinne einer Vermittlung und Vergegenwärtigung des Absoluten und im Sinne eines Dokumentes der im Grunde versöhnten Welt.

Der Begriff Ästhetik wurde von Baumgarten zur Bezeichnung einer neuen philosophischen Disziplin gebildet, die von der theoretischen und praktischen Philosophie der Schultradition verschieden ist und für die es bis dahin im System der Philosophie keinen Ort gab. Baumgarten definierte die Ästhetik als Wissenschaft der sinnlichen Erkenntnis, die er zwar im Verhältnis zur rationalen Erkenntnis der Logik als eine niedere bezeichnete, die er jedoch als eine dieser analoge, durch die Logik nicht einholbare Form der Erkenntnis der Wahrheit verstand. Er definierte sie ferner als Theorie der freien Künste. Diese wurden nach Baumgarten auch in Deutschland wie vorher schon in Frankreich und England als schöne Künste bezeichnet und in dem System der fünf schönen Künste zusammengefaßt.[11] Der § 1 von Baumgartens ›Aesthetica‹ lautet: »Aesthetica (theoria liberalium artium, gnoseologia inferior, ars pulcre cogitandi, ars analogi rationis,) est scientia cognitionis sensitivae«.

Damit war die sinnliche Erkenntnis als legitime Weise der Wahrheitsvermittlung anerkannt und die in der platonischen Tradition und in der rationalistischen Metaphysik übliche Kritik an der durch die Sinne vermittelten Erkenntnis preisgegeben. Die Kunst wurde nicht mehr wie bei Plato deshalb als schädlich für die sittliche und politische Erziehung abgewiesen, weil sie auf die Sinnlichkeit wirkt. Der Dichter wurde nicht mehr dadurch seiner Würde beraubt, daß man von ihm behauptete, er ahme erst an dritter Stelle nach Gott und nach dem Handwerker die wahre Wirklichkeit nach. Die Ästhetik in dieser Bedeutung ist nach Baumgarten die philosophische Disziplin, die die veritas aesthetica im Unterschied zur veritas logica zu ihrem Gegenstand hat. Die so verstandene Ästhetik wurde trotz zeitgenössischer Kritik, z. B. von Lessing, Winckelmann, Moritz, Hamann, Herder, unter dem Einfluß der französischen und englischen Literatur auf dem Boden der Aufklärungsphilosophie der Wolffschule von Meier, Sulzer und Mendelssohn weiterentwickelt.

Für Kant und Schiller ist Baumgartens Bestimmung der Ästhetik unzureichend. Trotz mancher Übereinstimmungen unterscheidet sich Kants Ästhetik ihrem Selbstverständnis und der Sache nach von der Baumgartens. Kants Überlegungen über das Schöne und Erhabene – schon in seinen frühen ›Beobachtungen über das Gefühl des Schönen und Erhabenen‹ – und über den Geschmack, das ästhetische Urteil, das Genie und das Natur- und Kunstschöne sind nur von den Voraussetzungen seiner theoretischen und praktischen Philosophie aus verständlich. In seiner ›Kritik der Urteilskraft‹ geht es ihm zunächst einmal um die Abweisung der illegitimen Ansprüche auf Erkenntnis und Begründung des Sittlichen und Politischen, die von der Ästhetik des 18. Jahrhunderts in Frankreich, England und Deutschland – z. B. bei der Diskussion um den Geschmacks- und Geniebegriff – erhoben worden waren. Gemessen an den modernen Wissenschaften und der kritischen theoretischen Philosophie können für Kant ästhetische Urteile über das Schöne und das Erhabene keine allgemein verbindlichen Erkenntnisse vermitteln. Auf Grund seiner Deutung des geschichtlichen Standes des Menschen und der seit der Aufklärung ungelösten gesellschaftlichen und politischen Probleme können für ihn ästhetische Urteile, das Schöne und das Erhabene aber auch keinen unmittelbaren Beitrag zur praktischen Philosophie leisten. Kant beschreibt daher die im ästhetischen Urteil und im Umgang mit dem Schönen und Erhabenen möglichen Erfahrungen in paradoxen Aussagen, z. B. als Zweckmäßigkeit ohne Zweck, als interesseloses Wohlgefallen und als Vorstellung einer allem zugrunde liegenden Einheit und Totalität, die die menschliche Vernunft zwar denken, jedoch nicht erkennen kann. Das Ideal des Schönen und das Erhabene sind für ihn ein Analogon und Symbol des Sittlichen, dessen Zustimmung man zwar »jedermann ansinnen« (K 5, 283) kann, weil es in der Vernunft begründet ist, das man jedoch nicht in wissenschaftlicher Weise erkennen und deduzieren kann. Die Beantwortung der z. B. bei der Erfahrung des Schönen gestellten Frage, »ob, was subjektiv zweckmäßig ist, es auch objektiv sei« (K 5, 209), war für Kant von seinem Begriff der Wissenschaft und theoretischen Philosophie aus nicht allgemein verbindlich entscheidbar und für ihn auf Grund seiner Deutung des Menschen und der Moderne auch nicht dringlich. Für ihn war die Ästhetik als Fundamentalphilosophie, die allein der Kunst noch die Funktion der Wahrheits- und Substanzvermittlung in der Moderne zumutet, weder möglich noch notwendig. Das unterscheidet Kant von seinen Nachfolgern, die glauben, in seinem Geist über seinen Buchstaben hinausgehen zu können und zu müssen.

Auch Schiller geht aus von der Kritik der Ästhetik, vor allem der der »Wolfianer« und »Burkianer«.[12] Sein Ästhetikentwurf geht jedoch über Kant hinaus, weil er den von Kant entwickelten Begriff der theoretischen und praktischen Philosophie nicht anerkennen kann. Schiller versucht, mit Kants Kategorien, aber in

Gegensatz zu den Voraussetzungen und Ergebnissen der kantischen Philosophie, in den sogenannten ›Kalliasbriefen‹ »einen Begriff der Schönheit objektiv aufzustellen und ihn aus der Natur der Vernunft völlig a priori zu legitimieren« (a.a.O. 5, 394). Er glaubt ferner, durch ästhetische Erziehung, durch das Schöne und den Spieltrieb unmittelbar die Entfremdung des Einzelnen und der Gesellschaft aufheben und so mittelbar zu der durch die Französische Revolution nicht erreichten Verwirklichung des Vernunftstaates beitragen zu können. Beides war jedoch, wie Schiller später selbst erkennen muß, eine in der Moderne unrealisierbare ästhetische Utopie. Schillers ästhetischer Vernunftbegriff stellt zwar gegenüber dem modernen Wissenschafts- und Vernunftbegriff ebenso wie sein ästhetischer Staat gegenüber dem Not- und Verstandesstaat ein Korrektiv dar, er bietet jedoch keine Lösung der geistig-wissenschaftlichen und gesellschaftlich-politischen Probleme der Zeit. Ja, Schillers Ästhetik liefert nicht einmal die Kategorien, die für eine Interpretation seiner eigenen Dichtungen, vor allem seiner späten Dramen, hinreichend sind.

Trotz dieser Einsichten von Kant und Schiller ist für den frühen Schelling »die Philosophie der Kunst das wahre Organon der Philosophie« und die zukünftige Mythologie »die notwendige Bedingung und der erste Stoff aller Kunst«.[13] Der Zweifel an der Verwirklichung der Ziele der Aufklärung durch kritische Philosophie und konkrete gesellschaftlich-politische Reformen führt ihn dazu, durch unmittelbaren Rückgriff auf das Absolute mit Hilfe der Kunst, der Metaphysik und der Religion neue Versöhnung stiften zu wollen. Die absolute Identität, die die intellektuelle Anschauung esoterisch, jenseits der sinnlichen Erfahrung und der rationalen Erkenntnis unmittelbar schaut, wird für ihn exoterisch objektiv beglaubigt und dokumentiert durch die Kunst. Die Philosophie der Kunst ist daher für Schelling das »wahre Organon der Philosophie«; die Kunst wird »deswegen dem Philosophen das Höchste, weil sie ihm das Allerheiligste gleichsam öffnet, wo in ewiger und ursprünglicher Vereinigung gleichsam in einer Flamme brennt, was in der Natur und Geschichte gesondert ist, und was im Leben und Handeln, ebenso wie im Denken, ewig sich fliehen muß« (a.a.O. 3, 628). Diese Schellingsche Bestimmung der Ästhetik entsprach weithin der Kunstphilosophie der Romantik, und sie, nicht die Hegels, war in der ersten Hälfte des 19. Jahrhunderts selbst bei denen vorherrschend, die, wie z. B. Vischer, sich als Vollender der Hegelschen Ästhetik verstanden.

Wenn man die Ästhetik in den Bestimmungen von Baumgarten und Schelling versteht, die im 18. und 19. Jahrhundert vor allem wirksam geworden sind, so spricht heute manches für das Ende der Ästhetik. Der Begriff Ästhetik ist heute nach dem endgültigen Zerfall eines jeden Systembegriffs von Philosophie im wissenschaftlichen[14] und außerwissenschaftlichen Sprachgebrauch so unbestimmt und vieldeutig geworden, daß sich über das, was zur Geschichte und zur Sache der Ästhetik gehört, sicherlich kaum Übereinstimmung mehr erreichen lassen wird. Mit dem Begriff Ästhetik bezeichnet man heute jede beliebige Theorie des Schönen und des Nichtschönen in der Natur und der Kunst, jede wissenschaftliche Theorie der schönen und der nicht mehr schönen Künste, jedes von Künstlern selbst vorgetragene Theorem, jede Reflexion über die Bedingungen von Kunstproduktionen und Kunstrezeptionen. Durch Rückübertragung schließlich wird dieser Begriff illegitimerweise oft bei der Interpretation von Kunstwerken und Kulturen verwendet, in denen es weder den Begriff und die Sache der schönen Künste noch das ästhetische Bedürfnis nach ihnen gab. Man spricht von antiker und mittelalterlicher Ästhetik, ja man untersucht den Ursprung der Ästhetik als Wissenschaft »bereits in den Sklavenhaltergesellschaften des alten Ostens ... in Ägypten, Babylon, im alten Indien und im alten China«.[15]

Andererseits wächst sowohl durch die historischen Untersuchungen über die antiken und mittelalterlichen sowie die außereuropäischen Kunstwerke als auch durch die seit dem 19. Jahrhundert ausgesprochene Kritik an der Ästhetik und den ästhetischen Kategorien die Einsicht, daß die Ästhetik als besondere philosophische Disziplin innerhalb der Geschichte der Philosophie der Kunst nur eine ganz bestimmte Epoche bildet. Obwohl die Antike bedeutende Kunstwerke hervorgebracht hatte und das Mittelalter im Gegensatz zum bildfeindlichen Alten Testament die in der Tradition und Theologie der Kirche ausgelegte Heilswirklichkeit in Kunstwerken dargestellt hatte, besaßen sie selbst keinen Begriff der Kunst und des Schönen im ästhetischen Sinne. Die Begriffe τέχνη und *ars* umfaßten alle lehr- und lernbaren menschlichen Tätigkeiten. Was wir schöne Künste nennen, gehörte zum Handwerk, zur Rhetorik und zur Mathematik. Der Schöpfer der Architektur, Skulptur und Malerei wurde zu den Handwerkern gezählt. Die Dichtung gehörte zur Rhetorik, die Musik bei Pythagoras, Plato und Augustinus und im späteren System der artes liberales in die Nähe der Mathematik. Auch die Begriffe καλόν und *pulchrum* bezeichneten anderes als der ästhetische Begriff des Schönen. Sie umfaßten die Schönheit des Leibes, des Geistes und der Seele und hatten eine sittliche und ontologische Bedeutung. Plato war nicht, Plotin und Augustinus waren nur sekundär an einer Begründung der schönen Künste durch diese Begriffe interessiert.

Seit Kierkegaard und Nietzsche wird der Begriff der Ästhetik und des Ästhetischen und seit dem Ende des 19. Jahrhunderts wird der des Ästhetizismus durchweg in pejorativem Sinne gebraucht zur Kritik eines bloß rezeptiven und genießenden Verhältnisses zur Kunst und eines von allen anerkannten sittlichen, religiösen und politischen Ordnungen losgelösten Spiels mit bloßen Möglichkeiten. Der in erster Linie nicht von der Kunst selbst erhobene, sondern von der philosophischen Ästhetik der Kunst angedichtete Anspruch, in der Moderne alleiniger Substanz- und Wahrheitsvermittler zu sein, überforderte die Kunst offenbar und verkannte die geistig-wissenschaftlichen und gesellschaftlich-politischen Bedingungen der Moderne. Nietzsche kritisiert den Begriff des Schönen ebenso wie den des Guten und Wahren als eine Erfindung des Idealismus. »Das Schöne existiert so wenig als das Gute, das Wahre.«[16] Der Begriff der »schönen Kunst«, erst recht aber das System der fünf schönen Künste, an dem der späte Vischer z. B. noch festhielt, dürfte heute kaum zur Interpretation unserer Gegenwartskunst zureichend sein. Dort, wo die Kunst nicht nur ihre eigenen traditionellen Formen und künstlerischen Mittel thematisiert, parodiert und dementiert, sondern auch ihren eigenen Werkcharakter negiert und sich ins Außerkünstlerische und Nichtkünstlerische aufzulösen droht, sind die ästhetischen Kategorien zur Interpretation dieser ›Kunstwerke‹ der Gegenwartskunst inadäquat. Manches spricht daher dafür, daß man heute statt allgemein von Ästhetik bestimmter von einer nächstästhetischen Philosophie der Kunst sprechen sollte. Was eine solche nachästhetische Philosophie der Kunst in der Moderne zu leisten hätte, soll im folgenden zumindest in einigen Ansätzen von Hegels Satz vom Ende der Kunst aus sichtbar gemacht werden.

Die *Religionsphilosophie* ist kein zeitloses Phänomen, sondern nur unter bestimmten sachlichen und geschichtlichen Voraussetzungen möglich und notwendig. Sie erörtert keine ewigen Probleme, sondern solche, die sich in einem bestimmten Prozeß der Emanzipation und Aufklärung stellen. Dies zeigen die Geschichte des Begriffs Religionsphilosophie und die Sache, die mit diesem Begriff bezeichnet und erörtert wird.
Die Religionsphilosophie bildet sich erst seit dem 17. und 18. Jahrhundert in England, Frankreich und Deutschland aus, und auch an ihr wird die bis heute »unbefriedigte Aufklärung« besonders deutlich. Der Begriff Religionsphilosophie begegnet in Deutschland spätestens seit 1799.[17] Erst seit dem 17. und 18. Jahrhundert gibt es die Religionsphilosophie, die ihren spezifischen Gegenstand in der ›natürlichen‹ bzw. ›vernünftigen‹ Religion sieht, die von dem überlieferten Christentum zunächst unterschieden und dann abgelöst wird. Erst seit dieser Zeit etabliert sich die Religionsphilosophie als eine besondere Disziplin der Philosophie oder Theologie, die sich ihrem Gegenstand entweder in kritischer oder bloß apologetischer oder empirisch beschreibender Absicht zuwendet. Ziel dieser Religionsphilosophie ist es, für die in der Moderne nicht mehr selbstverständliche christliche Religion entweder einen für die kritische Vernunft kompromittierenden oder rechtfertigenden Grund zu suchen oder, ohne kritische und apologetische Intention, das Verhältnis der Religion und der Religionen historisch, soziologisch, psychologisch, phänomenologisch oder sprachanalytisch ›wertfrei‹ zu beschreiben.[18]
Die Gründe, die seit dem 17. und 18. Jahrhundert zur Bildung der Religionsphilosophie führten, sind sehr verschieden: die schwindende Überzeugungskraft der bisherigen, durch Tradition und Milieu vermittelten europäischen Gestalt des Christentums; die Partikularität der bisherigen Gestalt der christlichen Überlie-

ferung, ihrer theologisch reflektierten Gestalt und ihrer religiösen Praxis im Verhältnis zur Gesamtgesellschaft und ihren universalen Entwicklungstendenzen; die jetzt in einer noch nie dagewesenen Weise planbaren und manipulierbaren wissenschaftlichen, industriellen, wirtschaftlichen und gesellschaftlichen Fortschritte und der mit ihnen zusammenhängende Schwund traditioneller religiöser Vorstellungen; die erst durch diese Fortschritte möglich gewordene Realisierung der einen universalen Welt, von der die christliche Religion und die europäische Philosophie bisher nur in der Vorstellung oder in der Theorie gehandelt hatten; die wachsende Entzweiung zwischen den konkreten und unmittelbaren Erfahrungen des Einzelnen und den durch die Wissenschaften und die Kommunikationsmittel der Gesellschaft vermittelten Erfahrungen; die wachsende Entzweiung zwischen der Subjektivität, ihrer Innerlichkeit und privaten Sphäre einerseits und den funktionsloser werdenden traditionellen Institutionen und den versachlichten neuen gesellschaftlichen und politischen Institutionen andererseits. Kurz, das ungelöste Verhältnis des Christentums zur modernen geistig-wissenschaftlichen und gesellschaftlich-politischen Welt und die dadurch bedingte »unbefriedigte Aufklärung« treiben zur Bildung der neuen Religionsphilosophie.

All dies zwingt zur Auseinandersetzung mit der nicht mehr selbstverständlichen Gestalt der religiösen Überlieferung, zu ihrer totalen Kritik oder zu ihrer neuen Begründung und zur Auseinandersetzung mit Fragen, die nicht durch die bisherige Theologiegeschichte und die Überlieferung vorgegeben waren, sondern sich erst in der Moderne stellen. All dies führt zu den verschiedenen religionsphilosophischen Versuchen, das bisher weithin auf Treu und Glauben und durch die Macht der Tradition und des Milieus angenommene Christentum entweder als falsches Bewußtsein und Ideologie zu entlarven oder es mit den Mitteln, die die Gegenwart erst bereitgestellt hatte, in einer neuen Weise zu begründen oder es empirisch-wissenschaftlich zu beschreiben und zu analysieren. Drei Gestalten, die bis heute von allgemeinerer Bedeutung sind, kennzeichnen die in der Moderne ausgebildete Religionsphilosophie: a) die totale Kritik der Religion im Namen der Natur und der Gesellschaft, b) die bloße Apologie der christlichen Religion im Sinne einer bestimmten theologia naturalis, einer Transzendentalphilosophie oder einer existentialen bzw. personalen Philosophie, c) die empirische Beschreibung und Analyse der Religion und der Religionen.

Die totale Religionskritik im Namen der außermenschlichen Natur und eines vorgeschichtlichen Naturstandes des Menschen kritisiert die Religion überhaupt und insbesondere die christliche Religion als ein falsches, entfremdetes Bewußtsein über die außermenschliche und die menschliche Natur. Diese seit dem 18. Jahrhundert, z. B. von Helvetius und Holbach, von von Einsiedel, Feuerbach, Nietzsche, Freud, Löwith, von bestimmten Marxisten und Evolutionstheoretikern vorgetragene Religionskritik geht in ihrer romantischen Form von der Utopie eines heilen, nichtentfremdeten, unmittelbar natürlichen Lebens der Menschen aus. In ihrer skeptischen Form sieht sie nach dem Ende der religiösen Illusionen in der Kontrolle der anarchischen Natur und in der Rückkehr zur natürlichen Welt des Menschen, soweit diese heute überhaupt noch möglich ist, die einzige Chance für ein mäßiges, oft kaum noch erhofftes Glück.

Diese Gestalt der Religionsphilosophie verspricht, durch Aufklärung über die Ursachen dieser Entfremdung eine Änderung des Bewußtseins herbeiführen und dadurch die Voraussetzung für ein nichtentfremdetes, mehr oder weniger glückliches naturgemäßes Leben liefern zu können. Die Ursachen für das falsche religiöse Bewußtsein sind für die radikale Religionskritik verschieden: mangelnde Naturerkenntnis und technische Naturbeherrschung; mangelnde Einsicht in das Ensemble der unbewußt tätigen Triebe im Menschen und in die individuelle und gesellschaftliche Projektions- und Neurosenbildung, noch nicht überwundene Herrschaft des besonders naturfeindlichen christlichen Bewußtseins. Den Diagnosen und verschiedenen Naturbegriffen entsprechen verschiedene Formen der Therapie: technische und gesellschaftliche Beherrschung der außermenschlichen Natur und rationale Manipulierung der Natur des Menschen; Rückkehr zu der durch die christliche Überlieferung, durch die europäische Philosophie und das historische Bewußtsein zerstörten griechisch interpretierten Welt als Natur; Rückkehr zur Unmittelbarkeit der Sinne, des natürlichen Geschlechts und der nicht durch Geschichte und Institutionen verstellten unmittelbaren Ich-Du-Beziehungen zwischen den Menschen; Bildung einer auf dem Boden der Naturwissenschaft möglichen neuen Religion des evolutionären Humanismus.

Auch die totale Religionskritik im Namen einer humanen, nicht mehr durch Entfremdung gekennzeichneten Gesellschaft und einer Humanität ohne Gott hat wie die Religionskritik im Namen der Natur ihr entscheidendes Motiv nicht in einem ›A-Theismus‹, sondern in einem pathetischen Humanismus, nicht in der Negation Gottes, sondern in der Realisierung einer neuen, größeren Möglichkeit des Menschen, deren Verwirklichung man durch das Christentum und die Religion verhindert sah. Was diese Religionskritik leistet, wird bei Comte und Marx, bei bestimmten Technologen und Kybernetikern und Theoretikern der geschichtslosen Gesellschaft deutlich.

Diese Religionskritik kritisiert und negiert die Religion, insbesondere die christliche Religion, weil sie durch ihre ideologische Funktion zur Sanktionierung bestehender ungerechter gesellschaftlich-politischer Verhältnisse beitrage. Jede Religion stabilisiert nach dieser Kritik bestehende ungerechte und inhumane Verhältnisse, weil sie entweder als Opium für das Volk von den Herrschenden bzw. von den Priestern oder als Opium des Volkes von den Beherrschten selbst zur illusionären Versöhnung mit der ungerechten gesellschaftlich-politischen Welt erfunden wurde, weil sie bestehendes, änderbares Unrecht nicht ändert, sondern durch einen Verweis aufs Jenseits erträglich zu machen sucht.

Bloß apologetische Begründungen der christlichen Religion und der Religion überhaupt seit dem 17. und 18. Jahrhundert haben manches mit der totalen Religionskritik gemeinsam, die sie doch zu überwinden versuchen: Sie sind oft blind für die Differenziertheit der geistig-wissenschaftlichen und gesellschaftlich-politischen Probleme der Zeit; sie sind oft nicht offen für die positiven Möglichkeiten, die sich in den bekämpften Positionen geschichtlich Geltung verschaffen. Die bloße Apologie ist ferner, wie bereits Lessing erkannte, in dem unkritischen Gebrauch ihrer Mittel und in ihrer Argumentationsweise »von der Heterodoxie des Feindes nicht unangesteckt geblieben« (L 8, 197). Die Gefahren einer bloßen Apologie der Religion werden an der theologia naturalis, der Transzendentalphilosophie und an einer existentialen und personalen Philosophie besonders deutlich.

Die theologia naturalis der rationalen Metaphysik, die in sehr verschiedener Weise von Wolff, Baumgarten, Reimarus und der Neuscholastik entwickelt wurde, glaubte, von einer teleologisch verstandenen Vernunftnatur des Menschen aus a priori bestimmte immergültige materiale Aussagen über das immergültige Wesen Gottes, der Welt und des Menschen machen zu können. Sie glaubte, mit den Mitteln und den Methoden der rationalen Vernunft eine Begründung der Religion liefern zu können, die für alle Menschen einsichtig sei. Diese Gestalt der Religionsphilosophie war jedoch blind für die spezifischen Probleme, die sich dem Christentum in der Moderne stellten. Sie verhielt sich in ihrer konsequenten und radikalen Form gleichgültig oder gar negativ zu der christlichen Überlieferung. Die theologia naturalis des Deismus z. B. akzeptierte vom Christentum nur das, was sich auf ein System immergültiger und immerwahrer metaphysischer und moralischer Sätze reduzieren ließ. Was am Christentum Geschichte war und was durch Tradition und Institutionen vermittelt war, war für sie bloß historisch, bloß positiv, d. h. im Grunde gleich gültig oder gleich ungültig.

Auch die transzendentalphilosophische Begründung der Religion ist in ihren Voraussetzungen und in ihrer Zielsetzung wie die theologia naturalis der rationalen Metaphysik geschichtslos. Sie geht davon aus, daß man auch ohne bewußte Reflexion auf die materialen Inhalte der durch die christliche Überlieferung vermittelten Wahrheit den Menschen formal als offen für die Botschaft der christlichen Offenbarung beschreiben kann. Sie spricht von der anima naturaliter christiana so, als ob dieser Satz auch heute noch ohne eine ausdrückliche Reflexion auf gegenwärtige Vermittlungsformen mit der christlichen Überlieferung einsichtig und glaubwürdig wäre. Eine solche Religionsphilosophie mochte so lange plausibel sein, als man noch in einer relativ ungebrochenen, durch Tradition und Milieu geprägten christlichen Welt lebte und das Vermittlungsproblem durch die Wissenschaften und durch die Institutionen noch nicht besonders dringlich war. Wenn jedoch der

Bruch mit der europäischen Gestalt der christlichen Überlieferung offenbarer ist, wenn es notwendig ist, auf neue Fragen, die sich nicht aus der bisherigen Geschichte ergeben, Antworten zu geben, dann ist eine Religionsphilosophie auf dem Boden der Transzendentalphilosophie unbefriedigend. Eine solche ist formal, eine Schwundstufe derjenigen theologia naturalis der rationalen Metaphysik, die noch beanspruchte, materiale Aussagen über Gott, Welt und Mensch machen zu können.

Auch eine Religionsphilosophie auf dem Boden des Existentialismus und des Personalismus geht bei ihrer Begründung der Religion und des Christentums von Voraussetzungen aus, die manche negative Seite einer bloßen Apologie aufweisen. Der Existentialismus und Personalismus hatten und haben sicherlich nach dem ersten und zweiten Weltkrieg wissenschaftsgeschichtlich, theologiegeschichtlich und gesellschaftlich-politisch eine legitime kritische Funktion. Der Personalismus in der katholischen Theologie war und ist z. B. ein notwendiges Korrektiv gegen die Neuscholastik; die existentiale und dialektische Theologie ist ein Korrektiv gegen den Kulturliberalismus des 19. und 20. Jahrhunderts. Der Ausgang von einem ursprünglich religiösen Akt des Menschen, von einem anthropologisch gedeuteten ursprünglichen Bezug des Menschen zum Heiligen und Numinosen, der angeblich allen empirischen Religionen zugrunde liegt, die abstrakten Antithesen von Ich-Du und Es-Welt, von Intersubjektivität und sittlichen, gesellschaftlichen und politischen Institutionen zwingt jedoch eine Religionsphilosophie auf dem Boden des Existentialismus und des Personalismus zu einer Privatisierung der Religion, die die allgemeinen geistig-wissenschaftlichen und gesellschaftlich-politischen Probleme der Moderne nicht zu lösen vermag. Der Existentialismus und der Personalismus verhalten sich auch zu den für das Christentum positiven neuen wissenschaftlichen und gesellschaftlichen Formen der gegenwärtigen Welt durchweg nur negativ bzw. lassen diese im Sinne der Säkularisierungsthese als Säkularisate außerhalb ihrer Reflexion. Sie begreifen nicht, daß der Mensch heute nicht nur in unmittelbaren Ich-Du-Beziehungen, sondern auch in vielfach vermittelten und versachlichten Institutionen und gesellschaftlichen Verhältnissen lebt und leben muß und daß dort, wo die vormodernen religiösen Institutionen immer realitäts- und funktionsloser werden und die expliciten Formen des religiösen und kirchlichen Lebens im Verhältnis zur Gesamtgesellschaft partial werden, die kritische Subjektivität und die neuen geistig-wissenschaftlichen und gesellschaftlich-politischen Verhältnisse unaufhebbare Voraussetzungen für jede überzeugende Form des religiösen Lebens sind. Die Spannungen, die die kritische Subjektivität in der gegenwärtigen Welt aushalten muß und die sie bewegen, lösen der Existentialismus und der Personalismus in weltlose Innerlichkeit, dezisionistische Entscheidungen, kurz in eine mit der gegenwärtigen Wirklichkeit unvermittelte Subjektivität auf.

Eine dritte, vor allem seit dem Ende des 19. Jahrhunderts in West- und Nordeuropa und in Amerika vorherrschende Gestalt der Religionsphilosophie bilden die in der Nachfolge von Max Weber, Troeltsch, Durkheim, Lévy-Bruhl und anderen historisch, soziologisch, psychologisch, phänomenologisch oder sprachanalytisch verfahrenden empirischen Religionswissenschaften. Sie erheben nicht mehr den Anspruch, das Christentum und die Religion überhaupt von einem bestimmten Ausgangspunkt kritisch aufheben bzw. neu begründen zu können. Sie distanzieren sich vielmehr bewußt von der total kritischen oder bloß apologetischen Gestalt der Religionsphilosophie, und sie meiden deshalb oft auch den Begriff Religionsphilosophie. Aus methodischen Gründen beschränken sich diese Wissenschaften durchweg auf eine Beschreibung und Analyse religiöser Phänomene und Strukturen, und sie entwickeln durch Religionsvergleiche und Typologieverfahren allgemeine Definitionen vom Wesen der Religion. Obwohl die Religionswissenschaften viele Argumente und Motive von der Religionsphilosophie des 17. bis 19. Jahrhunderts übernehmen, unterscheiden sie sich durch ihre Säkularisierungsthese und ihren Formalismus von der früheren Religionsphilosophie.

Der Begriff Säkularisation meint ursprünglich, bevor er als ein Fundamentalbegriff im Streit über die Legitimität oder Illegitimität der Moderne verwendet wurde, lediglich »den Entzug oder die Entlassung einer Sache, eines Territoriums oder einer Institution aus kirchlich-geistlicher Observanz und Herrschaft«.[19] Wo die Religionswissenschaften heute mit derjenigen Säkularisierungsthese arbeiten, die die Moderne als Ergebnis der illegitimen Säkularisation der biblischen Offenbarung deutet, formulieren sie das Verhältnis von Christentum und Moderne alternativ. Sie gestehen zwar ein, daß die moderne Gesellschaft ihrer Herkunft nach auch durch die christliche Überlieferung bestimmt ist. Diese christliche Überlieferung gilt ihr jetzt jedoch als bloße Herkunftsgeschichte. Die noch anerkannten Formen religiösen Verhaltens und die noch bestehenden religiös-kirchlichen Institutionen deuten sie als Rand- oder Restphänomene, die im Blick auf die säkularisierte Gesamtgesellschaft und ihre Zukunft nur noch eine private und partiale Bedeutung haben. Die neuen Probleme, die die von der traditionellen Gestalt der christlichen Religion, der Theologie, der religiösen Praxis und den kirchlichen Institutionen freigesetzte Welt stellt, sind für sie durch die Säkularisierungsthese mehr tabuiert als gelöst. Die Probleme, die in der Spannung zwischen Christentum und Gesellschaft ungelöst geblieben sind und die den Einzelnen, die Kirchen und die Gesellschaft heute bewegen, sind auf dem Boden dieser Religionsphilosophie unlösbar.

Wo die Religionswissenschaften mit einem durch Abstraktion von den einzelnen geschichtlichen Religionen und ihren Überlieferungsgeschichten induktiv gewonnenen formalen Religionsbegriff arbeiten, untersuchen sie historisch, soziologisch, phänomenologisch, psychologisch oder sprachanalytisch z. B. Strukturen und Funktionen, die angeblich allen Religionen in allen Gesellschaften gemeinsam sind. Der Religionsbegriff bleibt in diesen Untersuchungen so formal und allgemein, daß er zwar auf alle in der Geschichte nachweisbaren religiösen oder pseudoreligiösen Gebilde (vor- und frühgeschichtliche Religionen, Hochreligionen, Ideologien) angewandt werden kann, daß er jedoch zur Deutung konkreter Phänomene und Zusammenhänge und zur Kritik unbrauchbar ist. Der Religionsbegriff der empirisch verfahrenden Religionswissenschaften vermag noch weniger als der Religionsbegriff der Religionsphilosophie des 17. und 18. Jahrhunderts einen Beitrag zur Lösung des Konflikts zwischen Christentum und Moderne zu leisten. Der in der Theologie seit Ende des 19. Jahrhunderts geführte Streit um den Kirchenbegriff und das Wesen des Christentums; die von einigen Theologen fixierte Antithese von christlichem

Glauben und Religion; die Forderung nach einem ›religionslosen Christentum‹; die Bemühungen um die Entfaltung der gesellschaftskritischen Funktion der Theologie und der Kirche, diese und andere Probleme können auf dem Boden dieser Religionswissenschaften nicht ausgetragen werden.

Wäre die Alternative zwischen Christentum und Moderne, allgemeiner zwischen Religion und Moderne in dem gelebten Leben des Einzelnen, der Kirchen und Gemeinden und der Gesellschaft heute im Ernst so alternativ, wie es die Säkularisierungsthese voraussetzt, wäre die Gesellschaft so religionslos, wie es manche Religionswissenschaftler und Theologen annehmen, dann wären die Theologie und die Religionsphilosophie im buchstäblichen Sinne gegenstandslos oder eine bloße Erinnerung dessen, was vergangen und zerfallen ist. Dann wäre, kantisch formuliert, das »Geschäft« der »biblischen Theologie« und der »philosophischen Theologie« zu Ende, dann wären heute Theologen und Philosophen das, was ihnen das Argument des Priesterbetrugs vom Mittelalter bis zum 18. Jahrhundert unterstellte: betrogene Betrüger. Es gibt jedoch in der Gegenwart Phänomene, die dafür sprechen, daß viele schon von Lessing, Kant und Hegel erörterte religionsphilosophische Fragen der »unbefriedigten Aufklärung« heute neue Antworten verlangen. Wie Lessing, Kant und Hegel die religionsphilosophischen Probleme der Moderne gesehen haben und sie zu lösen versuchten und was sie auf Grund ihrer geschichtlichen Erfahrung noch nicht diskutiert haben, soll im folgenden dargestellt werden.

»Bei dem großen Reichtum unserer Sprachen findet sich doch oft der denkende Kopf wegen des Ausdrucks verlegen, der seinem Begriffe genau anpaßt und in dessen Ermangelung er weder andern, noch sogar sich selbst recht verständlich werden kann. Neue Wörter zu schmieden ist eine Anmaßung zum Gesetzgeben in Sprachen, die selten gelingt, und ehe man zu diesem verzweifelten Mittel schreitet, ist es ratsam, sich in einer toten und gelehrten Sprache umzusehen, ob sich daselbst nicht dieser Begriff samt seinem angemessenen Ausdrucke vorfinde; und wenn der alte Gebrauch desselben durch Unbehutsamkeit seiner Urheber auch etwas schwankend geworden wäre, so ist es doch besser, die Bedeutung, die ihm vorzüglich eigen war, zu befestigen, (sollte es auch zweifelhaft bleiben, ob man damals genau eben dieselbe im Sinne gehabt habe), als sein Geschäfte nur dadurch zu verderben, daß man sich unverständlich machte« (K 3, 255–256). Die Verlegenheit wegen eines angemessenen Ausdrucks in philosophischen Untersuchungen ist heute, sicherlich auch durch die allseits üblichen und zweckmäßigen Arbeiten zur Begriffsgeschichte, größer als zu Kants Zeiten. Andererseits besteht jedoch auch heute kein zwingender Grund, anders als Kant zu verfahren. Kant greift z. B. trotz seiner Kritik an Platos Deutung der Vernunft, der Anamnesislehre, des Leib-Seele-Dualismus und der Theorie des Kosmos bewußt auf dessen Begriff der Idee zurück und verwendet ihn in der zeitgenössischen philosophischen Diskussion so, daß er die mit diesem Begriff bezeichnete Sache gegen den Empirismus von Locke und Hume deutlich macht.[20]

In ähnlicher Weise wird im folgenden bei aller kritischen Distanz zu Hegel und seinem Sprachgebrauch der von ihm im positiven Sinne in die philosophische Sprache eingeführte Begriff *Subjektivität* gebraucht. Der Horizont, unter dem Lessing, Kant und Hegel die »unbefriedigte Aufklärung« analysieren und Probleme der praktischen Philosophie, der Philosophie der Kunst und der Philosophie der Religion auf dem Boden der Moderne mit neuen Denkmodellen zu lösen versuchen, wird mit dem Begriff der mit der geschichtlichen Wirklichkeit vermittelten Subjektivität bezeichnet. Den Begriff Subjektivität gibt es bei Lessing und Kant noch nicht, wohl aber die mit ihm bezeichnete Sache. Der Begriff Subjektivität wird ab 1788 von Schülern und Gegnern Kants (z. B. Weishaupt, Jacobi, Reinhold) vor allem in der Auseinandersetzung mit Kants Entwurf der Transzendentalphilosophie gebraucht, und zwar fast ausschließlich in pejorativem Sinne.[21] Hegel übernimmt den in seiner Zeit in pejorativem Sinne verwendeten Begriff und bezeichnet mit ihm den vor allem durch das Christentum, die Aufklärung und die Französische Revolution gebildeten Stand des Menschen und der Geschichte. Er sieht zwar, daß die Subjektivität »eine Quelle des weiteren Fortschrittes und des Verderbens« (H 11, 345) sein kann. Dennoch deutet er sie als »die große Form des Weltgeistes« und als »das Prinzip des Nordens und, es religiös angesehen, des Protestantismus« (GW 3). Hegel gebraucht den Begriff Subjektivität jedoch nicht nur zur Bezeichnung des in der Geschichte realisierten allgemeinen Prinzips. Er macht auch den konstitutiven Zusammenhang von Subjektivität und Geschichte deutlich. Wo sich die Subjektivität noch nicht in ihrer Bedeutung erkannt hat und wo das Subjekt in seiner gesellschaftlichen und politischen Welt noch nicht zu seinem Recht gekommen ist, da kann es für Hegel, wie z. B. in China und Afrika (H 11, 145; 159) bei aller »Unruhe« der Ereignisse zwar einen Kreislauf des Geschehens, »eine ungeschichtliche Geschichte«[22], jedoch noch keine wahre Geschichte geben. Wo sich andererseits die »sich in sich verhausende Subjektivität« (Ä 480) von der in der Moderne ausgebildeten Welt isoliert, da sieht Hegel die Gefahr, daß einerseits die Subjektivität geschichtslos wird und daß andererseits die geschichtslose Gesellschaft zu jener »ungeheuren Macht« wird, »die den Menschen an sich reißt, von ihm fordert, daß er für sie arbeite und daß er alles durch sie sey und vermittelst ihrer thue« (H 7, 345).

Man wird sich heute aus vielen Gründen kritisch zu Hegels Deutung des Begriffs Subjektivität verhalten müssen. Trotzdem ist es zweckmäßig, bei einer Darstellung und Erörterung von Lessings, Kants und Hegels Beiträgen zu einer Theorie der Moderne den von Hegel in den philosophischen Sprachgebrauch eingeführten Begriff zu verwenden. Dieser Begriff scheint heute jedenfalls weniger mißverständlich zu sein als die Begriffe Persönlichkeit, Person, Individuum, der Einzelne, die Existenz, das Dasein.

Trotzdem soll am Ende der Einleitung angesichts des heute kaum überschaubaren vielfältigen Gebrauchs des Begriffs Subjektivität durch einige »Versicherungen« wenigstens kurz angedeutet werden, was im folgenden mit diesem Begriff nicht gemeint ist. Der Begriff Subjektivität wird hier weder emphatisch im Sinne Kierkegaards als Korrektiv der Zeit noch pejorativ im Sinne Gehlens bzw. Heideggers als das Prinzip verstanden, das die ursprüngliche Integration des Menschen in die institutionell geordnete Lebenswelt bzw. das ursprünglich andenkende Denken zerstört hat. Der Begriff Subjektivität wird ferner nicht im Sinne der transzendentalen Subjektivität Husserls als Fundamentalbegriff der Phänomenologie verstanden. Er soll erst recht nicht das bezeichnen, was der Empirismus und Formalismus und die Theorien des »posthistoric man« und der »post-histoire« als etwas ›bloß Subjektives‹ aus der Wissenschaft eliminieren. Was Lessing, Kant und Hegel in ihrer Kritik der »unbefriedigten Aufklärung« und in ihren Denkmodellen zur Lösung der Probleme der Zeit von der mit der Geschichte vermittelten Subjektivität aus zu einer Theorie der Moderne beigetragen haben, das wird freilich nicht die Einleitung, sondern erst die Ausführung zeigen können.

II. Kapitel: Lessing

Lessings Selbstverständnis seiner Religionsphilosophie

Die besondere Weise, in der sich Lessing noch diesseits der Alternative von christlichem Glauben und Religion das Problem der christlichen Religion stellt, ist dadurch gekennzeichnet, daß er es bewußt als ein Problem der durch die modernen Wissenschaften, besonders durch die zeitgenössische Theologie und Philosophie gekennzeichneten geschichtlichen Welt begreift und auf ihrem Boden auszutragen versucht.[1] Die Einsicht in die spezifischen Voraussetzungen der religionsphilosophischen Probleme der Moderne ist bereits für den jungen Lessing kennzeichnend. Sie wird bis zu seinen letzten theologischen Streitschriften und Streitgesprächen immer größer. Das ist sowohl für den Inhalt als auch für die Form seiner religionsphilosophischen Schriften und Fragmente und für die Weise, in der er seine theologischen Streitschriften verfaßt, entscheidend.

Der zwanzigjährige Lessing schreibt am 30. 5. 1749 an seinen Vater, der bei aller Aufgeschlossenheit für die Fragen der neueren Theologie über die religiöse Entwicklung seines Sohnes besorgt war, einen Brief, in dem deutlich wird, wie Lessing schon damals sich selbst, seine Studien und seine künftige Entwicklung von der durch die Zeit gestellten und geforderten Auseinandersetzung aus versteht:

»Die Zeit soll lehren, ob der ein beßrer Xst [Christ] ist, der die Grundsätze der christlichen Lehre im Gedächtnisse, und oft, ohne sie zu verstehen, im Munde hat, in die Kirche geht, und alle Gebräuche mit macht, weil sie gewöhnlich sind; oder der, der einmal klüglich gezweifelt hat, und durch den Weg der Untersuchung zur Überzeugung gelangt ist, oder sich wenigstens noch dazu zu gelangen bestrebet. Die Xstliche [christliche] Religion ist kein Werk, das man von seinen Eltern auf Treu und Glaube annehmen soll. Die meisten erben sie zwar von ihnen eben so wie ihr Vermögen, aber sie zeugen durch ihre Aufführung auch, was vor rechtschaffne Xsten [Christen] sie sind« (L 9,22).

Lessing kann das Christentum nicht mehr unbefragt und unkritisch als ein Werk der Tradition verstehen, das man lediglich von seinen Vätern auf Treu und Glauben annehmen und übernehmen kann. Die Entzweiung der überlieferten Gestalt des Christentums mit den verschiedenen Formen des Selbst- und Weltverständnisses in der Aufklärung und durch sie zwingt nach Lessing den rechtschaffenen Christen zu einem neuen Verhältnis zum Christentum, wenn er in der Theorie und in der Praxis die überlieferte Wahrheit auch als die lebendige Wahrheit der gegenwärtigen Welt erkennen und anerkennen soll. Lessing kann das Christentum jedoch um der Wahrheit willen auch nicht unkritisch im Namen eines abstrakten Vernunft- und Wirklichkeitsbegriffs verwerfen. Das bloße Bewahren wie das vorschnelle Verwerfen der christlichen Religion ist ihm nicht möglich. Er versucht daher, das Christentum und seine bisherige Überlieferungsgeschichte der kritischen Subjektivität und dem gegenwärtigen Stand des wissenschaftlichen Bewußtseins so einsichtig zu machen, daß es diesem Christentum eine freie und begründete Zustimmung geben kann. Die tradierte Wahrheit ist für Lessing nicht mehr allein deshalb die Wahrheit, weil sie von den Vätern überliefert ist. Es ist für Lessing ein Symptom der Krise, keine Lösung, wenn man die Wahrheit konservativ gegen die eigene Zeit nur noch als Tradition verteidigt und bewahrt oder sie als eine vermeintlich zeitlose immergültige Wahrheit der sich gesellschaftlich-geschichtlich realisierenden modernen Welt entgegensetzt.

Lessings Religionsphilosophie hat demnach seinem Selbstverständnis nach eine doppelte Aufgabe: Sie will (1.) durch Kritik, vor allem durch Kritik der damals herrschenden Theologie und Philosophie, die allgemeine geschichtliche Aporie offen und bewußt machen, und sie will (2.) durch Hypothesen und Entwürfe zumindest die Denkmöglichkeit einer neuen Gestalt des Christentums sichtbar machen, die beanspruchen kann, daß sie von der kritischen Vernunft als eine gegenwärtig verbindliche Gestalt erkannt und anerkannt werden kann. Lessings Religionsphilosophie stellt sich also nach seinem Selbstverständnis nicht die Aufgabe, das Christentum in seiner tradierten Gestalt zu rechtfertigen oder zu verwerfen. Sie will auch nicht, was in der Moderne etwa seit Kant sachlich und wissenschaftsgeschichtlich unausweichlich wird, das Geschäft der »biblischen Theologie« von dem der »philosophischen

Theologie« unterscheiden. Sie will lediglich unter der geschichtlichen Voraussetzung des Christentums und unter den Bedingungen der Moderne die Denkmöglichkeit eines neuen Verhältnisses des Menschen zur Wahrheit so weit sichtbar machen, als dies auf dem Boden der konkreten geschichtlichen Vernunft möglich ist.

Daß Lessing seine Streitgespräche und seine Streitschriften, seine ausgeführten Schriften und fragmentarischen Entwürfe so verstanden hat, wird von ihm durch so viele eindeutige Aussagen bestätigt, daß man auf Grund derjenigen Aussagen, die möglicherweise nur taktisch zu verstehen sind, nicht ernsthaft an Lessings redlichem Bemühen um ein neues Selbstverständnis des Menschen unter den geschichtlichen Voraussetzungen des Christentums und der Moderne zweifeln kann. Zwei Jahre vor seinem Tode schreibt er:

»Der bessere Teil meines Lebens ist – glücklicher- oder unglücklicher Weise? – in eine Zeit gefallen, in welcher Schriften für die Wahrheit der christlichen Religion gewissermaßen Modeschriften waren. ... Was Wunder also, daß meine Lektüre ebenfalls darauf verfiel, und ich gar bald nicht eher ruhen konnte, bis ich jedes neue Produkt in diesem Fache habhaft werden und verschlingen konnte. Ob ich daran gut getan; auch wenn es möglich gewesen wäre, daß bei dieser Unersättlichkeit die nämliche wichtige Sache nur immer von einer Seite plädieren zu hören, die Neugierde nie entstanden wäre, endlich doch einmal zu erfahren, was von der andern Seite gesagt werde: will ich hier nicht entscheiden. Genug, was unmöglich ausbleiben konnte, blieb bei mir auch nicht einmal lange aus. Nicht lange; und ich suchte jede neue Schrift wider die Religion nun eben so begierig auf, und schenkte ihr eben das geduldige unparteiische Gehör, das ich sonst nur den Schriften für die Religion schuldig zu sein glaubte. So blieb es auch eine geraume Zeit. Ich ward von einer Seite zur andern gerissen; keine befriedigte mich ganz. Die eine sowohl als die andere ließ mich nur mit dem festen Vorsatze von sich, die Sache nicht eher abzuurteln, ›quam utrinque plenius fuerit peroratum‹. Bis hieher, glaub’ ich, ist es manchem andern gerade eben so gegangen. Aber auch in dem, was nun kömmt?

Je zusetzender die Schriftsteller von beiden Teilen wurden – und das wurden sie so ziemlich in der nämlichen Progression: der neueste war immer der entscheidendste, der hohnsprechendste – desto mehr glaubte ich zu empfinden, daß die Wirkung, die ein jeder auf mich machte, diejenige gar nicht sei, die er eigentlich nach seiner Art hätte machen müssen.

War mir doch oft, als ob die Herren wie dort in der Fabel: der Tod und Liebe, ihre Waffen vertauscht hätten! Je bündiger mir der eine das Christentum erweisen wollte, desto zweifelhafter ward ich. Je mutwilliger und triumphierender mir es der andere ganz zu Boden treten wollte: desto geneigter fühlte ich mich, es wenigstens in meinem Herzen aufrecht zu erhalten« (L 8, 488–489).

Die »Modeschriften« der Zeit für und gegen die christliche Religion zwingen Lessing nicht nur, die christliche Religion einstweilen wenigstens in seinem Herzen aufrechtzuerhalten – wobei der Begriff des Herzens mehr dem des Augustinus und des Pascal entspricht als dem der Pietisten –; die Art, »mit der jeder seine Sache verteidigte« (L 8, 489), erzwingt auch die Form, in der er das theologische und philosophische Problem der Zeit glaubt austragen zu müssen. Die Theologen einerseits und die Deisten und Atheisten andererseits stritten nur mit Gründen der rationalen Vernunft für bzw. gegen die Wahrheit des Christentums, und zwar in einer unbefriedigenden Weise; denn Lessing betont ausdrücklich, daß bisher noch kein Kritiker oder Verteidiger erschienen sei, der seine Sache »mit alle den Kenntnissen, aller der Wahrheitsliebe, alle dem Ernste« ausgeführt habe, »als es die Wichtigkeit und Würde des Gegenstandes erfordert« (L 7, 814).

Daher sieht Lessing in der Kritik dieser »Modeschriften«, in der Erkenntnis der Wahrheit – und nicht wie etwa Hamann im persönlichen Bekenntnis[2] – die Möglichkeit, wie er der Wahrheit dienen könne. Daher konfrontiert er in seinen Streitschriften und Diskussionen seine Gesprächspartner mit den Konsequenzen ihrer eigenen Argumente und nicht mit dem, was er persönlich glaubt. Als er zum Beispiel in Reimarus den Mann gefunden zu haben glaubt, der »dem Ideale eines echten Bestreiters der Religion [nahe] gekommen« ist, veröffentlicht er mit kritischen Gegensätzen einige unveröffentlichte Fragmente von ihm, um so »bald einen Mann [zu] erwecken, der dem Ideale eines echten Verteidigers der Religion nur eben so nahe« (L 7, 815) kommt. Er wählt unter den Bedingungen der modernen Wissenschaften das Streitgespräch und die Diskussion, weil man nach seiner Überzeugung auf diesem Wege, wenn auch nicht zum endgültigen Besitz der Wahrheit, so doch wenigstens aus theologisch und philosophisch unhaltbaren

Positionen herauskommen kann – und er wählt diese Form nicht aus bloßer Freude am Streitgespräch.[3]

Wenn Lessing am Ende seines Lebens nach all seinen Zweifeln und Untersuchungen auch nicht, wie er als Zwanzigjähriger gehofft hatte, »durch den Weg der Untersuchung zur Überzeugung gelangt ist«, wenn er die Spannung zwischen Vernunft und Offenbarung theoretisch auch nicht überzeugend lösen konnte und wenn er auch unter der Bedingung der Emanzipation in den Wissenschaften und in der Theologie und des unaufhebbaren Pluralismus der Erfahrungen der Wissenschaften und der religiösen Erfahrung des Einzelnen das Christentum in der überlieferten Form um der Wahrheit willen ablehnen mußte, ohne bereits eine neue Form als »Überzeugung« und »Glaubensbekenntnis« formulieren zu können, so gibt es doch keinen ernsthaften Grund anzunehmen, daß er sich nicht wenigstens bemüht hat, zu einer solchen neuen Form des »Glaubensbekenntnisses« zu gelangen. Lessing wendet sich selbst ausdrücklich gegen diejenigen, die jeden »Zweifel für Unglauben« (L 7, 814) ausschreien. Auch wer nicht alle Einwürfe der Vernunft gegen die Bibel aufheben und die Religion daher nur noch im Herzen festhalten kann, bleibt für Lessing ein Christ.[4]

Einige frühe Entwürfe und Fragmente Lessings, die oft als Beleg für eine Preisgabe des Christentums herangezogen werden, sind nicht von ihm selbst veröffentlicht worden. Dies wird erst in einigen neueren Interpretationen entsprechend berücksichtigt. Ferner bleibt oft unberücksichtigt, daß Lessing seine religionsphilosophischen Arbeiten fast durchweg »Hypothesen« (L 8, 567), »Fingerzeige« (L 8, 590) nennt. Diese Arbeiten sind oft auf weite Strecken nur eine Häufung von Fragesätzen. Sie erheben also schon der Form nach keinen dogmatischen Anspruch. Nach seinem eigenen Geständnis würde er nicht alles, was er γυμναστικῶς schreibt, auch δογματικῶς schreiben. Er identifiziert sich als Verfasser keineswegs mit seinen dramatischen Gestalten, selbst nicht mit seinem Nathan. Er gesteht, daß er sein »eigenes Glaubensbekenntnis« (L 9, 852) nie verkündet, jedenfalls nie deutlich formuliert habe.[5]

Dieses Geständnis wird man ernst nehmen müssen, selbst wenn man Lessings Begründung hierfür nicht überzeugend findet, daß nämlich »niemand davon etwas weiter zu wissen verlangt. Vermutlich weil es noch zu orthodox war, und hierdurch weder der einen noch der andern Partei gelegen kam« (L 9, 853).

Lessing weiß freilich um die Grenzen und Gefahren der kritischen Vernunft. Bereits 1771 hatte Lessing Mendelssohn besorgt mitgeteilt, daß er möglicherweise mit gewissen religiösen Vorurteilen »ein wenig zu viel mit weggeworfen habe«:

»Doch ich besorge es nicht erst seit gestern, daß, indem ich gewisse Vorurteile weggeworfen, ich ein wenig zu viel mit weggeworfen habe, was ich werde wieder holen müssen. Daß ich es zum Teil nicht schon getan, daran hat mich nur die Furcht verhindert, nach und nach den ganzen Unrat wieder in das Haus zu schleppen. Es ist unendlich schwer, zu wissen, wenn und wo man bleiben soll, und Tausenden für einen ist das Ziel ihres Nachdenkens die Stelle, wo sie des Nachdenkens müde geworden« (L 9, 406). »Zu viel Wißbegierde ist ein Fehler; und aus einem Fehler können alle Laster entspringen, wenn man ihm zu sehr nachhänget« (L 2, 554).

Er weiß, daß ein »unauslöschlicher Durst nach Wissenschaften und Kenntnis« den Menschen zerstören kann. Er glaubt jedoch nicht, daß Gott dem Menschen die Vernunft gegeben hat, um ihn ewig unglücklich zu machen. Den über Fausts Untergang am Ende triumphierenden höllischen Heerscharen ruft der Engel zu: »Triumphiert nicht, ... ihr habt nicht über Menschheit und Wissenschaft gesiegt; die Gottheit hat dem Menschen nicht den edelsten der Triebe gegeben, um ihn ewig unglücklich zu machen; was Ihr sahet, und jetzt zu besitzen glaubt, war nichts als ein Phantom« (L 2, 561–562).[6]

Vielleicht hat Jacobi etwas von dem Ernst Lessings erfahren, als er nach einem Gespräch mit ihm über theologische Fragen an Elise Reimarus von Lessings »gewaltiger Schwermut« berichtete: »Sein Gesicht wurde entsetzlich; ich habe nie so ein Gesicht gesehen«.[7] In seinen Schriften spricht Lessing freilich im Gegensatz zu Hamann nie direkt von seinem persönlichen Glauben und von seiner Glaubenskrise. Er nennt sich vielmehr einmal kurz vor seinem Tode mit der ihm bei Aussagen über persönliche Glaubensüberzeugungen eigentümlichen Ironie, die an Humor grenzt, des »großen Herrn lieber Bastard« (L 9, 878). Sicherlich hat er das Ende des Christentums weder gewünscht noch erwartet. Lessing kann zwar nicht auf die ungelösten Fragen der Zeit eine befriedigende Antwort geben, und er hütet sich davor, durch kurzschlüssige Antworten unglaubwürdig zu werden und offene Möglichkeiten und Entwicklungschancen des Menschen zu verstellen. Die Offenheit für die ungelösten theologischen und philosophischen Probleme und die Überzeugung von dem Fortbestand des Christentums kennzeichnen Lessings Religionsphilosophie: »Das Christentum geht seinen ewigen allmählichen Schritt: und Verfinsterungen bringen die Planeten aus ihrer Bahn nicht« (L 8, 156).

Von diesem Selbstverständnis Lessings aus soll im folgenden gezeigt werden, wie Lessing in seiner Religionsphilosophie den Menschen im Horizont der Subjektivität und Geschichte zu deuten versucht. Die allgemeine Aporie der Zeit, die Lessing zu einem neuen Selbstverständnis des Menschen und der Geschichte treibt, ist für ihn vor allem durch bestimmte Richtungen der zeitgenössischen Theologie und Philosophie entstanden. Von seinen frühen bis zu seinen späten Schriften setzt er sich mit den theologischen und philosophischen Richtungen des 18. Jahrhunderts auseinander, die man bis heute im wissenschaftlichen Sprachgebrauch als lutherische Orthodoxie, Neologie, Pietismus und Deismus bezeichnet. Sie bilden die eigentlichen Gesprächspartner seiner Religionsphilosophie und den Hintergrund, vor dem sein neues Verständnis des Menschen und der Geschichte sichtbar wird.

Andere Gesprächspartner kommen nicht oder kaum vor. Der zeitgenössische Atheismus stellt für Lessing noch keine ernsthafte neue Möglichkeit oder Alternative menschlichen Selbstverständnisses dar. Die Religionskritik des damaligen Atheismus ist für ihn schon auf dem Boden der Vernunft widerlegbar. Der Entwurf eines antireligiösen oder areligiösen Selbst- und Weltverständnisses, der in England und Frankreich und seit dem 19. Jahrhundert auch in Deutschland allgemeiner üblich ist, bildet für Lessing kein ernsthaftes Problem. Der Atheismus eines Lamettrie z. B. entlarvt nach Lessing zwar zu Recht die zeitgenössische Ideologie von Tugend, Glück und Fortschritt als Wahn. Er ziehe jedoch aus der Erfahrung der Ohnmacht und Grenze des Menschen als eines »elend Geschöpfes« (L 1, 207) den unbegründeten Schluß, daß der Mensch nur ein Stück Natur, die Freiheit nur ein Traum, das Gute und das Böse nur ein »beglaubtes Nichts« (L 1, 184) seien. Lessing glaubt nicht, daß eine radikale Selbsterkenntnis des Menschen die Religion aufheben wird. Er glaubt im Gegenteil, die Religion so neu begründen zu können und zu müssen: »Die Selbsterkenntnis, war allezeit der nächste Weg zu der Religion, und ich füge hinzu, der sicherste« (L 1, 201). Daß Lessing sich hiermit freilich nicht in Übereinstimmung mit dem befand, was der Welt »gefällt«, war ihm von Anfang an klar: »Ich glaub', es ist ein Gott, und glaub' es mit der Welt, / Weil ich es glauben muß, nicht weil es mir gefällt. ... Genug, wer Gott leugnen kann, muß sich auch leugnen können. / Bin ich, so ist auch Gott. Er ist von mir zu trennen, / Ich aber nicht von ihm. Er wär', wär' ich auch nicht; / Und ich fühl' was in mir, das für sein Dasein spricht. / Weh dem, der es nicht fühlt, und doch will glücklich werden, / Gott aus dem Himmel treibt, und diesen sucht auf Erden!« (L 1, 185)

Auch die Naturwissenschaften, die Technik, die sich bereits in England und Frankreich ausbildende industrielle Gesellschaft und die Entstehung des modernen Staates spielen in Lessings Diagnose der Gegenwart und für sein Verständnis des Menschen im Horizont der kritischen Subjektivität und Geschichte keine zentrale Rolle. Lessing sieht zwar den Fortschritt der modernen Wissenschaften und ihre Vor- und Nachteile.[8] Er kritisiert wie Hamann die sozialen und politischen Zustände in dem Preußen Friedrichs II., welches »Land bis auf den heutigen Tag das sklavischste Land von Europa« (L 9, 327) sei.[9] Er reflektiert jedoch noch nicht wie Kant über die Methoden und Grenzen der exakten Wissenschaften und braucht sich noch nicht mit dem Problem der Französischen Revolution auseinanderzusetzen. Er versteht seine Philosophie auch noch nicht, wie es seit Hegel notwendig ist, als Auseinandersetzung mit den auch auf Grund dieser Wissenschaften ermöglichten technischen, gesellschaftlichen und politischen Revolutionen. Die besonderen sachlichen und geschichtlichen Voraussetzungen, unter denen sich für Lessing das Problem der Religionsphilosophie stellt und unter denen er es aufgreift, sollen der Leitfaden für die Untersuchung von Lessings Religionsphilosophie sein.

Die Kritik der »Orthodoxisten«

Die lutherische Orthodoxie, die am Ende der siebziger Jahre eine der Hauptgesprächspartner und Gegner der Lessingschen Religionsphilosophie war, hatte Lessing bereits als Schüler in der Fürstenschule in Meißen und als Student in Wittenberg kennengelernt. Lessings Verhältnis zur lutherischen Orthodoxie ist innerhalb seiner Entwicklung und der Sache nach wesentlich differenzierter, als sein berühmter Streit mit Goeze vermuten läßt. Im allgemeinen unterscheidet Lessing die Orthodoxie Luthers und der altprotestantischen Orthodoxie, die mit dem Beginn des 18. Jahrhunderts zu Ende ging, von der Spätform der lutherischen Orthodoxie des 18. Jahrhunderts, die hauptsächlich durch ihre undifferenzierte Polemik gegen die Neologie und den Pietismus und durch das starre Festhalten an alten theologischen Lehrformeln gekennzeichnet ist. Die Anhänger dieser Spätform der Orthodoxie des 18. Jahrhunderts nennt Lessing »Orthodoxisten« (L 8, 31). Er spielt die altprotestantische Orthodoxie oft gegen diese aus und lobt sie wegen ihrer Weitherzigkeit. Die Orthodoxie als Ganzes wiederum unterscheidet er als »unreines Wasser« von der »Mistjauche« (L 9, 597) der Neologie und dem schlechten Subjektivismus des Pietismus und verteidigt sie z. B. auch deshalb, weil sie wenigstens noch an den Dogmen und der prinzipiellen Unterscheidung zwischen Glaube und Vernunft festhält. Lessing beruft sich zwar manchmal auf Luther und auf die lutherische Orthodoxie in Zusammenhängen, in denen auch taktische Rücksichten möglich oder gar wahrscheinlich sind. Er verteidigt jedoch auch dann die Orthodoxie, ja stellt sich bewußt auf ihre Seite, wenn man keine taktischen Rücksichten erwarten kann, ja wenn er von Freund und Feind für sein Verhalten nur Mißtrauen und Kritik erwarten konnte.[10]

Wenn Lessing auch niemals eindeutig gesagt hat und angesichts des schon in seiner Zeit vieldeutigen Sprachgebrauchs von Orthodoxie auch wohl nicht eindeutig sagen konnte, was er unter dem orthodoxen Christentum *verstand*, so macht er doch unmißverständlich deutlich, welche kritischen Fragen er an diejenige Gestalt der lutherischen Orthodoxie des 18. Jahrhunderts stellt, die

Goeze in dem Streit mit ihm verteidigte. Er hat in diesem Streit, der im Dezember 1777 begann und im Dezember 1779 endete, seine Entgegnungen fast durchweg bewußt nur als Fragen formuliert. Seine Äußerungen erheben also auch schon der äußeren Form nach keinen dogmatischen Anspruch, und sie können auf Grund der vielen im letzten offenen, ja ungeklärten sachlichen Zusammenhänge einen solchen auch nicht erheben. Seine kritischen Fragen an Goeze und die »Orthodoxisten« dagegen, die die allgemeine Aporie der Subjektivität in der Moderne bewußt machen, sind klar und bestimmt.

a) Lessing geht bei seiner Kritik der zeitgenössischen Orthodoxie davon aus, daß in der geschichtlichen Situation, in der nach der Ausbildung der historisch-kritischen Wissenschaft die hermeneutische Frage nach der richtigen Bibelexegese besonders dringlich geworden ist, weil jeder »seine eigene Hermeneutik« (L 8, 192) hat, diese Frage weder wie von der Orthodoxie zu tabuieren noch wie von der Neologie und dem Deismus kurzschlüssig zu entscheiden ist, wenn man die Bibel vor den »unzähligen Einwürfen und Spöttereien« (L 8, 169) bewahren will. Die historische Theologie des 18. Jahrhunderts, die mit dem Methodenbegriff der damaligen historisch-kritischen Wissenschaft arbeitet, ist für Lessing legitim, wenn sie dort, wo die Autorität der Bibel und der christlichen Überlieferung nicht mehr selbstverständlich ist, das Hermeneutikproblem bewußt macht. Sie ist dagegen illegitim, wenn sie unkritisch allein beansprucht, das Christentum in der Gegenwart erneuern oder apologetisch verteidigen zu können. Die Orthodoxie weicht nach Lessing der notwendigen Hermeneutikdiskussion aus, wenn sie die *ganze* Bibel in der Weise als unfehlbares Wort Gottes auslegt und die Inspiration in der Weise historisch vergegenständlicht, daß man prinzipiell zwischen den von Gott geoffenbarten Wahrheiten und den »menschlichen Zusätzen« und der »historischen Wahrheit, die sie [die Bibel] mit so vielen Fratzen gemein hat« (L 8, 171), nicht mehr unterscheiden kann. Ja, die Orthodoxie grenzt nach Lessing fast an Gotteslästerung, wenn sie behauptet, »daß die Kraft des h. Geistes sich eben sowohl an dem Geschlechtsregister der Nachkommen des Esau beim Moses, als an

der Bergpredigt Jesu beim Matthäus, wirksam erzeigen könne«
(L 8, 173). Gegen die kleinmütige, im Grunde ungläubige Orthodoxie verteidigt Lessing daher prinzipiell das Recht der historisch-
kritischen Theologie.

Gegen die Bibelexegese der Neologie und des Deismus dagegen,
die unkritisch die Geheimnisse und Ärgernisse der Bibel weginterpretiert und der Religion tiefe Wunden schlägt – »So tiefe
Wunden hat die scholastische Dogmatik der Religion nie geschla-
gen, als die historische Exegetik ihr itzt täglich schlägt« (L 8, 37)
–, hiergegen verteidigt Lessing mit Berufung auf Leibniz und
»unsere theologischen Kompendia« das Moment des Glaubens. Er
beruft sich auf die »altvätersche Meinung« von Leibniz und unterscheidet wie dieser zwischen menschlichen erklärbaren und göttlichen unerklärbaren Gründen. Trotz der Legitimität, ja Notwendigkeit der wissenschaftlichen Exegese hält Lessing daran fest,
»daß das einzige Buch, welches, im eigentlichen Verstande, für die
Wahrheit der Bibel, jemals geschrieben worden, und geschrieben
werden könne, kein anderes als die Bibel selbst sei« (L 7, 533 bis
534).[11]

Durch die historisch-kritische Exegese kann also für Lessing die durch
die Bibel und die christliche Überlieferung in Lehren und Institutionen vermittelte Wahrheit nicht adäquat vergegenwärtigt oder
gar im Begriff aufgehoben werden. Lessing überfordert die historisch-kritische Exegese nicht in der Weise, daß sie beanspruchen
könnte, in einer mit der Überlieferung unvermittelten gesellschaftlich-geschichtlichen Welt und für eine im Bewußtsein und in der
Praxis geschichtslose Subjektivität einziges Vermittlungsorgan für
die Wahrheit des Christentums zu sein. Trotzdem zitiert Lessing mit
Zustimmung eine Aussage von Leibniz, der erklärt hatte, der Gebrauch der historischen und kritischen Philologie sei »zur Festset-
zung der Wahrheit unsrer Religion ganz unentbehrlich« (L 4,
329). Er schreibt dazu: »Wenn diese Erinnerung schon zu Leibniz'
Zeiten ... so nötig war, wie viel nötiger wird sie jetzt sein« (L 4,
331). Unter der für das Selbstverständnis des Glaubenden jetzt
notwendigen Bibelexegese versteht Lessing im Gegensatz zur zeitgenössischen Orthodoxie die Wissenschaft, die die Bibel um der
auch für das gegenwärtige kritische Subjekt glaubwürdigen und

lebendigen Wahrheit willen untersucht. Er versteht unter ihr nicht die historisch-kritische Wissenschaft, die die Vergangenheit so darstellt, daß sie für uns ein an sich Vergangenes, Fremdes, bloß Positives ist, und die »die Antiquitäten einzig und allein um der Antiquitäten willen studierte« (L 4, 332).

b) Mit dieser Bestimmung des Rechts und der Grenze der historisch-kritischen Exegese wird, wie Lessings Streit mit Goeze eindringlich zeigt, die Frage nach den Kriterien zur Beurteilung der Offenbarung unausweichlich. Was sind die für das kritische Subjekt erkennbaren und anerkennbaren »inneren Merkmale« (L 8, 171) der geoffenbarten Wahrheit in der Bibel, die göttlichen Ursprungs sind, im Unterschied zu den bloß historischen und somit zufälligen Wahrheiten, die nur menschlichen Ursprungs sind? Wie sind die »innere Wahrheit« (L 8, 190), »das innere Zeugnis des h. Geistes« und »die Kraft des h. Geistes« (L 8, 173) erkennbar? Was ist – so fragt Lessing im Sinne der »guten lutherischen Theologen« (L 8, 174) und nicht im Sinne der neueren Theologen und Deisten – der Geist der Bibel im Unterschied zum bloßen Buchstaben?

Diese Fragen, die in der Lessingforschung und in der Religionsphilosophie und Theologie[12] bis heute ungelöst sind, läßt Lessing bewußt offen. Von Lessing aus läßt sich zu diesen Fragen negativ zumindest folgendes sagen: »Die innere Wahrheit eines geoffenbarten Satzes« (L 8, 190) und der Offenbarung überhaupt läßt sich nicht durch die Methode der historisch-kritischen Bibelexegese und in der Einstellung eines exakten Wissenschaftlers als ein objektiver Sachverhalt oder ein objektives Merkmal feststellen und in einem System von immergültigen Sätzen objektivieren.

Zufällige historische Nachrichten und Berichte der Bibel, z. B. »die Krethi und Plethi des David, der Mantel, den Paulus zu Troas vergaß, und hundert andere solche Dinge« (L 8, 169), die Gegenstände der historisch-kritischen Untersuchung sein können, können für Lessing als solche nicht ein zureichender Beweis für die Göttlichkeit der geoffenbarten Wahrheit sein. Lessing kann die geoffenbarten Wahrheiten nicht *»nur* deswegen *glauben*, weil andre Dinge, die irgend einmal in Zeit und Raum mit ihnen verbunden gewesen, historisch erwiesen sind« (L 8, 179). Daher ist für ihn nicht »die hermeneutische Wahrheit... die einzige Probe der innern. Als ob die innere Wahrheit eine Probe noch brauchte! Als ob nicht vielmehr die innere Wahrheit die Probe der hermeneutischen sein müßte« (L 8, 189).

Die innere Wahrheit der Offenbarung ist für Lessing jedoch auch kein geschichtlich unvermitteltes religiöses Apriori, keine Wahrheit, die man aus *der* Vernunft, *dem* Gefühl und *der* wie auch immer anthropologisch gedeuteten Natur des Menschen entfalten kann. Daß der Mensch a priori, d. h. bereits vor der Annahme der geschichtlichen Überlieferung, aus sich eine richtige und begründete Vorstellung von der inneren Wahrheit der Offenbarung habe, daß der Mensch sich selbst ein Bild von der inneren Wahrheit machen könne, ist nicht die Überzeugung Lessings, sondern die Lessing von Goeze unterstellte Überzeugung, die er ausdrücklich zurückweist: »Die innere Wahrheit ist keine wächserne Nase, die sich jeder Schelm nach seinem Gesichte bossieren kann, wie er will« (L 8, 190).

Lessing reflektiert und betont vielmehr ausdrücklich die Bedingungen, unter denen die Wahrheit der Offenbarung glaubwürdig werden kann. Dem größeren Teil der Christen sei z. B. die mündliche Überlieferung der Kirche Quelle der inneren Wahrheit: »Und allerdings ist es unwidersprechlich, daß die mündliche Überlieferung einmal die einzige Quelle derselben gewesen; und daß sich schlechterdings keine Zeit angeben läßt, wenn sie nicht bloß zur zweiten Quelle geworden, sondern ganz und gar Quelle zu sein aufgehört habe« (L 8, 190–191). Der Theologe dürfe aber trotz dieser Verwiesenheit des Glaubenden auf die Überlieferung nicht notwendig jeden, der seinen Begriff des Christentums anders als der Theologe begründe, darum als »Unchristen« verschreien: »Er [der Theologe] soll nur nicht gleich über Unchristen schreien, wenn er auf einen ehrlichen Laien stößt, der sich an dem Lehrbegriffe begnügt, den man längst für ihn aus der Bibel gezogen, und diesen Lehrbegriff nicht sowohl deswegen für wahr hält, weil er aus der Bibel gezogen, sondern weil er einsieht, daß er Gott anständiger, und dem menschlichen Geschlechte ersprießlicher ist, als die Lehrbegriffe aller andern Religionen; weil er fühlt, daß ihn dieser christliche Lehrbegriff beruhigt« (L 8, 194).

Selbst wenn Lessing bewußt als Protestant argumentiert, ist für ihn die innere Wahrheit der Offenbarung nicht a priori evident: »Warum könnten die Schriften der Evangelisten und Apostel nicht ohne seinen [des Christen] Nachteil verloren sein? verloren gehen? Warum dürfte er [der Christ] sie nicht als verloren gegangen ansehen, so oft man ihm mit Einwürfen gegen Stellen derselben zusetzt, die in dem Wesen seiner Religion nichts verändern? – Darf er nicht: so darf er ohne Zweifel vornehmlich darum nicht, weil bis auf diesen Tag noch kein vollständiger untrüglicher Lehrbegriff aus ihnen gezogen worden; auch vielleicht ein dergleichen Lehrbegriff *nun und nimmermehr aus ihnen gezogen werden kann.* Denn nur dann wäre es allerdings notwendig, daß jeder mit seinen eignen Augen zusähe; jeder sein eigner Lehrer, jeder sein eigner Gewissensrat aus der Bibel würde« (L 8, 191).

Daß ein Mensch ohne schriftliche und mündliche Überlieferung, ohne bereits »im geringsten etwas von dem Christentum zu wissen« und durch Lehre und Institution gebildet zu sein, von sich aus die Wahrheit a priori erkennen könne, hält Lessing für eine Konstruktion, von der »keine Erfahrung gemacht werden kann« (L 8, 450).[13]

Man kann daher nicht wie Thielicke Lessings Deutung des Verhältnisses von Wahrheit und Geschichte so vereinfachen: »Die Nabelschnur der Wahrheit zum geschichtlichen Mutterboden kann gleichsam durchschnitten werden, denn die Wahrheit ist aus sich selber lebensfähig und zu in sich ruhender Geltung befähigt«.[14] Da Lessing in den Streitschriften mit Goeze einerseits nicht inhaltlich entfaltet, was er unter der inneren Wahrheit und dem inneren Merkmal der in der Bibel geoffenbarten Wahrheit *versteht*, da er jedoch andererseits die Offenbarung nicht auf ein mit der Methode der historisch-kritischen Bibelwissenschaft objektiv feststellbares Geschehen reduziert, läßt sich seine Stellung zu dieser Frage an Hand der Streitschriften negativ so formulieren:

Die innere Wahrheit eines geoffenbarten Satzes in der Bibel und der Offenbarung überhaupt ist nicht der abstrakten Vernunft a priori, sondern nur der durch die mündliche und schriftliche Überlieferung und durch die in Institutionen gelebte Praxis erleuchteten Vernunft prinzipiell bis zu einem gewissen Grade einsichtig. Was Lessing im einzelnen unter den Quellen der Offenbarung versteht, an welche veränderbaren und unveränderbaren Überlieferungen und Institutionen er im einzelnen denkt, wie er das Verhältnis von Offenbarung und Überlieferung deutet, dieses und anderes bleibt in den Streitschriften offen. Eindeutig ist für Lessing nur folgendes: Der Mensch ist nur dann von einer geschichtlichen Auskunft betroffen und von einer geschichtlichen Tradition ansprechbar, wenn er diese als eine der Vernunft nicht widersprechende Antwort auf seine Frage erfährt. Da unter den Bedingungen der modernen Wissenschaft und Gesellschaft dem gegenwärtigen Menschen die bisherige religiöse Auskunft fragwürdig und zweideutig geworden ist, fragt er zu Recht nach einer glaubwürdigen Antwort.

c) In der Moderne ist nach Lessing die Frage nach dem Verhältnis von Schrift und Überlieferung und nach dem Verhältnis des gegenwärtigen Christentums zum Urchristentum, genauer zum Christentum während der apostolischen Zeit, zum Problem geworden. Gegenüber Goeze formuliert Lessing den Satz: »Das Christentum war, ehe Evangelisten und Apostel geschrieben hatten. Es verlief eine geraume Zeit, ehe der erste von ihnen schrieb; und eine sehr beträchtliche, ehe der ganze Kanon zu Stande kam« (L 8, 176). Lessing folgert daraus, die christliche Religion sei nicht wahr, weil die Evangelisten sie lehrten, sondern sie lehrten sie, weil sie vor der schriftlichen Fixierung durch die Evangelisten von den Aposteln und den ersten Gemeinden für wahr gehalten und, in der regula fidei und im apostolischen Glaubensbekenntnis überliefert, als wahr geglaubt wurde. Lessing stimmt mit Goeze darin überein, daß, solange die außerordentlichen Gaben des heiligen Geistes in den ersten Gemeinden wirksam waren, die Ausbreitung der christlichen Religion durch mündlichen Unterricht besser zu erhalten war als durch Schriften, daß man sich auch tatsächlich aus dem geschriebenen Wort wenig machte und daß die Schrift z. B. für die ersten Bischöfe lediglich als eine Bestätigung, nicht aber als eine Quelle der Wahrheit galt. Nach dem Erlöschen der Zeichen und Wundergaben sei jedoch der Bibel der Auftrag zugefallen, die christliche Religion zu erhalten. Daraus ergibt sich nach Lessing für die Begründung des gegenwärtigen Glaubens folgende Schwierigkeit: »Sind wir (wenn der Gebrauch der Schriften früher anfing, als jene außerordentlichen Gaben aufhörten) nicht sehr übel daran, daß die nämlichen Schriften, welche die ersten Christen auf den Beweis der Gaben glaubten, wir ohne diesen Beweis glauben müssen? Fing hingegen der Gebrauch der Schriften nicht eher an, als die Wundergaben aufhörten: woher nehmen wir den Beweis, daß die Schriften in die Stelle der Wundergaben nicht sowohl getreten, als treten sollen?« (L 8, 177) Auch auf die in der Moderne in verschärfter Weise gestellte Frage nach der Kontinuität des gegenwärtigen Christentums mit dem Glauben der Apostel und der Urkirche geben nach Lessings Überzeugung Goeze und die »Orthodoxisten« keine glaubwürdige Antwort.

d) Der entscheidende Unterschied zwischen Goeze und Lessing ergibt sich daraus, daß Lessing das Christentum im Horizont der Geschichte sieht und deutet, die auch die gegenwärtig sich realisierende Welt umgreift. Nicht nur in der totalen Verwerfung jeden Gefühls ist Goeze – wie Lessing formuliert – »in seinen theologischen Kriegen von der Heterodoxie des Feindes nicht unangesteckt geblieben« (L 8, 197); er ist es auch in der Interpretation des Christentums als eines Systems von ungeschichtlichen bzw. übernatürlichen Wahrheiten. Demgegenüber versucht Lessing in der Palastparabel, nach einem späteren Entwurf zu einer Vorrede zu dieser Parabel, »die ganze Geschichte der christlichen Religion« (L 8, 154 Anm.) zu deuten. Der Gesichtspunkt, unter dem er hier die Geschichte der christlichen Religion und die Geschichte der Kirche deutet, ist folgender: Diese Geschichte ist von Gott begründet und vollzieht sich nach seinem Plan, der weder durch die Angriffe der Gegner noch durch die unzureichenden Systeme und Reflexionen der Verteidiger in Frage gestellt werden kann. Die Parabel spricht von dem Vertrauen in die von Gott geleitete Geschichte und auch von der Unbegreiflichkeit dieser Geschichte: »Das Christentum geht seinen ewigen allmählichen Schritt: und Verfinsterungen bringen die Planeten aus ihrer Bahn nicht« (L 8, 156). Das Feuer, das nach Ansicht der Theologen den Palast bedroht, ist in Wirklichkeit nur das Nordlicht. Mit Berufung auf Tertullian klagt Lessing Goeze und diejenigen an, die kleinmütig über die Ketzereien in der Kirche klagen.[15]

Lessing ist darum jedoch nicht blind für das Menschlich-Allzumenschliche in der Geschichte des Christentums und in der Kirche. Im Gegenteil, er stellt sich die Aufgabe, auch das menschlich und geschichtlich Bedingte offenbar zu machen. Dies ist für Lessing auch durch die zeitgenössische Kritik der Bibel und des Christentums notwendig geworden. Daß das Christentum bisher tatsächlich in der europäischen Geschichte gesiegt hat, ist für ihn kein zureichendes Argument, denn Siege sind »sehr zweideutige Beweise der gerechten Sache: oder vielmehr sie sind gar keine« (L 7, 185). Ähnlich wie Gibbon, dessen Anschauung von der Ausbreitung des Christentums Lessing lobt[16], untersucht er auch die sozialen und politischen Gründe bei der Ausbreitung des Christentums und will und kann hierin nicht nur »die unmittelbare Hand Gottes« (L 7, 282) sehen. Er versucht, in seinen verschiedenen ›Rettungen‹ gegenüber einer glorifizierenden und heroisierenden Kirchengeschichte verdeckte menschliche Schwächen und in der Dogmengeschichte verkannte Wahrheiten aufzudecken.[17]

Die Fragen, die nach Lessings Überzeugung zur Auseinandersetzung mit Goeze und den »Orthodoxisten« zwingen, sind grundsätzlicher Art und werden uns noch beschäftigen. Soviel dürfte jedoch deutlich geworden sein: Der Horizont, unter dem Lessing Goeze und die »Orthodoxisten« kritisiert, ist die kritische Subjektivität, die unter den Bedingungen der modernen Geschichte in erneuter Weise nach der Glaubwürdigkeit des Christentums fragt.

Die Kritik der Neologie

Auch Lessings Kritik der Neologie[18] macht allgemeine Fragen deutlich, die die kritische Subjektivität stellt und stellen muß. Wenn Lessing von der Theologie der neueren Zeit oder der »neumodischen Rechtgläubigkeit« (L 4, 407) spricht, meint er fast durchweg die unter dem Titel Neologie zusammengefaßte Richtung der damaligen Theologie, die den Offenbarungsbegriff zwar beibehält, durch Anpassung an den angeblich aufgeklärten Geist der Zeit jedoch die Geheimnisse und Ärgernisse des Christentums

(z. B. die Trinitätslehre, die Christologie, die Lehre von Sünde und Erlösung) weginterpretiert oder gar bewußt preisgibt und das Christentum auf ein System vernünftiger und moralischer Wahrheiten reduziert.

Lessing fragt angesichts dieser zeitgenössischen Theologie: »Was ist eine Offenbarung, die nichts offenbaret? Ist es genug, wenn man nur den Namen beibehält, ob man schon die Sache verwirft? Und sind das allein die Ungläubigen, welche die Namen mit der Sache aufgeben?« (L 7, 817) Diejenigen, die wie die Neologen »mit gutherziger Übereilung« die bisherigen katechetischen Lehrbücher verwerfen und eine ›fortschrittliche‹ Theologie entwickeln wollen, zerstören nach seiner Meinung eben das, was sie bewahren wollen. Sie haben den »Fallstrick, den man selbst Theologen von der bessern Art legt« (L 7, 819), nicht erkannt.

Lessings Kritik der Neologie in dem Fragment ›Gedanken über die Herrnhuter‹, in den Literaturbriefen und in seinen Schriften der siebziger Jahre ist scharf und von Anfang an eindeutig. Während die lutherische Orthodoxie des 18. Jahrhunderts immerhin noch die »Scheidewand« zwischen Glauben und Vernunft aufrechtzuerhalten versuche, ohne hierbei freilich die von der Zeit gestellten Fragen beantworten zu können, machen uns nach seiner Meinung die Neologen, deren Religionssystem »ein Flickwerk von Stümpern und Halbphilosophen« sei, »unter dem Vorwande, uns zu vernünftigen Christen zu machen, zu höchst unvernünftigen Philosophen« (L 9, 597). Lessing wirft damit der zeitgenössischen Theologie nicht vor, wie man nach der allgemein herrschenden Lessingdeutung erwarten könnte, daß sie an dem Unterschied von Glauben und Vernunft festhält. Im Gegenteil, er macht ihr den Vorwurf, daß sie ihn preisgibt, indem sie die christliche Offenbarung allein aus der rationalen Vernunft zu beweisen sucht. Nicht Lessing also, sondern diese ›fortschrittlichen‹ Theologen haben das Christentum auf ein System von vernünftigen und moralischen Wahrheiten reduziert.

Bereits 1750, in dem Fragment ›Gedanken über die Herrnhuter‹, kritisiert er die Vermischung von »Gottesgelahrtheit und Weltweisheit . . ., worinne man mit Mühe und Not eine von der andern unterscheiden kann, worinne eine die andere schwächt, indem diese den Glauben durch Beweise erzwingen, und jene die Beweise durch den Glauben unterstützen soll; jetzo, sage ich, ist durch diese verkehrte Art, das Christentum zu lehren, ein wahrer Christ weit seltner, als in den dunklen Zeiten geworden« (L 7, 192–193). Der Begriff des Glaubens sei, wie Lessing 1773 schreibt, von der neueren Theologie preisgegeben:

»Wenn ich doch nur wüßte, was man mit diesem Worte [Glauben] sagen wollte. In dem Munde so mancher neuern Theologen, muß ich bekennen, ist es mir wenigstens ein wahres Rätsel. ... Sie haben so viel dringende Gründe des Glaubens, so viel unumstößliche Beweise für die Wahrheit der christlichen Religion an der Hand, daß ich mich nicht genug wundern kann, wie man jemals so kurzsichtig sein können, den Glauben an diese Wahrheit für eine übernatürliche Gnadenwirkung zu halten. ... Was der Heilige Geist nun noch dabei tun will, oder kann, das steht freilich bei ihm. ... Sie haben bewiesen, und so scharf bewiesen, daß kein billiges Gemüt an der Gründlichkeit ihrer Beweise etwas wird auszusetzen finden« (L 7, 532–533).

Und ein Jahr später schreibt er:

»Die Kanzeln, anstatt von der Gefangennehmung der Vernunft unter den Gehorsam des Glaubens zu ertönen, ertönen nun von nichts, als von dem innigen Bande zwischen Vernunft und Glauben. Glaube ist durch Wunder und Zeichen bekräftigte Vernunft, und Vernunft räsonnierender Glaube geworden. Die ganze geoffenbarte Religion ist nichts, als eine erneuerte Sanktion der Religion der Vernunft. Geheimnisse gibt es entweder darin gar nicht; oder wenn es welche gibt, so ist es doch gleichviel, ob der Christ diesen oder jenen oder gar keinen Begriff damit verbindet« (L 7, 816).

Auch in den ›Briefen, die neueste Literatur betreffend‹, vor allem in den Briefen 48–51 und 102–112, wendet sich Lessing gegen die »neumodische Rechtgläubigkeit« der Neologen. Gegen sie beruft er sich zustimmend auf Heumann, der gezeigt habe, daß Paulus nicht »die Lehren der Vernunft von Gott oder der philosophischen Theologie«, sondern den »Gott Abrahams, Isaaks und Jakobs« (L 4, 402) gepredigt habe. Gegen die bei den Neologen übliche Reduzierung des Christentums auf ein System der Vernunft und Moral verteidigt Lessing die alte Orthodoxie, die an den Dogmen und den »schweren und tiefsten Geheimnissen des Christentums« (L 4, 403) festgehalten habe. Die alte Orthodoxie habe der Jugend noch den »geheimnisvollen Begriff eines ewigen Erlösers« (L 4, 244) beigebracht, sie habe nicht wie die Neologen Jesus »bloß als einen frommen und ganz heiligen Mann, als einen zärtlichen Kinderfreund, lieben« (L 4, 243) lehren wollen. Auch bei Paulus findet sich, wie Lessing an dessen Reden vor Felix und dem Juden Agrippa zeigt, »nicht die geringste Spur von der dialektischen Klugheit« (L 4, 404) der Neologen. Paulus predige Christus nicht als den »Lehrer«, sondern als den »Versöhner«, er schweige nicht »von der Göttlichkeit und Genugtuung des Messias« und verkündige »Leiden, Sterben, Auferstehen, ein Licht dem Volke und den Heiden« (L 4, 405).

Die Neologie ist für Lessing ein falscher Kompromiß zwischen Glauben und Vernunft, der die offenen Probleme der Zeit tabuiert, indem er sie mit dem Anspruch und dem Schein fortschrittlicher Vernünftigkeit als gelöst ausgibt. Die Neologie hat für ihn weder die unaufhebbaren Wahrheiten und Geheimnisse der Bibel und der alten Theologie bewahrt noch die von der gegenwärtigen Welt gestellten Fragen mit der nötigen Klarheit und Differenziertheit gestellt und beantwortet. Bei dem sogenannten »vernünftigen Christentum« der Neologie wisse man weder, »wo ihm die Vernunft, noch wo ihm das Christentum sitzt« (L 7, 671).

Die Kritik des Pietismus

Lessings Verhältnis zum Pietismus ist differenzierter und positiver als das zur Neologie. Er verteidigt den Pietismus, z. B. den der Herrnhuter, insofern dieser im Rückgriff auf die Bibel und das Urchristentum nach neuen, der Gegenwart gemäßen Formen der Kirche und des religiösen Lebens sucht, insofern dieser den klerikalen Kirchenbegriff, die bestehende Kirche als gesellschaftlich-politische Institution, die erstarrte Orthodoxie und das Vernünfteln in der Theologie kritisiert. Er kritisiert jedoch den Pietismus, insofern dieser sich in einer totalen Kritik der eigenen Zeit und der in ihr ausgebildeten Vernunft und Wissenschaft allein auf das unmittelbare Gefühl als religiöses Organ beruft und das Urchristentum nicht als die frühe, sondern als die ursprüngliche und allein gültige Gestalt des Christentums deutet. Er kritisiert den Pietismus also insofern, als er eine mit der gegenwärtigen Welt unvermittelte Position der schlechten Subjektivität und ihrer Innerlichkeit ist.

Wenn Lessing auch erklärt, daß er persönlich froh sei, in der Gegenwart den christlichen Glauben wenigstens noch im Herzen bewahren zu können[19], und wenn er auch erklärt, daß der fromme Christ, der die Wahrheit der christlichen Religion erfahren habe, durch die Kontroversen der Theologie der Zeit nicht erschüttert werde[20], so will er hiermit doch nicht die Spannung zwischen Glaube und Vernunft, Glaube und gegenwärtiger gesellschaftlich-politischer Welt durch einen Rückzug auf das subjektive Gefühl und die bloße Innerlichkeit einseitig auflösen.

Lessing will andererseits jedoch nicht »alles innere Gefühl des Christentums leugnen« (L 8, 197). Er weiß zwar, daß das Gefühl nur »ein stroherner Schild ist«, worunter »nur eben ein einzelner Mensch, die Religion im Herzen« (L 8, 197), Raum hat. Aber wenn auch der »stroherne Schild«, wie Lessing gegen Goeze formuliert, nicht »gegen feurige Pfeile« hilft, »so hilft er doch gegen Hiebe« (L 8, 198) der Theologen. Dies und nur dies soll Lessings berühmter Satz von dem »Fühlen« und »Erfahren« des Paralytikus ausdrücken: »Nur dem fühlenden Christen sollte darin eine Schanze versichert werden, in welche er sich getrost werfen könne, wenn er mit seinen mutigern Theologen das Feld nicht mehr zu halten wage« (L 8, 196). »Er war ja bloß den einfältigen Christen, und nicht den Theologen gegeben, dieser Trost: wenigstens nur demjenigen Theologen zugleich gegeben, der über seine höhere Weisheit nicht verlernt hat, auch bloß einfältiger Christ zu sein« (L 8, 197).

Der Satz will also, wie Lessing ausdrücklich erklärt, nicht schlechthin die Theologie und die Wissenschaft für das Selbstverständnis des Christen in Frage stellen. Im Gegenteil, wo das Provisorium des Gefühls zum Eigentlichen erklärt wird, z. B. bei Klopstock und Wieland, fordert das Lessings Kritik heraus. Bei Klopstock löse sich alles in unbestimmte religiöse Empfindungen auf. Alle seine Lieder seien »so voller Empfindung, daß man oft gar nichts dabei empfindet« (L 4, 262). Klopstocks Versuch, über die christliche Religion dichterisch »neue Wahrheiten« zu sagen, führe zu einem »fanatischen und enthusiastischen Begriffe von Gott«:

»Die Wahrheit läßt sich nicht so in dem Taumel unsrer Empfindungen haschen! ... Er [Klopstock] steht an der wahren Quelle, aus welcher alle fanatische und enthusiastische Begriffe von Gott geflossen sind. Mit wenig deutlichen Ideen von Gott und den göttlichen Vollkommenheiten setzt sich der Schwärmer hin, überläßt sich ganz seinen Empfindungen, nimmt die Lebhaftigkeit derselben für Deutlichkeit der Begriffe, wagt es, sie in Worte zu kleiden, und wird, – ein Böhme, ein Pordage« (L 4, 253).

Auch wenn Wieland vom Erlöser am Kreuze spreche, sei das kein »wahres Gefühl der Religion«, sondern »süßer Enthusiasmus«, es seien »Ausschweifungen der Einbildungskraft. ... Wo diese so geschäftig ist, da ist ganz gewiß das Herz leer, kalt. So wie es tiefsinnige Geister gab, und noch gibt, welche uns die ganze Religion platterdings wegphilosophieren, weil sie ihr philosophisches System darein verweben wollen: so gibt es nun auch schöne Geister, die uns eben diese Religion wegwitzeln, damit ihre geistlichen Schriften auch zugleich amüsieren können« (L 4, 105–106). Lessing wendet sich daher auch gegen die von Wieland vorgeschlagene Predigtreform mit dem Argument, Einbildungskraft, Rührung der Affekte, Virtuosität auf der Kanzel führten notwendig zum Geschwätz der »fanatischen und enthusiastischen Prediger« (L 4, 120).

Lessing hat die durch die modernen Wissenschaften in besonderer Weise verschärfte Spannung zwischen Glaube und Vernunft aber auch nicht durch eine Reduktion des Christentums auf ein sogenanntes praktisches Christentum lösen wollen. Er sieht zwar auch in diesem Punkt das Moment der Wahrheit, das der Pietismus verteidigte. Er sieht, daß es Situationen geben kann, in denen es zu einem Konflikt kommen kann zwischen dem »Testament Johannis« und dem »Evangelium Johannis«, d. h. für Lessing zu einem Konflikt zwischen der Auffassung, daß für die Erlangung des Heils die »wahre christliche Liebe« »allein, das allein, wenn es geschieht, genug, hinlänglich genug ist«, und der Auffassung, daß auch bestimmte »christliche Glaubenslehren« (L 8, 20–21) heilsnotwendig sind. Er betont jedoch auch ausdrücklich, z. B. bei der

Auseinandersetzung mit Wieland und Shaftesbury, daß derjenige, der sich »aus dem Inhalte der Dogmatik überhaupt nichts mache, und die Religion bloß als eine erhabene Moral gelehret wissen wolle«, ein »Ketzer« sei: »Shaftesbury ist der gefährlichste Feind der Religion, weil er der feinste ist« (L 4, 118).[21]

Wenn Lessing die Pietisten – seit 1677 ein Ehrenname und ein Schimpfname[22] – nicht so scharf wie die Neologen kritisiert, so deshalb, weil er ihren Versuch, unter den neuen Verhältnissen neue Fragen zu formulieren und von der religiösen Innerlichkeit und Subjektivität aus neue Wege des sittlichen und religiösen Handelns zu suchen, trotz seiner Schwäche und seiner falschen Konsequenzen anerkennt.

Die Kritik des Deismus

Die Auseinandersetzung mit denjenigen, die man seit der Mitte des 18. Jahrhunderts Deisten nennt[23], und die man oft noch bis heute lobend oder tadelnd für die einzigen Vertreter der Aufklärung hält, gehört von Anfang an zu den zentralen Problemen des Lessingschen Denkens und bildet einen Schwerpunkt der Lessingforschung. Da Lessing wegen seiner angeblichen Übereinstimmung mit dem Deismus immer wieder entweder gelobt oder getadelt wird, soll diese Auseinandersetzung ausführlicher behandelt werden.

Mit dem in England, vor allem von Locke, Toland, Tindal, Morgan und anderen vertretenen Deismus und den von ihnen angeregten »Modeschriften« in Frankreich und Deutschland gegen die christliche Religion und für die natürliche Religion setzte sich Lessing bereits in den fünfziger und sechziger Jahren auseinander. Der Deismus, der von Reimarus in Anlehnung an den englischen Deismus auf Grund der neuen politischen Verhältnisse in Deutschland, der Ergebnisse der Bibelkritik und der Resultate der Wolffschen Metaphysik ausgebildet wurde, bildete dann den unmittelbaren Anlaß und Gegenstand der theologischen Streitschriften der siebziger Jahre. Der Deismus sah in der christlichen Religion ebenso wie in allen geschichtlichen Religionen lediglich eine psychologisch, historisch oder soziologisch zureichend erklärbare Früh- oder Verfallsform der natürlichen bzw. vernünftigen Religion. Er sah in den Lehren der geschichtlichen Religionen und vor allem des Christentums die Depravation der allein aus der universalen ›gesunden Vernunft‹ a priori zu entfaltenden ewigen Wahrheiten über die Schöpfung, über die Vorsehung und über die Unsterblichkeit der Seele. Die »Universalreligion«, wie sie etwa Lichtenberg definierte, hatte die geschichtlichen Religionen und die für sie konstitutiven geschichtlichen Zusammenhänge unbegriffen neben sich. »Wenn die Welt noch eine unzählbare Zahl von Jahren steht, so wird die Universalreligion geläuterter Spinozismus sein. Sich selbst überlassene Vernunft führt auf nichts Andres hinaus, und es ist unmöglich, daß sie auf etwas Andres hinausführe«.[24] Dies war das Ergebnis der abstrakten, »sich selbst überlassenen Vernunft«, von der man annahm, daß sie bei allen Menschen, in allen Zeiten und in allen Räumen gleich sei.

Lessing hat den hypostasierten Vernunftbegriff der Aufklärung und des Deismus bereits in den Fragmenten ›Über die menschliche Glückseligkeit‹ (1747–1748) und ›Die Religion‹ (1749), in denen er von den »Labyrinthen der Selbsterkenntnis« (L 1, 201) spricht, als Schein und Wahn kritisiert. Seine frühen Spekulationen vor der Herausgabe der Fragmente des Reimarus, die eine neue Deutung des Verhältnisses von Vernunft und christlicher Religion suchen, bleiben, wie Schneider und Thielicke im einzelnen gezeigt haben, fragmentarisch und widerspruchsvoll, weil sie diesen hypostasierten Vernunftbegriff noch nicht endgültig überwinden können.

Von diesen frühen Spekulationen aus kann daher Lessings Kritik des Deismus noch nicht zureichend entwickelt werden. Soviel ist jedoch deutlich: Lessing hat auch in diesen frühen Spekulationen niemals im Ernst die theologia naturalis der rationalen Metaphysik bzw. die natürliche oder vernünftige Religion des Deismus als Bedingung und Fundament der christlichen Theologie gefordert oder auch nur anerkannt. Er hat zu keiner Zeit im Ernst im Sinne mancher zeitgenössischen Deisten »Religion und Aberglauben für eins genommen« (L 7, 814), die christliche Religion als Priesterbetrug, als bloße Konvention oder als Produkt der sich selbst noch entfremdeten menschlichen Vernunft erklärt.[25]

Die folgende Darstellung der Deismuskritik Lessings beschränkt sich auf drei Probleme: auf die Probleme der Offenbarung, des Wunders und der Toleranz.

a) Der Deismus entscheidet die Frage nach der Möglichkeit oder Unmöglichkeit einer göttlichen Offenbarung am Maßstab der natürlichen Religion der »gesunden Vernunft«. Von ihr aus kommt er konsequenterweise zur Bestreitung der Möglichkeit einer jeden Offenbarung. Das zweite Fragment des Reimarus, das Lessing mit kritischen Zusätzen herausgibt, trägt den Titel: »Unmöglichkeit einer Offenbarung, die alle Menschen auf eine gegründete Art glauben könnten« (L 7, 686). Für Lessing dagegen kann die der natürlichen bzw. vernünftigen Religion zugrunde liegende abstrakte Vernunft prinzipiell nicht über die Möglichkeit oder Unmöglichkeit einer Offenbarung entscheiden. Die aus der Vernunft a priori entwickelte natürliche Religion kann für ihn nicht Voraussetzung und Prüfstein einer Offenbarungsreligion sein, weil ihre Gründe von denen einer Offenbarungsreligion völlig verschieden sind: »Die geoffenbarte Religion setzt im geringsten nicht eine vernünftige Religion voraus«, und sie ist nicht »ohne dieselbe unverständlich«. Im Gegenteil, die »eben so scharfen als faßlichen Beweise« der »bloßen Vernunftwahrheiten« (L 7, 819–820), die »aus der Natur der Dinge fließen«, unterscheiden sich qualitativ von den »Beweisen für die Offenbarung«, die sich »auf Zeugnisse und Erfahrungssätze« gründen. Der Unterschied zwischen beiden Beweisen ist für Lessing unaufhebbar: »Und das Abstechende der stärksten Beweise dieser Art [Zeugnisse und Erfahrungssätze] gegen Beweise, die aus der Natur der Dinge fließen, ist so auffallend, daß alle Kunst, dieses Auffallende zu vermindern, dieses Abstechende durch allerlei Schattierungen sanfter zu machen, vergebens ist« (L 7, 821). Die Vernunft, die aus sich und aus der Natur der Dinge klare, scharfe und faßliche Vernunftwahrheiten entwickelt, ist verschieden von der konkreten Vernunft, die auf Zeugnisse und Erfahrungssätze angewiesen ist und Kritik und Zustimmung fordert, wenn sie zu dem durch die Aufklärung gestellten Problem der Offenbarung Stellung nehmen will. In einer Situation, in der sich in den Wissenschaften ein voraussetzungsloser Vernunftbegriff etabliert und in der verschiedene Religionen den Anspruch erheben, die allein wahre Offenbarungsreligion zu sein, kann nach Lessings Überzeugung die konkrete Vernunft höchstens sagen, welche »es *wahrscheinlich* sei« (L 7, 817). Sie kann, wie Lessing in der ›Erziehung des Menschengeschlechts‹ zeigt, auch bei der Erörterung des Offenbarungsproblems nur Hypothesen und Denkmodelle entwickeln.

b) Der Horizont, unter dem das Wunder in der Theologie des 18. Jahrhunderts, vor allem aber im Deismus weithin gedeutet wurde, war die Natur als ein vernünftig geordneter und mit der Vernunft erkennbarer geschaffener Kosmos. Für die Bibel dagegen war das wesentliche Kennzeichen eines Wunders nicht die Durchbrechung von Naturgesetzen, nicht die willkürliche Demonstration der Macht Gottes, sondern ein glaubwürdiges Zeichen für die Heilsökonomie Gottes und für die Glaubwürdigkeit der Träger seiner Verheißung. Für Augustinus und für Thomas bedeuten Wunder unter anderem auch eine Außerkraftsetzung, ja Durchbrechung der uns bekannten Natur und ihrer Gesetze.[26] Dies hatte Konsequenzen für die weitere theologische und philosophische Diskussion des Wunderproblems.

Während die Theologie des 18. Jahrhunderts das Wunder z. B. verteidigte, weil es ein die uns bekannten Naturgesetze durchbrechendes Ereignis, in diesem Sinne ein ›übernatürliches‹ Ereignis war, wurde es von dem Deismus aus demselben Grunde geleugnet. Das Argument, das die damalige Theologie zur Erklärung und Rechtfertigung des Wunders gebrauchte, gebrauchten Reimarus und die Deisten zur Destruktion des Wunderglaubens. Reimarus versucht z. B., an der Erzählung vom Durchgang der Israeliten durch das Rote Meer im einzelnen zu zeigen, daß dieses Wunder – und damit für ihn alle übrigen Wunder, von denen die Bibel berichtet – »aus menschlichem Gehirn ertichtet, und in der Tat nicht geschehen sind, noch etwas Göttliches beweisen« (L 7, 745). »Daß diese Wunder einen inneren Widerspruch und wahre Unmöglichkeit in sich halten« (L 7, 744), glaubt Reimarus allein schon dadurch bewiesen zu haben, daß sie dem widersprechen, was – für ihn – »die Natur und Erfahrung lehrt« (L 7, 743). Seine ausführliche naturwissenschaftliche Beschreibung des Meeresbodens und der Beschaffenheit des Roten Meeres und seine genaue Errechnung der Zahl der Israeliten, der Ägypter und ihrer Habe aus den biblischen Berichten soll beweisen, daß das berichtete Ereignis jeder »deutlichen Vorstellung der Sachen« (L 7, 737) widerspricht, daß es also ein unglaubwürdiges ›übernatürliches‹ Ereignis ist.

Für Lessing dagegen ist das Wunder ein Problem, das sich mit den so gedeuteten Kategorien Natur und Übernatur überhaupt nicht adäquat beschreiben läßt. Er erörtert es von vornherein auf einer anderen Ebene als Reimarus. Das Wunder ist für ihn in seinem Zentrum durch die Methoden der modernen Naturwissenschaften und der historisch-kritischen Wissenschaften überhaupt nicht zu erfassen. Sicherlich können diese Wissenschaften für ihn manches verständlich machen, was den Menschen vergangener Jahrhunderte und also auch den Verfassern des Alten und Neuen Testaments im Gegensatz zu uns als Wunder erscheinen konnte. So versucht Lessing z. B., gegen Reimarus naturwissenschaftlich die Austrocknung des Meerbusens »ungezwungener« (L 7, 827) zu erklären und historisch nachzuweisen, daß aus den Zahlenangaben der Erzählung, aus denen Reimarus vor allem die Unmöglichkeit des Wunders zu beweisen versucht, für die Möglichkeit des Wunders und seiner Bedeutung »ganz und gar nichts« folge, da man »in den ältesten Zeiten ... mit großen Summen noch sehr undeutliche Begriffe« (L 7, 826) verband. Aus der Tatsache, daß ein Ereignis wissenschaftlich aus natürlichen Kräften erklärbar ist oder nicht, läßt sich für Lessing zum Problem der Wunderhermeneutik noch gar nichts aussagen: »Man muß ein Wunder, weil sich keine natürlichen Kräfte angeben lassen, deren sich Gott dazu bedient, nicht platterdings verwerfen« (L 7, 829).

Die Ebene, auf der Lessing das Wunder zum Problem wird und auf der er es daher erörtert, ist die Geschichte. Da dem Menschen nach der Ausbildung der historisch-kritischen Wissenschaft nicht unmittelbar Wunder überhaupt, sondern die Möglichkeit oder Tatsächlichkeit der in der Bibel berichteten Wunder zum Problem geworden ist, erörtert Lessing das Wunderproblem zuerst und vor allem als ein hermeneutisches Problem. Er erklärt ausdrücklich, daß er nicht leugne und daß er auch keinen überzeugenden Grund zu einem Zweifel daran habe, daß sich Gott im Alten Testament durch Wunder bezeugt habe[27] und »daß Christus Wunder getan« (L 8, 12) habe. Er unterscheidet – wie die heutige Theologie – zwischen den verschiedenen Wunderberichten und Wundertaten in der Bibel und vergleicht sie mit zeitgenössischen mythologischen Vorstellungen. Er läßt jedoch – in bewußtem Gegensatz zu den Deisten – die Frage nach der prinzipiellen Möglichkeit oder Unmöglichkeit von Wundern offen.

Die jetzt dringliche Frage lautet für Lessing, ob der *damals* in den Wundern und Zeichen offenbar gewordene »Beweis des Geistes und der Kraft«, der noch bis Origines »einen eigenen göttlichern Beweis habe, als alle griechische Dialektik gewähren könne« (L 8, 10), noch für mich, »der ich in dem 18ten Jahrhunderte lebe, in welchem es keine Wunder mehr gibt« (L 8, 11), ein zureichender »Beweis des Geistes und der Kraft« sein könne.

Dies ist für Lessing eine Frage, die er auf dem Boden der kritischen Vernunft nicht endgültig lösen kann. In der Schrift ›Über den Beweis des Geistes und der Kraft‹ (1777) gegen Schumann und in der Schrift ›Eine Duplik‹ (1778) gegen Reß, die beide Gegenschriften gegen die von Lessing veröffentlichten Fragmente des Reimarus geschrieben hatten, betont Lessing – im Gegensatz zu Kierkegaards Auffassung[28] – vor allem den Unterschied der Überzeugungskraft der Wunder für den damaligen und für den heutigen Glaubensvollzug: »Ein andres sind Wunder, die ich mit meinen Augen sehe, und selbst zu prüfen Gelegenheit habe: ein andres sind Wunder, von denen ich nur historisch weiß, daß sie andre wollen gesehn und geprüft haben« (L 8, 10). Lessings Frage lautet daher, ob die Wunder in der Bibel, die dem damaligen Menschen die Heilsmacht Gottes und die Glaubwürdigkeit der geschichtlichen Träger seiner Verheißung bezeugen sollten, die also »nicht für uns Christen getan, die wir jetzt leben«, für uns noch dieselbe Überzeugungskraft haben können. Der »garstige breite Graben« (L 8, 14), der sich für Lessing in den beiden genannten Schriften auftut, entsteht dadurch, daß das »Medium«, wodurch wir heute von den Weissagungen und Wundern allein wissen, zu einem Medium geworden ist, das diesen Weissagungen und Wundern »alle Kraft benimmt«, »daß dieser Beweis des Geistes und der Kraft itzt weder Geist noch Kraft mehr hat; sondern zu menschlichen Zeugnissen von Geist und Kraft herabgesunken ist« (L 8, 11). Lessing kann daher in diesen Schriften sagen, daß die Wunder »das Gerüste, und nicht der Bau« (L 8, 36) der christlichen Religion sind.

Im § 22 der ›Erziehung des Menschengeschlechts‹ scheint der »garstige breite Graben« jedoch für Lessing nicht mehr so garstig und breit zu sein. Hier geht er davon aus, daß sich Gott in den Wundern des Alten und Neuen Testamentes nicht nur für das jüdische Volk und die damaligen Menschen, sondern auch für »das ganze Menschengeschlecht« geoffenbart habe: »Die Wunder, die er für die Juden tat, die Prophezeiungen, die er durch sie aufzeichnen ließ, waren ja nicht bloß für die wenigen sterblichen Juden, zu deren Zeiten sie geschahen und aufgezeichnet wurden: er hatte seine Absichten damit auf das ganze jüdische Volk, auf das ganze Menschengeschlecht« (L 7, 840). Lessing sieht also in der ›Erziehung des Menschengeschlechts‹ bei der Erörterung des Wunderproblems nicht nur die geschichtliche Differenz in der Glaubenserfahrung des Alten und Neuen Testaments und der des heutigen Menschen, sondern auch die durch die Offenbarung Gottes »auf das ganze Menschengeschlecht« gerichtete und geschichtlich verbürgte und vermittelte Einheit.

Lessing schafft das Wunderproblem nicht im Horizont der Natur und der ›gesunden Vernunft‹, wie z. B. Reimarus und der Deismus, kurzschlüssig beiseite, sondern zeigt, unter welchen Bedingungen es in der Moderne von der Theologie erörtert werden müßte. Er fragt nicht nach dem Wunder an sich, sondern nach der verschiedenen Wundererfahrung der Gläubigen damals und heute. Nicht die Durchbrechung der Naturgesetze, sondern die Erfahrung des »Beweises des Geistes und der Kraft« war damals und ist heute der entscheidende Punkt. Glaube ist für Lessing nicht »durch Wunder und Zeichen bekräftigte Vernunft«, sondern freie Zustimmung und Anerkennung der göttlichen »Geheimnisse« (L 7, 816).

c) Das Toleranzproblem gehört nach dem Selbstverständnis des Deismus und Lessings zu den ungelösten Problemen der neuen gesellschaftlich-politischen Welt. Auch an der Art und Weise, in der Reimarus und Lessing dieses Problem aufgreifen und zu lösen versuchen, wird der Unterschied zwischen beiden deutlich.

Reimarus versteht in dem von Lessing mit kritischen Zusätzen edierten Fragment ›Von Duldung der Deisten‹ den Deismus als die neue, allein wahre natürliche bzw. vernünftige Religion und fordert vom Staat und von der Gesellschaft die Duldung der Anhänger der vernünftigen Religion aus politischen und aus religiösen Gründen. Solange die Deisten »den Staat und die guten Sitten« (L 7, 657) achten, müsse ihnen auch in einem von Christen beherrschten Staat, in der »bürgerlichen Gesellschaft und unter Christen« (L 7, 664), »bürgerliche Toleranz« (L 7, 659) gewährt werden, so wie der Staat sie z. B. den verschiedenen religiösen Gruppen und Sekten in Holland, England und in den englischen Kolonien gewähre. Reimarus beruft sich bei seiner Forderung nach Religionsfreiheit im Staat und in der Gesellschaft auf den durch die englische Revolution gebildeten Staat und spielt diesen gegen die von katholischen und protestantischen Mächten beherrschten europäischen Staaten aus. Eine »äußere Unterdrückung« (L 7, 664) »durch obrigkeitliche Hülfe« ist für Reimarus »sowohl dem alten als neuen Testamente, sowohl dem Gesetze Mosis und dem Betragen der jüdischen Kirche, als der Regel und dem Exempel Christi und seiner Apostel gerade entgegen« (L 7, 666).

Reimarus fordert die Duldung der Anhänger der vernünftigen Religion vor allem aus politischen und religiösen Gründen. Die vernünftige Religion sei für die »gesunde Vernunft« die einzig wahre Religion.[29] Diese setzt Reimarus dem unvernünftigen Glauben des »gemeinen Mannes«, des »blinden Pöbels« und der »Priester« entgegen. Für den Gläubigen sei kennzeichnend, daß seine »ganze Religion im Glauben besteht . . .: wenn bei ihm der Glaube wegfiele, so bliebe gar keine Religion übrig« (L 7, 656). Reimarus sieht also einen Gegensatz zwischen dem Glauben, der sich allein auf bloß positiven, bloß historischen Begebenheiten gründet, und der vernünftigen Religion, die allein aus der Vernunft entwickelt werden kann. Die vernünftige Religion wird von Reimarus als die allein wahre und universale Religion anthropologisch begründet, »da doch der Mensch allein dadurch, daß er eine vernünftige Kreatur ist, vor allen Tieren einer Religion fähig wird« (L 7, 667). Reimarus will nicht, daß »die vernünftigen Verehrer Gottes . . . mit allen Unchristen, Religionsspöttern, Atheisten und Gotteslästerern in eine Klasse« (L 7, 663) gesetzt werden.

Lessing stimmt mit Reimarus darin überein, daß er »alle bürgerliche Verfolgung« (L 7, 671) und alle Unterdrückung der religiösen und politischen Freiheit des Menschen mit staatlichen Mitteln und Mitteln der Gewalt entschieden ablehnt. In allen seinen Schriften und Dramen erhebt er gegen jede Form von »Aussaugung und Despotismus seine Stimme« und fordert nicht nur politische, sondern auch religiöse Freiheit. Schon 1769 hatte er im kritischen Blick auf die Verhältnisse in Preußen auf die größeren »Rechte der Untertanen . . . in Frankreich und Dänemark« (L 9, 327) hingewiesen.

Der Kampf für die religiöse und politische Freiheit macht Lessing jedoch nicht blind für die Konsequenzen eines abstrakten Freiheits- und Toleranzbegriffs, wie ihn die Aufklärung entwickelt hatte. Für Lessing ist die Frage der Verwirklichung und Sicherung der bürgerlichen und religiösen Freiheit und die Frage nach der Bestimmung des Verhältnisses der »herrschenden Religion« zu den religiösen Minderheiten historisch und sachlich differenzierter als für Reimarus und für die Deisten. In seinen kritischen Bemerkungen zu dem Fragment des Reimarus macht Lessing deutlich, daß in dem Staat der Juden die religiöse Freiheit auch nicht »ohne alle Bedingung« (L 7, 670) gewährt wurde und daß sie in den gegenwärtigen europäischen Staaten nicht bedingungslos gewährt werden könne.

Die erste Bedingung der Religionsfreiheit in einem modernen Staat sieht Lessing darin, daß man die Freiheit, die man selbst für sich verlangt, auch anderen gewährt. Sekten, die allein die Wahrheit zu haben beanspruchen, führen nach seiner Überzeugung zur Anarchie und Unfreiheit: »Ich hasse alle die Leute, welche Sekten stiften wollen, von Grund meines Herzens. Denn nicht der Irrtum, sondern der sektierische Irrtum, ja sogar die sektierische Wahrheit machen das Unglück der Menschen; oder würden es machen, wenn die Wahrheit eine Sekte stiften wollte« (L 9, 606). Diese erste

Bedingung erfüllen nach Lessing die Deisten nicht: »Unsere Deisten wollen ohne alle Bedingung geduldet sein. Sie wollen die Freiheit haben, die christliche Religion zu bestreiten; und doch geduldet sein. Sie wollen die Freiheit haben, den Gott der Christen zu verlachen; und doch geduldet sein. Das ist freilich ein wenig viel« (L 7, 670). Bereits 1769 hatte Lessing an Nicolai geschrieben: »Sagen Sie mir von Ihrer Berlinischen Freiheit zu denken und zu schreiben ja nichts. Sie reduziert sich einzig und allein auf die Freiheit, gegen die Religion so viel Sottisen zu Markte zu bringen, als man will. Und dieser Freiheit muß sich der rechtliche Mann nun bald zu bedienen schämen« (L 9, 327). Schon wegen der politischen Konsequenzen hält Lessing daher den von Reimarus vorgetragenen abstrakten Freiheits- und Toleranzbegriff für unzureichend.

Toleranz ist für Lessing jedoch mehr als ein politisches und staatsrechtliches Problem, mehr als die Duldung religiöser Minderheiten in einem Staat und in einer Gesellschaft. Sie ist für ihn »eine wesentliche Lehre der christlichen Religion« (L 3, 394 Anm.). Toleranz ist daher für Lessing nicht zureichend bestimmt, wenn man in ihr nur eine Maxime des zweckmäßigen politischen Handelns sieht, bei der die Wahrheitsfrage prinzipiell eingeklammert oder gar neutralisiert ist. Toleranz bedeutet für ihn nicht, wie Hannah Arendt Lessings Auffassung deutet, Preisgabe der Wahrheitsfrage um der Freundschaft und Humanität willen,[30] bedeutet nicht verbindliche Verpflichtung zur Unverbindlichkeit. Solche Toleranz und solche Duldung ist in den Augen Lessings »Ruchlosigkeit«, nicht »Tugend«:

»Ich sage bloß, daß ich ihn [Lessing meint sich selbst] bei dieser Gelegenheit öfterer einen Ausspruch des heil. Hieronymus für sich anführen hören, nach welchem die kalte ruhige Duldung unverdienter Vorwürfe der Irreligion nicht für Tugend, sondern für Ruchlosigkeit erkläret wird« (L 8, 473). »Wenn der Mensch bei dem, was er deutlich für Mißhandlung der Vernunft und Schrift erkennet, nicht warm und teilnehmend werden darf: wenn und wo darf er es denn?« (L 8, 107)

Toleranz im Sinne Lessings schließt damit die Wahrheitsfrage und den eigenen geschichtlich bedingten und »auf Treu und Glauben angenommenen« Standpunkt nicht nur nicht aus, sondern sogar ein. Allein die »sektierische Wahrheit« (L 9, 606) und der »einseitige Geschmack« (L 6, 9) zerstören die Einigkeit, die zur wahren Toleranz und »wechselseitigen Hochachtung« notwendig ist: »Uneinigkeit, die bloß daher entstehet, daß jeder der Wahrheit auf einer andern Stelle aufpaßt, ist Einigkeit in der Hauptsache, und die reichste Quelle einer wechselseitigen Hochachtung, auf die allein Männer Freundschaft bauen« (L 7, 562). Zur Begründung des Toleranzbegriffs braucht man nach Lessing nicht, wie Reimarus glaubt, die christliche Religion aufzuheben und eine neue Religion zu stiften. In einer Gesellschaft, in der die Religion nicht mehr eine das Ganze integrierende Funktion hat, würde nach Lessings Überzeugung die Stiftung einer verbindlichen neuen Religion oder einer neuen Sekte nur die religiöse und politische Freiheit des Einzelnen zerstören.

Lessing nennt die Lehre von der Toleranz »eine wesentliche Lehre der christlichen Religion« (L 3,394 Anm.). Was er hierbei unter christlicher Religion versteht, unterscheidet sich freilich von den Vorstellungen der damaligen Orthodoxie und Theologie und auch von der Praxis der damaligen Kirchen. Die Toleranz zeigt sich für Lessing vor allem in der aufrichtigen Mühe, mit der jemand so nach der dem Menschen nie absolut verfügbaren Wahrheit forscht, daß er hierbei das Moment der Wahrheit in dem Standpunkt des anderen zu erkennen und zu bewahren versucht, und es zeigt sich in der »christlichen Liebe« (L 8,21) zu dem Nächsten. Diese Liebe, »das allein, wenn es geschieht, [ist] genug, hinlänglich genug« (L 8,20). Das ist die einzige Gewißheit, die der in toleranter Weise nach der Wahrheit strebende Mensch besitzen kann. Die Liebe ist nach der ›Ringparabel‹ der einzige Maßstab, mit dem der Richter am Ende der Geschichte die Menschen und die Religionen beurteilen wird. Diese Liebe ist freilich mehr als die von den Deisten und von Reimarus propagierte bloße Duldung und eine verbindliche Verpflichtung zur Unverbindlichkeit. Lessings Begründung der Religionsfreiheit wird bei der Darstellung der ›Ringparabel‹ noch deutlicher werden. Der Unterschied zu Reimarus und zu den Deisten ist jedoch schon jetzt deutlich: Während Lessing die in der Moderne gestellten Probleme der Offenbarung, des Wunders und der Toleranz so diskutiert, daß die kritische Subjektivität hierbei offen und verwiesen bleibt auf die Vermittlung der christlichen Überlieferungsgeschichte, glauben Reimarus und die Deisten, diese Probleme von der ungeschichtlichen Vernunft a priori aus entscheiden zu können.

Das Denkmodell in der ›Erziehung des Menschengeschlechts‹

a) Zwei Interpretationen der ›Erziehung des Menschengeschlechts‹, von denen aus sich Lessings Ziel und Methode leichter verstehen lassen, seien am Anfang kurz gekennzeichnet. Die eine stammt von Hamann, die andere von Hegel. Beide gehen davon aus, daß Lessing »in ganz anderen Tiefen des Geistes« lebte, als die sogenannte Berliner Aufklärung und »als seine Freunde, die vertraut mit ihm zu sein meinten, ahneten« (BSch 225). Beide haben vor Lessing wegen seines Ernstes und seiner Wahrheitsliebe, mit der er »eine neue Bahn zu brechen« suchte[31], eine große Hochachtung. Beide kritisieren ihn jedoch, weil er trotz seiner Auseinandersetzung mit der Berliner Aufklärung noch von den Voraussetzungen eben dieser Aufklärung abhängig sei und weil er die theologischen und philosopischen Probleme der Zeit nicht zureichend erkannt und gelöst habe.

Hamann vermutet trotz seiner großen Hochachtung hinter allen Äußerungen Lessings eine »Feindschaft gegen das Christentum«.[32] Er sieht in dessen ›Erziehung des Menschengeschlechts‹ – wenngleich hier in einer von der sonstigen Aufklärung verschiedenen Form – »den alten Sauerteig unserer Modephilosophie; Vorurtheil gegen Judentum – Unwißenheit des wahren Reformationsgeistes. Mehr Wendung, als Kraft«[33]. Er sieht in Lessings Deutung der Offenbarungsgeschichte und in seiner Hypothese von der Umwandlung der Offenbarungswahrheiten in Vernunftwahrheiten nur den Entwurf eines nachchristlichen, ja antichristlichen Selbst- und Geschichtsverständnisses, der gerade die von Hamann intendierte Deutung des Menschen und der Geschichte unmöglich macht.

Hegel erwähnt in seiner Darstellung des Ganges der Weltgeschichte Lessings ›Erziehung des Menschengeschlechts‹ als eine der Vorstellungen, die die Weltgeschichte durch das unbestimmte Prinzip der Perfektibilität deuten. Diese Theorien und »Vorstellungen« sind für Hegel »unbefriedigend«[34], weil sie die Weltgeschichte nicht als »die Auslegung des Geistes in der Zeit« (a.a.O. 154) in ihren qualitativen Veränderungen begreifen.

»Unbefriedigend ist die Vorstellung des Fortschreitens, weil sie vornehmlich eben in der Form behauptet wird, daß der Mensch eine Perfektibilität habe, d. h. eine reale Möglichkeit und auch Notwendigkeit, immer vollkommener zu werden. Hier wird der Bestand nicht als das Höchste angesehen, sondern das Höchste scheint das Verändern zu sein. In dieser Vorstellung liegt keine andere Bestimmung als die der Vervollkommnung, die sehr unbestimmt ist und nichts zurückläßt als die Veränderlichkeit; es ist kein Maßstab für das Vorhandene, inwiefern es das Rechte, das Substanzielle sei. Kein Prinzip des Ausschließens ist darin, es ist kein Ziel, kein bestimmter Endzweck gesetzt; es ist mehr die Veränderung, die das Residuum darin ist, was allein die Bestimmtheit ausmacht. – Die Vorstellung von der Erziehung des Menschengeschlechts (Lessing) ist geistreich, berührt aber nur in der Ferne das, wovon hier [in Hegels Philosophie der Weltgeschichte] die Rede ist. Das Fortschreiten hat überhaupt in diesen Vorstellungen die Form des Quantitativen. Immer mehr Kenntnisse, feinere Bildung, – lauter solche Komparative; darin läßt sich lange fortreden, ohne daß irgendeine Bestimmtheit angegeben, etwas Qualitatives ausgesprochen wird. ... Das Ziel muß gewußt werden, das erreicht werden soll. Der Geist ist in seiner Tätigkeit überhaupt so, daß seine Produktionen, Veränderungen als qualitative Änderungen vorgestellt und erkannt werden müssen« (a.a.O. 150).

Lessing selbst kritisiert zwar ausdrücklich den Begriff Perfektibilität, mit dem z. B. Rousseau den Menschen und seine Geschichte glaubt deuten zu können, er will diesen Begriff zumindest anders verstanden wissen.[35] Trotzdem sieht Hegel in Lessings ›Erziehung des Menschengeschlechts‹ nur eine »geistreiche« Vorstellung, die mit den Fortschrittstheorien der abstrakten Aufklärung gemeinsam hat, daß sie bloß in abstrakter und unbestimmter Weise von dem Gang des Geistes handelt, von dem in seiner eigenen Philosophie der Weltgeschichte in der allein zureichenden Form des Begriffs die Rede sei.
Im Gegensatz zu Hamann und Hegel, die wie viele spätere Kri-

tiker in Lessings ›Erziehung des Menschengeschlechts‹ also im Grunde nur einen nachchristlichen, ja antichristlichen Entwurf eines Selbst- und Geschichtsverständnisses oder nur eine abstrakte Fortschrittstheorie sahen und sehen, hat Lessing selbst diese Schrift ausdrücklich nicht als sein Glaubensbekenntnis und nicht als seine Geschichtsphilosophie verstanden. Er verstand sie vielmehr als eine legitime Spekulation der mit der Geschichte vermittelten kritischen Vernunft.

Spekulationen über theologische Fragen, z. B. über die Begriffe vom Wesen Gottes und des Menschen und des Verhältnisses beider zueinander, die dem Menschen allein durch eine geschichtlich vorgegebene Religion geoffenbart sind und »auf welche die menschliche Vernunft von selbst nimmermehr gekommen wäre«, können für Lessing niemals Unheil stiften und »der bürgerlichen Gesellschaft nachteilig« (L 8,611) werden. Sie dienen nach seiner Überzeugung im Gegenteil der Aufklärung des Verstandes und der Reinigung des Herzens und sind in der geschichtlichen Situation legitim und unvermeidlich, in der die Religion und die Offenbarung in ihrer tradierten Gestalt ›frag-würdig‹ geworden sind. »Nicht den Spekulationen: dem Unsinne, der Tyrannei, diesen Spekulationen zu steuern; Menschen, die ihre eigenen hatten, nicht ihre eigenen zu gönnen«, sei der Vorwurf zu machen, daß sie Unheil stiften. Spekulationen über theologische Fragen seien vielmehr »unstreitig die schicklichsten Übungen des menschlichen Verstandes überhaupt« (L 8,611).[36]

Lessing hat sich nach dem ›Vorbericht des Herausgebers‹ der ›Erziehung des Menschengeschlechts‹ in dieser Schrift nur »auf einen Hügel gestellt, von welchem er etwas mehr, als den vorgeschriebenen Weg seines heutigen Tages zu übersehen *glaubt*« (L 8,590). Er verlangt nicht, »daß die Aussicht, die ihn entzücket, auch jedes andere Auge entzücken müsse« (L 8,590). Die anderen Menschen brauchten ja nicht »den nämlichen Begriff« (L 7,834) von der seligmachenden Religion und der Offenbarung zu haben, um selig und glücklich zu werden. Lessing möchte daher, daß man ihn da stehen und staunen läßt, wo er steht und staunt.

Diese und andere Aussagen Lessings zeigen eindeutig, daß er selbst die in seiner Schrift vorgetragene Spekulation nicht als dogmatische

Antwort und nicht als eine für alle Zeiten und für alle Menschen verbindliche Lösung betrachtet hat. Trotzdem hat das in der ›Erziehung des Menschengeschlechts‹ mitgeteilte Denkmodell nach Lessings Überzeugung für die Subjektivität in der Moderne eine allgemeinere Bedeutung: Sie soll in der Auseinandersetzung der Zeit (1.) den Glauben derjenigen erschüttern, die von ihrer Vernunftreligion, ihrer historisch-kritischen Wissenschaft oder ihrem Atheismus aus über alle geschichtlichen Religionen lächeln oder zürnen.[37] Die Spekulation ist Kritik der Religionskritik, indem sie gegen den Vorwurf der unvernünftigen Positivität der geschichtlichen Religionen die mögliche innere Vernünftigkeit der Offenbarung zu zeigen versucht. Die Spekulation wird daher, das ist Lessings Überzeugung, der Theologie bei ihrer Auseinandersetzung mit der zeitgenössischen Religionskritik und bei ihrem Ringen um ein neues Selbstverständnis von großem Nutzen sein: Es würde »viele Schwierigkeiten heben, wenn man sich die Offenbarung als eine Erziehung des Menschengeschlechts *vorstellet*« (L 8, 591).

Das Denkmodell soll (2.) den Glauben derjenigen stärken, die angesichts der unbegreiflichen, ja scheinbar sinnlosen Schritte der Vorsehung an dieser Vorsehung zweifeln.[38] Die ›Erziehung des Menschengeschlechts‹ soll angesichts einer Theologie und Philosophie, die die Offenbarung mit ihren Kategorien nicht mehr glaubwürdig aussagen kann, die Denkmöglichkeit der Offenbarung als einer allgemeinen Erziehung des Menschengeschlechts zur Diskussion stellen. Diese allgemeine Offenbarungsgeschichte will die Gegenwart und die Zukunft in ihrer Differenz und in ihrer Einheit mit der bisherigen christlichen Überlieferungsgeschichte deutlich machen. Lessing will sich in dem unvollendeten und offenen Geschichtsprozeß als Hoffender den Grund seiner Hoffnung und das Ziel der Geschichte in der »unermeßlichen Ferne«, das »weder ganz verhüllt noch ganz entdeckt« (L 8,590) ist, deutlich machen.

Lessing ist daher der Überzeugung, daß seine Spekulation »bei weitem so heterodox nicht« ist, als es dem flüchtigen Leser »bei dem ersten Anblicke scheinet« (L 7,835).[39] Er ist sich auch des fragmentarischen Charakters seiner Schrift durchaus bewußt. Er wollte diese Arbeit nie als seine eigene anerkennen, wie er seinem

Bruder am 25. 2. 1780 schrieb. Es besteht trotzdem kein überzeugender Grund, an »der Lauterkeit der Absichten des Verfassers« (L 7,835) zu zweifeln. Unter der Fiktion, daß die Schrift von einem guten Freunde verfaßt sei, schreibt Lessing an Johann Albert Heinrich Reimarus:

»Die Erziehung des Menschengeschlechts ist von einem guten Freunde, der sich gern allerlei Hypothesen und Systeme macht, um das Vergnügen zu haben, sie wieder einzureißen. Diese Hypothese nun würde freilich das Ziel gewaltig verrücken, auf welches mein Ungenannter [gemeint ist Hermann Samuel Reimarus] im Anschlage gewesen. Aber was tuts? Jeder sage, was ihm Wahrheit dünkt, und die Wahrheit selbst sei Gott empfohlen« (L 9, 775–776).

Wie die Systeme der Theologen und Philosophen, so kann für Lessing auch die in der ›Erziehung des Menschengeschlechts‹ vorgetragene Spekulation die Verwiesenheit des Menschen auf die in der Bibel und der Überlieferung vermittelte Offenbarung Gottes weder aufheben noch überflüssig machen. Was Lessing von den Schriften der Theologen und Philosophen sagt, gilt auch für seine eigene Spekulation: Weil »bis auf diesen Tag noch kein vollständiger untrüglicher Lehrbegriff aus ihnen [den Schriften der Evangelisten und Apostel] gezogen worden; *auch vielleicht ein dergleichen Lehrbegriff nun und nimmermehr aus ihnen gezogen werden kann*« (L 8,191), ist die Bibel auch für die in der ›Erziehung des Menschengeschlechts‹ vorgetragene »Spekulation« nicht überflüssig.

Auch wenn Lessing vier Wochen vor seinem Tode Daveson zu Moses Mendelssohn schickt, da ihm dieser möglicherweise den »kürzesten und sichersten Weg nach dem europäischen Lande vorschlagen [könne], wo es weder Christen noch Juden gibt« (L 9, 883), d. h. zu jenem Land, in dem die Umwandlung der Offenbarungswahrheiten in Vernunftwahrheiten bereits vollzogen sei, so zeigen auch diese ironischen und resignierten Worte, daß er sich des hypothetischen Charakters seiner Theorie durchaus bewußt ist. Moses Mendelssohn gestand freilich – von seinen jüdischen Voraussetzungen aus konsequent –, daß er im Unterschied zu seinem Freund Lessing keinen Begriff von der Offenbarung als einer fortschreitenden Erziehung des Menschengeschlechts habe.[40]

Lessings Schrift enthält weder sein Glaubensbekenntnis noch seine Geschichtsphilosophie. Sein Glaubensbekenntnis hat er nie formuliert, weil er es nicht formulieren konnte. Eine Theorie, die das Ganze der Weltgeschichte im System begreift, hielt er für unmöglich. Die mit der Geschichte vermittelte kritische Vernunft ist für Lessing einerseits nicht theoriefähig in dem Sinne, daß sie das Ganze der Geschichte als ein System in seiner inneren Notwendigkeit explizieren kann; das unterscheidet sie von der absoluten Vernunft Hegels. Sie ist jedoch andererseits das einzige Mittel, in dem sich der Mensch gegenwärtig die Offenbarung als Geschichte und seinen eigenen Ort in dieser Geschichte verständlich machen kann und muß; das unterscheidet sie von der prophetischen Vernunft Hamanns.

Hegels absolute Vernunft ist dem Anspruch nach die Vernunft, die nur das als Wissenschaft anerkennt, was als Totalität, d. h. als ein entfaltetes System, dargestellt ist. In Hegels System der absoluten Vernunft gibt es keine wahre Dialektik der Geschichte. Die konkrete Vernunft des Einzelnen hat hier keine Möglichkeit und keine Aufgabe als kritische Instanz, weil an sich alles bereits versöhnt und begriffen ist. Die absolute Vernunft ist nicht offen für die im absoluten Begriff unvermittelbare Überlieferungsgeschichte und für das wirklich Neue der Zukunft. Die Größe Hegels besteht jedoch, wie wir noch sehen werden, darin, daß er in seiner Religionsphilosophie ebenso wie in seiner Rechtsphilosophie und Ästhetik die Spannung zwischen dem aus der absoluten Vernunft entwickelten System und der in der Geschichte »unbefriedigten Aufklärung« offenläßt und sie nicht utopisch, revolutionär oder reaktionär verwischt.

Hamanns prophetische Vernunft ist die Vernunft, die in den persönlichen und zeitgenössischen Begebenheiten und Ereignissen Zeichen und Figuren sieht, in denen der Bezug zu Christus als Mitte der Geschichte und zu den Eschata der Geschichte anschaulich und offenbar wird. Hamann weiß zwar, daß er kein Apostel ist, aber er will auch kein Genie sein. Er will als Schriftsteller mit seiner metaschematisierenden Sprache in verschiedenen Masken und Einkleidungen – als Sokrates, Pan, Sibylle, Magus des Nordens – in einem schwer verständlichen Stil als Zeuge Christi »in Lumpengestalt« gegen den Aberglauben der Vernunft und gegen das eigene Zeitalter Zeugnis ablegen. Die mit der Geschichte vermittelte kritische Vernunft Lessings dagegen formuliert in Denkmodellen das, was von den Zeitgenossen als plausible und glaubwürdige Lösung erkannt und anerkannt werden kann. Das Denkmodell der ›Erziehung des Menschengeschlechts‹ versucht, die Moderne in ihrer spezifischen Differenz und in ihrer Kontinuität mit der religiösen Überlieferung verständlich zu machen.

b) Lessing wendet sich in der ›Erziehung des Menschengeschlechts‹ der Geschichte zu, nicht weil er wissen will, wie es einmal gewesen ist, sondern weil er wissen will, was jetzt ist. Diese Schrift ist eine Theorie des gegenwärtigen Zeitalters. Die Geschichte, die Lessing erhellen will, hat für ihn ihren Ursprung in einer Offenbarung und Intervention Gottes »zu einer gewissen Zeit, in einem gewissen Bezirke« (L 7,834). Diese Offenbarung, die diesen bestimmten geschichtlichen Ursprung hat, beschränkt sich aber ihrer Intention nach nicht auf ein einziges Volk zu einer bestimmten Zeit in einem bestimmten Raum, sondern richtet sich auf das »ganze Menschengeschlecht« (L 8,596). Die Schrift hat damit zum Gegenstand ein bestimmtes geschichtliches Ereignis »zu einer gewissen Zeit, in einem gewissen Bezirke«, das dennoch Verbindlichkeit für das »ganze Menschengeschlecht« intendiert und impliziert. Sie thematisiert das Allgemeine im besonderen geschichtlichen Ereignis so, daß es weder im Sinne des Relativismus das Allgemeine zu einem leeren Abstraktionsbegriff verflüchtigt noch im Sinne der Metaphysik das besondere geschichtliche Ereignis zu einem beliebigen Fall des Allgemeinen mit höchstens illustrativem Charakter degradiert.

Lessing deutet die Offenbarung, wie Thielicke im einzelnen nachgewiesen hat, nicht als ein über sich selbst unaufgeklärtes, falsches Bewußtsein, nicht als eine sich nur immanent aus sich allein entfaltende Vernunftentwicklung. Die menschliche Vernunft ist und bleibt für Lessing bei der Suche nach der Wahrheit auf die vorgegebene Offenbarung und Überlieferung verwiesen. Die bewegenden Kräfte in der von Lessing erhellten Geschichte sind der sich offenbarende Gott und der diese Offenbarung deutende

Mensch. Die Zusammengehörigkeit der beiden selbständigen Pole Offenbarung und Vernunft, die von der konkreten Vernunft jedoch nie adäquat vergegenwärtigt und durchschaut werden kann, versucht Lessings Denkmodell verständlich zu machen.

Von der Bibel her glaubt Lessing über diese Geschichte einige genauere Aussagen machen zu können. »Der erste Mensch« hat den ihm in einer ersten Offenbarung »mitgeteilten, und nicht erworbenen Begriff« von Gott nicht in seiner Lauterkeit bewahren können. Als die menschliche Vernunft den ihr mitgeteilten Gottesbegriff »zu bearbeiten anfing«, entstand »natürlicher Weise Vielgötterei und Abgötterei«. Die in der Geschichte vorgegebene Vielzahl von »Vielgötterei und Abgötterei« erklärt Lessing damit aus dem anfänglichen Gebrauch der Vernunft. Was die Religionswissenschaft historisch, psychologisch oder phänomenologisch als religiöse Gebilde beschreibt und analysiert, sind für Lessing Projektionen der noch unerleuchteten Vernunft im Sinne der späteren Religionskritik von Feuerbach und Irrwege der Menschen. Die Menschheit hätte sich nach Lessing »viele Millionen Jahre«, d. h. praktisch immer auf diesen »Irrwegen« herumgetrieben, »wenn es Gott nicht gefallen hätte, ihr durch einen neuen Stoß eine bessere Richtung zu geben« (L 8,592).

Die erneute Intervention Gottes bezeugt die Religion des jüdischen Volkes. Diese Religion, die also für Lessing auch auf einer Offenbarung Gottes beruht, ist damit qualitativ verschieden von der »Vielgötterei und Abgötterei« der anderen damaligen Völker. Lessing deutet sie nicht als Verfallsprodukt einer ursprünglichen natürlichen Religion. Sie enthält für ihn die Offenbarung Gottes an das damalige jüdische Volk und an das ganze Menschengeschlecht. Obwohl die Juden »das ungeschliffenste, das verwildertste« Volk (L 8,592), ein »rohes Volk« (L 8, 593; 594) waren, das »so ungeschickt zu abgezognen Gedanken war« (L 8,594), begann Gott mit diesem Volk »ganz von vorne« (L 8,592; 594) seine Erziehung des Menschengeschlechts.

Zwischen Gottes Offenbarung an den »ersten Menschen« und seiner Offenbarung an das jüdische Volk gibt es für Lessing keine erkennbare Kontinuität. Zwischen der Offenbarung Gottes an das jüdische Volk und seiner eigenen geschichtlichen Welt gibt es für ihn jedoch diese Kontinuität. Die Offenbarung an das jüdische Volk sei nämlich eine solche, »die dem Menschengeschlechte geschehen ist, *und noch geschieht*« (L 8,591). In dem jüdischen Volke erzog sich Gott »die künftigen Erzieher des Menschengeschlechts«, die Erzieher »aller übrigen Völker« (L 8,594). Die Wunder, die Gott für die Juden getan habe, und die Prophezeiungen, die er durch sie habe aufzeichnen lassen, seien nicht nur an die damaligen Juden gerichtet gewesen. Gottes Absicht habe sich bei seiner Offenbarung auf das ganze Menschengeschlecht bezogen. Gott habe sich den Juden zunächst freilich nur als der Gott ihrer Väter und als der mächtigste Gott bezeugt.[41] Erst später hätten die Juden »in ihrem Jehova nicht bloß den größten aller Nationalgötter, sondern Gott« (L 8,601) überhaupt erkannt.

Die Geschichte des ganzen Menschengeschlechts ist nach Lessings Denkmodell vor allem durch Christus und seine Jünger auf eine neue Stufe gehoben worden. Christus verbot nicht »nur solche [Handlungen], die der bürgerlichen Gesellschaft Nachteil brachten, und daher auch schon in der bürgerlichen Gesellschaft ihre Strafe hatten« (L 8,606). Schon vorher hätten zwar Einzelne angesichts des Übels und des Bösen in der Welt und des »schrecklichen Gedankens des Todes« (L 8,599) nicht nur nach dem Schicksal des Staates, sondern auch nach dem Schicksal »jedes einzelnen Gliedes desselben« (L 8,598) gefragt. Das Problem des Todes sei jedoch erst durch das Christentum allgemein als ein nicht im Horizont des Staates und der Gesellschaft lösbares Problem begriffen worden. Christus war »der erste zuverlässige, praktische Lehrer der Unsterblichkeit der Seele« (L 8,605). Seitdem könne der Mensch nicht mehr wie der Grieche und der Römer für einen »Schatten« leben: »Um nach diesem Leben auch nur in dem Andenken seiner Mitbürger fortzuleben, tat der Grieche und Römer alles« (L 8,605). Wie für Rousseau und Herder ist auch für Lessing durch das Christentum die totale Integration des Menschen als Bürger in eine politisch-staatliche Gemeinschaft durch eine politische Religion unmöglich geworden.

Lessings Denkmodell hat zunächst einmal – noch formal betrachtet – eine Geschichte zum Gegenstand, die in einer bestimmten in Raum, Zeit, Personen greifbaren und durch die Bibel bezeugten

Intervention Gottes ihren Ursprung hat, die auf das »ganze Menschengeschlecht« gerichtet war und die für das »ganze Menschengeschlecht« verbindlich sein sollte. Diese Geschichte war und ist ein Zusammenspiel zwischen göttlichem und menschlichem Handeln. Sie wird von Lessing so gedacht, daß sie weder die Freiheit des sich offenbarenden Gottes noch die Freiheit des diese Offenbarung empfangenden und verstehenden Menschen in Frage stellt.

c) Die Geschichte des ganzen Menschengeschlechts ist die Geschichte der Verwirklichung des göttlichen »Plans der allgemeinen Erziehung des Menschengeschlechts« (L 8, 613) in drei Zeitaltern. Lessing deutet seine Gegenwart weder wie Hamann eschatologisch als Zeit des Endes und des Antichrist unmittelbar vor der Wiederkunft Christi, noch wie Hegel geschichtsphilosophisch als die Zeit des Endes und der Vollendung, in der im Prinzip die Substanz des Geistes und der Weltgeschichte verwirklicht ist. Für Lessing hat die Gegenwart einen bestimmten Ort im Dreizeitalterschema. Das weder ganz verhüllte noch ganz offene Ziel dieser Geschichte, das nur durch die »Ökonomie des nämlichen Gottes« (L 8,613), d. h. des Gottes des Alten und Neuen Testamentes, verwirklicht werden kann, ist für Lessing der freie und seiner selbst mächtige Mensch und die freie und ihrer selbst mächtige, aufgeklärte Menschheit im dritten Zeitalter. Diesen Menschen im dritten Zeitalter charakterisiert Lessing durch die »völlige Aufklärung« seines Verstandes und »diejenige Reinigkeit des Herzens . . ., die uns die Tugend um ihrer selbst willen zu lieben, fähig macht« (L 8,611). Der Mensch lebt für Lessing auf diese Zukunft hin, die sich jedoch erst im endgeschichtlichen Zustand völlig verwirklichen und offenbaren wird. Die – in den Fragesätzen der letzten Paragraphen freilich nur angedeutete – Seelenwanderungslehre hat innerhalb des Lessingschen Denkmodells wohl die Funktion, dem Einzelnen, der sich jetzt noch in seiner Endlichkeit, seiner Unaufgeklärtheit und Unsittlichkeit erfährt, diese Zukunft auch als seine eigene Zukunft verständlich zu machen.

Von dieser vom Menschen zwar erhofften, von ihm allein aber nicht realisierbaren Zukunft her deutet Lessing – im Unterschied zu den ungeduldigen Schwärmern des 13. und 14. Jahrhunderts –

die eigene Zeit in ihrer geschichtlichen Ambivalenz. Diese Ambivalenz ist in dem Motto der Schrift ausgesagt: »Haec omnia inde esse in quibusdam vera, unde in quibusdam falsa sunt.« Die Gegenwart gehört *noch* zum zweiten Zeitalter und *schon* zum dritten Zeitalter. Obwohl das Ziel der Geschichte jetzt zwar nicht mehr völlig unbekannt ist, so ist es jetzt doch auch noch nicht völlig offenbar. Auf Grund dieser für Lessing von der konkreten Vernunft unaufhebbaren und undurchschaubaren geschichtlichen Ambivalenz ist seine Hypothese notwendig sowohl falsch als auch wahr. Sofern die Gegenwart noch zum zweiten Zeitalter gehört und also die Offenbarung noch notwendig ist, ist sie falsch. Sofern sie sich jedoch auf das dritte Zeitalter hinbewegt und also auch schon von ihm her deutbar ist, ist sie wahr.

d) Lessing versuchte 1780, in seiner ›Erziehung des Menschengeschlechts‹ die eigene Gegenwart in ihrer Differenz und in ihrer Kontinuität mit der jüdisch-christlichen Überlieferung verstehbar zu machen. Doch schon wenige Jahre später scheint die immer größer werdende Entzweiung der Gegenwart mit der jüdisch-christlichen Überlieferung andere Denkmodelle zur Deutung des gegenwärtigen Zeitalters zu fordern. Die Deutung der Offenbarung als einer fortschreitenden Erziehung des Menschengeschlechts, mit der Paulus, die Kirchenväter, Bonaventura und andere das eigene durch Christus herbeigeführte Zeitalter als Vollendung der jüdischen Religion zu verstehen versuchten, wird jetzt endgültig preisgegeben. Wenn Herder im 9. Buch der ›Ideen‹ (1784–1791) von der »Erziehung des Menschengeschlechts« spricht, so ist in letzter Instanz nicht mehr der in der Bibel sich offenbarende Gott, sondern die in der Natur und in der Geschichte sich zu immer höheren Organisationsformen bildende und vollendende eine Kraft der Erzieher des Menschengeschlechts. Schiller hofft 1793–1794 vorübergehend, daß nach dem Zerfall der religiösen Überlieferung, der Moral und der Politik allein noch der Künstler durch »ästhetische Erziehung des Menschen« das Reich der Freiheit und den Staat der Vernunft herbeiführen könne. Hegel nennt 1795 in einem Brief an Schelling Schillers Arbeit »über die ästhetische Erziehung des Menschengeschlechts (!) . . . ein Meisterstück«.[42] Schelling selbst hält 1798 trotz aller Hochachtung vor Lessing genau das, was Lessing mit seinem Denkmodell zu leisten versuchte: »einen Vernunftgebrauch in Sachen der Offenbarung«, für »undenkbar«.[43] Die Offenbarung »ist und bleibt Betrug«, wenn man sie auch »als Autorität für das Volk brauchen müsse« (a.a.O. 1,479). Für die »absolute Vernunft« (a.a.O. 1,481) sei die Offenbarung nur noch historisch, ein Erziehungsmittel für den »Volksunterricht«. »Zuverlässig würde Lessing jetzt anders schreiben« (a.a.O. 1,478).

Wie Kant und Hegel auf Grund ihrer Diagnose der Moderne das von Lessing gestellte Problem zu lösen versuchen und das Verhältnis der Gegenwart zur christlichen Überlieferung deuten, wird noch ausführlich gezeigt werden.

Das Denkmodell in der ›Ringparabel‹

Lessing versucht in der ›Erziehung des Menschengeschlechts‹ zu zeigen, wie möglicherweise die durch die Bibel bezeugte Offenbarung Gottes als Geschichte der Erziehung des ganzen Menschengeschlechts gedacht werden kann, wenn man diese Offenbarung nicht mehr in der Weise der zeitgenössischen Theologie und Philosophie verstehen und anerkennen kann. Die ›Ringparabel‹ oder das »Märchen« (L 2, 402) Nathans greift ein anderes Problem auf, das ebenfalls durch die zeitgenössische Theologie und Philosophie nicht gelöst worden war und das, wie Lessing mit Recht erkennt, von den Voraussetzungen dieser Theologie und Philosophie aus auch nicht gelöst werden konnte. Das Problem ist das gegenseitige Verhältnis der drei geschichtlichen Offenbarungsreligionen in einer Gesellschaft, die nicht mehr durch eine einzige Offenbarungsreligion integriert, sondern durch die Existenz und den Streit dieser drei Offenbarungsreligionen entzweit ist.

Die Interpretation der ›Ringparabel‹ als Denkmodell, in dem die kritische Vernunft einen Lösungsversuch für ein bestimmtes sachliches Problem in einer poetischen Fiktion und Erzählung vorträgt, vermeidet zwei Gefahren, die in der Lessingforschung immer wieder begegnen. Sie behandelt die Parabel nicht, wie durchweg die ältere Forschung, als eine theologisch-philosophische Abhandlung, für die die dramatische Form nur, wie Schlegel formuliert, ein beliebiges äußeres »Vehikel« ist, das »mit liberaler Nachlässigkeit ... dem Geist und Wesen des Werks übergeworfen« sei und das sich folglich »nach diesem biegen und schmiegen« müsse.[44] Sie deutet die Parabel jedoch auch nicht, wie viele neuere Arbeiten, nur funktional zum dramatischen Handlungsgefüge.[45] Beides entspricht nicht der Bedeutung der Parabel. Lessing selbst vertrat bereits 1750 die Auffassung, »daß man wirklich die ernsthaftesten philosophischen Wahrheiten, ja selbst Religionsstreitigkeiten auf das Theater bringen könne« (L 3,22). Und auf den Zusammenhang des ›Nathan‹ mit seinen religionsphilosophischen Schriften und Diskussionen hat Lessing selbst wiederholt ausdrücklich hingewiesen. Auf die allgemeinere Bedeutung der ›Ringparabel‹, die nicht durch eine rein formale und funktionale Werkinterpretation erfaßt werden kann, verweist auch wohl Nathans Wunsch: »Möcht' auch doch / Die ganze Welt uns hören« (L 2,403).

Die alte Frage, wie sich das Christentum zu den anderen Offenbarungsreligionen, ihrer Existenz und ihrem Widerspruch, verhalten soll, war angesichts der neuen Entwicklungstendenzen der modernen Gesellschaft und der Erweiterung des bisher auf Europa zentrierten herrschenden Bewußtseins sehr dringlich geworden. Die Art und Weise, in der Lessing diese Frage aufgreift, in der er das Recht und die Grenze der theoretischen Vernunft bei der Erörterung dieser Frage bestimmt und in der er diese Frage auch auf dem Boden der praktischen Vernunft erörtert, zeigt wiederum die Eigenart seiner Religionsphilosophie.

Gegenüber denjenigen, die bei dem Streit der Religionen um den Anspruch, die allein wahre Offenbarungsreligion zu sein, prinzipiell auf jede vernünftige Erörterung verzichten und sich auf blinde existentielle Glaubensentscheidungen zurückziehen, verteidigt Lessing das Recht vernünftiger Begründungen und Argumente. Prinzipielle »Verzweiflung an den Beweisen für die Wirklichkeit einer Offenbarung«, »Übertreibung des Unbegreiflichen« in der christlichen Religion sei ein »Fallstrick«: »Was man damit retten will, geht um so viel unwiederbringlicher verloren; und es ist bloßer Fallstrick, den die Widersacher der christlichen Religion ...

denjenigen von ihren Verteidigern legen, die ihrer Sache so ganz gewiß nicht sind, und vor allen Dingen die Ehre ihres Scharfsinns in Sicherheit bringen zu müssen glauben« (L 7,819). Schon bei seiner ›Rettung des Cardanus‹ (1752) ging Lessing davon aus, »daß der Christ, bei der Vergleichung der Religionen, nichts verlieren, der Heide, Jude und Türke aber unendlich viel gewinnen kann; daß sie nicht nur nicht zu untersagen, sondern auch anzupreisen ist« (L 7,212).

Die Grenze der theoretischen Vernunft bei der Erörterung des Verhältnisses der Religionen untereinander sieht Lessing darin, daß die konkrete Vernunft in der Gegenwart höchstens in der Lage sei, »das Christentum *annehmlich* zu machen« (L 7,816). Sie könne nach der Kritik der nicht überzeugenden Argumente der »Modeschriften« für oder gegen das Christentum höchstens für eine freie, vernünftig begründete Zustimmung zum Christentum bestimmte Argumente liefern. Die Vernunft sei jedoch nicht in der Lage, die ihrem Wesen nach auf Geschichte beruhende und durch Geschichte vermittelte christliche Offenbarungsreligion, die ja auf Treu und Glauben angenommen werden muß, in ihrer Wahrheit mit eben derselben »Schärfe und Faßlichkeit« (L 7,820) zu beweisen, wie dies bei bloßen Vernunftwahrheiten möglich sei. Die Vernunft könne ferner bei dem Streit der Offenbarungsreligionen darüber, welche die wahre sei, lediglich zeigen, »welche von so vielen, die darauf Anspruch machen, es *wahrscheinlich* sei« (L 7,817). Sie könne die Inhalte der Offenbarungsreligion jedoch nicht so allgemein verbindlich aussagen, daß sie dadurch die freie Entscheidung des Einzelnen für oder gegen die Offenbarungsreligion überflüssig machen würde.

Der Gegensatz zum Deismus ist auch in diesem Punkt deutlich. Während die Deisten das, was sie das ursprüngliche Christentum nennen, deshalb für die einzig wahre Religion halten, weil es mit ihrer eigenen Vernunftreligion angeblich identisch ist und weil es in seinem Kern keine Geheimnisse enthält – ›Christianity not mysterious‹ –, meint Lessing, es müsse »der Vernunft eher noch ein Beweis mehr für die Wahrheit derselben [der Religion], als ein Einwurf darwider sein, wenn sie Dinge darin findet, die ihren Begriff übersteigen. Wer dergleichen aus seiner Religion auspolieret, hätte eben so gut gar keine. Denn was ist eine Offenbarung, die nichts offenbaret?« (L 7,817)

Lessing hält also daran fest, daß das Verhältnis der Religionen untereinander auch auf dem Boden der theoretischen Vernunft erörtert werden kann und erörtert werden muß. Der Glaube an die christliche Offenbarung ist für ihn kein blinder Glaube, kein Paradoxon der Vernunft, er ist ein auf die Vermittlung einer bestimmten Überlieferungsgeschichte angewiesener Glaube. Die Vernunft, die sich angesichts der Aporien der kritischen Wissenschaften und der Partikularität der Religion im Verhältnis zur Gesamtgesellschaft unter den Gehorsam des zunächst von den Vätern auf Treu und Glauben übernommenen Glaubens gefangengibt, tut dies nicht aus Verzweiflung an der Vernunft. Sie bleibt offen für die vorgegebene christliche Offenbarungsreligion z. B. auch deshalb, weil sie sich der Möglichkeit und Wahrscheinlichkeit einer Offenbarung vergewissert hat und weil sie für Lessing keinen zwingenden Grund hat, die zunächst auf Treu und Glauben angenommene Offenbarungsreligion jetzt abzulehnen.[46]

In der ›Ringparabel‹ erörtert Lessing jedoch das Verhältnis der drei Offenbarungsreligionen zueinander nicht auf dem Boden der theoretischen, sondern auf dem Boden der praktischen Vernunft. Nathan läßt sich auf die Frage Saladins und auf das in ihr implizierte theoretische Problem bewußt nicht ein. Saladin erwartet von Nathan, daß dieser ihm seinen durch »Zufall der Geburt« ererbten jüdischen Glauben mit Argumenten der Vernunft rechtfertigt. Nathan soll die Vernünftigkeit seiner Offenbarungsreligion dem Anhänger einer anderen Offenbarungsreligion[47] so einsichtig machen, daß dieser sie auf Grund von rationalen Gründen zu der seinen machen kann. Dies meint Saladin, wenn er sagt: »Ein Mann, wie du, bleibt da / Nicht stehen, wo der Zufall der Geburt / Ihn hingeworfen: oder wenn er bleibt, / / Bleibt er aus Einsicht, Gründen, Wahl des Bessern. / Wohlan! so teile deine Einsicht mir / Dann mit. Laß mich die Gründe hören, denen / Ich selber nachzugrübeln, nicht die Zeit / Gehabt. Laß mich die Wahl, die diese Gründe / Bestimmt, – versteht sich, im Vertrauen – wissen, / Damit ich sie zu meiner mache« (L 2,401). Saladin geht davon aus, daß man dann, wenn die Partikularität der

Offenbarungsreligion im Verhältnis zur Gesamtgesellschaft und der Streit der Religionen zum drängenden Problem geworden ist, allein mit der Vernunft die Gründe der geschichtlichen Offenbarungsreligion er-»grübeln« kann, daß man – wenn überhaupt – allein »aus Einsicht, Gründen, Wahl des Bessern« an der Offenbarungsreligion festhält, die man von seinen Vätern ererbt hat, daß man allein auf dem Boden der theoretischen Vernunft ermitteln kann, welche Offenbarungsreligion die wahre ist. Saladin fragt damit der Sache nach von einer Position aus, für die die Geschichte und alle in ihr vorgegebenen Vermittlungen von vornherein bloß positiv, zufällig, ja unvernünftig sind.

Aus dem Zusammenhang der ›Ringparabel‹ mit dem dramatischen Handlungsgefüge wird deutlich, daß Nathan die Parabel auch deshalb erzählt, weil er mit List der »Schlinge« (L 2,397) Saladins, die dieser wegen seiner Geldschwierigkeiten gelegt hat, entgehen will. In der Funktion für das dramatische Handlungsgefüge erschöpft sich jedoch nicht die Bedeutung der Parabel.[48] Zumindest aus drei in der Sache liegenden Gründen kann und will Nathan die Frage Saladins nicht direkt, nicht auf der theoretischen Ebene beantworten. Zumindest aus drei Gründen ist die ›Ringparabel‹ daher eine ›indirekte Mitteilung‹, die freilich von Formen der ›indirekten Mitteilungen‹ Kierkegaards verschieden ist.

a) Die Wahrheit einer geschichtlichen Offenbarungsreligion ist für Nathan nicht, wie die Frage Saladins impliziert, eine Wahrheit im Sinne eines objektivierbaren Systems von Sätzen, über das man allein mit der theoretischen Vernunft entscheiden kann, das allein den »Kopf« angeht. Man kann nach Nathans Überzeugung nicht wie Saladin über die Wahrheit einer Offenbarungsreligion so verfügen, wie ein Kaufmann über sein Geld: »So bar, so blank, – als ob / Die Wahrheit Münze wäre! ... / Wie Geld in Sack, so striche man in Kopf / Auch Wahrheit ein?« (L 2, 402) Saladins Verhältnis zur Wahrheit ist nach der Überzeugung Nathans falsch, und die ›indirekte Mitteilung‹ der Ringparabel hat auch die Funktion, Saladin dies zu zeigen. Die ›indirekte Mitteilung‹ erreicht ihr Ziel, denn Saladin erkennt am Ende der Erzählung »betroffen« (L 2,405) und erschüttert, daß seine Frage auch deshalb von

Nathan nicht beantwortet wird und nicht beantwortet werden kann, weil Nathan sich hierzu auf den »Richterstuhl« (L 2,408) Gottes setzen müßte. Den Streit der Religionen vor dem Richterstuhl der theoretischen Vernunft entscheiden zu wollen, wäre für Nathan Hybris. Der Gerichtshof der theoretischen Vernunft, vor dem die neuere Religionsphilosophie sich anheischig macht, den Streit der Offenbarungsreligionen in positiver oder negativer Weise entscheiden zu können, ist für Nathan nicht zuständig. Der einzig zuständige Gerichtshof ist der »Richterstuhl« Gottes, auf dem Gott den Streit der Religionen nicht jetzt, sondern am Ende der Geschichte entscheiden wird. Als Saladin die Vermessenheit seiner Frage erkennt, stürzt er Nathan zu Füßen und will demütig als »Staub« und »Nichts« (L 2,408) wie Nathan die Entscheidung der Frage dem Richter am Ende der Geschichte überlassen.

b) Dazu kommt für Nathan ein weiterer, in dem gegenwärtigen Zustand der Offenbarungsreligion liegender Grund. Was die wahre Offenbarungsreligion ist, ist für Nathan gegenwärtig von der theoretischen Vernunft deshalb nicht mehr erkennbar und vor allem nicht allgemein und verbindlich bestimmbar, weil die Offenbarungsreligionen in der Gesellschaft nur noch durch äußere Zeichen – »Bis auf die Kleidung; bis auf Speis' und Trank!« (L 2,405) – voneinander unterscheidbar sind und weil sie nicht mehr durch den »Beweis des Geistes und der Kraft« ihre Wahrheit selbst allgemein bezeugen und offenbaren: »Ja, wenn noch / Uralte Münze, die gewogen ward! – / Das ginge noch! Allein so neue Münze, / Die nur der Stempel macht, die man aufs Brett / Nur zählen darf, das ist sie doch nun nicht!« (L 2,402) Wenn die wahre Religion nicht mehr an den in der Bibel angegebenen Früchten: der »von Vorurteilen freien Liebe« erkennbar ist, wenn keine Religion mehr die Wunderkraft besitzt, den Menschen »vor Gott und Menschen angenehm« zu machen, wenn im Gegenteil die Ringe nur zurück und nicht nach außen wirken, so daß ein jeder »sich selber nur am meisten« liebt, wenn die Religionen selbst Grund des Streites unter den Menschen, ja unmenschlicher Handlungen geworden sind, dann könnte man in der Tat bei einer bloß theoretischen Betrachtung der Dinge die Frage stellen, ob der echte

Ring nicht vermutlich verlorengegangen sei und die Anhänger der geschichtlichen Religionen nicht »betrogene Betrüger« seien (L 2,407).

c) Nathan kann und will noch aus einem dritten Grunde – und das ist für ihn der entscheidendste – Saladins Frage nicht direkt beantworten: Das »Märchen« soll ihn »bloß entschuldigen, wenn ich die Ringe, / Mir nicht getrau' zu unterscheiden, die / Der Vater in der Absicht machen ließ, / Damit sie nicht zu unterscheiden wären« (L 2,405). Nathan geht angesichts des Faktums der drei vom Menschen in theoretischer Hinsicht nicht unterscheidbaren Offenbarungsreligionen davon aus, daß dies von Gott so gewollt ist, daß Gott dies zumindest zugelassen hat. Die auf Geschichte verwiesene Vernunft maßt sich angesichts dieses Faktums jedenfalls keinen Urteilsspruch an. Nathans Antwort zeigt eindeutig, daß er sich der Verwiesenheit der Vernunft auf die Geschichte und insofern der Grenze der Vernunft bewußt ist. Er geht davon aus, daß die Religionen in vieler Hinsicht und in vielem unterscheidbar sind – »Bis auf die Kleidung; bis auf Speis' und Trank!« –, nur nicht in einem, »nur von Seiten ihrer Gründe nicht. –/ Denn gründen alle sich nicht auf Geschichte? / Geschrieben oder überliefert! – Und / Geschichte muß doch wohl allein auf Treu / und Glauben angenommen werden?« (L 2,405) Für die Vernunft gibt es daher prinzipiell keinen anderen Weg zu dem Ursprung der Offenbarungsreligion als den durch die geschichtliche Überlieferung, die »allein auf Treu und Glauben angenommen« werden muß. Es gibt für Nathan im Ernst keinen Grund, diese Überlieferung als Ganzes bei sich und bei den anderen als Täuschung und als Lüge zu bezweifeln: »Wie kann ich meinen Vätern weniger, / Als du den deinen glauben? Oder umgekehrt. – / Kann ich von dir verlangen, daß du deine / Vorfahren Lügen strafst, um meinen nicht / Zu widersprechen? Oder umgekehrt. / Das Nämliche gilt von den Christen« (L 2,406).
Für Nathan wäre es daher Vermessenheit, wenn die Vernunft durch Stiftung einer neuen Vernunftreligion den als Anfechtung und Ärgernis erfahrenen Streit der Offenbarungsreligionen beseitigen wollte. Saladins Frage ist für Nathan nicht nur nicht ent-

scheidbar; sie überhaupt beantworten zu wollen, wäre Vermessenheit.

Nathan gibt daher auch aus diesen drei in der Sache liegenden Gründen angesichts des Streits der Religionen keinen »Spruch«, sondern nur einen »Rat«, keine für alle Menschen verbindliche und verpflichtende Entscheidung vor dem Gerichtshof der Vernunft, sondern eine Maxime, nach der der Mensch in einer Gesellschaft, die durch den Streit der Religionen gekennzeichnet ist, leben und handeln kann: »Mein Rat ist aber der: ihr nehmt / Die Sache völlig wie sie liegt. Hat von / Euch jeder seinen Ring von seinem Vater: / So glaube jeder sicher seinen Ring / Den echten« (L 2,407). Das heißt, ein jeder hat im Glauben an seine durch die Überlieferung vermittelte Offenbarungsreligion die Spannung zwischen den Religionen und den Streit der Religionen zunächst einmal anzunehmen. In seiner von den Vätern übernommenen Religion hat ein jeder die Möglichkeit, der echten Gottesbeziehung teilhaftig zu werden. Der Stein hat die »geheime Kraft, vor Gott (!) / Und Menschen angenehm zu machen«, wenn man in »dieser Zuversicht« (L 2, 403) ihn trägt und wenn man der Kraft des Steins durch sein Handeln »zu Hülf'!« (L 2,408) kommt.

Wenn dem Menschen auch nicht das Ganze und das Ziel der Religionen bekannt ist, so ist ihm nach Lessing doch der Maßstab bekannt, nach dem der Richter am Ende der Geschichte das sittliche Handeln der Anhänger einer jeden Religion und aller anderen Menschen beurteilen wird. Zum konkreten Handeln braucht der Mensch keine Geschichtsphilosophie oder Geschichtstheologie, die die Totalität, den Weg und das Ende der Geschichte erkennt und begreift. Der Maßstab für sein Handeln ist dem Menschen bekannt. Es ist die »von Vorurteilen freie« helfende Liebe, die sich auf den Nächsten richtet, es ist »die christliche Liebe« (L 8,21), von der Lessing sagt: Dies »allein, das allein, wenn es geschieht, [ist] genug, hinlänglich genug« (L 8,20). Wie der Mensch diese Liebe im Streit der Religionen in der modernen Gesellschaft konkret realisieren kann, wie er mit seinem Handeln der ihm in der Religion angebotenen Gnade Gottes zu Hilfe kommen kann, zeigt z. B. Nathans Handeln. An seinem Handeln Gott und dem Menschen gegenüber, nicht an dem Handeln des Patriarchen und der in der Gesellschaft etablierten Institutionen der Kirche, erkennt der Klosterbruder, wer in Wahrheit Christ ist.

Die in der Lessingforschung immer wieder erörterte und verschieden beantwortete Frage nach Lessings Urteil über den echten Ring, d. h. über die wahre Offenbarungsreligion, ist nach dieser Interpretation eine ›Saladinfrage‹, auf die die ›Ringparabel‹ keine Antwort gibt und geben will. Die Parabel sagt nicht, daß eine der geschichtlichen Offenbarungsreligionen die wahre ist, oder daß alle Offenbarungsreligionen wahr sind, oder daß gar keine wahr ist. Lessing plädiert in der ›Ringparabel‹ nicht für die Aufhebung aller geschichtlichen Offenbarungsreligionen im Namen einer neuen Vernunftreligion oder im Namen einer autonomen Moral. Er fordert nicht die Aufhebung der in verschiedener Weise objektivierten und veräußerlichten Religion in die Innerlichkeit der unvermittelten geschichtslosen Subjektivität. Der »Rat«, den Lessing gibt, verweist die Subjektivtiät gerade nicht in die Innerlichkeit, sondern, wie Nathans Schicksal und sein Handeln zeigen, in die durch den Streit der Religionen gekennzeichnete geschichtliche Welt.[49] Der »Rat« bietet eine ›provisorische Moral‹, eine Maxime, die in der durch den Streit der Religionen entzweiten Gesellschaft den Anhängern verschiedener Religionen das zeigt, was sie gemeinsam zur Verhinderung oder Entschärfung des Streites beitragen können.

Die ›Ringparabel‹ stellt und löst damit jedoch nicht alle Fragen, die in der Moderne nach dem Verhältnis des Christentums zu den anderen Religionen, ihrer Existenz und ihrem Widerspruch, zu stellen und zu lösen sind. Wo durch die historisch-kritischen Wissenschaften und durch die Kritik der religiösen Lehren und kirchlichen Institutionen die christliche Überlieferung im Verhältnis zur Gesamtgesellschaft immer partikularer und funktionsloser wird, ist die Vernunft immer weniger bereit und fähig, diese Überlieferung auf »Treu und Glauben« anzunehmen. Vor allem wo neue wissenschaftliche, technische, gesellschaftliche und politische Veränderungen und der Konflikt zwischen Staat und Religion eine kritische Begründung der praktischen Philosophie verlangen, kann die ›provisorische Moral‹ des ›Nathan‹ nicht mehr befriedigen. Die wirtschaftlichen Veränderungen der Gesellschaft und ihre Konsequenzen zwangen Lessing noch nicht zur Neubegründung der Praxis, der moderne Staat und seine Institutionen blieben für ihn bei seiner Begründung des menschlichen Handelns im Grunde ein notwendiges »Übel« (L 8,561). Für Kant und Hegel jedoch wird all dies zum zentralen Problem.

Lessings Begriff der Religionsphilosophie

Die Kritik und die Denkmodelle in Lessings religionsphilosophischen Schriften und Fragmenten wurden bis heute von fast jeder Generation von Theologen und Philosophen neu aufgegriffen und diskutiert. Diese Diskussion zeigt in überzeugender Weise, daß Lessing Probleme und Fragen sichtbar gemacht hat, die in der Moderne von allgemeiner Bedeutung sind. Oft wurde Lessing hierbei freilich als Vorläufer von Positionen gelobt oder getadelt, die er selbst ausdrücklich kritisiert hatte oder die noch außerhalb seiner geistigen und geschichtlichen Erfahrungen lagen. Man sah in ihm z. B. den Begründer eines offenbarungsfeindlichen Rationalismus[50] und einer autonomen Vernunftreligion[51], den Vorkämpfer der bürgerlich-nationalen Revolution im Sinne des 19. Jahrhunderts[52], den Vorläufer einer von allen metaphysischen und theologischen Voraussetzungen befreiten Lebensphilosophie.[53] Selbst da jedoch, wo man glaubte, andere Antworten als Lessing geben zu müssen und geben zu können, hatte man Hochachtung vor Lessing und vor dem Ernst, mit dem er in einer von der üblichen Aufklärungsphilosophie des 18. Jahrhunderts verschiedenen Weise nach der Wahrheit suchte. Es gibt sicherlich wenige Gestalten der neueren Geschichte, die sich einer so allgemeinen und aufrichtigen Hochachtung erfreuen wie Lessing.

Was kennzeichnet nun Lessings Religionsphilosophie, und was unterscheidet sie von den Gestalten der seit dem 17. und 18. Jahrhundert ausgebildeten Religionsphilosophie, die wir einleitend gekennzeichnet haben? Auf diese Frage kann man abschließend durch eine Unterscheidung der Lessingschen Religionsphilosophie von der rationalen Metaphysik und der Philosophie der mit der

Geschichte unvermittelten Subjektivität und in drei Punkten eine Antwort versuchen.[54]

a) Lessing hat die von ihm erörterten religionsphilosophischen Fragen der neuen geistig-wissenschaftlichen und gesellschaftlich-politischen Welt nicht mehr auf dem Boden der rationalen Metaphysik beantwortet. Bereits 1749 kritisierte er die in Deutschland vor allem in Anschluß an Leibniz ausgebildete rationale Metaphysik. Er kritisiert sie als »verdammte Schulweisheit« und »Grillen weiser Toren« (L 1,204), weil sie die wahre Selbsterkenntnis des Menschen und die Erkenntnis der gegenwärtigen Welt erschwert. 1750 beruft sich Lessing bei seiner Polemik gegen das »Vernünfteln« (L 7,186) und das Systemdenken in der neueren Theologie und Philosophie auf Sokrates als den »Weisesten unter den Menschen« (L 7,187). Sokrates habe als erster nicht mehr den Himmel betrachtet, der vorher der Gegenstand der Bewunderung und das Feld der Mutmaßungen war. Der Kosmos habe Sokrates keine Antwort mehr auf die Frage gegeben, die er nach dem Menschen und seiner Polis stellen mußte. Sokrates habe sich jedoch noch nicht wie später Plato und Aristoteles und die ihnen folgende Metaphysik Träumereien und Spekulationen hingegeben: »Plato fing an zu träumen, und Aristoteles zu schließen« (L 7,188). Die angeblich vorgegebenen höheren Ordnungen des Seins, das, was im Sinne der Metaphysik »über euch ist«, war für Sokrates ebenso wie für Lessing kein Gegenstand für Sterbliche. Lessing läßt Sokrates sagen:

»Törichte Sterbliche, was über euch ist, ist nicht für euch! Kehret den Blick in euch selbst! In euch sind die unerforschten Tiefen, worinnen ihr euch mit Nutzen verlieren könnt. Hier untersucht die geheimsten Winkel. ... Hier begreifet und beherrschet das einzige, was ihr begreifen und beherrschen sollt; euch selbst« (L 7, 187).[55]

Die mit Berufung auf Sokrates vollzogene Wende des Denkens von der Metaphysik zur Selbsterkenntnis des Menschen ist weithin kennzeichnend für die Philosophie des 17. und 18. Jahrhunderts.[56] Die neue Richtung des Denkens führt bei Lessing und Hamann jedoch nicht wie bei den meisten ihrer Zeitgenossen zu einer rein psychologischen und ›anthropologischen‹ Deutung des

Menschen, sondern zur Deutung des Menschen als Subjektivität innerhalb der gegenwärtigen Geschichte. Auch in diesem Punkt gilt Hegels Urteil: »Lessing, längst gleichgültig gegen das Berliner Treiben, lebte ... in ganz anderen Tiefen des Geistes, als seine Freunde, die vertraut mit ihm zu sein meinten, ahneten« (BSch 225).

Diese »Tiefe des Geistes« zeigt sich auch an Lessings Auseinandersetzung mit der rationalen Metaphysik seiner Zeit. In den von Lessing veröffentlichten Schriften, vor allem in den von ihm selbst nicht veröffentlichten frühen Spekulationen und Fragmenten und in dem von Jacobi berichteten späten Gespräch mit Lessing spielen der seit Leibniz verbreitete Gedanke der harmonia mundi und das Identitätssystem Spinozas – so wie man es im 18. Jahrhundert verstand – eine relativ große Rolle. Schon in der Terminologie Lessings ist der Einfluß von Leibniz und Spinoza zu erkennen. Trotzdem ist sein Ausgangspunkt von der metaphysischen Fragestellung von Leibniz und Spinoza grundverschieden. Der Streit um den angeblich spinozistisch gefärbten Pantheismus Lessings, der durch und seit Jacobis Äußerungen die Lessingdeutung lange Zeit beschäftigt hat, ist heute wohl endgültig entschieden.[57] Lessing berief sich in seinen Schriften und Streitgesprächen oft auf Leibniz und Spinoza. Ihre Metaphysik hat er jedoch zu keinem Zeitpunkt – selbst nicht in seinen frühen Arbeiten – im Ernst vertreten.

Die frühen Spekulationen und Entwürfe Lessings bleiben nicht zufällig Fragment. Sie brechen fast alle an der Stelle ab, an der der Übergang von der Welt im Sinne der außermenschlichen Natur zu dem Menschen, seiner Freiheit und Geschichte erörtert werden müßte, an der der Widerspruch zwischen Theismus und Pantheismus und zwischen Offenbarung und immanenter Vernunftentwicklung gelöst werden müßte oder an der nach Lessings eigener Gedankenführung und Intention neue Fragen und Probleme formuliert und diskutiert werden müßten, die nicht auf dem Boden der rationalen Metaphysik gestellt und erörtert werden können.

Schon an den frühen Spekulationen und Entwürfen wird deutlich, daß Lessing die Voraussetzungen der zeitgenössischen Metaphysik in entscheidender Weise modifiziert hat. Die harmonia mundi

z. B. ist für Lessing da, wo er sie überhaupt erwähnt, eine Hypothese, deren Verifizierung er nur noch von einer künftigen, kaum noch erhofften »Naturlehre« erwartet: »Doch erst nach langen Jahrhunderten, wenn man alle Erscheinungen in der Natur wird ergründet haben, so daß nichts mehr übrig ist, als sie auf ihre wahre Quelle zurück zu führen«. Eine Theorie der harmonia mundi, die alles »auf ihre wahre Quelle« so zurückführt, »daß nichts mehr übrig ist«, daß sie die Freiheit des Menschen als eines »moralischen Wesens« und die Maximen eines den »individualischen Vollkommenheiten gemäßen« (L 7, 200) Handelns begründet und allgemeingültig aussagt, ist schon für den jungen Lessing unmöglich.

Die Natur als geordnete Schöpfung, die die damalige Theologie und Philosophie bei ihren zahlreichen physikotheologischen Gottesbeweisen[58] als eine Manifestation des Göttlichen betrachtete, war für Lessing »nur ein Schauspiel für einen unendlichen Geist«: »In der Natur ist alles mit allem verbunden; alles durchkreuzt sich, alles wechselt mit allem, alles verändert sich eines in das andere. Aber nach dieser unendlichen Mannigfaltigkeit ist sie *nur ein Schauspiel für einen unendlichen Geist*« (L 6,358–359), kein Schauspiel für die Vernunft des Menschen. Die Welt als Natur ist daher für Lessing nicht mehr der wesentliche Erscheinungsort des Göttlichen, an dem der Mensch die Wahrheit erkennen kann.[59]

Auch an Lessings Stellungnahme zu der im 18. Jahrhundert geführten Diskussion über die neue Grundlegung der Kunst und Literatur entweder durch das Prinzip der Nachahmung der Natur oder durch das Genieprinzip wird deutlich, daß für ihn (1.) die Metaphysik nicht mehr Einsicht in die harmonia mundi und die Totalität vermittelt und daß für ihn (2.) die Subjektivität und die Geschichte der neue Ausgangspunkt seiner Überlegungen sind. Die Ästhetik von Baumgarten bis zum 19. Jahrhundert war diejenige neue philosophische Disziplin, die der veritas aesthetica, dem Schönen und den schönen Künsten, eine Erkenntnis der Wahrheit zumutete, die vorher allein der Metaphysik vorbehalten war. Die Würde des Dichters und die Funktion des Schönen sollten nach dieser neuen philosophischen Disziplin in der Darstellung und Vergegenwärtigung der vorgegebenen, dem unmittelbaren empirischen und wissenschaftlichen Bewußtsein unzugänglichen harmonia mundi und Totalität bestehen.

Vor dem Hintergrund dieser Diskussion werden an Lessings Dichtungstheorie und seinen dramatischen Arbeiten[60] seine Distanz zur damaligen Metaphysik und sein neuer Ausgangspunkt deutlich. Selbst an denjenigen Aussagen Lessings, in denen er, ähnlich wie z. B. Plotin, den Dichter und Dramatiker dadurch neu zu bestimmen versucht, daß er ihn als »sterblichen Schöpfer« vom »ewigen Schöpfer« unterscheidet, wird beides deutlich. Gott wird in den genannten Aussagen von Lessing als der »ewige Schöpfer« gedacht, der *allein* den »ewigen unendlichen Zusammenhang aller Dinge« so zu sehen vermag, daß auch das, was uns als »blindes Geschick und Grausamkeit« erscheint und erscheinen muß, wenn wir ehrlich und aufrichtig sind, kein Argument gegen seine »Weisheit und Güte« ist. Während Leibniz noch glaubte, daß die theoretische Vernunft in der Lage sei, im Blick auf diese unendliche göttliche Perspektive eine Theodizee zu liefern, bestreitet Lessing, daß die menschliche Vernunft – und auch der Dichter und Dramatiker – diese unendliche Perspektive besitzt. Der Dichter und Dramatiker soll als »sterblicher Schöpfer« lediglich durch eine von der vorgegebenen Weltordnung unabhängige Neuschöpfung, durch einen »Schattenriß« auf das Ganze des »ewigen Schöpfers« verweisen. Lessing weiß, daß die Unähnlichkeit des dichterischen »Schattenrisses« mit dem Urbilde des unendlichen Geistes immer größer ist als alle erkennbare Ähnlichkeit:

»In diesem [»in dem ewigen unendlichen Zusammenhange aller Dinge«] ist Weisheit und Güte, was uns in den wenigen Gliedern, die der Dichter herausnimmt, blindes Geschick und Grausamkeit scheinet. Aus diesen wenigen Gliedern sollte er ein Ganzes machen, das völlig sich rundet, wo eines aus dem andern sich völlig erkläret, wo keine Schwierigkeit aufstößt, derenwegen wir die Befriedigung nicht in seinem Plane finden, sondern sie außer ihm, in dem allgemeinen Plane der Dinge, suchen müssen.«

Durch seinen »Schattenriß« vermag der Dichter den Betrachter lediglich indirekt auf die Weisheit und Güte des Schöpfers zu verweisen, trotz all dessen, was uns »blindes Geschick und Grausamkeit scheinet«. Der Dichter und Dramatiker kann nicht »die unbegreiflichen Wege der Vorsicht mit in seinen kleinen Zirkel« (L 6, 402) flechten. Das Ganze, das der Dichter und Dramatiker schafft, soll für den Leser und Zuschauer eine innere Plausibilität und Vernünftigkeit haben, die aus sich eine Zustimmung zur göttlichen Vorsehung ermöglicht. Da Lessing die Unbegreiflichkeit der »Wege der Vorsicht« erkennt und anerkennt, kann er in seiner ›Dramaturgie‹ und in seinen eigenen schriftstellerischen und dramatischen Arbeiten Kunst auch nicht mehr als Mimesis einer religiös oder ontologisch gedeuteten vorgegebenen Ordnung verstehen.[60a]

Er wendet sich in seiner ›Dramaturgie‹ aber auch gegen den Märtyrer des barocken Trauerspiels und gegen den Helden der feudalen Staatsaktion, weil er in dem lebendigen individuellen Charakter das zentrale Thema des bürgerlichen Trauerspiels sieht. Der individuelle Charakter ist für ihn dadurch gekennzeichnet, daß er durch sein kritisches Verhalten zum Bestehenden zu dem wird, was er ist. Lessings Rückgriff auf die aristotelische Poetik und seine Umdeutung der aristotelischen Definition der Tragödie hat hierbei für die Begründung des bürgerlichen Trauerspiels eine doppelte Funktion: Er will (1.) das zeitgenössische französische Theater und die deutsche Nachahmung dieses Theaters kritisieren, und er will (2.) die philosophische Absicht des Theaters und seine sittlich-gesellschaftliche Funktion neu begründen. Die Komödie und die Tragödie sollen die Kritik- und Mitleidsfähigkeit des Zuschauers entfalten. Wenn Lessing in diesem Zusammenhang den Illusionscharakter des Theaters fordert, so tut er das nicht, um im Zuschauer Illusionen über einen utopischen Zustand des Menschen und der Geschichte zu erzeugen, sondern um die Freiheit, die Urteilsfähigkeit und das kritisch kontrollierende und korrigierende Handeln des Einzelnen in der stets unvollkommenen Gesellschaft wachzuhalten. Lessings religionsphilosophische und ästhetische Reflexionen gehen also nicht von den Voraussetzungen der rationalen Metaphysik, sondern von dem in der kritischen Vernunft und Geschichte offenbar gewordenen Stand des Menschen aus.

b) Lessings religionsphilosophische Schriften und Fragmente gehören nicht in die Vorgeschichte derjenigen Philosophie der Subjektivität, die glaubt, sich nach der Preisgabe, ja Destruktion der Überlieferung von einer mit der gegenwärtigen Christenheit und der gegenwärtigen Welt unvermittelten Subjektivität aus in der absoluten Wahrheit neu begründen zu können.

An dem berühmten von Jacobi berichteten letzten Gespräch mit Lessing, das nach Thielicke im Widerspruch zur ›Erziehung des Menschengeschlechts‹ und den frühen Fragmenten »eindeutig spinozistische Tendenzen«[61] aufweist, wird deutlich, daß Lessing (1.) im Ernst den Menschen und die neue gesellschaftlich-politische Welt nicht von einer wie auch immer gedachten spinozistischen Metaphysik aus gedeutet hat und daß er (2.) die Philosophie der unvermittelten Subjektivität kritisiert.

Die Deutungsversuche dieses Gesprächs sind von Mendelssohn an sehr verschieden. Lessing beruft sich sicher in dem Jacobigespräch auch deshalb auf Spinoza, von dem die Leute damals »wie von einem todten Hunde«[62] redeten, um das im Spinozismus enthaltene Moment der Objektivität gegen Jacobis Position der Unmittelbarkeit auszuspielen und so Jacobis »Salto mortale« in die »Unphilosophie« des Glaubens in Frage zu stellen. Dies stimmt auch sachlich mit Lessings Kritik des Pietismus überein. Die Kritik der religiösen Unmittelbarkeit und der Reduktion des theologischen Begriffs des Glaubens auf ein unmittelbares bloß subjektives Gefühl als einziges Organ der Wahrheitsvermittlung bildet ja den Kern seiner Pietismuskritik. Wie man aber auch immer Lessings Äußerungen in dem letzten Gespräch mit Jacobi im einzelnen deuten mag, eines scheint sicher zu sein: »Jacobi hat Lessing viel zu dogmatisch verstanden« (a.a.O. LXIX). Und doch hat Jacobi an anderer Stelle das kritische Moment in Lessings Denken durchaus verstanden: »Lessing war der Meinung man müsse einer im Schwange seyenden Uebertreibung eine andere Uebertreibung entgegensetzen. Aus diesem Grundsatze getraue ich mir alle Paradoxe zu erklären, die in seinen Schriften vorkommen.«[63]

Die Grenze eines auf dem Boden einer Philosophie der unvermittelten Subjektivität geführten Gespräches mit Lessing wird vom späten Kierkegaard und seiner Lessingdeutung aus besonders deutlich.

Kierkegaard geht in seinen Tagebuchnotizen aus dem Wintersemester 1837[64] ebenso wie Hegel in seiner Einleitung zu ›Glauben und Wissen‹ aus dem Jahre 1802 davon aus, daß der Bruch zwischen der gegenwärtigen Welt und der christlichen Überlieferung größer ist, als z. B. Lessing und Kant noch annahmen. Für Hegel hat »die Kultur die letzte Zeit« »über den alten Gegensatz der Vernunft und des Glaubens, von Philosophie und positiver Religion ... so erhoben, daß diese Entgegensetzung von Glauben und Wissen einen ganz andern Sinn gewonnen hat und nun innerhalb der Philosophie selbst verlegt worden ist«. Damit ist für Hegel, wie er vor allem in seiner Kritik der Glaubensphilosophie des frühen Jacobi zeigt, der überlieferte religiöse Glaubensbegriff preisgegeben und historisch geworden.

Dies hat für Hegel und Kierkegaard mehrere Konsequenzen. Die Vernunft kann für Hegel jetzt nicht mehr »eine Magd des Glaubens« sein, »wie man sich in ältern Zeiten ausdrückte«. Der »glorreiche Sieg« der rationalen Vernunft« über die christliche Religion und die Aufhebung der positiven Religion in ein vernünftiges Christentum gelten jetzt als ein »Leichnam«, der »ebensowenig von Vernunft als echtem Glauben an sich hat« (GW 1). Ebenso ist für Kierkegaard durch die ständig wachsende Kluft »zwischen der abstrakten Deduktion und dem historischen Wirklichen«, »zwischen der Deduktion eines Standpunktes und dem historisch nachgewiesenen Standpunkt selbst«[65] der Bruch mit der christlichen Überlieferung größer geworden. Damit sind für Hegel und für Kierkegaard bestimmte Vermittlungsversuche überholt. Die historisch-kritische Bibelexegese, die Lessing und Kant noch gegen ihre Verteidiger und Kritiker als ein zwar begrenztes, aber in der Moderne notwendiges und legitimes Organon zur Vermittlung der in der Bibel geoffenbarten Wahrheit rechtfertigten, ist für Hegel und Kierkegaard ein Totengräber des Christentums. Kants Versuch einer neuen Bestimmung des Verhältnisses von Christentum und kritischer Philosophie ist für beide jetzt unmöglich. Hegel schreibt, »daß Kant mit seinem Versuche, die positive Form der Religion mit einer Bedeutung aus seiner Philosophie zu beleben, nicht deswegen kein Glück machte, weil der eigentümliche Sinn jener Formen dadurch verändert würde, sondern weil dieselben auch dieser Ehre nichts mehr wert schienen« (GW 1). Und

Kierkegaard schreibt: »Aus Kants Nichtwissen muß, wie gesagt, Nichtglauben kommen«.[66] Kierkegaard und der späte Hegel stimmen ferner darin überein, daß dem Menschen durch Christus ein dem Sokrates und den Griechen gegenüber höheres Bewußtsein der Freiheit und Geschichtlichkeit vermittelt worden sei. Um das durch Luther und den neueren Protestantismus verteidigte Prinzip der Subjektivität jedoch vor dem Mißverständnis der Aufklärung zu sichern, ist für beide jetzt »ein neues Verständnis des alten Ideals«[67] notwendig. Kierkegaard und Hegel stimmen also (1.) darin überein, daß nach Lessing und Kant der Bruch zwischen der Gegenwart und der christlichen Überlieferung größer geworden ist und daß alle bisherigen Vermittlungsversuche der Theologie und Philosophie diesen nicht haben überwinden können.

Kierkegaard und Hegel stimmen (2.) darin überein, daß sie die im Pietismus und in der Romantik ausgebildeten Formen und Theorien der Subjektivität als Formen und Theorien der schlechten Subjektivität kritisieren. Kierkegaards Kritik der ästhetischen und ethischen Existenzform der Subjektivität und jeder Subjektivität und Innerlichkeit, die sich nicht zugleich als die Unwahrheit erkennt, sowie sein ständiges Bemühen, seinen eigenen Begriff der Subjektivität von dem der Romantik und der Spekulation Hegels, Schellings und ihrer Nachfolger zu unterscheiden, zeigen jedenfalls, daß für ihn nicht jede Subjektivität und Innerlichkeit als solche die Wahrheit ist.

Trotz dieser und anderer Übereinstimmungen in der Diagnose der Zeit nach Lessing und Kant besteht der wesentliche Unterschied zwischen Kierkegaard und Hegel in ihrem Verhältnis zur Geschichte. Während Hegel, wie wir sehen werden, zumindest versucht, die lebendige Wahrheit so zu bestimmen, daß sie aus der Kontinuität der bisherigen Überlieferungsgeschichte verständlich wird, ja daß sie als die volle Verwirklichung der bisherigen geistigen, religiösen, gesellschaftlichen, politischen ›Vorgeschichte‹ erscheinen kann, treibt Kierkegaard immer entschiedener zum Bruch mit der Geschichte. Der junge Kierkegaard verstand die Kategorie des Einzelnen noch als Korrektiv der Zeit. Für den späten Kierkegaard jedoch hat die Überlieferungsgeschichte und die gegenwärtige geistig-wissenschaftliche und gesellschaftlich-politische Welt prinzipiell keine Bedeutung mehr für die die Wahrheit suchende »existierende Subjektivität«.[68] Der Umstand, daß er »von Sokrates oder von Prodikos oder von einem Dienstmädchen gelernt hat«, beschäftigt ihn »nur historisch« (a.a.O. 20). »Der zeitliche Ausgangspunkt ist ein Nichts«. Die Geschichte, und zwar sowohl die christliche Überlieferung als auch die gesellschaftlich-politische Welt, reduziert Kierkegaard auf den »Augenblick« (a.a.O. 21), der mit dem Absoluten gleichzeitig ist. Die mit der Geschichte unvermittelte Subjektivität sucht die Wahrheit in der »Innerlichkeit der Isolation« (a.a.O. 200 Anm. 2), in der »durch Reflexion potenzierten Geistexistenz« (a.a.O. 217 Anm.). Der Andere und die geschichtlichen Institutionen sind für diese Form der Wahrheitsfindung gleichgültig. Die wahre Subjektivität des Glaubenden soll sich nach Kierkegaard in immer neuen ›Entscheidungen‹ vor Gott als das für die Vernunft unauflösliche Paradox von Sündersein und Begnadetsein, von Unwahrheit und Wahrheit erkennen und verwirklichen. Dies meint seine Definition der Subjektivität: »Also die Subjektivität, die Innerlichkeit ist die Wahrheit; gibt es nun einen innerlicheren Ausdruck dafür? Ja, wenn die Rede: die Subjektivität, die Innerlichkeit ist die Wahrheit, so beginnt: die Subjektivität ist die Unwahrheit« (a.a.O. 349–350).

Von dieser Position der mit der Geschichte unvermittelten Subjektivität aus führt Kierkegaard sein Gespräch mit Lessing. Im ersten Entwurf zu den ›Philosophischen Brosamen‹ wird das Problem der Gegenwart folgendermaßen formuliert: »Wie erhalte ich einen geschichtlichen Ausgangspunkt für mein ewiges Bewußtsein, und wie kann ein solcher mich mehr als historisch interessieren, wie kann ich meine Seligkeit auf ein historisches Wissen gründen?« Dies Problem wird näher erläutert, wobei Lessing als einziger Vorläufer genannt wird: »Dies ist und bleibt mit Hinblick auf das Verhältnis zwischen Christentum und Philosophie das Hauptproblem. Lessing ist der einzige, der darauf hingewiesen hat. Aber Lessing wußte auch viel besser als Creti und Pleti der modernen Philosophen um das hier zu besprechende Problem Bescheid«. »Lessing gebraucht das Wort *Sprung*, ob es ein Ausdruck oder ein Gedanke ist, ist gleichgültig, ich fasse es als einen Gedanken auf«

(a.a.O. 855).[69] Nach Kierkegaard kann es zwar für die religiöse Subjektivität prinzipiell keine Lehrer und Meister geben. Trotzdem glaubt er, Lessing für die von ihm so genannten vier »möglichen und wirklichen Thesen von Lessing« (a.a.O. 199) danken zu müssen. Dabei gibt er zu, daß sich höchstens die beiden letzten Thesen »bestimmter auf Lessing zurückführen« (a.a.O. 223) lassen und daß er kein Schüler Lessings sein kann: »Wenn ich auch mit Teufels Gewalt und Macht Lessings Schüler sein wollte, ich kann es nicht, er hat es verhindert« (a.a.O. 199).

Die angeblichen Thesen Lessings, die Kierkegaard formuliert, lassen sich so zusammenfassen:

1) Der subjektiv existierende Denker muß sich auf die ›indirekte Mitteilung‹ beschränken, wenn er in der gegenwärtigen Welt auf die religiöse Wahrheit aufmerksam machen will. Die Doppelreflexion auf die Sache und auf die Form der ›indirekten Mitteilung‹ religiöser Wahrheiten ist notwendig für »die in der Innerlichkeit der Isolation existierende Subjektivität, die durch Innerlichkeit das Leben der Ewigkeit ausdrücken will, wo sich keine Sozialität und keine Gemeinschaft denken läßt« (a.a.O. 200).

2) Der subjektive Denker entscheidet sich grundsätzlich gegen den Besitz der objektiven Wahrheit, die Kierkegaard dreifach: als sinnliche Gewißheit, als historisches Wissen und als spekulatives Resultat bestimmt, und er entscheidet sich für das unendliche Streben nach der Wahrheit.

3) Die historische Wahrheit ist »als solche zufällig«. Das Prädikat »zufällig« ist ein »Genus-Prädikat«, kein »relativ-distinguierendes« (a.a.O. 229). Es gibt durch die Geschichte prinzipiell keine Vermittlung einer seligmachenden Wahrheit. Es gibt zwischen der historischen Wahrheit und der ewigen Wahrheit und Seligkeit nur den »Sprung«, kein »sich in eine qualitative Entscheidung hineinquantitieren« (a.a.O. 226).

4) Die »existierende Subjektivität« (a.a.O. 258) steht im Gegensatz zum objektiven Denker, der in seinem System und in seiner Spekulation die Existenz überspringt.

Kierkegaard thematisiert mit diesen »möglichen und wirklichen Thesen von Lessing« sicherlich die Momente des Lessingschen Denkens, die beiden insofern gemeinsam sind, als sie Denker der

Subjektivität sind. Dennoch verfehlt Kierkegaard die entscheidende Dimension und Intention der Lessingschen Religionsphilosophie. Alle Thesen Kierkegaards entspringen einem Denken, das in seiner Terminologie und in seiner Methode von eben dem Denken geprägt ist, das es überwinden will: der Romantik und der Philosophie der schlechten Subjektivität. Alle seine Lessing unterstellten Thesen fixieren der Sache nach genau die Alternativen, die Lessing aufheben will, und sie heben die geschichtlichen Vermittlungen auf, die nach Lessing für die Begründung der Subjektivität in der Wahrheit notwendig sind.

Nach Lessing begegnet der Mensch der Wahrheit gerade nicht in der »Innerlichkeit der Isolation« und in der »durch Reflexion potenzierten Geistesexistenz« (a.a.O. 217 Anm.), sondern im Gespräch und im Streitgespräch mit den in der Zeit ausgebildeten geistig-wissenschaftlichen und gesellschaftlich-politischen Positionen. Lessings Kritik des Pietismus trifft der Sache nach den von Kierkegaard geforderten Rückzug des Christentums aus der Geschichte in die religiöse Innerlichkeit. Lessings Unterscheidung der Vergangenheit als Gegenstand der historisch-kritischen Wissenschaften von der Vergangenheit als Moment der in der Offenbarung begründeten allgemeinen Kontinuität der Geschichte und Einheit des Menschengeschlechts will im Gegensatz zu Kierkegaard gerade sichtbar machen, daß nicht »*alles* was geschichtlich ist ... zufällig« (a.a.O. 229) ist. Lessing würde niemals wie Kierkegaard sagen, daß die Geschichte *prinzipiell* für die Wahrheit keine Bedeutung hat, daß »der Umstand, daß ich von Sokrates oder von Prodikos oder von einem Dienstmädchen gelernt habe, mich nur historisch« (a.a.O. 20) interessiert. Er würde niemals sagen: »Der zeitliche Ausgangspunkt ist ein Nichts« (a.a.O. 21).

Lessing versteht das Christentum nicht wie Kierkegaard als »Paradox« (a.a.O. 237). Seine Religionsphilosophie geht vielmehr davon aus, daß Kierkegaards Problemstellung: wie man durch Sprung und existentielle Entscheidung Christ werden kann, eine Konstruktion ist, von der »keine Erfahrung gemacht werden kann« (L 8,450). Das durch die Zeit gestellte Problem besteht für Lessing darin, wie man die zunächst auf »Treu und Glauben« angenommene, jetzt aber ›frag-würdig‹ gewordene christliche Offenbarungsreligion so vergegenwärtigen kann, daß sie weder durch die »Modeschriften« für noch durch diejenigen gegen das Christentum unglaubwürdig werden kann. Lessings Problem ist nicht, wie man die Subjektivität aus der Verstrickung in die Geschichte befreien kann, sondern umgekehrt, wie man sie mit der gegenwärtigen geschichtlichen Welt so vermitteln kann, daß man die Wahrheit als die für die Subjektivität gegenwärtige Wahrheit erkennen und anerkennen kann. Für Kierkegaard ist die Wahrheit ein »Paradox«, ein Reflexionsbegriff der geschichtslosen Innerlichkeit, für Lessing dagegen ist die Wahrheit etwas, das (1.) auf die verschiedenen Vermittlungen der Überlieferungsgeschichte angewiesen ist und das (2.) nur dann als lebendige Wahrheit erkannt und anerkannt werden kann, wenn es eine glaubwürdige Antwort auf die jetzt gestellten Fragen gibt. Die absolute Wahrheit ereignet sich für Kierkegaard in den jeweiligen Entscheidungen der geschichtslosen Innerlichkeit. Nach der ›Erziehung des Menschengeschlechts‹ und der ›Ringparabel‹ wird sie jedoch erst in der jetzt noch nicht erreichten Zukunft von einem höheren Richter endgültig offenbart.[70]

Lessings Religionsphilosophie läßt sich abschließend in drei Punkten kennzeichnen:
1) Lessings Religionsphilosophie ist weder ihrer Intention noch der Sache nach Theologie. Lessing unterscheidet noch nicht wie später Kant zwischen »biblischer Theologie« und »philosophischer Theologie«.[71] Er erhebt noch nicht wie später Hegel den Anspruch, an Stelle der Theologie die Wahrheit des Christentums so auslegen und aussagen zu können, daß dies eine glaubwürdige Antwort auf die von der Zeit gestellten Fragen bedeutet, und sie kann diesen Anspruch auch nicht erheben. Lessing brach sein Theologiestudium ab, weil ihm weder in der durch die Überlieferung vermittelten Gestalt der christlichen Religion, ihrer Lehre und ihres religiösen und kirchlichen Lebens, noch in den theologischen und philosophischen »Modeschriften« seiner Zeit ein überzeugendes »System« begegnet war. Er blieb jedoch bis zum Ende seines Lebens ein »Liebhaber der Theologie«, der in einer freien und kritischen Weise nach der Wahrheit suchen wollte: »Ich bin Liebhaber der Theologie, und

nicht Theolog. Ich habe auf kein gewisses System schwören müssen. Mich verbindet nichts, eine andre Sprache, als die meinige, zu reden. Ich bedaure alle ehrliche Männer, die nicht so glücklich sind, dieses von sich sagen zu können« (L 8,167). Der »Liebhaber der Theologie« hat das, was er »von der christlichen Religion glaube« (L 9,796), niemals im Zusammenhang dargestellt, weil er auf die Fragen der Zeit keine Antwort geben konnte, die das leistet, was eine Theologie zu leisten verpflichtet ist, und weil er keine Antwort vortäuschen wollte, die er nicht mit Überzeugung zu geben in der Lage war. Lessing war jedoch davon überzeugt, daß seine Religionsphilosophie durch ihre doppelte Funktion: durch Kritik und durch Formulierung neuer Denkmodelle der zeitgenössischen Theologie »viele Schwierigkeiten« (L 8,591) lösen helfen könnte.

2) Lessings Religionsphilosophie kritisiert die überlieferten Formen der christlichen Theologie, das tradierte kirchlich-politische System sowie die zeitgenössische Religionsphilosophie im Blick auf neue, der Gegenwart angemessenere Formen des Selbst- und Weltverständnisses. Sie kritisiert nicht wie die Religionsphilosophie seit dem 17. und 18. Jahrhundert das Christentum und die Religion überhaupt im Namen der Natur bzw. im Namen der Gesellschaft, und sie verteidigt dieses auch nicht in rein apologetischer Absicht. Lessings religionsphilosophische Schriften und Fragmente gehen davon aus, daß das Christentum trotz seiner ungelösten Spannungen zur modernen Gesellschaft »seinen ewigen allmählichen Schritt« gehen wird: »Das Christentum geht seinen ewigen allmählichen Schritt: und Verfinsterungen bringen die Planeten aus ihrer Bahn nicht« (L 8, 156). Sie kritisieren nicht die Religion überhaupt von einem gegen- oder nachchristlichen Weltverständnis aus, sondern suchen diesseits der kurzschlüssigen Alternativen von Glauben und Wissen, von Bewahrung und Fortschritt nach neuen, umfassenderen Deutungen des Menschen und nach Formen seines gesellschaftlich-politischen Lebens.

3) Lessing entwickelt von der Subjektivität und Geschichte aus Denkmodelle, die Plausibles und Verbindliches für die in seiner Zeit ungelösten Spannungen zwischen dem Christentum und der Moderne entfalten sollen. Denkmodelle beanspruchen keine To-

tallösungen – weder im Sinne der Metaphysik noch im Sinne der Geschichtsphilosophie –, sie sind Lösungsversuche für bestimmte geschichtliche Situationen. Sie beanspruchen keine Plausibilität und Verbindlichkeit für alle Menschen in jeder beliebigen Zeit und an jedem beliebigen Ort, sie formulieren vielmehr Einsichten, von denen man erwarten kann, daß sie für Menschen in einer bestimmten Situation glaubwürdig oder zumindest diskutabel sind. Lessings Begründung der Religionsphilosophie von der Subjektivität und Geschichte aus erfordert daher mit einer in der Sache selbst liegenden Konsequenz, daß sie in neuen geschichtlichen Situationen weiterentwickelt werden mußte. Kant und Hegel haben dies getan.

III. Kapitel: Kant

Zum Begriff der kritischen Philosophie

Den Zustand der Philosophie in Deutschland in der zweiten Hälfte des 18. Jahrhunderts nach dem Zerfall der Schulphilosophie kennzeichneten viele Zeitgenossen als Eklektizismus, Seichtigkeit, Geschwätzigkeit, Schwärmerei und Fanatismus. Biester, Moses Mendelssohn, Kästner und andere richteten in dieser Situation ihre Hoffnung auf eine Erneuerung der Philosophie auf Lessing und Kant. Sie zählten Lessing und Kant zu »den größten Denkern« (K 9, 307). Markus Herz sprach 1776 von Lessing und Kant als »seltenen Jahrhunderterscheinungen« (K 9, 152 Anm.). Lessing selbst hatte bei seinem letzten Gespräch mit Kästner über die zeitgenössische Philosophie die Hoffnung geäußert, »es müsse damit bald anders werden, die sey so seicht geworden daß die Seichtigkeit selbst bey Leuten die nicht viel Nachdenken anwenden wollen sich doch nicht in Ansehen erhalten könne«. Kästner, der dies am 2. 10. 1790 Kant berichtete, lobte Kant wegen seiner Kritik des »jetzigen philosophischen jargons« und der herrschenden »Modewörter« und erwartete von ihm, daß er die »Philosophie auf Anstrengung des Verstandes und zusammenhängendes Denken« (KA 11, 214) zurückführe.

Lessing und Kant haben in der Tat entscheidend zur Erneuerung der Philosophie beigetragen. Lessings Kritik der über ihre eigenen Voraussetzungen unaufgeklärten Aufklärung wird von Kant fortgesetzt durch seine kritische Philosophie der Subjektivität auf dem Boden der neuen geistig-wissenschaftlichen und gesellschaftlich-politischen Wirklichkeit. Die Philosophie ist für Kant dadurch gekennzeichnet, daß sie von dem in der kritischen Vernunft und in der kritischen Öffentlichkeit offenbaren Stand der Geschichte ausgeht. Was Kant unter einer Philosophie »im echten Verstande« verstand, hat er entweder mit Begriffen der Schultradition, z. B. Metaphysik, Weisheitslehre, oder mit neuen Begriffen, z. B. Transzendentalphilosophie, bezeichnet. Weder wissenschafts- und begriffsgeschichtliche Überlegungen noch der Purismus eines bestimmten Sprachgebrauchs zwangen ihn zu einer bestimmten Terminologie: »Man mag sie [die Philosophie im echten Verstande] benennen, wie man will« (K 3, 568).

Im Gegensatz zur rationalen Metaphysik und zum Empirismus,[1] die im 18. Jahrhundert – wenn auch in entgegengesetzter Weise – die Wahrheitsfrage mit der Methode der certa cognitio deduktiv von einem einzigen Prinzip aus beantworten wollen, bemüht sich Kant in seiner theoretischen Philosophie darum, das in diesen Positionen enthaltene Moment von Wahrheit kritisch zu vergegenwärtigen. Das zeigt sich etwa an seinem Verhältnis zur rationalen Metaphysik.[2] Die Metaphysik des 18. Jahrhunderts kann zwar für ihn nicht mehr »Grundveste der Religion« und des Christentums sein, obwohl »sie doch jederzeit als die Schutzwehr derselben stehen bleiben« (K 3, 567) muß. Der Satz von Baumgarten: »Theologia naturalis prima philosophiae practicae, teleologiae et theologiae revelatae principia continet« (KA 17, 157) ist für ihn unhaltbar und sowohl für das Christentum als auch für die Philosophie ruinös. Die rationale Metaphysik kann ferner für Kant nicht mehr aus einer teleologisch gedeuteten Vernunftnatur des Menschen die letzten Gründe des Sittlichen und Politischen so entwickeln, daß sie einen überzeugenden Beitrag zum Selbstverständnis des Menschen und zu seiner Praxis in der gegenwärtigen gesellschaftlich-politischen Wirklichkeit liefert. Sie kann für ihn auch nicht mehr dadurch, daß sie den Menschen als animal rationale von einer dem besonderen Sein des Menschen entsprechenden und ihm vorgezeichneten Tätigkeit her deutet, die Kreatürlichkeit *und* Subjektivität des Menschen verständlich machen. Auf Grund der Deutung des Menschen und des Schöpfers in der rationalen Metaphysik und des Wandels des neuzeitlichen Naturbegriffs ergibt sich für Kant folgendes Dilemma: »Ein Geschöpf zu sein und als Naturwesen bloß dem Willen seines Urhebers zu folgen, dennoch aber als frei-handelndes Wesen (welches seinen vom äußern Einfluß unabhängigen Willen hat, der dem erstern vielfältig zuwider sein kann), der Zurechnung fähig zu sein und seine eigne Tat doch auch zugleich als die Wirkung eines höhern Wesens anzusehen: ist eine Vereinbarung von Begriffen, die wir zwar in der Idee einer Welt, als des höchsten Guts, zusammen *denken* müssen; die aber nur der *einsehen* kann, welcher bis zur Kenntnis der übersinnlichen (intelligiblen) Welt durchdringt und die Art einsieht, wie sie der Sinnenwelt zum Grunde liegt: ... eine Einsicht, zu der kein Sterblicher gelangen kann« (K 6, 130).

Der in der rationalen Metaphysik manifest gewordene Skandal der Vernunft läßt Kant jedoch nicht zum Skeptiker und Indifferentisten werden. Er weist die in der überlieferten Metaphysik behandelten Fragen nicht als unwissenschaftlich ab oder klammert sie aus methodischen Gründen aus. Er stellt sich vielmehr den Fragen, »die sie [die menschliche Vernunft] nicht abweisen kann; denn sie sind ihr durch die Natur der Vernunft selbst aufgegeben« (K 3, 5). Kant ist nicht der entweder gefeierte oder kritisierte »Zermalmer der Metaphysik«,[3] der jede Metaphysik kritisiert oder sogar die Berechtigung ihrer Fragen bezweifelt.[4] Selbst wenn man sich noch »so spröde oder geringschätzend« zur Metaphysik verhalte, werde man »jederzeit zu ihr wie zu einer mit uns entzweiten Geliebten zurückkehren, weil die Vernunft, da es hier wesentliche Zwecke betrifft, rastlos entweder auf gründliche Einsicht oder Zerstörung schon vorhandener guten Einsichten arbeiten muß« (K 3, 568). Das Ziel der kritischen Philosophie ist, durch Kritik der gesetzlosen Spekulationen der rationalen Metaphysik zur »gründlichen Einsicht« zu gelangen.

Der geschichtlich erreichte Stand des philosophischen Bewußtseins wird von Kant, z. B. in den ›Vorreden‹ der ›Kritik der reinen Vernunft‹ und in dem letzten Abschnitt dieser Schrift, der ›Geschichte der reinen Vernunft‹ (K 3, 569–571), wissenschaftsgeschichtlich begründet. Das Faktum der kritischen Wissenschaften der Natur und der Geschichte und der Skandal der Philosophie, der durch die dogmatische Methode von Wolff und die skeptische Methode von Hume entstanden ist, verbieten es, unkritisch wie die traditionelle Metaphysik von *der* philosophischen Vernunft und Wissenschaft zu sprechen. Die Philosophie hat daher jetzt auszugehen von »der gereiften Urteilskraft des Zeitalters, welches sich nicht länger durch Scheinwissen hinhalten läßt« (K 3, 7).

Der erreichte Stand erfordert für Kant eine kritische bzw. transzendentalphilosophische Selbstprüfung der Vernunft, d. h. eine Prüfung des Verhältnisses der Vernunft zu ihren Gegenständen, auch zu ihren letzten Fragen. Transzendentalphilosophie bzw. kritische Philosophie im Sinne Kants verlangt, daß sie den in den Wissenschaften und im kritischen Subjekt verwirklichten Bezug der denkenden Vernunft zu ihrem Gegenstand mitreflektiert. Die überlieferte Metaphysik ist für Kant deshalb dogmatisch, weil sie trotz aller Methodenreflexion seit Plato und Aristoteles ihre Erkenntnisse in einer Allgemeinheit formuliert, die jetzt die Vernunft nicht mehr als allgemein erkennen und anerkennen kann. Die mythisierende Philosophie Heideggers und den ihr entgegengesetzten Neopositivismus würde z. B. von Kant aus der Vorwurf treffen, daß sie den in den Wissenschaften und im kritischen Subjekt verwirklichten Bezug der denkenden Vernunft zu ihrem Gegenstand bewußt nicht mehr mitreflektieren. Für Kant ist der »kritische Weg« in der Moderne der einzige Weg der Philosophie. Der letzte Satz der ›Kritik der reinen Vernunft‹ lautet: »Der kritische Weg ist allein noch offen. Wenn der Leser diesen in meiner Gesellschaft durchzuwandern Gefälligkeit und Geduld gehabt hat, so mag er ... das Seinige dazu beitragen, um diesen Fußsteig zur Heeresstraße zu machen« (K 3, 571).

Der Begriff kritische Philosophie, der im folgenden zur Kennzeichnung von Kants Philosophie verwandt wird, wurde von Kant selbst und von seinen Schülern und Freunden in den neunziger Jahren wiederholt gebraucht. Er ist heute zur Kennzeichnung des Gesamtwerkes von Kant und seines konstitutiven Bezuges zu den neuen geistig-wissenschaftlichen und gesellschaftlich-politischen Problemen der Zeit und den Erfahrungen der kritischen Subjektivität in ihr zweckmäßiger als der Begriff Transzendentalphilosophie. Die Verwendung des Begriffs kritische Philosophie ist vor allem dann zweckmäßig, wenn man, wie hier, Kant nicht als Wissenschaftstheoretiker oder Bewahrer bzw. Zertrümmerer der Metaphysik, sondern als Theoretiker der Moderne diskutiert.

Der Terminus Transzendentalphilosophie, den Kant in die deutsche Sprache einführte, bezeichnet die »Idee einer Wissenschaft« im Sinne eines »vollständigen Systems« (K 3, 50) als »Inbegriff derjenigen Prinzipien, nach denen alle reinen Erkenntnisse a priori erworben und wirklich zustande gebracht werden« (K 3, 49). Eine solche Wissenschaft muß nach Kant »vor aller Methaphysik notwendig vorhergehen« (K 4, 28), wenn sie den Anspruch erheben will, eine kritische Wissenschaft und nicht ein dogmatisches System zu sein. Seine drei ›Kritiken‹ versteht Kant selbst als »Vorarbeiten« und »Bausteine« zu einer künftigen Transzendentalphilosophie. In seinen Spätschriften, vor allem aber an den Arbeiten seiner Schüler und Nachfolger wird ihm selbst jedoch bewußt, daß die Transzendentalphilosophie, die ein System aller reinen Erkenntnisse a priori liefern will, die von der Zeit gestellten Probleme nicht zureichend zu lösen vermag. Kant hatte seine ›Kritik der reinen Vernunft‹ mit der Hoffnung beendet, daß durch die Philosophie »dasjenige, das viele Jahrhunderte nicht leisten konnten, noch vor Ablauf des gegenwärtigen erreicht werden möge: nämlich die menschliche Vernunft in dem, was ihre Wißbegierde jederzeit, bisher aber vergeblich beschäftigt hat, zur völligen Befriedigung zu bringen« (K 3, 571). Diese völlige Befriedigung blieb jedoch aus. Die Transzendentalphilosophie blieb trotz Kants sehr verschiedener Begründungsversuche von 1770 bis zu seiner Spätphilosophie eine Philosophie, die, wie er 1798 schrieb, »das Ganze der Philosophie« nicht vollenden konnte und von der es keine abschließende verbindliche Gestalt gibt: »Ein Tantalischer Schmerz, der indessen doch nicht hoffnungslos ist« (K 10, 351). Kant hatte die Philosophie als eine kritische Wissenschaft zu begründen versucht. Die unkritischen Theoreme seiner Schüler und Gegner zwangen ihn jedoch im Alter, seinen Begriff von Philosophie noch einmal gegen das, was er Mystik nannte, abzugrenzen.[5]

An den Versuchen einer kritischen Weiterentwicklung von Kants Idee eines Systems der Transzendentalphilosophie wird das grundsätzliche Problem und die Grenze einer jeden Transzendentalphilosophie besonders deutlich. Kants Entwurf einer Transzendentalphilosophie wurde in sehr verschiedener Weise vom frühen Fichte und frühen Schelling, von der Phänomenologie Husserls und vom Neukantianismus weiterentwickelt. Für Fichte und Schelling war hierbei im Gegensatz zu den späteren Versuchen die Suche nach einem absoluten Ausgangspunkt der wissenschaftlichen Deduktion im absoluten Ich bzw. im Absoluten kennzeichnend[6]. Husserl dagegen thematisiert in der phänomenologischen Epoché das seiner Meinung nach »absolut eigenständige Reich direkter Erfahrungen«, der »transzendentalen Erfahrung«[7], während die Neukantianer, ausgehend von den ausgebildeten Einzelwissenschaften, nach den Bedingungen der Möglichkeit dieser Einzelwissenschaften in einem wissenschaftlichen Bewußtsein überhaupt fragen.

Kritisiert wurde der Entwurf der Transzendentalphilosophie schon zu Kants Lebzeiten als ein illegitimer »Purismus der Vernunft« von Sprache und Geschichte (Hamann)[8] und als radikaler Subjektivismus und »Egoismus« (Weishaupt, Jacobi, Reinhold)[9]. Heute kritisiert man die Transzendentalphilosophie von Kant, Fichte und Schelling etwa als eine Geschichtsphilosophie, die zwar gute Endzwecke, nicht aber konkrete Mittel zu ihrer Realisierung entwickle.[10] Die Transzendentalphilosophie Husserls und die des Neukantianismus kritisiert man etwa als Verfehlung des Seins (Heidegger) bzw. als Verfehlung der gesellschaftlich-politischen Wirklichkeit des Anderen.[11]

Allen Konzeptionen von Transzendentalphilosophie ist der Anspruch gemeinsam, vor der Annahme irgendeiner Erfahrung und Wirklichkeit a priori eine systematische Theorie der Bedingungen jeder wissenschaftlichen, kontrollierbaren und allgemeingültigen Erkenntnis entwickeln zu können. Für alle Konzeptionen ist jedoch kennzeichnend, daß ihre Ergebnisse zur Begründung und Kritik der in der Geschichte ausgebildeten Wissenschaften, der tatsächlichen geistigen Erfahrungen und der gesellschaftlich-politischen Institutionen wenig beitragen. Ferner ist bei all diesen Konzeptionen der Begriff des transzendentalen Ego, das einmal außerhalb der Zeit und außerhalb der empirischen und psychologischen Erfahrungen stehen und dann doch auch wieder ein Moment am konkreten Subjekt sein soll, gegen Psychologisierung und Anthropologisierung nicht gefeit. Das transzendentale Ego ist ambivalent: Es soll einmal als Subjekt derjenigen Wissenschaften, die durch die Methode der certa cognitio definiert sind, universal, austauschbar und voraussetzungslos sein, und es soll andererseits etwas sein, was ich als einzelnes Glied der Menschheit bin.

Die immer größer werdende Diskrepanz zwischen dem, was angeblich a priori ermittelt wird, und dem, was sich in der geistig-wissenschaftlichen und gesellschaftlich-politischen Wirklichkeit der Moderne ausgebildet hat, macht es immer unwahrscheinlicher, daß die Transzendentalphilosophie in Zukunft als eine allgemein anerkannte oder auch nur akzeptable Bestimmung der Philosophie wird auftreten können. Ja, um der Sicherung einer kritischen Philosophie willen ist die Vernunft heute mehr denn je gezwungen, sich gegen einen Entwurf von Wissenschaft zu wenden, der im Sinne der Transzendentalphilosophie beansprucht, Fundamentalphilosophie zu sein.

Eine heute notwendige kritische Philosophie kann entgegen den üblichen transzendentalphilosophischen Kantdeutungen an Kant selbst anknüpfen, und zwar zumindest aus folgenden Gründen: In den drei ›Kritiken‹ werden nicht alle von Kant reflektierten und diskutierten geistig-wissenschaftlichen und gesellschaftlich-politischen Probleme und Problemlösungen seiner Zeit und nicht alle von ihm reflektierten geschichtlichen Erfahrungen der Subjektivität sichtbar. Es gibt eine Kontinuität bestimmter Probleme und Problemlösungen vom frühen bis zum späten Kant, die nicht zureichend erfaßt werden können, wenn man nur Kants Lösungsversuche auf dem Boden seines transzendentalphilosophischen Ansatzpunktes sieht. Der in den drei ›Kritiken‹ und im Spätwerk, vor allem im Opus postumum, entfaltete transzendentalphilosophische Ansatzpunkt der Philosophie ist, wie die Forschung immer deutlicher zeigt, nicht nur in sich sehr verschieden, er ist vor allem nicht die einzige und auch nicht die abschließende Gestalt der kantischen Philosophie. Kants Beitrag zur theoretischen und praktischen Philosophie, zur Philosophie der Religion und zur Ästhetik in den frühen und späten Schriften, in den Reflexionen und im Opus postumum ist wesentlich differenzierter, als es vom Standpunkt einer Transzendentalphilosophie aus erscheint. Die Untersuchungen über die Entwicklung Kants und über den Zusammenhang seiner Philosophie mit der philosophischen Tradition und der Philosophie von Fichte, Schelling und Hegel zeigen immer deutlicher, daß das wesentliche Kennzeichen der kritischen Philosophie Kants gerade nicht in dem liegt, was man seit Kant als seine Transzendentalphilosophie entweder kritisiert oder preist. Damit wird auch, wie die Forschung zeigt, die übliche Entgegensetzung vom vorkritischen und kritischen Kant problematisch.[12]

Schüler, Freunde und Gegner Kants zogen aus diesen schon damals erkannten Grenzen und Schwierigkeiten der Konzeption einer Transzendentalphilosophie die Konsequenz, im Geiste Kants über Kants Buchstaben hinausgehen zu können und zu müssen. Schon damals führte jedoch die Beschränkung der Kantdiskussion auf den transzendentalphilosophischen Ansatzpunkt zur These vom Abweichler Kant und vom inkonsequenten Kant.[13] Da die Grenze der bisher weithin transzendentalphilosophischen Kantinterpretationen und -rezeptionen und die der Transzendentalphilosophie überhaupt immer deutlicher wird, ist eine erneute Interpretation und Diskussion Kants heute möglich und notwendig. Die folgenden Überlegungen beschränken sich auf Kants Beitrag zu einer Begründung der praktischen Philosophie und zu Fragen einer Philosophie der Religion. Zuvor soll jedoch in einem ersten Zugriff die Grundintention von Kants kritischer Philosophie etwas näher charakterisiert werden.

Kant sieht die erste Aufgabe der kritischen Philosophie in der gegenwärtigen Welt, dem »eigentlichen Zeitalter der Kritik« (K 3, 7 Anm.), in ihrem »Zensoramt« (K 3, 568). Kritische Philosophie ist damit weder eine für die Praxis des Einzelnen und der Gesellschaft folgenlose Theoria des vorgegebenen immerseienden Seins noch eine Theorie, die direkt und unmittelbar eine bestimmte, sei es revolutionäre oder reaktionäre, gesellschaftlich-politische Praxis zu begründen vermöchte. Die zweite Aufgabe der kritischen Philosophie sieht Kant in der Formulierung von Denkmodellen, die Plausibles und Verbindliches für die gegenwärtige Theorie und Praxis sichtbar machen.

Die »eigentümliche Methode« einer kritischen Philosophie nennt Kant »zetetisch«. Es gibt für ihn in der Gegenwart keine »schon fertige Weltweisheit«, kein Buch, in dem in einer für alle verbindlichen und überzeugenden Weise dargestellt und »würklich vorhanden« wäre, was jetzt für den Einzelnen und die Gesellschaft der Endzweck und die Mittel seiner Realisierung sind, und was daher für künftige Philosophen eine maßgebende und verbindliche Autorität sein könnte. »Man müßte ein Buch vorzeigen und sagen können: sehet, hie ist Weisheit und zuverlässige Einsicht; lernet es verstehen und fassen, bauet künftighin darauf, so seid ihr Philosophen« (K 2, 321).

Das »Zensoramt« der kritischen Philosophie besteht für Kant in der Kritik der über sich und ihre Voraussetzungen nicht aufgeklärten Vernunft, die sich in seiner Zeit in den Wissenschaften, der Religion, der Moral, der Gesellschaft und der Politik allgemeine Geltung verschafft hat und dort »Verwüstungen« anrichtet; in der Formulierung dessen, was Kant im traditionellen Sprachgebrauch den »Endzweck« des Menschen und der Gesellschaft, die »Weisheit« und die »Glückseligkeit« (K 3, 568) nennt; in der Erörterung und Diskussion der Mittel innerhalb der praktischen Philosophie, mit denen die gesellschaftlich-politischen Ziele realisiert werden können.

Nachdem sich die Wissenschaften und die auf sie gegründeten und die durch sie vermittelten gesellschaftlichen und politischen Verhältnisse ausgebildet haben, kann die menschliche Vernunft eine kritische Philosophie niemals entbehren, »die sie zügelt und durch ein szientifisches und völlig einleuchtendes Selbsterkenntnis die Verwüstungen abhält, welche eine gesetzlose spekulative Vernunft sonst ganz unfehlbar« (K 2,321) anrichten würde.

Die kritische Philosophie soll jedoch nach Kant nicht nur durch ihre Kritik der unaufgeklärten Vernunft Verwüstungen verhindern. Sie ist für ihn auch der einzige Weg, auf dem der Mensch jetzt noch zur Weisheit und die allgemeine Ordnung zur Glückseligkeit gelangen kann. In der gegenwärtigen Welt, in der nach Kant die wesentlichen Zwecke der Menschheit »nur durch Vermittlung einer Vernunfterkenntnis« (K 3, 568) zu verwirklichen sind, ist Philosophie als Zensor unentbehrlich. Philosophie vermag zwar in der bürgerlichen Gesellschaft nach Kant nicht mehr das Ganze zu erkennen, und sie darf es auch nicht auf eine für alle inhaltlich verbindliche Weise aussagen wollen. Trotzdem ist sie für ihn nicht eine für die Praxis, für die Verwirklichung des Endzwecks des Einzelnen und der Gesellschaft folgenlose Theorie. Daher werden »in dem Zeitalter einer sehr ausgeschmückten bürgerlichen Verfassung die feinere Einsichten zu den Mitteln des Fortkommens gehören und Bedürfnisse werden, die ihrer Natur nach eigentlich nur zur Zierde des Lebens und gleichsam zum Entbehrlich-Schönen desselben gezählet werden sollten« (K 2, 319). In der durch die Wissenschaften und die Technik gebildeten und sich verändernden Gesellschaft wird für Kant die philosophische Theorie, die in der alteuropäischen Gesellschaft »zur Zierde des Lebens« gehörte, zur elementaren Notwendigkeit, weil in dieser Gesellschaft die wesentlichen Zwecke der Menschheit und die Bedingungen und Mittel ihrer Verwirklichung »nur durch Vermittlung einer Vernunfterkenntnis« zu erkennen sind.

Die kritische Philosophie ist für Kant jetzt die Instanz, die im Gespräch und Streitgespräch mit den Wissenschaften und der Gesellschaft die letzten und wesentlichen Fragen des Menschen, soweit diese überhaupt durch Vernunft sichtbar gemacht werden können, offenhält: »Diese [die wahre Philosophie] bezieht alles auf Weisheit, aber durch den Weg der Wissenschaft, den einzigen, der, wenn er einmal gebahnt ist, niemals verwächst und keine Verirrungen verstattet«. Selbst dann, wenn die kritische Philosophie »mehr dazu dient, Irrtümer abzuhalten als Erkenntnis zu erweitern, tut [dies] ihrem Werte keinen Abbruch, sondern gibt ihr vielmehr Würde und Ansehen durch das Zensoramt, welches die allgemeine Ordnung und Eintracht, ja den Wohlstand des wissenschaftlichen gemeinen Wesens sichert und dessen mutige und fruchtbare Bearbeitungen abhält, sich nicht von dem Hauptzwecke, der allgemeinen Glückseligkeit zu entfernen« (K 3, 568). Im »eigentlichen Zeitalter der Kritik« können – das ist Kants Überzeugung – die Religion, die Moral, die Gesetzgebung und die politischen Institutionen nur dann unverstellte Achtung erwarten, wenn der Mensch ihnen eine freie, vernünftig begründete Zustimmung geben kann: »Unser Zeitalter ist das eigentliche Zeitalter der Kritik, der sich alles unterwerfen muß. Religion, durch ihre Heiligkeit, und Gesetzgebung, durch ihre Majestät, wollen sich gemeiniglich derselben entziehen. Aber alsdenn erregen sie gerechten Verdacht wider sich und können auf unverstellte Achtung nicht Anspruch machen, die die Vernunft nur demjenigen bewilligt, was ihre freie und öffentliche Prüfung hat aushalten können« (K 3, 7 Anm.).

Selbst dann also, wenn die kritische Philosophie nicht wie die Einzelwissenschaften unsere Erkenntnisse erweitert, genießt sie nach Kant Würde und Ansehen, weil sie (1.) durch Kritik der in den Wissenschaften und in der Gesellschaft herrschenden unaufgeklärten Vernunft immer wieder den Blick auf den Endzweck des Menschen und der Menschheit offenhält, (2.) nach Prüfung der herrschenden Lehren und Institutionen der kritischen Subjektivität eine unverstellte Achtung und eine begründete Zustimmung zu der vernünftigen Substanz der überlieferten Lehren und Institutionen ermöglicht, (3.) zur Ausbildung neuer, die freie und kritische Subjektivität begründender und sichernder Lehren und Institutionen beitragen kann.

Die kritische Philosophie Kants ist damit verschieden von einer positiven Dialektik, die dadurch mit der ausgebildeten Wirklichkeit versöhnt, daß sie als Hermeneutik die in dieser Wirklichkeit im Prinzip bereits vollbrachte Versöhnung nur ins Bewußtsein hebt. Sie ist aber auch verschieden von einer negativen Dialektik, die sich dadurch von der geschichtlich ausgebildeten Wirklichkeit distanziert, daß sie diese als einen totalen Entfremdungs- und Verblendungszusammenhang zu durchschauen vorgibt. Kritisches Philosophieren, das sich in der Moderne nicht nur in der etablierten Fachphilosophie, sondern auch in den Einzelwissenschaften, im Leben des Einzelnen und der Gesellschaft vollzieht, kann, wenn es aus den Aporien der »unbefriedigten Aufklärung« Plausibles und Verbindliches für die Theorie und für die Praxis formulieren will, nicht von einer Diagnose der gegenwärtigen Welt ausgehen, die besagt, daß das, was ist, im Sinne Hegels vernünftig ist bzw. daß das, was ist, im Sinne Adornos nicht wahr sein kann.

Der neue Ausgangspunkt einer Begründung
der praktischen Philosophie

Die praktische Philosophie hat Aristoteles zuerst als eine selbständige, durch ihren Gegenstand und ihre Methode von der theoretischen Philosophie unterschiedene philosophische Disziplin geschaffen, die als Ethik, Ökonomie und Politik die Ziele des menschlichen Handelns und die Bedingungen und Mittel ihrer Verwirklichung untersucht. Aristoteles stimmt mit Plato darin überein, daß nach dem Untergang der archaischen Welt sittliches und politisches Handeln nicht mehr als rituelle Wiederholung der in den Mythen bewahrten und vermittelten Paradigmata bestimmbar ist[14] und daß auf dem Boden der Polis weder die mythische Dichtung noch die sophistische Rhetorik eine überzeugende Begründung des guten und gerechten Handelns zu liefern vermag.

In der Begründung und inhaltlichen Bestimmung des Sittlichen und Politischen unterscheiden sich beide jedoch sehr. Plato konnte nach dem Zerfall der Polis, der sich für ihn in der Verurteilung des Sokrates und in der Herrschaft der unvernünftigen Doxa manifestiert, eine Rettung des Politischen nur noch von der Politeia erwarten, die nach der Einsicht der philosophischen Dialektik in die Welt der immerseienden göttlichen Ideen eingerichtet ist. Angesichts der Verderbnis der Zeit war für ihn die durch die religiöse Überlieferung vermittelte Auskunft, daß das Ziel des guten und gerechten Lebens nicht in diesem Leben, sondern in dem Lohn im Jenseits bestehe, eine vernünftige und glaubwürdige Auskunft.

Die Konsequenzen der platonischen Philosophie und die Erfahrungen Platos in Syrakus führten Aristoteles zur Unterscheidung zwischen theoretischer und praktischer Philosophie. Während nach Aristoteles die um ihrer selbst willen betriebene theoretische Philosophie den immerseienden göttlichen Kosmos betrachtet, handelt die um des guten und gerechten Handelns willen betriebene praktische Philosophie von dem, worüber unter erfahrenen und sittlich und politisch gebildeten Menschen in der durch Ethos und Institutionen gebildete Praxis der Polis eine vernünftige Übereinstimmung möglich ist. Dem Gegenstand entsprechend ist für Aristoteles die Methode beider Disziplinen verschieden. In der Mathematik z. B., die für ihn zur theoretischen Philosophie gehört, darf man sich nicht mit Wahrscheinlichkeitsgründen begnügen, während man sich in der praktischen Philosophie damit zufrieden geben muß, wenn man von dem, was die meisten in ihrem praktischen Handeln leitet, in Umrissen das Richtige andeutet. Aristoteles beschränkt die Untersuchungen der praktischen Philosophie auf das für den Menschen Gute im Gegensatz zu Plato, der seine Untersuchungen darauf richtete, was das Gute an und für sich sei. Er fragt, wie der Mensch durch Lernen und Gewöhnen in einer guten und gerechten politischen Verfassung gut und glücklich werden kann, und er erörtert bewußt nicht die Frage, ob der Mensch »durch eine Gabe der Gottheit«[15] gut und glücklich wird und was er nach dem Tode erhoffen kann.

Die Geschichte der praktischen Philosophie in Europa bis zum 18. Jahrhundert hat die platonische und aristotelische Gestalt der praktischen Philosophie, die sie oft unzureichend unterschied, in verschiedener Weise gedeutet und transformiert. Die bäuerlich-städtische Grundstruktur der alteuropäischen Gesellschaft, die in ihr ausgebildeten Institutionen und die in ihr anerkannten Paradigmata des Handelns im Haus, in der Wirtschaft und in der Politik blieben bis zum Beginn der modernen Gesellschaft bei allem Wandel relativ konstant. Dies ermöglichte die Einheit der platonisch-aristotelischen Tradition der praktischen Philosophie, die Berufung auf bewährte Handlungsanweisungen und deren Applizierbarkeit für das gegenwärtige Handeln. Trotz der politischen Veränderungen in der Antike seit dem Untergang der Polis, im Mittelalter und in der Neuzeit und trotz des Wandels des Gegenstandes und der Methode der theoretischen Philosophie als Metaphysik bei Thomas von Aquin, Descartes und Kant blieben daher auch der Begriff der praktischen Philosophie sowie die Unterscheidung zwischen theoretischer und praktischer Philosophie im wesentlichen erhalten. Im Begriff der philosophia practica universalis versuchten Wolff und die deutsche Schulphilosophie des 18. Jahrhunderts noch einmal, vom modernen Naturrecht aus mit Hilfe der Methode der certa cognitio die in der Tradition der praktischen Philosophie und von den modernen Wissenschaften formulierten Aussagen über das Sittliche und Politische zusammen-zufassen.[16]

Selbst als die Auseinandersetzung mit den exakten Wissenschaften die Metaphysik zu einer größeren Differenzierung ihrer Methode zwang, hielt man zunächst an der Unterscheidung zwischen theoretischer und praktischer Philosophie fest. Für Descartes z. B. blieb die in der Sitte, im Brauch und in den öffentlichen Gesetzen anerkannte Moral als »provisorische Moral« verbindlich, obwohl diese nicht von den Voraussetzungen aus begründbar war, die Descartes in seiner theoretischen Philosophie und in seinen ›Meditationen‹ als allein zweifelsfreie Erkenntnisse formuliert hatte.

Auch Kant unterscheidet noch zwischen Gegenstand und Methode der theoretischen Philosophie und Gegenstand und Methode der praktischen Philosophie. Die Mathematisierbarkeit und die empirische Verifizierbarkeit sind für ihn zwar Kriterien kontrollierbarer wissenschaftlicher Sätze, nicht jedoch Kriterien, an denen er die Legitimität von Aussagen über die Freiheit und das Sittliche, das Recht, den Staat und die Geschichte mißt. Die von ihm in der ›Kritik der reinen Vernunft‹ formulierten Bedingungen von analytischen und synthetischen Urteilen sind auch für ihn nicht die Bedingungen, von denen er bei seiner Kritik der nicht mehr überzeugenden Begründungen der praktischen Philosophie und bei seiner neuen Begründung ausgeht und ausgehen kann. Der transszendentalphilosophisch entwickelte Begriff der Zeit als »subjektive Form der Anschauung« ist verschieden von dem Begriff der Zeit, den Kant bei seinen Überlegungen über das sittliche und politische Handeln der Gegenwart in seinen ethischen, rechts- und geschichtsphilosophischen Schriften verwendet. Das »transscendentale Bewußtseyn liefert uns aber keine Erkenntniß unserer Selbst« (KA 18, 610). »Das Vermögen der Freyheit« und »die moralische personlichkeit« gehören für Kant gerade in ihrem Unterschied zur »(transscendentalen) logischen Persönlichkeit« (KA 18, 72–73) zu den Fragen der praktischen Philosophie, und da er sie zu den Grundfragen des Menschen zählt, ist für ihn nicht der theoretische, sondern »der praktische Philosoph ... der eigentliche Philosoph« (K 8, 343).[17]

Seit dem Beginn der Moderne und dem Ende des überlieferten Systems der Philosophie hat der Begriff der praktischen Philosophie jedoch in zunehmendem Maße seine ursprüngliche Bedeutung und Funktion verloren. Die praktische Philosophie umfaßt nun nicht mehr als eine besondere Disziplin im System der Philosophie alle von der Philosophie und den Wissenschaften formulierten und formulierbaren Begründungen und Anweisungen für das menschliche Handeln. Seitdem sich die Ethik, Ökonomie und Politik in Auseinandersetzung mit der Tradition neu begründen und auf die neuen Fragen der Ethik, der Wirtschaft und der Politik neue Antworten geben mußten, war die alte Einheit innerhalb der praktischen Philosophie zerbrochen. Wo der Einzelne, sein Gewissen, sein Interesse und seine Vernunft, zur Instanz des sittlichen Handelns wurde, verloren überlieferte ethische Normen ihre Verbindlichkeit. Wo die Ziele des wirtschaftlichen Handelns nicht mehr von den Bedürfnissen des »ganzen Hauses« bestimmt werden konnten, verwandelte sich die alteuropäische Ökonomik in Nationalökonomie.[18] Wo nicht mehr im Ausgang vom sensus communis Übereinstimmung über politisches Handeln erreicht werden konnte, wurde die Politik zu einer Wissenschaft, die sich rational begründete.[19] Neben der Ethik, Ökonomie und Politik bildeten sich ferner neue philosophische Disziplinen (z. B. die Anthropologie, Rechts- und Staatsphilosophie, Sozialphilosophie, Geschichtsphilosophie) sowie die sich aus der Philosophie ausgliedernden Einzelwissenschaften (z. B. die Psychologie, Pädagogik, Soziologie) und gesellschaftliche und politische Ideologien, die neue Begründungen und Handlungsanweisungen für die Einzelnen, die gesellschaftlichen Gruppen, die Völker und Staaten formulierten. All das führte zu einer grundsätzlichen Veränderung des Verhältnisses von Theorie und Praxis innerhalb der praktischen Philosophie: Was hier und jetzt gut und gerecht ist, läßt sich in der Moderne nicht mehr mit Hilfe der Topik und Rhetorik vom Anerkannten und Bewährten aus ermitteln, sondern allein mit Hilfe der durch die Erfahrung und wissenschaftliche Einsicht gebildeten Urteilskraft des Einzelnen und der gesellschaftlichen Gruppen vom jeweiligen Stand der gesellschaftlichen und geschichtlichen Entwicklung aus entscheiden. Wo man daher heute wieder den Begriff der praktischen Philosophie verwendet, hat er, ob man das zugibt (z. B. Labriola, Gramsci) oder nicht (z. B. Hennis), eine von der philosophischen Tradition verschiedene Bedeutung und Funktion.

Diesen terminologischen und wissenschaftsgeschichtlichen Veränderungen seit dem 18. Jahrhundert liegen Veränderungen in der Praxis zugrunde. Das zentrale Problem der Praxis auf dem Boden der sich zunächst in Europa und dann in der ganzen Welt immer mehr realisierenden Moderne besteht darin, daß durch die wissenschaftlichen, technischen, ökonomischen, gesellschaftlichen und politischen Veränderungen die relativ konstanten Institutionen und Handlungsanweisungen der alteuropäischen Gesellschaft immer realitäts- und funktionsloser werden. Wo sich die Bedingungen des Handelns in immer kürzerer Zeit immer mehr ändern, verliert das, was sich nach der Überlieferung und der Erfahrung von selbst verstand oder was sich nach dem Urteil sittlich und politisch Gebildeter in der Praxis bewährt hat, seine Plausibilität und Verbindlichkeit, wenn es sich nicht auch als das für das gegenwärtige Handeln Gute und Gerechte erweist. Die praktische Philosophie kann sich daher jetzt nicht darauf beschränken, überlieferte Anworten auf alte Fragen erinnernd gegenwärtig zu halten oder die trotz bestimmter Fortschritte auch jetzt ungelösten und unlösbaren ›ewigen Probleme‹ des Menschen zu formulieren. Praktisches Philosophieren, das sich heute nicht nur in der institutionalisierten Fachphilosophie, sondern auch in den kritischen Reflexionen des Einzelnen, der Einzelwissenschaften und der gesellschaftlichen Gruppen vollzieht, hat vielmehr dasjenige »praktische Gut« (K 5, 140) des Menschen und der Menschheit zu formulieren, dessen Verwirklichung gegenwärtig notwendig und möglich ist. Der kritische Weg ist daher auch für die praktische Philosophie allein noch offen, wenn sie in der Moderne das leisten will, was sie seit Plato und Aristoteles in der alteuropäischen Gesellschaft als eine selbständige philosophische Disziplin zu leisten versuchte: eine philosophische Reflexion auf die Ziele des menschlichen Handelns und die Bedingungen und Mittel ihrer Verwirklichung.

Trotzdem stimmt Kant nicht nur in seinem Sprachgebrauch, sondern auch in manchen inhaltlichen Aussagen mit Plato und Aristoteles und der platonisch-aristotelischen Tradition der praktischen Philosophie überein. Bei aller kritischen Distanz zur platonischen Anamnesislehre und zum Leib-Seele-Dualismus hält Kant z. B. Platos Ansatz zu einer Theorie des Weltalls, »wenn man das Übertriebene des Ausdrucks absondert«, für »eine Bemühung, die Achtung und Nachfolge verdient«. Im Gegensatz zu Brucker und anderen Zeitgenossen findet Kant den »Geistesschwung des Philosophen« Plato nicht »lächerlich«, sondern dieser habe »in Ansehung desjenigen . . ., was die Prinzipien der Sittlichkeit, der Gesetzgebung und der Religion betrifft, wo die Ideen die Erfahrung selbst (des Guten) allererst möglich machen, obzwar niemals darin völlig ausgedrückt werden können, ein ganz eigentümliches Verdienst, welches man nur darum nicht erkennt, weil man es durch eben die empirischen Regeln beurteilt, deren Gültigkeit als Prinzipien eben durch sie hat aufgehoben werden sollen. Denn in Betracht der Natur gibt uns Erfahrung die Regel an die Hand und ist der Quell der Wahrheit; in Ansehung der sittlichen Gesetze aber ist Erfahrung (leider!) die Mutter des Scheins, und es ist höchst verwerflich, die Gesetze über das, was ich tun soll, von demjenigen herzunehmen oder dadurch einschränken zu wollen, was getan wird« (K 3, 258–259).

Auch Kants Übereinstimmung mit Aristoteles wird an vielen Punkten deutlich. Er stimmt z. B. mit Aristoteles darin überein, daß die praktische Philosophie trotz aller Kritik an einem Empirismus und Pragmatismus in der Ethik und Politik konstitutiv an die »moralische Erkenntnis der gemeinen Vernunft« und an die geistigen und geschichtlichen Erfahrungen gebunden ist, die dem Menschen als sittlichem und vernünftigem Wesen in seinem Handeln einsichtig sind. Für beide braucht der Mensch daher nicht erst auf die Philosophie zu warten, um zu wissen, was gut und böse ist. Der Philosoph hat, wie Kant formuliert, »kein anderes Prinzip« als »die gemeine Vernunft«. Das »Richtmaß« zur Beurteilung des Handelns hat auch diese »gemeine Vernunft« zwar nicht der Form, wohl aber dem Inhalt nach »jederzeit wirklich vor Augen«:

»Es wäre hier leicht zu zeigen, wie sie, mit diesem Kompasse in der Hand, in allen vorkommenden Fällen sehr gut Bescheid wisse, zu unterscheiden, was gut, böse, pflichtmäßig oder pflichtwidrig sei, wenn man, ohne sie im mindesten etwas neues zu lehren, sie nur, wie Sokrates tat, auf ihr eigenes Prinzip aufmerksam macht, und daß es also keiner Wissenschaft und Philosophie bedürfe, um zu wissen, was man zu tun habe, um ehrlich und gut, ja sogar, um weise und tugendhaft zu sein. Das ließe sich auch wohl schon zum voraus vermuten, daß die Kenntnis dessen, was zu tun, mithin auch zu wissen, jedem Menschen obliegt, auch jedes, selbst des gemeinsten Menschen Sache sein werde« (K 4, 260–261).

Die Verschiedenheit der Vorstellungen über das gute und glückliche Leben und die »natürliche Dialektik, d. i. ein Hang, wider jene strenge Gesetze der Pflicht zu vernünfteln und ihre Gültigkeit, wenigstens ihre Reinigkeit und Strenge in Zweifel zu ziehen und sie womöglich unsern Wünschen und Neigungen angemessener zu machen, d. i. sie im Grunde zu verderben und um ihre ganze Würde zu bringen«, »nötigt« den Menschen jedoch, »in der Philosophie Hilfe zu suchen« (K 4, 262). Diese Hilfe kann, ja darf jedoch nicht darin bestehen, daß der Philosoph etwas prinzipiell Neues lehrt; er braucht nur das sichtbar zu machen, was die sittlich und politisch Handelnden in der Ethik und Politik als allgemeine Prinzipien anerkannt sehen möchten. Das Verfahren, mit dem Aristoteles mit Hilfe der Topik und Rhetorik das Gute für den Menschen zu erkennen glaubt, unterscheidet sich freilich von dem Verfahren Kants. Beiden geht es jedoch in ihrer Kritik der »natürlichen Dialektik« der Sophistik in der Moral und Politik nicht um eine neue Grundlegung der Moral und Politik oder gar um eine Umwertung aller Werte. Die praktische Philosophie hat nur die Funktion, die Einsicht der »gemeinen Vernunft« gegen die unaufgeklärten Sophistereien des eigenen Herzens und der Systeme der Moralphilosophie zu verteidigen und die »gemeine Vernunft« »auf ihr eigenes Prinzip aufmerksam« zu machen.[20]

Auch im Sprachgebrauch der praktischen Philosophie gibt es bei allen Unterschieden manche Übereinstimmung zwischen Kant und der platonisch-aristotelischen Tradition. Kant rezipiert und kritisiert diese Tradition der praktischen Philosophie vor allem in der Gestalt, die ihr Wolff und Baumgarten im 18. Jahrhundert gegeben hatten. Seinen Ethik-Vorlesungen legte er als Kompendienbuch Baumgartens ›Initia philosophiae practicae primae‹ von 1760 zugrunde. In ihr hatte Baumgarten die praktische Philosophie gekennzeichnet als »scientia utilissima, quam sub nomine philosophiae practicae universalis primus nobis Christianus L. B. de Wolf a similibus separatam dedit« (KA 19, 7). Zu den Gegenständen der praktischen Philosophie gehörten auch noch für Wolff und Baumgarten wie für Aristoteles Fragen der Ökonomie, der Ethik und der Politik.

Wie Kant in seinen frühen Überlegungen zur praktischen Philosophie Begriffe der aristotelischen Tradition und gleichzeitig solche des modernen Staats- und Völkerrechts verwendet, zeigt etwa folgende Reflexion. Zu § 6 der ›Initia‹ von Baumgarten: »Philosophia practica (universalis) prima est scientia prima reliquis disciplinis practicis propria, sed harum pluribus communia principia continens« schreibt Kant: »principia sensu objectivo, subjectivo. Philosophia practica: 1.prudentiae, 2. obligationis, prior vel privatae vel socialis. haec vel oeconomica vel politica. (Wohl zu ergänzen: Philosophia practica) obligationis sive moralis vel imperfectae: Ethica, vel perfectae: Jus naturale. Jus sociale in statu 1. domestico, 2. vel civili in statu privato. a. Jus civile: Staatsrecht. b. Jus publicum. Völkerrecht« (KA 19, 10–11).

Den Begriff »philosophia practica universalis« (K 7, 21) hält Kant in seinen frühen Arbeiten und Reflexionen und auch noch in seiner späten ›Metaphysik der Sitten‹ aus dem Jahre 1797 bei. Er unterscheidet auch in seiner späten ›Metaphysik der Sitten‹ und in den Vorarbeiten zum ›Streit der Fakultäten‹ noch nicht zwischen dem Staat als civitas und der bürgerlichen Gesellschaft als societas civilis:

»Das bürgerliche Wesen ist innerlich 1. Oekonomie, wozu alle Erwerbmittel der Unterthanen Landbau, Handel, u. Künste (Wissenschaften) gehören. 2. Finanzwesen was der Staat von dem Volk erwerben muß theils zu den laufenden Ausgaben theils für den Schatz das Ganze zu erheben. 3. Policey wozu auch Religion öffentliche Sittlichkeit öffentliche Sicherheit, öffentliche Gemächlichkeit, öffentlich Nothdurft, wozu also sorge dafür daß alle unentbehrliche Bedürfnis auf den Märkten da sey u. zwar in Preisen die mit dem Vermögen eines im Flor bleibenden Volks zusammenstimmen. Ferner die Armenanstalten u. Krankenhäuser. 4. Justiz« (KA 23, 436).

Die klassischen Begriffe civitas und societas civilis werden in der ›Metaphysik der Sitten‹ (§§ 45–46) beibehalten und zur Bezeichnung des Staates als einer bürgerlichen politischen Gemeinschaft gebraucht, die auf einer ökonomischen Sphäre beruht und sich von dieser abhebt. Kant bezeichnet als »Staatsbürger (cives)« »die zur Gesetzgebung vereinigten Glieder einer solchen Gesellschaft (societas civilis), d. i. eines Staats« (K 7, 120). Kant hält auch den Begriff des Bürgers in der klassischen Bedeutung des civis bei. Aktiver Staatsbürger als Glied der societas civilis, »der nicht bloß Teil des gemeinen Wesens« (K 7, 120) ist, ist für ihn nur der rechtsfähige, politisch berechtigte, ökonomisch selbständige Bürger. Handwerker, Dienstboten, Holzhacker, Hauslehrer besitzen »keine bürgerliche Selbständigkeit« (K 7, 121).[21] Auch im Begriff der societas domestica und des »Rechts der häuslichen Gesellschaft« (K 7, 81–88) wird der Zusammenhang mit dem klassischen Begriff des οἶχος, des alten Hausverbandes, deutlich.

Erst nach Kant können auch in der deutschen Philosophie – wie früher schon in England und Frankreich – die ökonomischen, sozialen und politischen Zustände nicht mehr mit den Begriffen der praktischen Philosophie der platonisch-aristotelischen Tradition beschrieben werden. Nach 1820 deutet Hegel z. B. die bürgerliche Gesellschaft im Unterschied zum souveränen Staat, in dessen Herrschaft und Verwaltung das Politische zentriert ist, und im Unterschied zur Familie als ein »System der Bedürfnisse«, und er unterscheidet den Bürger als entpolitisierten, allein durch die ökonomischen und privatrechtlichen Interessen definierten Bourgeois vom Citoyen. Kant war noch nicht wie Hegel, Marx, Lorenz von Stein und andere gezwungen, die ökonomischen, sozialen und politischen Probleme der modernen industriellen Gesellschaft zu diskutieren. »Die städtisch-soziale Basis [war] für Aristoteles und Kant trotz des zeitlichen Abstands und der verronnenen Pragmata des geschichtlichen Geschehens dazwischen immer noch die gleiche geblieben«.[22] Daher kann Kant in seiner praktischen Philosophie noch mit einem gewissen Recht weiterhin den Sprachgebrauch der platonisch-aristotelischen Tradition verwenden.

Dennoch ist für Kant ebenso wie für Hegel der Ausgangspunkt einer modernen praktischen Philosophie von dem der platonisch-aristotelischen sehr verschieden. Am Ende des 18. Jahrhunderts zeigen vor allem Kant und Hegel, was die praktische Philosophie in einer durch die europäische Überlieferung, die Aufklärung und die Französische Revolution gebildeten Gesellschaft zu leisten hat. Obwohl sich ihre Diagnosen der Zeit und ihre Lösungsversuche wesentlich unterscheiden, stimmen sie darin überein, daß die praktische Philosophie nun von dem erreichten Stand der Vernunft und Geschichte auszugehen hat, wenn sie Plausibles und Verbindliches für die Praxis aussagen will. Ausgehend von »der gereiften Urteilskraft des Zeitalters, welches sich nicht länger durch Scheinwissen hinhalten läßt« (K 3, 7), und dem in der Gegenwart offenbar gewordenen »Fortschritt im Bewußtsein der Freiheit« hat die praktische Philosophie für sie eine doppelte Aufgabe: Sie hat einmal die Begründungen der menschlichen Praxis und die Handlungsanweisungen zu kritisieren, denen das mit den gegenwärtigen Institutionen und Bewegungen vermittelte kritische Subjekt keine freie und begründete Zustimmung mehr geben kann. Sie hat zum anderen die Ziele der Praxis und die Bedingungen und Mittel ihrer Verwirklichung zu formulieren, deren Verwirklichung Fortschritte des Menschen und der Menschheit fördern und Rückschritte verhindern kann.

Unzureichende Begründungen der praktischen Philosophie

Kants jahrzehntelange Bemühungen um eine neue Begründung der praktischen Philosophie auf dem Boden einer kritischen Philosophie erfordern, wie er immer deutlicher erkennt, als ersten Schritt eine Kritik der in der Moderne nicht mehr plausiblen und verbindlichen Begründungen des Sittlichen und Politischen. Seine praktische Philosophie beginnt daher ebenso wie seine Kritik der rationalen Metaphysik, des Empirismus und der zeitgenössischen Ästhetik mit einer Kritik derjenigen Vernunft, die illegitime Ansprüche auf die Erkenntnis und auf die Begründung der Praxis erhebt. Die Kritik der unzureichenden Begründungen und der nicht reinen praktischen Vernunft, die sich – bewußt oder unbewußt – in den Dienst egoistischer Interessen gestellt hat, richtet sich von seinen frühen bis zu seinen späten Schriften und Reflexionen besonders gegen drei Begründungen des Sittlichen und Politischen: 1.) gegen die von einem vorgeschichtlichen Naturstand des Menschen ausgehende Begründung, 2.) gegen die von einem teleologischen Begriff der Natur des Menschen ausgehende Begründung, 3.) gegen die *unmittelbar* von der Bibel, der Theologie oder der Kirche ausgehende Begründung.

1.) Von der unterschiedlich gedeuteten vorgeschichtlichen Natur des Menschen aus hatten zum erstenmal die Sophisten ein allgemeines ›Naturrecht‹ als Maßstab zur Kritik der herrschenden Moral und des geltenden Rechts bzw. zur Verbindlichkeit von Rechtssätzen herzuleiten versucht. Plato und Aristoteles hatten jedoch schon den Sophisten gegenüber gezeigt, daß auf dem Boden der Polis das Maß des rechten sittlichen und politischen Handelns allein aus der Einsicht der Vernunft bzw. aus der durch Ethos und

Institutionen gebildeten vernünftigen Praxis zu erkennen sei. Dieser platonische und aristotelische Ausgangspunkt blieb für die europäische Tradition der praktischen Philosophie im ganzen maßgebend. In Auseinandersetzung mit dieser Tradition versuchte man seit dem Beginn der Neuzeit, von dem vorgeschichtlichen Naturstand des Menschen aus eine von den überlieferten Lehren und Meinungen verschiedene immergleiche ›natürliche‹ Basis des rechten Handelns und ein verbindliches ›Naturrecht‹ zu formulieren. Den vorgeschichtlichen Naturstand deutete man hierbei jedoch sehr verschieden als ein Ensemble immergleicher vernünftiger, vor allem aber unvernünftiger Triebe, Bedürfnisse und Interessen.

Von einem vorgeschichtlichen Naturstand des Menschen gehen nach Kant vor allem diejenigen Theoretiker einer Ethik und Natur- und Staatsrechtslehre des 17. und 18. Jahrhunderts in England und Frankreich aus, die von dem ›natürlichen‹ Lust- und Selbsterhaltungstrieb des Menschen und von einem vorgesellschaftlichen bzw. vorstaatlichen Naturzustand des isolierten Einzelnen aus Ziele des Sittlichen und Politischen entwickeln wollen, die ihrer Meinung nach realistisch und nützlich sind und durch die Erfahrung und die Wissenschaft verifiziert werden können. Gemeinsam ist diesen im einzelnen sehr verschiedenen Theoretikern die Überzeugung, daß der Mensch ein Wesen ist, das ›von Natur aus‹ allein nach der Befriedigung seines Lust- und Selbsterhaltungstriebes strebt und das also nicht, wie die platonisch-aristotelische Tradition der praktischen Philosophie annahm, ›von Natur aus‹ nach dem Leben in einer sittlich und politisch geordneten Gemeinschaft verlangt. Der Begriff der Natur, der Erfahrung, der Ethik und Politik in diesen Theorien unterscheidet sich demnach von denen der platonisch-aristotelischen Tradition. Alle diese Theorien machen nach Kant »a. Moden und Beyspiele. b. die Ehrliebe und Eigennutz zum qvell aller unserer tugendhaft scheinenden Handlungen«. Sie »suchen ein principium ... empiricum 1. ... in zufalligen Menschlichen Gesetzen: Hobbes; 2. In einem besonderen triebe der Menschlichen Natur und Gefühl, oder, 3. rationale« (KA 19,121). All diese Systeme der Moral dienen damit dem wenn auch noch so sublimierten Egoismus des Menschen. »Alle systeme der moral: 1. Die aus Zufalligen und Willkührlichen und principien ableiten: Gewohnheit und bürgerlich Gesetz. 2. Aus nothwendigen und natürlichen Gründen, aber der blos eigenliebigen Neigungen: Mandeville, Helvetius. 3. Aus ... moralischem Gefühl« (KA 19, 121–122).

Der Ausgangspunkt der radikalen Vertreter, z. B. Hobbes und Mandeville, ist für Kant der desire of power, der amour propre, der Lust- und Selbsterhaltungstrieb des egoistischen Einzelnen und die vorgesellschaftliche bzw. vorstaatliche »condition of man« als eine »condition of war of every one against every one«. »In such a condition, every man has a right to every thing; even to one another's body«.[23] Das Ziel dieser Theoretiker ist für Kant die Stabilisierung und maximale Erfüllung des amour propre durch solche soziale Verhaltensweisen und politische Institutionen, die die Bedingungen dafür schaffen, daß der Egoismus des Einzelnen mit dem Egoismus des Anderen ohne schlimme Folgen für den Einzelnen und für das Ganze bestehen kann. Die Regeln des ökonomischen und sozialen Verhaltens, die Mandeville empfiehlt, und die politischen Institutionen, die Hobbes wissenschaftlich glaubt deduzieren zu können, sanktionieren damit für Kant nur den Egoismus des Menschen.

Aber auch den Moral-sense-Theoretikern, vor allem Hutcheson und Shaftesbury[24], geht es nach Kant, wenn auch in gemäßigter Form und weniger konsequent, allein um die Sicherung privater Interessen und um die Befriedigung des egoistischen Lust- und Glücksverlangens. Wenn Hutcheson nicht wie Mandeville zynisch zum Wohl der bürgerlichen Gesellschaft die Selbstsucht empfiehlt, sondern glaubt, aus dem moral sense das Wohlwollen für die ganze Menschheit und uneigennützige Neigungen zu anderen Menschen ableiten zu können, so ist das für Kant zwar ein gut gemeintes, aber folgenloses Gerede, das durch das wirkliche Handeln des Menschen widerlegt wird: »Man *redet* nur immer von Gütigkeit und Wohltat, welches das dichterische Steckenpferd ist, dahin gehört auch Hutcheson«.[25] Der Mensch hat jedoch nach Kant »gar nicht besondere Gefühle« (KA 19,187), von denen aus die unbedingte Forderung und die allgemeine Verbindlichkeit des Sittlichen begründet werden könnte. Die angeblich ursprünglich guten moralischen Gefühle sind für Kant, wie die Erfahrung lehrt, weder ursprünglich noch gut.

Kant kritisiert Hutcheson und Shaftesbury nicht, weil er als Rigorist für das Gefühl, als Idealist für die Erfahrung oder als ein am Schema eines abstrakten Gewissenskonfliktes orientierter Moralist für die konkreten Situationen als wesentliche Momente des sittlichen und politischen Handelns blind ist. Gegenüber der Begründung des menschlichen Handelns aus dem rationalen Prinzip der Vollkommenheit in der Schulmetaphysik des 18. Jahrhunderts verteidigt Kant 1768 ausdrücklich die für jede Begründung der »praktischen Weltweisheit« (K 2,202) positiven Momente in Hutchesons Lehre vom moral sense. Er kritisiert die Moral-sense-Theoretiker jedoch seit 1770, weil sie von einem Begriff der menschlichen Natur, des Gefühls und der Erfahrung ausgehen, der dem in der Geschichte erreichten Stand des Bewußtseins und der konkreten Erfahrung sittlich und vernünftig Handelnder nicht entspricht. Nicht weil diese Theorien das Herz ansprechen, sondern weil sie es so »ausdehnen und welk machen« (K 5,246 Anm.), daß es zu keiner sittlichen Entscheidung und Handlung mehr fähig ist, wendet sich Kant gegen sie. Ein »der Vernunft zum Grunde gelegtes, *vorhergehendes* Gefühl (weil dieses jederzeit ästhetisch und pathologisch sein würde)«, kann nach Kant die Ziele nur verstellen, die dem Handelnden in seiner »gemeinen Vernunft« und in seiner reinen praktischen Vernunft einsichtig sind. Kants Kritik der Moral-sense-Theoretiker entlarvt die vielfältigen Formen der Sophisterei, die aus einem nichtteleologischen Begriff der Natur des Menschen Maximen für sein Handeln entwickeln wollen, als Illusionen. Er kritisiert sie, weil sie im Grunde die Ermöglichung des wahren menschlichen Glücks verhindern. Kant weiß um die »optische Illusion in dem Selbstbewußtsein dessen, was man tut, zum Unterschiede dessen, was man empfindet, die auch der Versuchteste nicht völlig vermeiden kann« (K 5,127). Er durchschaut den Sophismus der Moral-sense-Theoretiker: »Die ästhetische [Zufriedenheit] (die uneigentlich so genannt wird), welche auf der Befriedigung der Neigungen, so fein sie auch immer ausgeklügelt werden mögen, beruht, kann niemals dem, was man sich darüber denkt, adäquat sein. Denn die Neigungen wechseln, wachsen mit der Begünstigung die man ihnen widerfahren läßt, und lassen immer noch ein größeres Leeres übrig, als man auszufüllen gedacht hat« (K 5,128).

Kants Kritik der modernen Natur- und Staatsrechtstheorien, die von einem vorgeschichtlichen Naturstand des Menschen ausgehen, wird besonders an seinem Verhältnis zu Rousseau deutlich. Ebenso wie z. B. auf Lessing, Hamann und Herder hat Rousseau auch auf Kant großen Einfluß gehabt. Das läßt sich an seinen Aussagen über das Gefühl des Schönen und Erhabenen, über den Geschmack, über den Charakter beider Geschlechter, ferner an seiner Auffassung von der Erziehung und an seiner Kritik der zeitgenössischen Gesellschaft, ihrer Kunst, ihrer Wissenschaften, ihrer Sitten und ihrer politischen Verfassung zeigen.[26]

Trotzdem ist der Ausgangspunkt der praktischen Philosophie bei beiden, wie Kant klar erkennt, grundverschieden. Während Rousseau die praktische Philosophie von einem vorgeschichtlichen widerspruchsvollen Naturbegriff des Menschen aus begründen will, den Widerspruch der natürlichen und der gesellschaftlichen Existenz des Menschen aber nicht aufzuheben vermag[27], geht Kant von der durch die religiöse und philosophische Überlieferung und durch die Aufklärung gebildeten geschichtlichen Welt aus: »Rousseau verfährt synthetisch u. fängt vom natürlichen Menschen an ich verfahre analytisch u. fange vom gesitteten an« (KA 20,14).

Rousseaus Begriff des natürlichen Menschen wird in seiner Theorie des ›Sündenfalls‹ besonders deutlich. Ausdrücklich unterscheidet er seine Deutung des Naturstandes des Menschen von dem von der Theologie beschriebenen ursprünglichen Stand des Menschen im Paradies. Sein Naturstand sei weder ein theologischer noch ein historischer Zustand[28], sondern eine »supposition« (a.a.O. 184), die durch Abstraktion von allen in der Gesellschaft und Geschichte entwickelten Fähigkeiten des Menschen »de la nature de l'homme par les seules lumières de la raison« gewonnen sei, »indépendamment du dogmes sacrés« (a.a.O. 266). Rousseau hat den ›Sündenfall‹ aus dem hypothetischen Naturstand in den Gesellschaftszustand im einzelnen sehr verschieden, ja widerspruchsvoll gedeutet.[29] Jede theologische Deutung des Sündenfalls, vor allem aber die Lehre von der Erbsünde lehnt er ausdrücklich und entschieden ab.

Das zeigt sich auch in den von Rousseau beschriebenen Konsequenzen aus dem ›Sündenfall‹: Der Mensch ist nach Rousseau durch den ›Sündenfall‹ nicht böse, sondern nur weniger gut geworden. Sein natürliches Gutsein bleibt auch im Gesellschaftszustand erhalten. Er tut Böses, weil er in die böse Gesellschaft verstrickt ist, er ist aber nicht böse. Der natürliche Mensch ist und bleibt gut. Die Unterscheidung, ja die Antithese zwischen der natürlichen Existenz und der gesellschaftlichen Existenz des Menschen liegt allen so verschiedenen, ja widerspruchsvollen Konstruktionen Rousseaus zugrunde. Da eine Übereinstimmung beider Existenzformen des Menschen für Rousseau unmöglich ist, muß man nach seinen Worten wählen, ob man einen Menschen oder einen Bürger erziehen will; denn beides zugleich zu tun, ist nicht möglich.[30] Emile soll zum Menschen, die Polen und die Korsen sollen zu Bürgern erzogen werden. Die volonté générale, die gute Natur des antiken Polisbürgers, des Citoyen, bleibt auch noch in dem depravierten modernen Bürger, im Bourgeois, erhalten.

Trotzdem konstatiert Rousseau den Fall des natürlichen Menschen. Diesen kann er aber lediglich im Horizont der Natur begreifen und beschreiben. Er deutet die Natur des Menschen weder von dem her, was sich in einem bestimmten gesellschaftlich-geschichtlichen Zustand realisiert hat, noch von dem her, was sich aus der geschichtlich in Christus vollendeten Offenbarung Gottes für den Menschen und seine Menschlichkeit ergibt. Er abstrahiert bei der Suche nach dem natürlichen Menschen ausdrücklich und bewußt von allem, was sich in der bisherigen Geschichte als Menschlichkeit, als Vernunft und Recht des Menschen sittlich und politisch realisiert hat.

Von seinem so gewonnenen inhaltlich unbestimmten Begriff der Natur des Menschen aus denkt Rousseau antithetisch die gesellschaftliche Existenz des Menschen. Da die ursprüngliche Natur des Menschen für Rousseau im Gegensatz zur fixierten Natur des Tieres instinktoffen und damit instinktunsicher ist, konnte der Mensch durch zufällige äußere Umstände in den depravierten Gesellschaftszustand geraten. Das Ergebnis dieses ›Sündenfalls‹ ist die gemischte und daher unglückliche Existenz des modernen Bourgeois, der im Sinne Rousseaus kein wahrer Christ ist und keine

ihn in die Polis integrierende Staatsreligion hat, der weder natürlicher Mensch noch Citoyen ist.

Alle von Rousseau durchdachten Möglichkeiten, den Widerspruch
zwischen dem natürlichen und dem gesellschaftlichen Menschen
aufzuheben, sind nicht befriedigend. Die im ›Contrat social‹ beschriebene Aufhebung des denaturierten Einzelnen in den Citoyen,
der tugendhaft und dessen Wille mit der volonté générale identisch
ist, beschreibt eine Möglichkeit, die Rousseau in der antiken, vor allem spartanischen Polis verwirklicht sah, die in der Moderne vielleicht noch einmal als Ausnahme in Polen und auf Korsika möglich,
im Grunde jedoch, wie das letzte Kapitel des ›Contrat social‹ zeigt,
durch das Christentum geschichtlich unmöglich geworden ist. Aber
auch die im ›Emile‹ gezeigte Möglichkeit: in der Gesellschaft, aber
distanziert von ihr, durch möglichst große Annäherung an den
Naturzustand, ein möglichst intensives Gefühl der eigenen Existenz zu genießen, Künstler mit schlechtem Gewissen zu sein[31],
zerbricht an dem ungelösten Widerspruch zwischen dem natürlichen und dem gesellschaftlichen Sein des Menschen.

Von diesem Ausgangspunkt Rousseaus aus lassen sich die Unterschiede in der Begründung des Sittlichen und Politischen bei Rousseau und Kant so formulieren:

a) Für Rousseau ist der Mensch von Natur aus gut. Sein Fall aus
dem guten Naturzustand und seine Laster sind nur auf die Einwirkung äußerer Umstände und gesellschaftlicher Zwangslagen
zurückzuführen. Daher bleibt seine Natur auch innerhalb der Gesellschaft gut, böse sind nur die gesellschaftlichen Zustände. Für
Kant dagegen kann der Mensch wegen der »Erbsünde« »natür-
licherweise«, d. h. ohne göttliche Hilfe, sein letztes und höchstes
Ziel, die Heiligkeit, nicht erreichen: »Wir können natürlicher Weise
nicht heilig seyn und dieses haben wir durch Erbsünde verloren
wir können aber wohl moralisch gut seyn« (KA 20,15), d. h. uns
durch unser Handeln des göttlichen Beistandes würdig machen.

b) Rousseaus volonté générale hat als Prinzip des contrat social
die Funktion, das Eigentum des Bürgers zu sichern, und sie dient
damit seinem Nutzen und seinem Privatinteresse. Das von Kant
formulierte »praktische Gut« schließt zwar die legitimen eigenen
Interessen und Privatzwecke des Menschen nicht aus, es begründet

diese jedoch nicht von der depravierten Natur des Menschen aus, sondern von dem, was vom Menschen im gesitteten Zustand als gut gewußt ist. c) Rousseaus Geschichtsphilosophie impliziert eine Verfallstheorie; sie deutet den Menschen im Horizont der Natur und fixiert ihn in einer unaufhebbaren Entfremdung zwischen seiner natürlichen und gesellschaftlichen Existenz. Kants Geschichtsphilosophie dagegen deutet den Menschen im Horizont der das Recht verwaltenden weltbürgerlichen Gesellschaft und im Horizont der Verwirklichung des Reiches Gottes.

Kants Kritik der Begründungsversuche des menschlichen Handelns, die wie die Moral-sense-Theoretiker und wie die modernen Natur- und Staatsrechtstheoretiker von einem vorgeschichtlichen Naturstand des Menschen ausgehen, läßt sich abschließend so zusammenfassen:

Alle diese Theoreme sind dadurch gekennzeichnet, daß sie nicht von der wahren Verderbnis und der wahren Größe des Menschen in seinem durch die religiöse und philosophische Überlieferung und durch die Aufklärung gebildeten geschichtlichen Stand ausgehen. Der Erfahrungsbegriff der Empiristen ist zu eng und dem Menschen, seiner Subjektivität und Freiheit unangemessen. Die Berufung der Empiristen auf die Erfahrung bei der Begründung des menschlichen Handelns ist für Kant daher eine »pöbelhafte Berufung« (K 3, 258).[32] Der in der Erfahrung des sittlichen und politischen Handelns offenbare Widerspruch zwischen der depravierten Natur des Menschen und der Freiheit und dem moralischen Gesetz, das den Menschen verpflichtet und zugleich freimacht, kann für Kant von einem vorgeschichtlichen Naturbegriff des Menschen aus nicht aufgehoben werden: »Natur und freyheit sind einander entgegengesetzt; das moralische Gesetz ist kein Gesetz der Natur« (KA 19, 125–126).

Von einem vorgeschichtlichen Naturstand des Menschen, von seinem angeblich immergleichen ›natürlichen‹ Bedürfnissen, Trieben und Interessen aus ist in der Moderne keine allgemein plausible und verbindliche Begründung des Sittlichen und Politischen mehr möglich. Es ist für Kant ebenso wie für Hegel eine sowohl aus der Vernunft als auch aus der Geschichte selbst gestellte und einleuchtende Forderung an den Einzelnen und die Staaten, den Naturstand durch den Stand der Freiheit und Vernunft zu überwinden und durch Institutionen und Gesetze den Rückfall in den Naturstand zu verhindern: »Man kann gezwungen werden, aus dem statu naturali heraus zu gehen. Es ist nicht erlaubt, den Rechtszwang abzuwerfen« (KA 19,477). »Jetzt hat die Bildung der Zeit eine andere Wendung genommen, und der Gedanke hat sich an die Spitze alles dessen gestellt, was gelten soll« (H 7, 24).

2. Kants Kritik der Begründungsversuche des Sittlichen und Politischen, die von einem teleologischen Begriff der Natur des Menschen ausgehen, richtet sich vor allem gegen das »Naturrecht der praktischen Philosophie in ihrer Endschaft«[33], das in der Schulphilosophie des 18. Jahrhunderts entwickelt worden war. Diese Schulphilosophie hatte, wie sich z. B. bei Wolff zeigt, versucht, mit der Methode der certa cognitio den zureichenden Grund und das verpflichtende Ziel des menschlichen Handelns »ex essentia homminis deducere«.[34] Der für das Handeln ›maßgebende‹ Begriff sollte hierbei der aus der Vernunftnatur des Menschen a priori entwickelte Begriff der Vollkommenheit sein. Dieser ist für Kant jedoch inhaltlich leer und ohne alle Verbindlichkeit. Aus ihm ergibt sich nur »der erste formale Grund aller Verbindlichkeit zu handeln . . ., keine besonders bestimmte Verbindlichkeit« (K 2,200–201).[35] Eine bestimmte Verbindlichkeit muß sich jedoch nach Kant aus dem »praktischen Gut« ergeben, das »durch Handlung möglich« (K 5,123) sein soll und das nicht »fantastisch und auf leere eingebildete Zwecke gestellt« (K 5,124) ist. Der metaphysisch deduzierte Begriff der Vollkommenheit ist für Kant ein »bloßes Gedankenwesen« (KA 19,188).

Kants Kritik richtet sich aber auch gegen das Naturrecht der ›Alten‹ und ihre Ideale, die sie aus der Vernunftnatur des Menschen bzw. aus dem Logos der Natur als ›naturgemäße‹ Ideale abgeleitet hatten. Kant kritisiert vor allem das Ideal der stoischen Tugend und die antike Bestimmung des summum bonum. Der »stoischen Tugend . . ., welche ein edler Stoltz ist alle Versuchungen zum Bösen als unter sich seiner unwürdig und sich selbst als über ihren Einflus auf seine Willkühr erhaben vorzustellen«, stellt Kant vor allem in seinen religionsphilosophischen Überlegungen immer wie-

der das »Ideal der Heiligkeit«, der »Gottseeligkeit«, der »demü-
thigen Rechtschaffenheit« entgegen. Diese Ideale erfordern die
»Aufopferung eines moralischen Eigendünkels wegen vermeint-
liches Verdienstes« (KA 23,120), zu der seiner Meinung nach weder die Stoiker noch die antike Philosophie überhaupt bereit und
fähig war[36]:

»Das summum bonum der philosophischen secten konte nur statt finden,
wenn man annahm, der Mensch könne dem moralischen Gesetze adae-
quvat seyn. Zu dem Ende muste man entweder seine Handlungen mit
moralischem Eigendünkel vortheilhaft auslegen oder das moralische Gesetz sehr nachsichtlich machen. Der Christ kan die Gebrechlichkeit seines
Persöhnlichen werths erkennen und doch hoffen, des höchsten Gutes
selbst unter Bedingung des heiligsten Gesetzes theilhaftig zu werden«
(KA 19,187). »Der fehler der philosophischen secten war der, daß sie die
moral von der religion unabhängig machen wolten (daß sie die Glückseeligkeit in Verbindung mit Moral von der Natur erwarteten und auch
nur so viel Sittlichkeit ... verlangten, als nöthig war, sich dieser natur-
glückseeligkeit würdig zu machen; die Natur der Dinge aber enthält
keine nothwendige Verbindung zwischen wohlverhalten und wohlbefinden, und also ist das höchste Gut ein bloßes Gedankenwesen. Aber
ohne Religion muß man doch einen Begriff davon haben, obgleich sie
allein die realität dieses summi boni in Ansehung des Menschen beweisen
kan« (KA 19,188).

Diese Aussagen machen deutlich, warum für Kant auf dem in der
Moderne erreichten Stand des Menschen eine Begründung des Sitt-
lichen und Politischen von der teleologischen Vernunftnatur des
Menschen bzw. von dem Logos der außermenschlichen Natur aus
unmöglich ist. In der als Kosmos interpretierten außermenschlichen
Natur suchte vor allem die Stoa nach dem Zerfall der Polis den
Ordnungsgrund des Sittlichen und Politischen. Das Gute und
Rechte sollte legitimiert und sanktioniert werden durch eine im
Kosmos vorgegebene immerseiende göttliche Weltordnung. Wenngleich durch die christliche Deutung der Welt als Schöpfung und
des Menschen als Person das stoisch interpretierte ›Naturrecht‹ in
entscheidender Weise transformiert wurde, so begründete man
doch auch im Mittelalter gutes und gerechtes Handeln weithin von
der in der Schöpfung vorgegebenen ›natürlichen‹ Ordnung aus,
die der Mensch einzusehen und in die er sich einzufügen hat. Über

die Frage, auf welche Weise die Vernunft das in der Schöpfung vorgegebene ›Naturrecht‹ erkennen kann und was immergültige Prinzipien sind, bestand freilich auch im Mittelalter, erst recht jedoch unter neueren Naturrechtslehrern große Uneinigkeit.

Nach der Entfaltung der modernen Naturwissenschaften konnten jedoch schon Descartes, Pascal und Kant die außermenschliche Natur nicht mehr als ein Buch lesen, in dem man Begründendes über ein der Würde und Bestimmung des Menschen gemäßes Handeln erkennen kann, obwohl sie noch ausdrücklich an dem Gedanken der Schöpfung festhielten. Erst recht kann man heute im Zeitalter der fortgeschrittenen Naturerkenntnis (besonders der Physik und der Biologie) und der technischen Naturbeherrschung in der außermenschlichen Natur keinen allgemein anerkennbaren Ordnungsgrund mehr für ›natürliches‹ sittliches und politisches Handeln erkennen. Im Gegenteil: Kant und Hegel haben bereits in ihrer Auseinandersetzung mit zeitgenössischen Theorien gezeigt, warum die Berufung auf eine vorgegebene immergültige Ordnung der Natur, die in der Antike und im Mittelalter ein Argument der Verteidigung der Würde und Freiheit des Menschen sein konnte, im Zeitalter der Aufklärung zur Unterdrückung der Würde und Freiheit des Menschen, zur Verhinderung notwendiger sozialer und politischer Veränderungen, zur romantischen Flucht vor den Aufgaben der Gegenwart und schließlich, wie später besonders bei Feuerbach, Nietzsche, Löwith, bestimmten Evolutionstheoretikern und Marxisten deutlich wurde, zur totalen Kritik der durch die christliche und philosophische Überlieferung vermittelten Moral dienen kann. Auch für Kant und Hegel bleibt der Mensch trotz der fortschreitenden Naturbeherrschung tiefer in der Natur verwurzelt, als manche utopische Theorien wahrhaben wollen. Für die praktische Philosophie kann man nach ihrer Überzeugung jedoch nicht mehr von der außermenschlichen Natur aus, sondern allein aus der Vernunft und Geschichte wahrhaft humane Ziele des menschlichen Handelns erkennen. Schon Aristoteles hatte gegenüber Plato betont, daß man z. B. von dem Verhalten der Tiere aus nichts über das rechte Verhalten des Mannes zur Frau und zu den Kindern aussagen kann.

3. Obwohl Kant und Hegel die sich realisierende Moderne nicht wie manche Aufklärer als Emanzipation von der christlichen Überlieferung, als deren illegitime Säkularisierung oder als Antithese zu ihr interpretieren, betonen sie immer wieder, daß die praktische Philosophie nicht *unmittelbar* von dem ausgehen kann, was die Bibel und die Kirche von ihren Voraussetzungen aus über das Handeln des Menschen aussagt und aussagen muß. Die prinzipielle Unterscheidung zwischen der praktischen Philosophie und der »biblischen Theologie« ergibt sich für Kant bereits aus ihrem verschiedenen Gegenstand. Während jene allein von dem »praktischen Gut« handelt, das der Mensch durch sein eigenes Handeln verwirklichen kann und soll, handelt jene von dem höchsten Gut »dieser und einer anderen Welt« (KA 19,189), auf dessen Erlangung der Mensch mit Hilfe des göttlichen Beistandes hoffen darf, wenn er sich dessen durch sein Handeln würdig gemacht hat. Die Unterscheidung zwischen der praktischen Philosophie und der Theologie sowie die Trennung zwischen Staat und Religion sind für Kant und Hegel in der Moderne jedoch auch darum notwendig, weil die Kirche in ihrer überlieferten Gestalt mit ihren Institutionen und Lehren nicht mehr die die gesamte Gesellschaft integrierende Instanz ist und weil es für sie in der zeitgenössischen Theologie bestimmte Theoreme gibt, die »ganz unfehlbar in Moral sowohl als Religion Verwüstungen anrichten«. Kant und Hegel stimmen bei allen Unterschieden im einzelnen darin überein, daß sie im Gegensatz zu revolutionären bzw. reaktionären Theorien der Zeit die Unterscheidung zwischen Philosophie und Theologie und die institutionelle Trennung von Staat und Religion für den großen Fortschritt der Zeit halten, der es beiden ermöglicht, ihre spezifischen Aufgaben besser zu erkennen und auszuführen. Die praktische Philosophie kann die »Geschäfte« beider nicht »vermengen und ineinanderlaufen lassen« (K 7,334).

Der geschichtliche Stand der Freiheit und Subjektivität macht nach Kant z. B. die Kritik der in der Theologie und Philosophie seit dem Spätmittelalter entwickelten Vorstellung eines Willkürgottes notwendig, weil sie für die kritische Vernunft unannehmbar ist und in der Moderne jede Religion und Moral unglaubwürdig macht. Von seinen frühen bis zu seinen späten Schriften und Fragmenten setzt sich Kant daher bei seiner Grundlegung des sittlichen und politischen Handelns (1.) mit den religiösen Vorstellungen und mit den theologischen Lehren auseinander, die einerseits den Willen Gottes als einen für den Menschen absolut fremden und willkürlichen Willen deuten und die andererseits den Willen des sittlich und religiös Handelnden ›heteronomisch‹ in dem Willen dieses Willkürgottes begründen. Er setzt sich (2.) mit den philosophischen Theoremen auseinander, die entweder aus der rationalen Vernunft oder aus dem unmittelbaren Gefühl des Subjekts einen Begriff des Willens Gottes »herausvernünfteln«. Die Überwindung des »leeren« oder »anthropomorphistischen Begriffs« (K 6,489 Anm.) eines »eigenliebigen und despotischen Willens« (KA 19,247) Gottes gehört für Kant zu den Voraussetzungen einer jeden Moral und Religion, der das freie und kritische Subjekt jetzt und in Zukunft eine begründete Zustimmung geben kann. Wäre der Wille Gottes nur als Willkürwille denkbar, so wäre für ihn der Atheismus und die Aufhebung der Religion die unvermeidbare und redliche Konsequenz einer von der Freiheit und Subjektivität ausgehenden Grundlegung des sittlichen und politischen Handelns.

Für Kant war bereits 1762 mit der Kritik der Gottesbeweise der Metaphysik von Leibniz, Wolff und Baumgarten[37] auch ihr Begriff des Willens Gottes unhaltbar geworden. Die ›Kritik der reinen Vernunft‹ machte in den Antinomien der rationalen Vernunft unter anderem auch den Skandal der Vernunft sichtbar, die geglaubt hatte, über Gott und seinen Willen in theoretischer Absicht gesicherte Erkenntnis zu besitzen. In seiner Schrift ›Von einem neuerdings erhobenen vornehmen Ton in der Philosophie‹ aus dem Jahre 1796 begründet Kant seine Kritik des metaphysischen Begriffs des Willens Gottes so:

»Wenn ich in ihm [dem höchsten Wesen] einen Willen setze, durch den er Ursache aller Dinge außer ihm ist, so muß ich einen solchen annehmen, bei welchem seine Zufriedenheit (acquiescentia) durchaus nicht vom Dasein der Dinge außer ihm abhängt; denn das wäre Einschränkung (negatio). Nun habe ich wiederum nicht den mindesten Begriff, kann auch kein Beispiel von einem Willen geben, bei welchem das Subjekt nicht seine Zufriedenheit auf dem Gelingen seines Wollens gründete, der also nicht von dem Dasein des äußeren Gegenstandes abhinge. Also ist

der Begriff von einem Willen des höchsten Wesens, als einer ihm inhäri-
render Realität ... entweder ein leerer, oder (welches noch schlimmer
ist) ein anthropomorphistischer Begriff, der, wenn er, wie unvermeidlich
ist, ins Praktische gezogen wird, alle Religion verdirbt, und sie in Idololatrie verwandelt« (K 6,489 Anm.).

Die Vernunft besitzt damit in theoretischer Hinsicht keine Erkenntnis über den Willen Gottes und vor allem nicht über den Zusammenhang des moralischen Gesetzes in uns mit diesem Willen
Gottes. Sie kann weder den Zusammenhang des moralischen Gesetzes in uns mit dem Willen Gottes begründen oder bestreiten
noch unsere Zweifel, ob das moralische Gesetz aus der Machtvollkommenheit der menschlichen Vernunft oder von einem anderen
Wesen stammt, beheben:

»Die verschleierte Göttin, vor der wir beiderseits unsere Knie beugen,
ist das moralische Gesetz in uns, in seiner unverletzlichen Majestät. Wir
vernehmen zwar ihre Stimme, und verstehen auch gar wohl ihr Verbot;
sind aber beim Anhören im Zweifel, ob sie von dem Menschen, aus der
Machtvollkommenheit seiner eigenen Vernunft selbst, oder ob sie von
einem anderen, dessen Wesen ihm unbekannt ist, und welches zum Menschen durch diese seine eigene Vernunft spricht, herkomme« (K 6,
494).

Diese Grenze der theoretischen Vernunft ist jedoch nach Kant für
das Handeln des Menschen ohne Bedeutung, da das, »was uns zu
tun obliegt (objektiv) immer dasselbe bleibt, man mag eines, oder
das andere Prinzip zum Grunde legen« (K 6,494). Das Gewissen,
die »über die Gesetze in ihm [dem Menschen] wachende Gewalt
ist nicht etwas, was er sich selbst (willkürlich) macht, sondern es
ist seinem Wesen einverleibt. Es folgt ihm wie sein Schatten, wenn
er zu entfliehen gedenkt. ... Er kann es in seiner äußersten Ver-
worfenheit allenfalls dahin bringen, sich daran gar nicht mehr
zu kehren, aber sie zu hören, kann er doch nicht vermeiden«
(K 7,250). Der Handelnde erfährt nach Kant in seinem Handeln
das moralische Gesetz als ein »von uns selbst unterschiedenes, aber
uns doch innigst gegenwärtiges heiliges Wesen« (K 7,252). Die
Einsicht der praktischen Vernunft ist daher für Kant »in praktischer Absicht hinreichend« und eindeutig.[38]

Versucht der Mensch nun, angesichts dieses Mangels an theoretischer Gewißheit über den Willen Gottes diesen unmittelbar aus dem Gefühl zu erkennen, so führt das nach Kant notwendig zu einem »antipodischen Standpunkt der Philosophie« (KA 23,467), zu bloß subjektiven Meinungen über den Willen Gottes und zu einer »mystischen Gefühlstheorie« (K 7,368), die angeblich »übernatürliche Erfahrung« (K 7,369) besitzt. Die Vorstellung des Willens Gottes, die aus einem der Vernunft vorhergehenden subjektiven Gefühl gewonnen ist, kann für Kant nur die eines »eigenliebigen und despotischen Willens«, nicht aber die des heiligen Willens Gottes sein, den die praktische Vernunft erkennt und anerkennen kann. Was eine »Gefühlstheorie« in der Einsamkeit des Herzens oder in pietistischen Zirkeln und Konventikeln für Religion hält, ist für Kant »Idololatrie«. Sie führe notwendig dazu, Gott als einen Willkürgott zu denken, von dem man glaubt, daß man sich durch religiöse Einschmeichelungen und äußere Kulthandlungen *ohne* eine Sinnesänderung des Herzens des göttlichen Beistandes und der Heiligkeit würdig machen kann. Das ist für Kant jedoch »Religionswahn« und »Afterdienst Gottes«, den er um der Moral und der Religion willen in aller Schärfe kritisiert.

Kant lehnt den leeren und ›anthropomorphistischen‹ Begriff des Willens Gottes und eine heteronome Begründung des menschlichen Willens in dem Willen eines Willkürgottes ab, um einen »freyen Glauben« zu ermöglichen, und nicht, um atheistisch oder nachreligiös die absolute Autonomie der praktischen Vernunft zu begründen. Es ist für Kant ohne die Vorstellung eines heiligen und gerechten Willens Gottes keine Moral möglich, die für das kritische Subjekt im Ernst verbindlich sein könnte. Das kritische Subjekt würde jedes aus der Machtvollkommenheit der eigenen Vernunft geschaffene moralische Gesetz als sein eigenes Produkt, als »blos vernünftelnden Begriff« (KA 19,214) durchschauen. Ferner würden nach Kant »alle unsere Pflichten schwinden«, wenn der Mensch nicht die begründete Hoffnung auf eine von Gott geschenkte »Glükseeligkeit« besäße, die dem »Wohlverhalten« des Menschen entspricht. »Der Grund der Verbindlichkeit ist doch im Göttlichen willen, weil nur das verbindlich seyn kan, was mit unserer Glükseeligkeit zusammen stimmt, dieses aber nur Gott thun kann. Also ist die moralität als Regel aus der Natur, als Gesetz aus dem gottlichen willen. Idee, welche in der theologie realisirt wird« (KA 19,296).[39]

Wie Kant nach seiner Kritik des Willkürgottes die Freiheit des Menschen, die Verbindlichkeit des moralischen Gesetzes und das Handeln des Geistes Gottes zusammen zu denken versucht, zeigt z. B. folgende Äußerung:

»Das, was den freyen Handlungen das complementum ad sufficientiam zu gottlichen moralischen Zwecken (der Heiligkeit) giebt, heißt der Geist Gottes. Dieser aber, wenn die Handlungen doch ... imputabel bleiben sollen, müssen auch nicht causata des heiligen Geistes seyn, sondern nur Wegräumung der Hindernisse der Freyheit. Der Geist Gottes ist das, was den moralischen Gesetzen bewegende Kraft giebt, also ein inneres moralisches Leben, was gar nicht nach Naturgesetzen möglich ist, in uns wirkt. Alles moralisch Gute in uns ist Wirkung des Geistes Gottes, und uns wird imputiert, daß wir diesem Platz verstatten« (KA 18,474).

Es kann daher für Kant nicht zweierlei Gewissen, ein sittliches und ein religiöses, geben.[40]

Eine vom Christentum ablösbare oder gar eine nachchristliche Begründung des sittlichen und politischen Handelns hält Kant ebenso wie Hegel weder für notwendig noch für wünschenswert. Hegel kritisiert die Aufklärung als »Furie des Verschwindens« (Phän 418). Ebenso wendet sich auch Kant gegen »die Keckheit der Kraftgenies«, die eine neue Religion stiften wollen, »sie mögen nun als Theophilanthropen in öffentlichen dazu errichteten Kirchen, oder als Mystiker bei der Lampe innerer Offenbarungen schwärmen« (K 7,377). In ausdrücklichem Gegensatz zu ihnen und zu den »falschen Friedensstiftern, die durch die Zusammenschmelzung verschiedener Glaubensarten allen genug zu tun meinen (Synkretisten); die dann noch schlimmer sind als Sektierer, weil Gleichgültigkeit in Ansehung der Religion überhaupt zum Grunde liegt« (K 7,362–363), geht Kant davon aus, daß »das Christentum allgemeine Weltreligion zu sein ... bestimmt« ist. Das Christentum muß nach Kant allerdings von allen falschen Vorstellungen, vor allem der eines Willkürgottes, befreit und in seinem durch seinen Stifter begründeten wahren Wesen: »der moralischen Liebenswürdigkeit« (K 6,424) wiederhergestellt werden, wenn es sich seiner Bestimmung gemäß als Weltreligion realisieren will. Daß Kant das Christentum nicht als einen geschichtlich überholbaren Geburtshelfer der modernen Welt und einer absolut autonomen Moral aufheben oder gar neutralisieren will, zeigt z. B. folgende Aussage: »Solte die Bibel einmal ausgehen und in Vergessenheit kommen so würde bei der fortschreitenden Cultur des menschlichen Geschlechts ein neues für gottliche Offenbarung zu haltendes Buch wohl schwerlich Eingang finden«. Der Schwund der religiösen Überlieferung, den Kant in der Moderne durchaus für möglich hält, würde nach seiner Überzeugung für jede zukünftige Moral vermutlich fatale Konsequenzen haben, »da man ... nicht mit Sicherheit wissen kann wie es mit dem Fortgange der Cultur des Menschengeschlechts bestellt seyn mag ob nicht barbarische Rohigkeit oder auch entnervende oder überfliegende Verfeinerung das moralische Weltende nicht einstens herbey führen könne« (KA 23,452).

Kant distanziert sich nicht nur von allen vergeblichen und »widersinnigen Entwürfen« derer, die in der Moderne eine neue Moral und eine neue Religion stiften wollen, er distanziert sich auch von den ›radikalen‹ Aufklärern, die die »Religion in einem *ganzen* Volk lauter und zugleich kraftvoll« (K 6,421) machen wollen. Trotz seiner Bemühungen um die Aufklärung und Mündigkeit des Menschen in Fragen der Religion anerkennt auch Kant wie Lessing, Semler[41] und andere Zeitgenossen die Pluralität der religiösen Vorstellungen, und er tut dies nicht aus pragmatischen Gründen. »Das Ende aller Dinge, die durch der Menschen Hände gehen, ist, selbst bei ihren guten Zwecken, Torheit ... Weisheit ... wohnt allein bei Gott« (K 6,420). Wie Lessing in seinem ›Nathan‹ so gibt auch Kant fast mit den gleichen Worten den Rat, »die Sachen so zu lassen, wie sie zuletzt standen«, und er warnt davor, das Christentum aufheben zu wollen:

»Ich bin mir so sehr meines Unvermögens, hierin einen neuen und glücklichen Versuch zu machen, bewußt, daß ich, wozu freilich keine große Erfindungskraft gehört, lieber raten möchte: die Sachen so zu lassen, wie sie zuletzt standen und beinahe ein Menschenalter hindurch sich als erträglich gut in ihren Folgen bewiesen hatten. Da das aber wohl nicht die

Meinung der Männer von entweder großem oder doch unternehmendem Geiste sein möchte, so sei es mir erlaubt, nicht sowohl, was sie zu tun, sondern wogegen zu verstoßen sie sich ja in acht zu nehmen hätten, weil sie sonst ihrer eigenen Absicht (wenn sie auch die beste wäre) zuwider handeln würden, bescheidentlich anzumerken« (K 6,422).

Das Christentum ist nach Kant dazu bestimmt, »allgemeine Weltreligion zu sein«, und es führt eine »Liebenswürdigkeit« bei sich, die – was für ihn »merkwürdig« ist – bei allem geschichtlichen Wechsel der Meinungen und Gestalten des Christentums, selbst in der »Zeit der größten Aufklärung, die je unter Menschen war«, die Menschen auch jetzt noch bewegt und überzeugt.[42]

Obwohl Kant und Hegel also die Moderne nicht als Emanzipation von der christlichen Überlieferung, als deren illegitime Säkularisierung oder als Antithese zu ihr interpretieren, sind sie aus den genannten Gründen dennoch der Überzeugung, daß eine plausible und verbindliche Begründung der Praxis nicht *unmittelbar* von der Bibel, der Theologie und der Kirche aus, sondern allein von der kritischen Vernunft und Geschichte aus entwickelt werden kann.

Ziele des Sittlichen und Politischen und Bedingungen und Mittel ihrer Verwirklichung

Die praktische Philosophie Kants will solche Ziele des sittlichen und politischen Handelns und solche Bedingungen und Mittel ihrer Verwirklichung formulieren, denen der Einzelne und die gesellschaftlichen Gruppen in der Moderne eine freie und begründete Zustimmung geben können. Vermag Kant jedoch überhaupt noch allgemeine Ziele zu formulieren, die für die Praxis des Einzelnen und der gesellschaftlichen Gruppen in der neuen geistig-wissenschaftlichen und gesellschaftlich-politischen Welt Plausibles und Verbindliches enthalten? Ist seine Ethik und Politik nicht ein für die Praxis folgenloser Formalismus? Schon Kant hat sich mit dem Vorwurf auseinandersetzen müssen, daß seine praktische Philosophie ein für die Praxis folgenloser leerer Formalismus sei, und den »Gemeinspruch« kritisiert, daß seine praktische Philosophie zwar in der Theorie richtig sein möge, aber für die Praxis nicht tauge. Dieser Gemeinspruch war für ihn eine »in unsern spruchreichen und tatleeren Zeiten sehr gemein gewordene Maxime« (K 6,359).

Kant scheint den Vorwurf seiner Kritiker nicht überzeugend widerlegt zu haben, denn die Philosophie nach Kant hat in sehr verschiedener Weise Kants Formalismus durch eine neue materiale Ethik oder praktische Philosophie und durch eine durch pragmatische Zwecke definierte Politik zu ersetzen versucht. Die Kritik des Kantischen Formalismus in der Ethik und Politik und die Versuche, ihn zu überwinden, bilden ein Grundthema der nachkantischen Geschichte der Ethik und Politik. In der Kritik des Formalismus stimmen selbst diejenigen überein, die sonst, wie z. B. Hegel, in ihren Positionen und Grundintentionen verschieden, ja entgegengesetzt sind.

Für Jacobi sind Kants Postulate »blose subjective Fictionen«.[43] Die Konsequenz seiner praktischen Philosophie sei der »Nihilismus« (a.a.O. 3,184), »weil nun alles einsinken will in den weit geöffneten bodenlosen Abgrund einer absoluten Subjectivität« (a.a.O. 2,44). Reinhold sieht 1801 in Kants transzendentalem Idealismus und in seiner praktischen Philosophie den Beginn des Irrweges der »Geschichte der neueren und neuesten Philosophie«.[44] Die Kritik Hegels an dem Formalismus von Kant und Fichte, den er, wenn überhaupt, dann jedenfalls nicht hinreichend unterscheidet, sowie die Formalismuskritik der an Hegel orientierten Denker läßt sich so formulieren: Kant fixiert den Standpunkt der bloßen Moralität, der Innerlichkeit und der abstrakten Subjektivität, für die das Gute und das Sittliche nur ein der gegenwärtigen sittlichen und politischen Welt und ihren Institutionen gegenüber fernes Jenseits, Ziel eines unendlichen Progresses, Gegenstand eines ohnmächtigen Sollens und eine bloß utopische Versöhnung ist. Für Kant gebe es nur »das abstrakte, nur sein sollende Gute und die ebenso abstrakte, nur gut sein sollende Subjektivität (R Ph 140). Die Philosophie hat für Hegel aber das Sittliche als das an und für sich im Staat Verwirklichte aufzuweisen. Philosophie ist für ihn die Theorie, die im Geiste, durch »Erinnerung«, durch Hermeneutik mit derjenigen substanziellen Wirklichkeit versöhnt, die im Staat als Wirklichkeit des sittlichen

Universums realisiert und im Geiste der Weltgeschichte gerechtfertigt ist.

Marx und die sich an ihm orientierenden Denker kritisieren Kants
Formalismus weithin mit denselben Kategorien wie Hegel und die
sich an diesem orientierenden Denker. Ihre Formalismuskritik
zielt jedoch auf anderes: Die Versöhnung besteht für sie nicht in
dem bereits im Prinzip im Staat verwirklichten sittlichen Universum, sondern in der von der Zukunft erhofften Gesellschaft. Kants
praktische Philosophie ist für sie daher z. B. eine im Ansatz
atheistische und revolutionäre Ethik, die lediglich vor radikalen
religiösen und politischen Konsequenzen zurückschreckt (Goldmann), oder eine Ethik, die den Standpunkt der bürgerlichen Gesellschaft widerspiegelt, der nur noch an einem Naturrecht ohne
Natur, an extremen Ausnahmesituationen und Pflichtkollisionen
und heroischen Entscheidungen Modellfälle sittlichen Handelns
sichtbar machen kann (Bloch, Adorno).

Wo man Kants Formalismus nicht mehr kritisiert im Blick auf das
bereits im Staat im Prinzip verwirklichte sittliche Universum, das
die Theorie aufweisen soll, oder im Blick auf die zukünftige Gesellschaft, die die revolutionäre Praxis allererst schaffen soll, da
betrachtet man aus verschiedenen Motiven Kants Grundlegung
der praktischen Philosophie im Faktum der Vernunft und in der
Idee des Staats- und Völkerrechts als eine unhaltbare Hypostasie-
rung der Aufklärungsvernunft. Für diejenigen Vertreter des Naturrechts (z. B. die Neuscholastiker), die glauben, ein immergülti-
ges materiales Naturrecht auf eine immergültige Weise aussagen
zu können, ist Kant nach wie vor der ›Zermalmer der Metaphysik‹
und der metaphysischen Begründung der praktischen Philosophie.
Für die Werttheorie (Scheler, N. Hartmann), die auf Grund ihres
naturwissenschaftlichen Wirklichkeitsbegriffs die Geschichte preisgegeben hat und für die die ›Ethik‹ eine Betrachtung des Reiches
von vorgegebenen quasi metaphysischen Werten ist, bleibt Kants
Fundierung der praktischen Philosophie leer und formal. Für den
biologischen Evolutionismus ist Kants Ethik lediglich ein »in sich
restlos stimmiger Apparat der Vernunft«, ein »leerlaufendes Räderwerk ohne Motor«.[45] Für den Existentialismus und Personalismus schließlich setzt Kants Formalismus einen Begriff der Frei-

heit und der Vernunft voraus, der für die je einzelne Existenz und Person und ihre konkrete Freiheit und Geschichtlichkeit fast ebenso heteronom ist wie der der Metaphysik.

In dem Anspruch, Kants Formalismus überwinden zu müssen und zu können, stimmen also sehr verschiedene, ja entgegengesetzte Begründungsversuche der Ethik und Politik nach Kant überein. Diese suchen, von metaphysischen oder quasi-metaphysischen Normen und Werten, vom Staat oder der Gesellschaft, von der Natur oder der Freiheitstat des je Einzelnen aus eine neue Begründung ethischen und politischen Handelns. Diese neuen Begründungsversuche sind für die kritische Vernunft heute jedoch aus vielen Gründen nicht überzeugend. Ihr absoluter Anspruch auf Verbindlichkeit, den eine jede dieser Theorien erhebt, kann angesichts der Pluralität von absoluten Ansprüchen wenig überzeugen. Die verschiedenen Theorien haben daher nicht Evidenz, sondern die schlechte unendliche Reflexion zur Folge. Unglaubwürdig sind ferner die materialen Imperative, die nach der Einsicht der konkreten praktischen Vernunft und nach der Erfahrung der Geschichte nicht der Verwirklichung, sondern der Verhinderung der Freiheit des Menschen dienen. Unglaubwürdig sind ferner die Begründungsversuche, die von Voraussetzungen ausgehen, die bereits Kant explicite oder implicite bei seiner Kritik der nicht reinen praktischen Vernunft überzeugend zurückgewiesen hat, sowie die Theorien des sittlichen und politischen Handelns, die das Verhältnis von Theorie und Praxis in einer Weise bestimmen, die bereits von Kant überzeugend kritisiert worden ist.

Angesichts dieser einseitigen, aus verschiedenen Gründen nicht überzeugenden Theorien der Kritiker des Kantischen Formalismus ist heute eine Differenzierung der Formalismusdiskussion sinnvoll und notwendig. Nicht jede Form von Formalismus in der Ethik und Politik, sondern nur diejenige ist heute unbefriedigend und ergänzungsbedürftig, die für das kritische Subjekt keine einsichtigen und verbindlichen Ziele und Bedingungen und Mittel ihrer Verwirklichung zu formulieren vermag. Daß Kants Formalismus ein solcher ist, ist durch die bisherige Formalismuskritik jedenfalls nicht erwiesen.

Zwei Ziele oder »praktische Regeln« (K 6,357) stehen im Mittelpunkt der praktischen Philosophie Kants: der so genannte kategorische Imperativ und die »Idee des Staats- und Völkerrechts«.[46] Kant hat den kategorischen Imperativ in verschiedener Weise formuliert.[47] Das gemeinsame Ziel all seiner Überlegungen über den kategorischen Imperativ besteht jedoch darin, jenes Gesetz des Handelns, das jedermann in seinem Handeln, wenn auch nicht der Form, so doch dem Inhalt nach, jederzeit vor Augen steht, in einer gewissen Allgemeinheit zu formulieren. Dieses allgemeine Gesetz unterscheidet Kant ausdrücklich als »praktisches Gut« einerseits von dem »höchsten Gut«, das für den Menschen im letzten ein Gegenstand der Hoffnung bleibt, und andererseits von den legitimen Privatzwecken des Einzelnen bzw. den notwendigen Regeln einer »pragmatischen Geschichtlichkeit« (K 6,372), die der Einzelne in seinem konkreten Handeln berücksichtigt. Eine Formulierung des kategorischen Imperativs lautet: »Handle so, daß du die Menschheit, sowohl in deiner Person, als in der Person eines jeden andern, jederzeit zugleich als Zweck, niemals bloß als Mittel brauchest« (K 4,287).

Der wegen seines Formalismus immer wieder kritisierte kategorische Imperativ formuliert damit Pflichten, die durchaus nicht leer und folgenlos sind. Er verbietet es dem Menschen, die Menschheit in der eigenen Person wie in der Person anderer lediglich als bloße Sache oder als Mittel zum Zweck der Befriedigung egoistischer Neigungen zu mißbrauchen. Er fordert als »Zwecke, die zugleich Pflichten sind . . .: Eigene Vollkommenheit – fremde Glückseligkeit« (K 7,195). Der kategorische Imperativ verlangt von mir nicht nur das Streben nach meiner eigenen natürlichen und sittlichen Vollkommenheit, sondern Hilfe für die Glückseligkeit anderer, soweit mir dieses möglich und erlaubt ist.

Es ist für Kant weder notwendig noch möglich, daß der »in einer gewissen Allgemeinheit gedachte« kategorische Imperativ, der »von einer Menge Bedingungen abstrahiert wird, die doch auf ihre Ausübung notwendig Einfluß haben« (K 6,357), durch eine von Philosophen und Morallehrern entwickelte Kasuistik konkretisiert wird. Was im Ernst ein allgemein anerkanntes Gesetz des Handelns ist, braucht dem Menschen nicht ›von außen‹ gesagt zu werden; denn »bei jeder Übertretung . . . finden wir, daß wir wirklich nicht wollen, es solle unsere Maxime ein allgemeines Gesetz werden; denn das ist uns unmöglich, sondern das Gegenteil derselben soll vielmehr allgemein ein Gesetz bleiben; nur nehmen wir uns die Freiheit, für uns oder (auch nur für diesmal) zum Vorteil unserer Neigung, davon eine Ausnahme zu machen« (K 4,282).[48] Unmöglich ist aber auch eine solche Kasuistik, die das »Mittelglied der Verknüpfung und des Überganges« von der Theorie zur Praxis: die »Urteilskraft« dessen, der in einer konkreten Situation auf Grund seiner Einsicht in die jeweiligen Zusammenhänge Bestimmtes entscheiden muß, durch eine Theorie ersetzen kann. Es muß beim konkreten Handeln »ein Aktus der Urteilskraft hinzukommen, wodurch der Praktiker unterscheidet, ob etwas der Fall der Regel sei oder nicht« (K 6,357).[49]

Ein zweites Ziel, das nach Kant dem Menschen in der durch die Überlieferung, die Aufklärung und die Amerikanische und Französische Revolution gebildeten geschichtlichen Welt einsichtig und für ihn verbindlich ist, ist die von der Idee des Staats- und Völkerrechts geforderte Verwirklichung des modernen Staates.[50] Unter einem modernen Staat versteht Kant (1.) eine »allgemein das Recht verwaltende bürgerliche Gesellschaft« (K 4,156) und ein durch Verfassung und Gesetz geordnetes inneres und äußeres Staatenverhältnis. Ein solcher »bürgerlicher Zustand«, »bloß als rechtlicher Zustand betrachtet«, sichert nach Kant »1. Die Freiheit jedes Gliedes der Sozietät, als Menschen. 2. Die Gleichheit desselben mit jedem anderen, als Untertan. 3. Die Selbständigkeit jedes Gliedes eines gemeinen Wesens, als Bürgers« (K 6,373).

Unter einem modernen Staat versteht er (2.) ein politisches Herrschaftssystem, das eine wirklich republikanische, d. h. für Kant repräsentative Verfassung besitzt. Zu einer republikanischen Verfassung, »wenn sie dem Rechtsbegriffe gemäß sein soll, gehört das repräsentative System, in welchem allein eine republikanische Regierungsart möglich, ohne welches sie ... despotisch und gewalttätig ist« (K 6,438–439). Die wahrhaft republikanische Verfassung ist für Kant Kennzeichen eines modernen Staates: »Keine der alten sogenannten Republiken hat dieses [repräsentative System] gekannt, und sie mußten sich darüber auch schlechterdings in den

Despotism auflösen, der unter der Obergewalt eines Einzigen noch der erträglichste unter allen ist« (K 6,439).

Ein erster wesentlicher Unterschied in der Deutung des Staates zwischen Kant und der platonisch-aristotelischen Tradition in der praktischen Philosophie besteht in folgendem: Für Aristoteles ist eine Polis[51] und für Thomas ist eine civitas,[52] die in Wahrheit ihren Namen trägt, eine Gemeinschaft, die nicht nur um des bloßen Lebens und des Handelns, sondern um des vollkommenen Lebens willen gebildet ist und auf einem gemeinsamen Ethos, einer gemeinsamen in Sitte und Institutionen ausgebildeten Lebensordnung beruht. Nach Kant dagegen kann und darf der moderne Staat nur durch formale Rechtsgesetze das Eigentum und die geistigen und sittlichen Ordnungen seiner Bürger sichern.

Für Aristoteles ist das ›von Natur aus‹ Rechte das in den sittlichen und politischen Ordnungen und Institutionen der Polis gelebte Recht. Das ›von Natur aus‹ Rechte, das auf die Verwirklichung des vollkommenen und glücklichen Lebens gerichtet ist, ist dabei für den Einzelnen und die Polis dasselbe.[53] Für Kant dagegen verlangt das in der Verfassung und in den Gesetzen formulierte Recht lediglich: »Handle äußerlich so, daß der freie Gebrauch deiner Willkür mit der Freiheit von jedermann nach einem allgemeinen Gesetze zusammen bestehen könne« (K 7,32). Das Recht ist damit nicht durch das vollkommene und glückliche Leben der einzelnen Bürger, sondern durch die mögliche Koexistenz aller, es ist nicht inhaltlich, sondern formal bestimmt: »Das Recht ist also der Inbegriff der Bedingungen, unter denen die Willkür des einen mit der Willkür des andern nach einem allgemeinen Gesetze der Freiheit zusammen vereinigt werden kann« (K 7,31).

Der moderne Staat ist für Kant also zunächst einmal wie für Machiavell und Hobbes negativ dadurch charakterisiert, daß sein wichtigstes Ziel nicht die Eudämonie und das vollkommene und gute Leben seiner Bürger ist. Materiale Gesetze würden den »bürgerlichen Zustand«, »bloß als rechtlichen Zustand betrachtet«, aufheben. Das erste Ziel eines modernen Staates ist für Kant lediglich die Lebens- und Daseinserhaltung der durch den Antagonismus und die »ungesellige Geselligkeit« gekennzeichneten Natur des Menschen und der gesellschaftlichen Gruppen sowie die Freisetzung und Sicherung der sittlichen und religiösen Lebensordnungen seiner Bürger durch formale und neutrale Gesetze.

»Niemand kann mich zwingen, auf seine Art (wie er sich das Wohlsein anderer Menschen denkt) glücklich zu sein, sondern ein jeder darf seine Glückseligkeit auf dem Wege suchen, welcher ihm selbst gut dünkt, wenn er nur der Freiheit anderer, einem ähnlichen Zwecke nachzustreben, die mit der Freiheit von jedermann nach einem möglichen allgemeinen Gesetze zusammen bestehen kann, (d. i. diesem Rechte des andern) nicht Abbruch tut« (K 6,374).

Die Freisetzung der sittlichen und religiösen Lebensordnungen der Bürger im modernen Staat begründet Kant im Unterschied zur Integrierung dieser Lebensordnungen in die antike Polis und civitas durch die Verschiedenheit der aus den »Zeitumständen« und Situationen folgenden inhaltlichen Bestimmungen der Glückseligkeit und aus der für den modernen Staat konstitutiven »gesetzlichen Verfassung«:

»In Ansehung der ersteren (der Glückseligkeit) kann gar kein allgemein gültiger Grundsatz für Gesetze gegeben werden. Denn sowohl die Zeitumstände, als auch der sehr einander widerstreitende und dabei immer veränderliche Wahn, worin jemand seine Glückseligkeit setzt, (worin er sie aber setzen soll, kann ihm niemand vorschreiben) macht alle feste Grundsätze unmöglich und zum Prinzip der Gesetzgebung für sich allein untauglich. Der Satz: Salus publica suprema civitatis lex est, bleibt in seinem unverminderten Wert und Ansehen; aber das öffentliche Heil, welches zuerst in Betrachtung zu ziehen steht, ist gerade diejenige gesetzliche Verfassung, die jedem seine Freiheit durch Gesetze sichert: wobei es ihm unbenommen bleibt, seine Glückseligkeit auf jedem Wege, welcher ihm der beste dünkt, zu suchen, wenn er nur nicht jener allgemeinen gesetzmäßigen Freiheit, mithin dem Rechte anderer Mituntertanen, Abbruch tut« (K 6,382).

Für Aristoteles und Thomas ist nur die um des vollkommenen Lebens gebildete Gemeinschaft eine Polis oder civitas, für Kant kann der moderne Staat auf Grund seiner »gesetzlichen Verfassung« mit Hilfe seiner Gesetze seinen Bürgern nicht verpflichtend sagen, was sie unter einem vollkommenen und guten Leben zu verstehen haben. Obwohl auch für Kant der moderne Staat von der sittlichen und religiösen Substanz seiner Bürger lebt und der zeitgenössische Staat in seiner konkreten Gestalt von den durch die christliche Überlieferung und die Aufklärung geprägten Lebensordnungen getragen wird, können diese nicht zum verpflichtenden Gesetz des Staates im Sinne einer das Recht verwaltenden bürgerlichen Gesellschaft gemacht werden. Das erste Ziel eines solchen Staates ist nicht die Verwirklichung des höchsten Gutes, sondern die Beseitigung unmenschlicher Zustände. Die Gesetzgebung und Regierung des Staates muß daher für Kant wie für Machiavell und Hobbes zunächst einmal das Problem lösen, wie vernünftige Wesen in einer staatlichen Verfassung und unter Gesetzen so zusammenleben können, daß trotz ihrer egoistischen Interessen und ihrer »Ehrsucht, Herrschsucht oder Habsucht« (K 4, 155) und trotz ihrer verschiedenen sittlichen und religiösen Auffassungen ihr Leben und ihre Freiheit gesichert sind. Dieses Problem muß nach Kants bekannter Formulierung »selbst für ein Volk von Teufeln (wenn sie nur Verstand haben) auflösbar« (K 6,452) sein.

Kants Begriff des modernen Staates unterscheidet sich jedoch nicht nur von dem Begriff der Polis und civitas. Er unterscheidet sich auch sehr wesentlich von dem Begriff des Staates von Machiavell und Hobbes, weil er nicht wie jene und die Theoretiker des modernen Naturrechts den Staat von der vorgeschichtlichen Natur des Menschen aus konstruiert und deduziert. Kants Begriff des Staates umfaßt auch mehr als Schillers Naturstaat[54] und Hegels »Not- und Verstandesstaat« (R Ph 165); denn er ist nicht dadurch definiert, daß er egoistische Interessen und Bedürfnisse der unpolitisch gedachten Bourgeois befriedigt. Das wird z. B. an Kants Hobbeskritik deutlich. Nach Kant hat Hobbes seine Idee des Staats- und Völkerrechts aus zufälligen und willkürlichen Prinzipien der Erfahrung abgeleitet. Es sei jedoch ein »Skandal der Philosophie«, wenn der Pflichtbegriff und der Begriff des Staats- und Völkerrechts aus der unmittelbaren Erfahrung des depravierten Menschen und nicht in dem Faktum der Vernunft begründet werde[55], wenn die Augen, die »den Himmel anzuschauen gemacht« sind, »mit Maulwurfsaugen« (K 6,359) korrigiert werden. Die Idee des Staats- und Völkerrechts ist für Kant eine

»notwendige Idee, die man nicht bloß im ersten Entwurfe einer Staatsverfassung, sondern auch bei allen Gesetzen zum Grunde legen muß und wobei man anfänglich von den gegenwärtigen Hindernissen abstrahieren muß, die vielleicht nicht sowohl aus der menschlichen Natur unvermeidlich entspringen mögen, als vielmehr aus der Vernachlässigung der echten Ideen bei der Gesetzgebung. Denn nichts kann Schädlicheres und eines Philosophen Unwürdigeres gefunden werden, als die pöbelhafte Berufung auf vorgeblich widerstreitende Erfahrung, die doch gar nicht existieren würde, wenn jene Anstalten zu rechter Zeit nach den Ideen getroffen würden und an deren Statt nicht rohe Begriffe eben darum, weil sie aus Erfahrung geschöpft worden, alle gute Absicht vereitelt hätten. Je übereinstimmender die Gesetzgebung und Regierung mit dieser Idee eingerichtet wären, desto seltener würden allerdings die Strafen werden, und da ist es denn ganz vernünftig (wie Plato behauptet), daß bei einer vollkommenen Anordnung derselben gar keine dergleichen nötig sein würden. Ob nun gleich das letztere niemals zustande kommen mag, so ist die Idee doch ganz richtig, welche dieses Maximum zum Urbilde aufstellt, um nach demselben die gesetzliche Verfassung der Menschen der möglich größten Vollkommenheit immer näher zu bringen. Denn welches der höchste Grad sein mag, bei welchem die Menschheit stehen bleiben müsse, und wie groß also die Kluft, die zwischen der Idee und ihrer Ausführung notwendig übrig bleibt, sein möge, das kann und soll niemand bestimmen eben darum, weil es Freiheit ist, welche jede angegebene Grenze übersteigen kann« (K 3,258-259).

Die von Kant geforderte innerstaatliche »Gesetzgebung und Regierung«, die die Freiheit, Gleichheit und Selbständigkeit der Bürger sichert, und die geforderten zwischenstaatlichen Rechts- und Friedensordnungen sind für ihn ein »Richtmaß« für die Beurteilung des politischen Handelns der bestehenden rechtlichen und politischen Institutionen und für die Kritik der illegitimen egoistischen Interessen der Einzelnen und der gesellschaftlichen Gruppen, das »die gemeine Vernunft« »jederzeit wirklich vor Augen« hat. Wenn man nicht davon ausgehen könnte, daß das »Vernunftprinzip der Beurteilung aller öffentlichen rechtlichen Verfassung überhaupt« von jedermann gewußt wird, daß der Mensch im Grunde weiß, »was Rechtens ist« (K 6,386), so könnte man weder von der Hobbeschen oder Rousseauschen Deutung der Natur des Menschen noch von einer anthropologisch gedeuteten Natur des Menschen aus ein wirksames und Achtung forderndes Staats- und Völkerrecht begründen. »Wäre dieses Gesetz nicht in uns gegeben, wir würden es als ein solches durch keine Vernunft herausklügeln, oder der Willkür anschwatzen« (K 6,165 Anm.). »Wenn nicht etwas ist, was durch Vernunft unmittelbar Achtung abnötigt (wie das Menschenrecht), so sind alle Einflüsse auf die Willkür der Menschen unvermögend, die Freiheit derselben zu bändigen« (K 6,391). Politik wäre dann nichts anderes als Durchsetzung egoistischer oder partikularer Interessen mit allen Mitteln und Streben nach Herrschaft und Macht und deren Erhaltung.

Kants Idee des Staats- und Völkerrechts ist zwar »eine bloße Idee der Vernunft« (K 6,381), sie ist jedoch keine »leere Idee« (K 6, 474), sondern eine, die »ihre unbezweifelte (praktische) Realität hat« (K 6,381), obwohl oder vielmehr gerade weil sie nicht unmittelbar politisch gebraucht werden kann. Im Zeitalter der Revolution, in der die Herrschenden ebenso wie die Beherrschten eine ideologische Rechtfertigung ihres Handelns suchen – »Der Souverän will das Volk nach seinen Begriffen glücklich machen und wird Despot; das Volk will sich den allgemeinen menschlichen Anspruch auf eigene Glückseligkeit nicht nehmen lassen und wird Rebell« (K 6,386) – bleibt Kants Idee kritische Instanz gegen beide. Sie kann nicht ideologisch gebraucht bzw. mißbraucht werden, weder zur Legitimierung ungerechter Herrschaft noch zur Legitimierung ungerechter Revolutionen. Kants Idee schmeichelt weder dem Monarchen noch dem Volke.[56]

Der Souverän kann sich, wie Kant gegen Hobbes ausführt, bei seiner Herrschaft den Untertanen gegenüber nicht darauf berufen, daß ihm in einem ursprünglichen Vertrag alle Rechte übertragen wurden, »da jeder Mensch doch seine unverlierbaren Rechte hat, die er nicht einmal aufgeben kann, wenn er auch wollte, und über die er selbst zu urteilen befugt ist« (K 6,388). Auch der Souverän ist für Kant durch die Idee des Staatsrechts verpflichtet, »das Heiligste, was Gott auf Erden hat, das Recht der Menschen, zu verwalten« (K 6,438 Anm.).

Aber auch der Rebell kann sich nicht auf die »Idee des Sozialkontrakts« als ein »Faktum (wie Danton will)« berufen, um »alle in der wirklich existierenden bürgerlichen Verfassung befindliche Rechte und alles Eigentum für null und nichtig« (K 6,386) zu erklären. Tut er das, so tritt, wie die Erfahrung der Französischen

Revolution gezeigt hat, »der Zustand der Anarchie mit allen ihren Greueln ein« (K 6,386 Anm.). Da die Errichtung einer vollkommenen politischen Herrschaft unmöglich ist, bleibt für Kant die Idee des Staats- und Völkerrechts in jeder politischen Ordnung ein notwendiges kritisches Korrektiv.

Hiermit kritisiert Kant weder die Französische Revolution schlechthin, noch bestreitet er dem Volk das Recht, dem Souverän gegenüber zu fordern, daß dieser nichts fordert, was der Gerechtigkeit widerspricht. Angesichts der Erfahrungen der Französischen Revolution bestreitet er dem Volk nur das Zwangsrecht. Die Abschaffung aller Institutionen der Gesetzgebung und Regierung im Namen der Freiheit kann nur eine neue Herrschaft der Minorität zur Folge haben. Daher verlangt Kant von einer Änderung der Verhältnisse einmal, daß sie bestimmte Mißstände beseitigen will, und zum anderen eine Rechtfertigung durch plausible und öffentlich anerkannte Gründe. Nur durch öffentliche Kritik der Institutionen und der ungerechten Formen der politischen Herrschaft kann der Bürger unmittelbar zur Besserung der bestehenden Zustände und zu einem Fortschritt im Sinne der Vermehrung der Produkte der Legalität beitragen. Die »Freiheit der Feder«, die Förderung der liberalen Denkungsart in und durch die öffentliche Meinung und die Kritik des bestehenden Unrechts sind für Kant nach den Erfahrungen der Französischen Revolution »das einzige Palladium der Volksrechte« (K 6,388), die einzige Form, in der der Bürger *unmittelbar* den Fortschritt der Staaten fördern und zur Verwirklichung der das Recht verwaltenden bürgerlichen Gesellschaft beitragen kann.

Eine Geschichtsphilosophie, die in theoretischer Absicht, wie z. B. bei Schelling und Hegel, über einen absoluten Akteur der Geschichte spekuliert, der den sittlich und politisch Handelnden zum Mittel seiner Zwecke gebraucht, oder eine solche, die in praktischer Absicht ein bestimmtes Subjekt (die Klasse, die Partei, den Führer) unmittelbar zu einer revolutionären oder reaktionären Aktion ermächtigt, stellt nach den Erfahrungen des 19. und 20. Jahrhunderts Kants Ethik und Politik gegenüber wohl kaum einen Fortschritt dar. In der Macht der nicht folgenlosen öffentlichen Kritik sieht Kant das Kennzeichen und die Chance der Moderne:

»Unser Zeitalter ist das eigentliche Zeitalter der Kritik, der sich alles unterwerfen muß. Religion, durch ihre Heiligkeit, und Gesetzgebung, durch ihre Majestät, wollen sich gemeiniglich derselben entziehen. Aber alsdenn erregen sie gerechten Verdacht wider sich und können auf unverstellte Achtung nicht Anspruch machen, die die Vernunft nur demjenigen bewilligt, was ihre freie und öffentliche Prüfung hat aushalten können« (K 3,7).

Auf Grund der Idee des Staats- und Völkerrechts fordert Kant auch eine politische Lösung der zwischenstaatlichen Beziehungen durch Verträge in einer Rechts- und Friedensordnung. Er überläßt die Lösung dieser zwischenstaatlichen Beziehungen nicht dem im Naturzustand herrschenden Recht des Stärkeren wie Hobbes oder dem Weltgeist und seinem Spiel wie Hegel. Der Krieg ist für ihn eine »Geißel des menschlichen Geschlechts«, der »mehr böse Menschen macht, als er deren wegnimmt« und der immer wieder die Bildung einer »Republik freier verbündeter Völker« (K 6,173 Anm.) verhindert. Der Krieg ist für Kant »das größte Hindernis des Moralischen« (K 7,406), »Zerstörer alles Guten« (K 7,404). Es gibt keine Rechtfertigung des Krieges und der »Gewalttätigkeit von seiten der Mächtigen« (K 7,405) durch eine Geschichtsphilosophie:

»Für die Allgewalt der Natur, oder vielmehr ihrer uns unerreichbaren obersten Ursache ist der Mensch ... nur eine Kleinigkeit. Daß ihn aber auch die Herrscher von seiner eigenen Gattung dafür nehmen und als eine solche behandeln, indem sie ihn teils tierisch, als bloßes Werkzeug ihrer Absichten, belasten, teils in ihren Streitigkeiten gegeneinander aufstellen, um sie schlachten zu lassen, – das ist keine Kleinigkeit, sondern Umkehrung des Endzwecks der Schöpfung selbst« (K 7,402).

Die das Recht verwaltende weltbürgerliche Gesellschaft, die in einem durch Gesetze und Verträge geordneten inneren und äußeren Staatenverhältnis allen Bürgern die größtmögliche Freiheit sichert, jene Freiheit, die allein an der gleichberechtigten Freiheit der anderen ihre Grenze hat, ist für Kant jedoch nicht nur eine jedermann unmittelbar in seiner Vernunft einleuchtende und verpflichtende Idee. Sie ist für ihn auch eine in der Geschichte der Menschheit, besonders in und durch die Französische Revolution offenbar gewordene Idee der Menschheit. Darum wendet sich Kant bei seiner Begründung des politischen Handelns der Geschichte zu. Es gibt für Kant freilich keine Gewißheit über den zukünftigen Geschichtsprozeß, keine Garantie des Fortschritts und keine Überzeugung, daß das Spätere immer und notwendig auch schon das Bessere ist. Das Allgemeine, das die menschliche Vernunft in der Geschichte erkennen kann, ist und bleibt für ihn von dem Allgemeinen, das die göttliche Vorsehung erkennt, qualitativ verschieden.[57] Das Geschichtsziel darf und kann zu keiner Zeit und unter keinen Umständen die Verbindlichkeit der Imperative für den Einzelnen und für den Staat außer Kraft setzen. Was erst am Ende der Geschichte erreichbar ist und was nur das Glück des letzten Geschlechts sein kann (z. B. das Wohl der Menschheit, das Glück der Gattung, die klassenlose Gesellschaft), ist für den Einzelnen und für die bestehenden Staaten heute ein ›jenseitiges‹, heteronomes Ziel. Die Menschheit in meiner Person und in der eines jeden anderen darf nie als Mittel zu einem solchen ›jenseitigen‹ und heteronomen Geschichtsziel mißbraucht werden. Mit Berufung auf die Nachwelt darf weder mein Leben noch meine konkrete sittliche und politische Entscheidung aufgehoben werden.

Trotzdem wendet sich Kant der Geschichte zu, um aus der Geschichte der bisherigen und gegenwärtigen Staaten einen Grund zur Hoffnung auf Verbesserung der Verhältnisse zu erkennen. »An irgend eine Erfahrung muß doch die wahrsagende Geschichte des Menschengeschlechts angeknüpft werden« (K 7,396) – wenn man auch aus der Geschichte nur »etwas weniges« (K 4,162) von »Plan und Endabsicht« und leider mehr »planloses Aggregat menschlicher Handlungen« (K 4,164) erkennen kann.

Vor allem aus zwei Gründen kann man nach Kant die begründete Hoffnung haben, daß sich in Zukunft die das Recht verwaltende bürgerliche Gesellschaft und damit der wahre Staat, der die Freiheit, Gleichheit und Selbständigkeit seiner Bürger sichert, besser verwirklichen werden. Vor allem zwei Phänomene deuten auf eine »*Tendenz* des menschlichen Geschlechts im *Ganzen*« und lassen »auf das Fortschreiten zum Besseren als unausbleibliche Folge schließen« (K 7,397):

Ein erstes Phänomen sieht Kant in der Verbesserung der Staatsverfassungen. Schon die gegenwärtigen Verfassungen seien zur Verwirklichung der Freiheit, Gleichheit und Selbständigkeit der Bürger geeigneter als die Verfassungen aller bisherigen Staaten. Wenn auch »aus so krummem Holze, als woraus der Mensch gemacht ist, ... nichts ganz Gerades gezimmert werden« (K 4,158) kann, so kann man doch »einen regelmäßigen Gang der Verbesserung der Staatsverfassung in unserem Weltteile, (der wahrscheinlicherweise allen anderen dereinst Gesetze geben wird), entdecken« (K 4,165). Kant vertritt keine naive Fortschritts- oder Verfallstheorie der Geschichte. Er kritisiert den »Eudämonism« (K 7,394), der in der Geschichte einen moralischen Fortschritt des Menschen sieht. Er kritisiert jedoch auch den »Abderitism«, der in der Geschichte nur die sinnlose Arbeit des Sisyphus und ein »bloßes Possenspiel« (K 7,394–395) zu erkennen glaubt. Kant hat weder, wie z. B. zeitweilig Schelling, unkritisch vom Fortschritt der Menschheit und der Geschichte als »Begriff einer unendlichen Progressivität«[58] geschwärmt noch wie die politische Romantik den »vermeintlichen Fortschritt der Menschheit« einen »leeren Begriff«[59] genannt.

Ein zweites Phänomen, ein »Geschichtszeichen«, das Grund zur Hoffnung gibt, ist die Französische Revolution. Diese hat Kant bis zum Schluß seines Lebens einerseits wegen ihrer weltgeschichtlichen Bedeutung bewundert und bejaht und andererseits wegen ihrer konkreten politischen Konsequenzen als Rechtsmittel kritisiert.[60] Er sieht in ihr die große Begebenheit seiner Zeit, die eine »moralische Tendenz des Menschengeschlechts beweist« (K 7,397). Trotz der Ausschreitungen der Jakobiner und trotz der »wilden Kämpfe ..., indem der Krieg von innen und außen alle bisher bestandene statutarische [Verfassung] zerstört«, deutet Kant die Französische Revolution als eine »Evolution einer naturrechtlichen Verfassung, ... die aber doch dahin führt, zu einer Verfassung hinzustreben, welche nicht kriegssüchtig sein kann, nämlich der republikanischen« (K 7,400).

Selbst wenn gegenwärtig in Frankreich und in Europa die Reform der Verfassungen nicht gelinge und die Stabilität der politischen Ordnungen gefährdet sei, so wird nach Kant doch nimmermehr »alles ins vorige Gleis zurückgebracht« werden, da bei einer zukünftigen Wiederholung der Revolution »dann bei einer für das

Menschengeschlecht so wichtigen Angelegenheit endlich doch zu irgend einer Zeit die beabsichtigte Verfassung diejenige Festigkeit erreichen muß«. »Denn ein solches Phänomen in der Menschengeschichte vergißt sich nicht mehr, weil es eine Anlage und ein Vermögen in der menschlichen Natur zum Besseren aufgedeckt hat, dergleichen kein Politiker aus dem bisherigen Laufe der Dinge herausgeklügelt hätte« (K 7,401).

Kant bejaht damit nicht nur die öffentliche Kritik der rechtlichen und politischen Zustände durch die »Freiheit der Feder«, sondern auch die mit der Französischen Revolution geschichtlich aufgebrochene allgemeine »Evolution« (K 7,406). Er verwahrt sich dagegen, deswegen von »verleumderischen Sykophanten« wegen »Neuerungssucht, Jakobinerei und Rottierung, die dem Staat Gefahr drohe« (K 7,398 Anm.), beschuldigt zu werden. Er ist der Überzeugung, daß die in und durch die Französische Revolution offenbar gewordene allgemeine »Denkungsart der Zuschauer« »einen moralischen Charakter desselben [des Menschengeschlechts im Ganzen] wenigstens in der Anlage beweiset, der das Fortschreiten zum Besseren nicht allein hoffen läßt, sondern selbst schon ein solches ist, so weit das Vermögen desselben für jetzt zureicht« (K 7,397–398).

Der Fortschritt der Legalität ist für Kant eine zwar notwendige, nicht jedoch hinreichende Bedingung für die Verwirklichung eines wirklich freien Lebens der Menschen und der Völker. Wenn Kant auch nicht wie Hegel den Begriff der modernen bürgerlichen Gesellschaft und die »Staatsökonomie..., eine der Wissenschaften, die in neuerer Zeit als ihrem Boden entstanden ist« (R Ph 170), kennt, so weiß er doch um die Kräfte und Tendenzen des Einzelnen und der Gesellschaft, die auch innerhalb der besten Verfassungen und Rechtsordnungen die konkrete Freiheit des Einzelnen und der Staaten gefährden. Der Einzelne wird so lange nicht seine wahre Freiheit, Gleichheit und Selbständigkeit verwirklichen können, als er auf Grund seiner »Ehrsucht, Herrschsucht oder Habsucht« und seiner »ungeselligen Geselligkeit« (K 4,155) allein nach der größtmöglichen Befriedigung seiner eigenen Interessen strebt. Trotz aller Fortschritte des menschlichen Geschlechtes in der »Kultur der Talente, der Geschicklichkeit und des Geschmacks« ist der durch den Egoismus des Einzelnen und den Antagonismus der gesellschaftlichen Gruppen gekennzeichnete Zustand für Kant »gerade der lästigste und gefährlichste für Sittlichkeit sowohl als physisches Wohl: weil die Bedürfnisse viel stärker anwachsen, als die Mittel, sie zu befriedigen« (K 6,416). Kant ist daher weit davon entfernt, im Antagonismus der Leidenschaften, im Kreislauf von Bedürfnis und Befriedigung, von Produktion und Konsumtion ein sittliches, oder auch nur stabilisierendes Moment zu sehen.[61] Die Erfahrungen der Vernunft und der Geschichte würden es Kant auch verbieten, wie Marx von »einer höheren Phase der kommunistischen Gesellschaft«, die den »bürgerlichen Rechtshorizont ganz überschritten« hätte, zu sagen, sie könne »auf ihre Fahnen schreiben: Jeder nach seinen Fähigkeiten, jedem nach seinen Bedürfnissen!«[62]

Auch die Staaten befinden sich nach Kant so lange in einem »chaotischen Zustande«, als sie – trotz aller Fortschritte der Wissenschaften und der Zivilisation und trotz des »betrüglichen Anscheins äußerer Wohlfahrt« (K 4,161) – »durch die Verwendung aller Kräfte der gemeinen Wesen auf Rüstungen gegeneinander, durch die Verwüstungen, die der Krieg anrichtet, noch mehr aber durch die Notwendigkeit, sich beständig in Bereitschaft dazu zu erhalten« (K 4,160), die »innere Bildung der Denkungsart ihrer Bürger unaufhörlich hemmen« (K 4,161). Trotz der Fortschritte der Legalität wird so lange »die menschliche Natur die härtesten Übel« (K 4,161) erdulden, bis der Einzelne, die Gesellschaft und die Staaten die besonders in der Französischen Revolution offenbar gewordene moralische Anlage der Menschheit verwirklicht haben.[63]

Dazu ist für Kant eine Reform der Bildung und Erziehung notwendig, die man in der gegenwärtigen Welt nicht allein dem Einzelnen und den gesellschaftlichen Gruppen überlassen darf. Denn

»das ganze Maschinenwesen dieser Bildung hat keinen Zusammenhang, wenn es nicht nach einem überlegten Plane der obersten Staatsmacht und nach dieser ihrer Absicht entworfen, ins Spiel gesetzt und darin auch immer gleichförmig erhalten wird; wozu wohl gehören möchte, daß der Staat sich von Zeit zu Zeit auch selbst reformiere und, statt Revolution Evolution versuchend, zum Besseren beständig fortschreite. Da es aber doch auch Menschen sind, welche diese Erziehung bewirken sollen, mithin solche, die dazu selbst haben gezogen werden müssen, so ist bei dieser Gebrechlichkeit der menschlichen Natur unter der Zufälligkeit der Umstände, die einen solchen Effekt begünstigen, die Hoffnung ihres Fortschreitens nur in einer Weisheit von oben herab (welche, wenn sie uns unsichtbar ist, Vorsehung heißt) als positiver Bedingung, für das aber, was hierin von Menschen erwartet und gefordert werden kann, bloß negative Weisheit zur Beförderung dieses Zwecks zu erwarten, nämlich daß sie das größte Hindernis des Moralischen, nämlich den Krieg, der diesen immer zurückgängig macht, erstlich nach und nach menschlicher, darauf seltener, endlich als Angriffskrieg ganz schwinden zu lassen sich genötigt sehen werden, um eine Verfassung einzuschlagen, die ihrer Natur nach, ohne sich zu schwächen, auf echte Rechtsprinzipien gegründet, beharrlich zum Bessern fortschreiten kann« (K 7,406).

Kant und Hegel sind der Überzeugung, daß die Philosophie im Zeitalter der Aufklärung und Revolution nur noch dann plausible und verbindliche Ziele des Sittlichen und Politischen sowie Bedingungen und Mittel ihrer Verwirklichung sichtbar machen kann, wenn sie von »der gereiften Urteilskraft des Zeitalters« und dem geschichtlich erreichten »Fortschritt im Bewußtsein der Freiheit« ausgeht. Die geschichtlichen Bedingungen, unter denen sich heute sittliches und politisches Handeln vollzieht, sind andere als um 1800 in Deutschland. Wenn man daher heute wie Kant und Hegel eine praktische Philosophie von dem erreichten Stand der Vernunft und Geschichte aus begründen will, muß man von gegenwärtigen Bedingungen der Praxis ausgehen. Die Forderung und Förderung der kritischen Öffentlichkeit, die Erziehung und Bildung der Bürger, die Schaffung von inner- und zwischenstaatlichen Rechtsordnungen und Verfassungen sind zwar auch heute notwendig, wenn man die von Kant und der Aufklärung formulierten Menschen- und Völkerrechte verwirklichen will. Diese Mittel reichen heute jedoch zur Sicherung und Verwirklichung dieser Rechte nicht mehr aus. Der Staat als sittliches Universum, in dem Hegel auf Grund seiner Interpretation des Christentums und des absoluten Geistes den Ort der Verwirklichung des Sittlichen und Politischen glaubt sehen zu können, ließ, wie er selbst bereits an der Revolution von 1830 erkannte, die geschichtliche Entzweiung unvermittelt und unversöhnt außer sich, an der das konkrete Subjekt und die bürgerliche Gesellschaft litt. Der Prozeß der Aufklärung muß daher über Kant und Hegel hinaus weitergeführt werden, und zwar aus folgenden Gründen:

Das 19. und 20. Jahrhundert hat gezeigt, daß zur Sicherung und Verwirklichung der Menschen- und Völkerrechte andere Bedingungen und Mittel möglich und notwendig sind, als Kant und Hegel annahmen. Es wurde z. B. deutlich, daß die Bewahrung nationaler Traditionen und die Forderung der Souveränität selbständiger Staaten, die sicherlich oft Mittel nationalistischer Machtpolitik waren, auch Mittel zur Sicherung und Schaffung freiheitlicher politischer Institutionen sein können. Die Entwicklung der Industriegesellschaften hat gezeigt, daß bestimmte ökonomische Verhaltensweisen und Institutionen der bürgerlichen Gesellschaft dann zu Unrechtsmitteln werden, wenn diese die illegitime Herrschaft von Menschen über Menschen vergrößern und verfestigen. Die sozialen Bewegungen haben gezeigt, daß die inner- und zwischenstaatlichen Rechtsordnungen dann zu Unrechtsordnungen werden, wenn sie unkontrolliert von den Mächtigen als Instrumente zur Unterdrückung und Ausbeutung mißbraucht werden. Die Psychoanalyse hat gezeigt, daß der Appell an die kritische Vernunft, die Freiheit und Mündigkeit der Einzelnen folgenlos bleibt, wenn eine bestimmte gesellschaftliche Umwelt diese Einzelnen daran hindert, vernünftig, frei und mündig zu sein.

Die Geschichte hat jedoch nicht nur gezeigt, daß und warum heute andere Mittel zur Förderung von Fortschritten und zur Verhinderung von Rückschritten möglich und notwendig sind. Der wissenschaftliche und technische Fortschritt hat auch gezeigt, daß und warum in bestimmten Situationen das, was einstmals Fortschritte befördern konnte, heute diese bedrohen kann. Trotz, ja wegen der wissenschaftlichen Fortschritte der Medizin wächst z. B. die Bevölkerung der Erde in einem solchen Ausmaß, daß Verhaltensweisen, die einst human waren, heute inhuman zu werden drohen. Trotz, ja wegen der wissenschaftlichen und technischen Fortschritte der Wirtschaft wächst der Unterschied zwischen den Reichen und Armen so sehr, daß der Appell an traditionelle Formen humanitärer Hilfe nicht nur ohnmächtig ist, sondern zur Verhinderung wirksamerer Hilfen mißbraucht werden kann. Trotz, ja wegen der wissenschaftlichen und technischen Fortschritte der militärischen Rüstung wächst die Gefahr, daß die Mittel, die einst den totalen Krieg verhindern konnten, so mißbraucht werden können, daß sie heute zu Unrechtsmitteln werden.

Wer heute daher wie Kant und Hegel von dem erreichten Stand der Vernunft und Geschichte aus den Prozeß der Aufklärung weiterführen will, muß mit einer in der Sache selbst liegenden Konsequenz aus den gegenwärtigen Spannungen zwischen den bestehenden wirtschaftlichen, politischen, rechtlichen, sittlichen und religiösen Institutionen und dem kritischen Bewußtsein der Einzelnen und der gesellschaftlichen Gruppen Ziele des Sittlichen und Politischen und Bedingungen und Mittel ihrer Verwirklichung aufweisen. So, und vielleicht nur noch so, kann heute die philosophische Reflexion einen Beitrag zur Förderung von sittlichen und politischen Fortschritten und zur Verhinderung von Rückschritten leisten.

»Daß Könige philosophieren, oder Philosophen Könige würden, ist nicht zu erwarten, aber auch nicht zu wünschen, weil der Besitz der Gewalt das freie Urteil der Vernunft unvermeidlich verdirbt. Daß aber Könige oder königliche (sich selbst nach Gleichheitsgesetzen beherrschende) Völker die Klasse der Philosophen nicht schwinden oder verstummen, sondern öffentlich sprechen lassen, ist beiden zu Beleuchtung ihres Geschäfts unentbehrlich« (K 6,456).

Vorbemerkungen zur kritischen Religionsphilosophie

Das Verhältnis der Theologie und der Kirchen einerseits und der Philosophie und der Gesellschaft andererseits zu Kants Religionsphilosophie war schon zu Kants Lebzeiten, wie z. B. sein Streit mit der Zensurbehörde zeigte[64], sehr gespannt. Die kritische Auseinandersetzung mit dieser Religionsphilosophie gehört bei den Schülern und Nachfolgern Kants, vor allem bei Hegel und Schelling, besonders aber im 19. Jahrhundert zu den Schwerpunkten der Kantdiskussion. Heute sind zwar manche Fragen, z. B. die im 19. Jahrhundert von der Neuscholastik an Kant gestellten Fragen, nur noch historisch interessant. Es fehlt jedoch bisher eine überzeugende Kritik und Weiterentwicklung der von Kant formulierten Ansatzpunkte. Es gibt nicht einmal eine zureichende Darstellung der von Kant analysierten religionsphilosophischen Probleme der Zeit und der von ihm vorgeschlagenen Lösungsversuche dieser Probleme. Um angesichts der bis heute allgemein herrschenden Deutungen von Kants Religionsphilosophie historisch und sachlich angemessen zu erfassen, sind vier Vorbemerkungen zweckmäßig:

1.) Wer Kants Analysen und Lösungsversuche darstellen will, muß alle religionsphilosophischen Schriften und Aussagen Kants berücksichtigen, nicht nur diejenigen, in denen Kant eine transzendentalphilosophische Begründung der Religionsphilosophie versuchte, die ihn am Ende ja selbst nicht befriedigte. Es gibt bei Kant keine abschließende und verbindliche Gestalt einer Religionsphilosophie, die transzendentalphilosophisch begründet wäre. Ja, Kant sieht und erörtert viele religionsphilosophische Fragen, die im strengen Sinne transzendentalphilosophisch weder gestellt noch gelöst werden können.

2.) Kant gebraucht in seinen religionsphilosophischen Schriften und Reflexionen die in der damaligen wissenschaftlichen Diskussion und im gewöhnlichen Sprachgebrauch üblichen Begriffe: »natürliche Religion« (K 7,318; KA 23,440), »reiner Vernunftglaube« (K 7,319), »reine Vernunftlehre der Religion« (K 7,318), und er unterscheidet zwischen »Kirchenglauben« und »reinem Religionsglauben« (K 7,361), zwischen »biblischer Theologie« und »philosophischer Theologie«, obwohl er ausdrücklich betont, daß dieser Sprachgebrauch »nicht präzis« (K 7,361 Anm.) sei. Die Sache, die Kant erörtert, kann daher auch nicht zureichend von dem aus sichtbar gemacht werden, was diese Begriffe in der wissenschaftlichen Diskussion des 17. und 18. Jahrhunderts und in dem damaligen »gewöhnlichen Redegebrauch« (K 7,361 Anm.) bedeuteten. Im folgenden verwenden wir im allgemeinen zur Bezeichnung von Kants Religionsphilosophie den Begriff »philosophische Theologie«.

3.) Bevor man Kants Religionsphilosophie als eine illegitime Säkularisierung des Christentums und besonders als Reduktion des Christentums auf Ethikotheologie oder allgemein auf Ethik und Moral interpretiert, sollte man zwei Unterscheidungen berücksichtigen, die Kant selbst wiederholt ausdrücklich gemacht hat. Er unterscheidet seine Religionsphilosophie als »philosophische Theologie« a) von seiner praktischen Philosophie, b) von der christlichen Offenbarungsreligion und der »biblischen Theologie«.

a) In der ›Vorrede‹ zur zweiten Auflage der ›Religion innerhalb der Grenzen der bloßen Vernunft‹ wendet sich Kant ausdrücklich gegen den Vorwurf eines Kritikers, der behauptet hatte, Kants Religionsphilosophie setze seine Transzendentalphilosophie bzw. seine transzendentalphilosophische Ethik voraus und sei ohne diese gegenstandslos. Kant erklärt, »die Sache selbst« sei durchaus ohne seine transzendentalphilosophische Begründung der Moral verständlich. Was seine Religionsphilosophie voraussetze, sei in der »gemeinen Moral« und »in der populärsten Kinderunterweisung oder Predigt, wenngleich mit anderen Worten, enthalten und leicht verständlich«.[65] Nicht die Formulierung oder gar Schaffung eines neuen Religionsbegriffs, sondern die Diagnose und Lösung einer bestimmten geschichtlichen Aporie der überlieferten christlichen Religion war Kants Ziel.

Im letzten Satz der ›Metaphysik der Sitten‹ unterscheidet Kant seine »philosophische Theologie« von seiner praktischen Philosophie als Moral und Ethik so: »Man sieht hieraus: daß in der Ethik, als reiner praktischer Philosophie der inneren Gesetzgebung, nur die moralischen Verhältnisse des Menschen gegen den Menschen für uns begreiflich sind: was aber zwischen Gott und den Menschen hierüber für ein Verhältnis obwalte, die Grenzen derselben gänzlich übersteigt und uns schlechterdings unbegreiflich ist; wodurch dann bestätigt wird, was oben behauptet ward: daß die Ethik sich nicht über die Grenzen der wechselseitigen Menschenpflichten erweitern könne« (K 7,307). Wenn man die praktische Philosophie wie Kant selbst als Politik, Rechts- und Staatslehre versteht, so ist die Unterscheidung zur »philosophischen Theologie« noch deutlicher: der Gegenstand der Politik, der Rechts- und Staatslehre ist das Recht, der bürgerliche, politische Rechtszustand, der mit seinen »Zwangsgesetzen« nicht der Unterdrückung, sondern allein der »Verhinderung eines Hindernisses der Freiheit« (KA 6,231) dient. Hier wird der Gegenstand der praktischen Philosophie: die »wechselseitigen Menschenpflichten« noch mehr eingeengt. »Die Relation der Handlungen, welche Zwangsgesetzen unterworfen sind, ist nicht die des Bürgers auf sich selbst oder auf Gott, sondern bloß auf andere Mitbürger« (KA 11,10). Kant unterscheidet also, wie wir bereits oben gesehen haben, ausdrücklich die Frage nach dem »praktischen Gut« des Menschen und der Menschheit, das heißt nach dem Gut, das durch das Handeln des Menschen verwirklicht werden kann und soll, von der Frage nach Gott und dem »höchsten Gut«, auf das der Mensch hoffen darf.

b) Kant unterscheidet ferner seine »philosophische Theologie« von der christlichen Offenbarungsreligion hinsichtlich ihrer sachlichen und geschichtlichen Voraussetzungen, und er unterscheidet demnach das »Geschäft« (d. h. die wissenschaftliche Methode und den Gegenstand) der »philosophischen Theologie« von dem der »biblischen Theologie«. In der ›Metaphysik der Sitten‹ schreibt er: Die »philosophische Theologie« sagt, was die Vernunft auf Grund der »unmittelbar (oder mittelbar) in der Erfahrung gegebenen« Voraussetzungen und auf Grund der »auf Geschichts- und Offenbarungswahrheiten gegründeten« »vorliegenden Geschichte« als vernünftigen, d. h. allgemein erkennbaren und anerkennbaren Gehalt formulieren kann. Sie kann und darf sich als »philosophische Theologie« nicht auf das Materiale der »Geschichts- und Offenbarungslehren« einlassen; sie kann nur entfalten »die Übereinstimmung der reinen praktischen Vernunft« mit den »Geschichts- und Offenbarungslehren«, das, was jenen »nicht widerstreitet« (K 7,304).

4.) Kant hat nicht wie die Kirchen und die Theologie im 20. Jahrhundert, die von einem religionslosen Christentum sprechen, Religion und Christentum einander entgegengesetzt, und er steht daher auch nicht wie diese Kirchen und diese Theologie vor dem Problem, die fixierten Alternativen zwischen beiden wieder aufheben zu müssen. Den Versuch der Deisten, einen allgemeinen Religionsbegriff im Unterschied oder im Gegensatz zum Christentum zu formulieren, kritisiert Kant vielmehr.[66] Denjenigen Religionsbegriff, den er auf seinem transzendentalphilosophischen Standpunkt zu entwickeln versucht und der – wie sein Begriff von Transzendentalphilosophie überhaupt – in den drei ›Kritiken‹ und im

Spätwerk verschieden ist[67], unterscheidet er zwar von den »Geschichts- und Offenbarungslehren« des Christentums und von dem Religionsbegriff, den die zeitgenössische Theologie und die Kirchen verwenden. Er formuliert ihn jedoch nie alternativ zum Christentum. Wo Kant von der Religion, ihrer Lehre und ihrer kirchlichen, gesellschaftlichen und politischen Praxis spricht, meint er der Sache nach durchweg die konkrete Religion, die ihm und seiner Zeit zum Problem geworden war, d. h. er spricht von der christlichen Religion. Die Spannung zwischen dem Christentum und der Moderne ist der Ausgangspunkt der kritischen Religionsphilosophie Kants.

Das Verhältnis von Staat und Religion

Die Forderung und Förderung der Gewissens- und Religionsfreiheit für den Einzelnen und für die in den Kirchen institutionalisierten Religionsgemeinschaften gegenüber dem modernen Staat sowie die grundsätzliche Klärung des Verhältnisses des souveränen Staates zur Religion, ihrer Lehre und ihren Institutionen, gehören für die Aufklärung und für Kant zu den ungelösten Problemen der Zeit. Nach dem Zusammenbruch des mittelalterlichen corpus catholicum und der Entstehung der Nationalstaaten und nach der Reformation, in der an die Stelle der einen universalen ecclesia verschiedene Kirchen getreten waren, stellte sich dieses Problem zum erstenmal. Nach der Französischen Revolution und nach der Ausbildung der modernen bürgerlichen Gesellschaft verschärfte sich die Spannung zwischen Staat und Religion. Angesichts des Wandels der Souveränität moderner Staaten und der Bildung neuer Staatenverbindungen und angesichts der wissenschaftlich und technisch entwickelten Gesellschaft sowie des Wandels des Selbstverständnisses der Kirchen in der einen sich realisierenden Welt muß man heute nicht nur nach dem Verhältnis von Staat und Religion, sondern auch nach dem von Gesellschaft und Religion fragen.

Hobbes, Locke, Rousseau und andere versuchten, in ihren von einem vorstaatlichen bzw. vorgesellschaftlichen Naturzustand des

Menschen ausgehenden Konstruktionen des souveränen Staates die Aufgabe und Funktion der Religion in diesen Staatsgebilden zu bestimmen. Ihre Versuche, die im allgemeinen die Religion auf die ideologische Funktion beschränken, den Gesetzen größere Verbindlichkeit zu verleihen, konnten jedoch nicht befriedigen. Die Ideologisierung der Religion in den Staats- und Naturrechtstheorien sowie die enge Bindung der Kirchen an die traditionellen Formen der gesellschaftlichen und politischen Macht führten schon im 18. Jahrhundert zu einer Differenzierung des Kirchenbegriffs, aber auch zu verschiedenen Formen der totalen Kritik der Religion und der Kirchen.

Die ersten Versuche zur Sicherung der Gewissens- und Religionsfreiheit in der vorrevolutionären Gesellschaft in Deutschland setzen noch die durch das Christentum und seine religiösen und kirchlichen Institutionen integrierte Gesellschaft voraus. 1624 begegnet der Begriff Gewissensfreiheit (conscientia libera) zum erstenmal in einer Verfassung.[68] Das Recht auf Gewissensfreiheit konnte in einem politischen System, das durch den Grundsatz cuius regio eius religio bestimmt war, jedoch lediglich bedeuten, daß derjenige, der mit der öffentlich anerkannten Konfession nicht übereinstimmt, das Recht zur privaten Hausandacht bzw. zur Auswanderung in ein anderes Land hat. Das Recht auf Religionsfreiheit konnte anfänglich unmittelbar nur die Freiheit religiöser Gemeinschaften und Korporationen gegen die Übergriffe des souveränen Staates und so nur mittelbar die religiöse Freiheit des Einzelnen sichern. Für ›Atheisten‹ – bzw. für die, die man damals dafür hielt – gab es keine Rechtssicherung. Wo die societas civilis noch nicht dem Staat entgegengesetzt ist, wo beide noch durch die christliche Religion geprägt sind, da bleibt das Recht auf Gewissens- und Religionsfreiheit für den Einzelnen nur ein beschränktes Recht.

Nach der Französischen Revolution verschärft sich die Spannung zwischen den modernen souveränen Staaten und der Religion. Der jetzt auftretende Konflikt zwischen dem Staat und der Gesellschaft und die Differenzierung der Gesellschaft führten nicht nur zu einer Veränderung des Staates, sondern auch zu einer Veränderung seines Verhältnisses zur Religion. Die neue Gesellschaft, die sich vor allem durch die wissenschaftlichen, technischen und industriellen Neuerungen zunächst in Europa und dann auch darüber hinaus ausbildet, erweist sich heute als eine Pluralität von verschiedenen religiösen, sozialen und politischen Gruppen. Diese Gesellschaft ist nicht mehr durch das Christentum, erst recht nicht mehr durch religiöse Institutionen integriert. Der unmittelbare Einfluß und die Integrationskraft der Kirchen wird auch bei den Christen selbst geringer. Der Konflikt zwischen der kritischen Subjektivität und den überlieferten Institutionen zwingt nicht nur die rechtlichen und politischen, sondern auch die religiösen Institutionen zu neuen Formen der Institutionalisierung, wenn sie für den Einzelnen glaubwürdig sein wollen.

Diese Aporie führt nach der Französischen Revolution und nach der Ausbildung der modernen Gesellschaft zu verschiedenen Lösungsversuchen des Verhältnisses von Staat und Religion. Zwei Denkmodelle bestimmen vor allem die Diskussion über das Verhältnis von Staat und Religion nach der Französischen Revolution. Beide lassen sich vereinfacht so kennzeichnen:

Nach dem ersten Modell ist der moderne Staat für die Religion und die Moral seiner Bürger prinzipiell nicht zuständig. Ausgangspunkt der politischen Entscheidungen des Staates sollen allein die in den Grundrechten formulierten Menschenrechte sein. Diese hat der Staat als formale Rechtsprinzipien anzuerkennen. Dieses Modell geht davon aus, daß der Staat als ein politisches System zur Sicherung formaler Rechtsprinzipien ein von seinen in Europa vorgegebenen geschichtlichen Voraussetzungen ablösbares und auch auf andere geschichtliche und soziale Verhältnisse übertragbares System ist. Der so gedachte Staat überläßt die Entscheidung der Fragen der Religion und der Moral dem Einzelnen und den gesellschaftlichen Gruppen. Er übernimmt lediglich eine gewisse Schutzfunktion gegenüber der Religion und Moral des Einzelnen und der einzelnen Gruppen unter der Bedingung, daß diese nicht die Religion und die Moral anderer beeinträchtigen. Der für die Religion und Moral seiner Bürger inkompetente Staat kann nach diesem Modell die Gefahr, daß die von ihm freigesetzte Religion und Moral zerfällt und bedeutungslos wird, nicht verhindern, obwohl auch er als ein politisches System zur Sicherung der formalen Rechtsprinzipien auf die gelebte Sittlichkeit seiner Bürger angewiesen ist. Er kann also die in der Gesellschaft lebendige Religion und Moral und die Kirchen als Substanzvermittler nicht mit den ihm als Staat zur Verfügung stehenden Mitteln vor dem Zerfall sichern. Er kann auch nicht verhindern, daß sich die Gesellschaft lediglich als ein System der egoistischen Bedürfnisse und partikularen Interessen etabliert, daß sie geschichtslos oder anarchisch wird, ja daß sie sich zum Beispiel im Marxismus und im Faschismus neue Ideologien und ›Weltanschauungen‹ schafft, die z. T. die erklärte Absicht haben, den Staat lediglich als Mittel des Klassenkampfes zu gebrauchen, ihn aufzuheben oder ihn zu totalisieren. Er kann als prinzipiell religions- und moralloser Staat nicht die sittliche und damit mittelbar die politische Substanz sichern, die zu seinem eigenen Bestehen notwendig ist.

Den hier angedeuteten Gefahren und Problemen, die zum erstenmal in und nach der Französischen Revolution deutlich wurden, glaubt das zweite Modell dadurch begegnen zu können, daß es im Gegensatz zu Theorien der Aufklärung und des frühen Liberalismus eine neue metaphysische oder theologische Begründung des Staates und die Überwindung des bloß ›mechanischen‹[69] oder ›bloß bürgerlichen‹ Staates fordert. Für dieses Modell ist der Staat im Grunde kein Problem der praktischen Philosophie und des sittlichen und politischen Handelns, sondern ein Problem der Metaphysik, der Theologie.

Ein Beispiel für dieses Staatsmodell bilden die Staatstheorien Schellings. Schelling kritisiert zunächst mit der bei Herder und in der politischen Romantik beliebten Metapher den modernen Staat als ein unorganisches und mechanisches System und als bloße Maschine und plädiert für das Absterben des Staates zugunsten einer ästhetisch, metaphysisch oder religiös interpretierten objektiven Totalität. Nur durch Versöhnung mit dem Absoluten ist für Schelling nach der Französischen Revolution die Entzweiung des Einzelnen und der Gesellschaft zu überwinden: »Nachdem alle endlichen Formen zerschlagen sind, ... kann es nur die Anschauung der absoluten Identität in der vollkommensten objektiven Totalität sein, die sie [die Menschen] aufs Neue und in der letzten Ausbildung zur Religion auf ewig vereinigt«.[70] Der späte Schelling toleriert den empirischen Staat als ein notwendiges Übel und als »eine Folge des auf der Menschheit ruhenden Fluchs... Der wahre Staat setzt einen Himmel auf Erden voraus, die wahre Politeia ist nur im Himmel« (a.a.O. 7, 461–462).

Daß eine metaphysische und theologische Begründung des Staates reaktionäre, ja totalitäre Konsequenzen haben kann, konnte so lange nicht deutlich werden, als der konkrete Staat noch von einer sittlichen, rechtlichen und politischen Substanz her lebte, die heute in der industriell entwickelten Gesellschaft in dieser Form sicherlich nicht mehr gegeben ist. Wo die sittliche, rechtliche und politische Substanz schwindet, scheint die Gefahr einer unmittelbaren Applizierung philosophischer Theorien auf eine revolutionäre bzw. reaktionäre Praxis unausweichlich zu sein.

Vor dem Hindergrund der in diesen beiden Modellen vorgeschlagenen Versuche, die Spannung zwischen dem modernen Staat und der Religion zu lösen, wird Kants Lösungsversuch in den neunziger Jahren deutlich. Kant plädiert weder für einen Staat, der für die Religion und Moral seiner Bürger nicht zuständig ist, noch für einen Staat, der in einem ästhetisch, metaphysisch und religiös gedeuteten Absoluten begründet ist. Er bejaht den durch die Aufklärung erreichten Fortschritt: die institutionelle Trennung der Aufgaben und Funktionen von Staat und Religion, und er fordert einen unparteiischen Gerichtshof, der in einem Konflikt zwischen Staat und Religion die legitimen Interessen beider bestimmt und vertritt.

Die Diskussion des Verhältnisses von Staat und Religion wird für Kant in dem Augenblick besonders dringlich, als er 1794 durch die Veröffentlichung des zweiten Stückes seiner ›Religion innerhalb der Grenzen der bloßen Vernunft‹ in Konflikt gerät mit der auf Grund des Wöllnerschen Religionsediktes unter Friedrich Wilhelm II. errichteten Zensurbehörde. Da »seit einiger Zeit das Interesse der biblischen Theologen als solcher zum Staatsinteresse geworden«[71] war, sah er sich veranlaßt, zu diesem Problem grundsätzlich Stellung zu nehmen.

Kant geht bei seinen Überlegungen über den Staat aus von dem in der Gegenwart manifest gewordenen und geschichtlich ungelösten Konflikt zwischen den herrschenden und geltenden rechtlichen und politischen Institutionen und den den Menschen in ihrem Handeln und in ihrer praktischen Vernunft einleuchtenden und sie verpflichtenden Imperativen des sittlichen und politischen Handelns, die die geschichtliche Verwirklichung der das Recht verwaltenden bürgerlichen Gesellschaft zum Ziel haben. Kant begründet den Staat als politischen Rechtsstaat weder wie die mittelalterlichen Theorien von einer vorstaatlichen, durch das Christentum begründeten und integrierten Lebensgemeinschaft aus noch wie die modernen Staats- und Naturrechtstheorien von einem vorstaatlichen bzw. vorgesellschaftlichen Naturstand des Menschen aus, der allein durch natürliche Bedürfnisse und Interessen definiert ist. Seine Überlegungen über das Verhältnis von Staat und Religion lassen sich so zusammenfassen:

Wenn man den modernen Staat als politischen Rechtsstaat begreifen und bejahen will und wenn man nicht in die »Zeit der Scholastiker« und die »Zeit des Galilei« (a.a.O. XCV) zurückfallen will, so muß der Staat aus politischen und aus theologischen Gründen die Religionsfreiheit für den Einzelnen und für die Religionsgemeinschaften sichern und zugleich seine Aufgaben von denen der Religion unterscheiden. Kant glaubte 1784 in dem Preußen Friedrichs II. die Chance zu einer allmählichen Aufklärung des Publikums und zu einer »besseren Einrichtung des Religions- und Kirchenwesens« (K 4,172) zu erkennen:

»Ein Fürst, der es seiner nicht unwürdig findet zu sagen, daß er es für Pflicht halte, in Religionsdingen den Menschen nichts vorzuschreiben, sondern ihnen darin voll Freiheit zu lassen, der also selbst den hochmütigen Namen der Toleranz von sich ablehnt, ist selbst aufgeklärt und verdient von der dankbaren Welt und Nachwelt als derjenige gepriesen zu werden, der zuerst das menschliche Geschlecht der Unmündigkeit, wenigstens von Seiten der Regierung, entschlug und jedem freiließ, sich in allem, was Gewissensangelegenheit ist, seiner eigenen Vernunft zu bedienen« (K 4,174–175).

Obwohl der Staat für Kant ein legitimes Interesse an der Religion seiner Bürger, ja als politischer Rechtsstaat sogar die Pflicht zum Schutz der Religionsfreiheit hat, kann er mit den ihm zur Verfügung stehenden Zwangsgesetzen nur den willkürlichen Gebrauch der Freiheit der Religionsanhänger einschränken. Er kann jedoch nicht über die Religion seiner Bürger inhaltliche Entscheidungen fällen, da er als Staat »kein Erkenntnis, sondern nur das Recht und sogar die Verbindlichkeit [hat], die Freyheit eines jeden in Bearbeitung seiner Wissenschaft von Anderen ungeschmälert zu erhalten und sie also unter einander ihre Sachen selbst ausfechten lässt«. Bei einem Streit über Religionsfragen hat der Staat lediglich den Rückfall in den »Naturzustand«[72] zu verhindern. Kant bejaht damit die grundsätzliche Trennung von Staat und Religion.

Die Entwicklung Preußens in den neunziger Jahren bedeutet für ihn daher einen Rückschritt. Es ist für Kant ein verhängnisvoller Irrtum, wenn »man glaubt, daß er [der Staat] auch für die Seligkeit (nicht blos das Erdenglück) der Unterthanen Sorge tragen müsse« oder gar »sich selbst vermittelst der Kirche... stützen« (a.a.O. XCVI) dürfe. Der Staat, der wahrhaft für das Erdenglück seiner Bürger Sorge trägt, muß sich darauf beschränken, das Recht des Menschen, auch sein Recht auf Religions- und Gewissensfreiheit, zu sichern. Der wahre Zweck des Staates ist für Kant mehr als die Befriedigung der Interessen und Bedürfnisse des Bürgers in einem »Not- und Verstandesstaat«, er ist die Verwirklichung der in der Vernunft begründeten und in der Französischen Revolution offenbar gewordenen Rechte und Pflichten. Der Staat ist daher für Kant auch mehr als ein notwendiges Übel, das nur wegen der Sündhaftigkeit der Menschen oder wegen der Anarchie der Interessen der Einzelnen und der gesellschaftlichen Gruppen gebildet wurde. Er ist für ihn auch kein Instrument der jeweils herrschenden Klasse. Ein Staat, der lediglich den »Genuß der Lebensannehmlichkeit« (K 7,399 Anm.) sichert und »Rücksicht auf Wohlbefinden« seiner Bürger nimmt, ist für Kant kein dem Wesen des Menschen gemäßer Staat: »Ein mit Freiheit begabtes Wesen kann und soll... im Bewußtsein dieses seines Vorzuges vor dem vernunftlosen Tier... keine andere Regierung für das Volk, wozu es gehört, verlangen, als eine solche, in welcher dieses mit gesetzgebend ist: d. i. das Recht der Menschen, welche gehorchen sollen, muß notwendig vor aller Rücksicht auf Wohlbefinden vorhergehen, und dieses ist ein Heiligtum, das über allen Preis (der Nützlichkeit) erhaben ist, und welches keine Regierung, so wohltätig sie auch immer sein mag, antasten darf« (K 7,400 Anm.). Zu den von einem Staat zu respektierenden Rechten des Menschen gehört für Kant auch der »freye Glaube« (K 9,139), die öffentliche Diskussion der überlieferten Religion, ihrer Lehren und ihrer Institutionen, und der öffentliche und freie Gebrauch der Vernunft »in allen Stücken« (K 4,170).

Die prinzipielle Trennung von Staat und Religion bedeutet für Kant jedoch nicht, daß der Staat als ein ›säkularisierter‹ Staat die von ihm freigegebene Religion der Beliebigkeit und dem Zerfall preisgeben soll. Wenn der Staat auch nicht mit seinen Mitteln einen Konflikt zwischen Staat und Religion lösen kann und lösen darf, so hat er doch ein legitimes und notwendiges Interesse daran, ja die Pflicht, daß dieser Konflikt in vernünftiger Weise vor einem kompetenten Gerichtshof entschieden wird. Es ist für Kants Vertrauen in die Vernunft und in die Aufklärung kennzeichnend, daß er der Universität bzw. den zuständigen Fakultäten als einer unabhängigen »dritten Autorität«[73] »die Competenz des Gerichtshofes« (a.a.O. XCVI) in einem Konflikt zwischen Staat und Religion zuspricht und zutraut. Nicht durch Aufhebung der Religion, sondern durch Erkenntnis ihres vernünftigen und glaubwürdigen Wahrheitsgehaltes versucht Kant damit, die Auseinandersetzung zwischen dem modernen Staat und der Religion zu lösen und die Substanz der Religion gegenwärtig zu halten. Vor dem Gerichtshof der Universität bzw. der Fakultäten hat der »biblische Theologe«, der nach Kant nicht nur für das Seelenheil seiner Gemeinde, sondern als Gelehrter auch für die Wissenschaften und für das Wohl der Gesellschaft verantwortlich ist, im Gespräch und im Streit mit der Philosophie und den anderen Wissenschaften seinen Glauben glaubwürdig auszulegen und so auf seine Weise der »besseren Einrichtung des Religions- und Kirchenwesens« zu dienen. Der »biblische Theologe« kann und darf jedoch bei einem solchen Gespräch und bei einem solchen Streit nicht verpflichtet werden, seinen geschichtlich in der Bibel und in der Überlieferung begründeten Offenbarungsglauben rational zu begründen.

Für Kant ist damit einerseits die prinzipielle Trennung von Staat und Religion notwendig, »um nicht der vermeynten Sicherheit halber die allgemeine bürgerliche Freyheit auszurotten« (a.a.O. C). Andererseits jedoch eröffnet diese Trennung sowohl dem

Staat als auch der Religion die Chance, sich selbst, ihre Voraussetzungen und ihre wahren ›Geschäfte‹ besser zu begreifen und zu betreiben. Kant bedauert daher nicht wie Rousseau und in ähnlicher Weise der junge Hegel den Untergang der antiken Republik wegen der in ihr verwirklichten Einheit von Staat und Religion. Er braucht auch nicht wie Rousseau bei seiner Staatskonstruktion einerseits das Christentum als eine antipolitische Religion abzulehnen, weil sie den Staatsbürger durch den Verweis aufs Jenseits politisch untüchtig mache, und andererseits aus ideologischen Gründen eine religion civile zu konstruieren, um den Staatsbürger besser und wirksamer in den Staat integrieren zu können.

Kant lebte noch in einer relativ ungebrochenen Tradition. Schon die folgende Generation suchte in der seit der Französischen Revolution sich ausbildenden modernen Gesellschaft andere Lösungen. Für Hegel z. B. gehört – wie wir sehen werden – zu den ungelösten Problemen der Zeit nicht in erster Linie die Trennung von Staat und Religion, sondern die Frage, wie angesichts des Bruchs der Gesellschaft mit der religiösen Überlieferung im Staat die religiöse Substanz der Kirchen und Gemeinden verwirklicht werden kann. Nach dem Zerfall der Theologie, den er glaubt feststellen zu müssen, können für ihn nicht mehr wie für Kant die Universitäten und interdisziplinäre Gespräche der Wissenschaften die Streitfragen zwischen Staat und Religion entscheiden. Wo heute die Gesellschaft industriell entwickelt ist, geht es bei der Erörterung des Verhältnisses von Staat und Religion vor allem darum, wie der Rechtsstaat die religiöse Freiheit des Einzelnen und der einzelnen Gruppen vor dem Zerfall sichern kann und welchen Beitrag die Einzelnen und die Kirchen als religiöse Institutionen von ihren spezifischen Voraussetzungen aus für die Verwirklichung der Freiheit innerhalb der Gesellschaft und des Staates leisten können.[74]

Die Kritik der zeitgenössischen Theologie und Philosophie,
die Bibelhermeneutik und die Unterscheidung
zwischen »biblischer« und »philosophischer Theologie«

Kants Kritik der zeitgenössischen Theologie richtet sich ebenso wie die Kritik dieser Theologie von Lessing und Hamann vor allem gegen die lutherische Orthodoxie und den Pietismus. Beide Richtungen unterscheiden sich zwar in ihrer Lehre und in ihrem Kirchenverständnis, ja sie befehden einander. Für Lessing, Hamann und Kant geben beide aber keine befriedigenden Antworten auf die ungelösten Fragen der Zeit. Die Orthodoxie überzeugt Kant nicht, weil sie die überlieferte Gestalt des Christentums nur gegen die neue Zeit verteidigt und ihr entgegensetzt. Der Pietismus überzeugt ihn nicht, weil er sowohl gegen die traditionelle Gestalt des Christentums als auch gegen die in der Zeit herrschenden Institutionen und gegen die neuen Wissenschaften unmittelbar aus der Innerlichkeit bzw. durch direkten Rückgriff auf das Urchristentum Neues schaffen will.

Kant kritisiert daher die eine Richtung als »seelenlosen Orthodoxism«, die andere als »vernunfttötenden Mystizism« (K 7,371). Orthodoxisten und Pietisten ist nach Kant trotz aller Unterschiede gemeinsam, daß sie auf Grund ihrer »Meinung von der Hinlänglichkeit des Kirchenglaubens zur Religion ... die natürlichen Grundsätze der Sittlichkeit zur Nebensache« (K 7,372) machen. Diejenige Theologie, die sich jedoch allein auf den Raum der Kirche beschränkt und die ›natürlichen‹ und ›weltlichen‹ Beziehungen, die Beziehungen des Menschen zur Gesellschaft und zum Staat, außer sich läßt bzw. zur »Nebensache« macht, kann nach Kant keine überzeugende Antwort auf die Fragen geben, die auch der Christ in einer nicht allein durch die Kirchen integrierten Gesellschaft stellt.

Die zeitgenössische Theologie ist nach Kant ferner nicht so orthodox, wie sie zu sein wähnt. Sie ist vielmehr – wenn auch in verschiedener Weise – angesteckt »von dem verschrieenen Freiheitsgeist der Vernunft und Philosophie«. Sie vermengt unkritisch das »Geschäft« der »biblischen« und »philosophischen Theologie« und ist damit »allen Gefahren der Anarchie ausgesetzt« (K 7,334). In dem »Spener-Franckischen« und dem »Mährisch-Zinzendorfschen Sektenunterschied« sieht Kant z. B. die »in neueren Zeiten allererst recht zur Sprache« gekommenen »zwei Sekten des Gefühls übernatürlicher Einflüsse: die eine, wo das Gefühl als von herzzermalmender (zerknirschender), die andere, wo es von herzzerschmelzender (in die selige Gemeinschaft mit Gott sich auflösender) Art sein müsse« (K 7,366–367). Der Pietismus enthält für Kant ein legitimes kritisches Moment gegen die erstarrte Orthodoxie. Beiden Sekten wirft er jedoch vor »die phantastische und bei allem Schein der Demut stolze Anmaßung sich als übernatürlich-begünstigte Kinder des Himmels auszuzeichnen, wenngleich ihr Wandel, so viel man sehen kann, vor dem der von ihnen so benannten Weltkinder in der Moralität nicht den mindesten Vorzug zeigt« (K 7,369 Anm.). Da der Pietist die ganze Religion in subjektive Empfindungen, Gefühle und übernatürliche Erfahrungen auflöse und alles, was nicht in der unmittelbaren Empfindung gegeben sei, für ein Nichts halte, löse er am Ende sowohl die Religion als auch die Sittlichkeit auf.

Die Bibelhermeneutik, d. h. die Applikation der in der Bibel geoffenbarten Wahrheiten für die jeweilige Gegenwart, gehört von Anfang an, spätestens jedoch seit der Kanonbildung zur Hauptaufgabe der Theologie und der Kirchen. Die jeweils herrschenden philosophischen und politischen Vorstellungen der Zeit haben hierbei selbstverständlich einen entscheidenden Einfluß gehabt. Die griechische Metaphysik und die römische Reichsidee führten z. B. in der frühchristlichen Theologie und im Mittelalter zu Auslegungen der biblischen Wahrheiten, die von manchen Vorstellungen der Bibel recht verschieden waren.

Seit dem 17. und 18. Jahrhundert wird das Problem der Bibelhermeneutik jedoch durch die Anwendung der historisch-kritischen Wissenschaft und ihrer Methode auf die Bibel in einer für die Theologie bis heute ungelösten Weise verschärft. Sowohl die totale Religionskritik als auch die unvermittelte Apologie der Religion bedienen sich der historisch-kritischen Wissenschaft, um das in der Moderne nicht mehr selbstverständliche Christentum von seinem Grundtext, der Bibel, aus entweder zu kompromittieren oder neu zu begründen. Die totale Religionskritik versucht das Christentum dadurch zu kompromittieren, daß sie seinen Grundtext, die Bibel, historisch-kritisch so total in den geistigen und geschichtlichen Kontext der orientalischen Welt einordnet, daß eine Applikation der Bibel für die moderne Welt unmöglich und sinnlos ist. Aber auch eine kurzschlüssige Apologie, die sich unreflektiert und unkritisch auf die Voraussetzungen des Gegners einläßt, vermag die Bibel und das Christentum nicht glaubwürdig zu interpretieren. Wer davon ausgeht, daß das Christentum nur dann zu verteidigen ist, wenn sein Grundtext, die Bibel, mit der Methode der historisch-kritischen Wissenschaft verifiziert werden kann, hat die Bibel zu einer »wächsernen Nase«[75] gemacht. Dies haben schon Lessing, Kant und Hegel in aller Deutlichkeit gesehen und ausgesprochen.

Die besondere Aporie der Theologie in der zweiten Hälfte des 18. Jahrhunderts in Deutschland angesichts des Hermeneutikproblems ist vereinfacht diese: Die lutherische Orthodoxie (z. B. Goeze) lehnt, wie schon bei der Darstellung von Lessings Kritik der Orthodoxie gezeigt wurde, die Anwendung der historisch-kritischen Methode auf biblische Texte schlechthin ab. Die inkonsequente Neologie und der konsequentere Deismus (z. B. Reimarus) dagegen erklären alle diejenigen biblischen Aussagen, die nicht mit dem Methoden- und Wirklichkeitsbegriff der historisch-kritischen Wissenschaft verifizierbar sind, für Theoreme, die man entmythologisieren müsse. Sie erklären die biblischen Aussagen für Mythen und Sagen des unkritischen Bewußtseins, für Priesterbetrug und anderes. Maßstab der Entmythologisierung ist hierbei für sie der zeitgenössische Wissenschaftsbegriff.

Kants Beitrag zur Hermeneutikdiskussion wird vor dem Hintergrund der zeitgenössischen Diskussion besonders deutlich. Geeignete Vergleichspositionen sind die verschiedenen Beiträge von Lessing, Herder und Hamann, die in einem zentralen Punkt alle übereinstimmen: Sie weisen sowohl die kurzschlüssige Ablehnung der historisch-kritischen Wissenschaft durch die Orthodoxie als auch ihre unkritische Anwendung durch die Neologie und den Deismus zurück. Ihre eigenen Lösungsversuche lassen sich so kennzeichnen:

Lessing zeigt in dem Denkmodell seiner ›Erziehung des Menschengeschlechts‹, was möglicherweise jetzt und in Zukunft von der kritischen Subjektivität als glaubwürdige Auskunft der in der Bibel bezeugten und noch heute von vielen geglaubten Offenbarungswahrheiten erkannt und anerkannt werden kann. Das Denkmodell vermeidet so nach Lessings Selbstverständnis die Alternativen der zeitgenössischen Hermeneutikdiskussion: Es objektiviert nicht den Buchstaben der Bibel zum absoluten Buchstaben, wodurch der Bruch mit ihr und mit der christlichen Überlieferung überhaupt unausweichlich würde. Es entmythologisiert andererseits nicht die Bibel von einem bestimmten philosophischen und wissenschaftlichen Theorem aus und vermeidet so, den Bruch mit der angeblich unvernünftigen und unwissenschaftlichen Bibel und der christlichen Überlieferung sanktionieren zu müssen. Was Lessing als jetzt applizierbare glaubwürdige Wahrheiten entwickelt, hat seinen unüberholbaren sachlichen und geschichtlichen Grund in einem in der Offenbarung Gottes begründeten und auf das »ganze Menschengeschlecht« gerichteten Geschichtsprozeß.

Herders Lösungsversuch des Hermeneutikproblems in der ›Ältesten Urkunde‹ und in seinen Bückeburger Schriften[76] besagt: Die noch nicht durch die Reflexion und die bürgerliche Gesellschaft, die Wissenschaft und den »Mechanismus« des Staates verdorbene und entfremdete ursprüngliche Anschauungs- und Einbildungskraft des Menschen ermöglicht ihm heute ein unmittelbares Nacherleben, eine unmittelbare Identifizierung mit dem, was der Hebräer erlebte, der seine Naturerfahrung und Naturbetrachtung in dem mosaischen Schöpfungsbericht aufgeschrieben hat. Was die »Älteste Urkunde« vom Ursprung und vom Ursprünglichen berichtet und bezeugt, ist uns ohne die Vermittlung der philosophischen und theologischen Tradition und ohne die Vermittlung der Kirche und des Glaubens im theologischen Sinn auch heute noch unmittelbar gegeben und evident. Der Schöpfungsbericht ist für Herder ein »Morgenländisches Gedicht«[77], in dem ein Hebräer, ein »einfältiger Naturmensch« (a. a. O. 6,214), mit seinen Weltvorstellungen eine auch heute noch nachvollziehbare Naturoffenbarung beschreibt.[78] Nur in der Natur ereignet sich Offenbarung, Erscheinung, Epiphanie Gottes, alles andere sind »utopisch-dichterische«

Abstraktionen.[79] Nicht durch Hören, sondern durch Sehen, Anschauen und Empfinden Gottes erreicht uns das, was Herder Offenbarung nennt. Herder bedauert daher auch nicht, daß der Mensch in dem »künstlichen, Zwang- und Methodenvollen Zustande« (a.a.O 7,382) den Glauben im theologischen Sinne, sondern daß er seine ursprüngliche und unreflektierte Anschauungskraft verloren hat. Die Dichtung, die Plato und Aristoteles ihrer ursprünglich religiösen und gesellschaftlich-politischen Funktionen enthoben hatten, wird damit für Herder erneut zum Leitfaden der Bibelhermeneutik:

»Dichtkunst, sie ist ursprünglich Theologie gewesen, und die edelste, höchste Dichtkunst wird wie die Tonkunst ihrem Wesen nach immer Theologie bleiben. Sänger und Propheten, die erhabensten Dichter des Alten Testaments schöpften Flammen aus heiligem Feuer. Die ältesten ehrwürdigsten Dichter des Heidentums, Gesetzgeber, Väter und Bilder der Menschen, Orpheus und Epimenides und alle Fabelnahmen der Urzeit, sangen die Götter und beseligten die Welt. Was die Miltons und Klopstocks, Fenelons und Racine in ihren reinsten Sonnenaugenblicken empfunden, war Religion, war nur Nachhall Göttlicher Stimme in Natur und Schrift!« (a.a.O. 7,300)

Hamann unterscheidet seine Lösung des Hermeneutikproblems von der Lessings und Herders.[80] Die eine enthält für Hamann, wenn auch in einer von der sonstigen Aufklärung verschiedenen Weise, nur den alten Sauerteig unserer »Modephilosophie«, die andere ist für ihn eine ästhetische und keine theologische Lösung, die an der Natur und nicht an der Bibel und der christlichen Überlieferungsgeschichte orientiert ist. Sein eigener Lösungsversuch besagt: Die metaschematisierende Sprache[81], ein System von Zeichen, Figuren und Chiffren, ist eine Auslegung des Buches der Natur und der Geschichte als verschiedener »Lesarten«[82] des einen göttlichen Textes. Hamann geht davon aus, »daß Sprache und Schrift die unumgänglichste Organa und Bedingungen alles menschlichen Unterrichts sind, wesentlicher und absoluter, wie das Licht zum Sehen, und der Schall zum Hören« (K 9,128). Die metaschematisierende Sprache ist für ihn der aus der Bibel gewonnene Schlüssel, der uns die Heilige Schrift und die sonst verschlossenen Chiffren der Natur und Geschichte[83] lesbar macht, der zeigt, daß alle

Ereignisse und Begebenheiten in der Natur und in der Geschichte Zeichen, Figuren und Chiffren sind, die auf Christus als den Mittelpunkt der Geschichte und auf die erhofften und verheißenen Eschata des Einzelnen, der Natur und der Geschichte am Ende verweisen.[84]

Kants Beitrag zur Diskussion über die Hermeneutik der Bibel wird vor dem Hintergrund dieser Lösungsversuche von Lessing, Herder und Hamann deutlich. Zu Lessings Religionsphilosophie äußert sich Kant nicht.[85] Dagegen wird schon in seinem frühen Briefwechsel mit Haman über Herders ›Älteste Urkunde‹ aus dem Jahre 1774 (K 9,119–131) seine Kritik an Herder und Hamann sichtbar. Kant faßt Herders These in der ›Ältesten Urkunde‹ so zusammen: Die mosaische Erzählung ist für Herder nicht das einzige, sondern nur »das unverdächtigste und reineste« Dokument »aus den ältesten Archivnachrichten aller Völker« dafür, »daß Gott den ersten Menschen in Sprache und Schrift und, vermittelst derselben, in den Anfängen aller Erkenntniß oder Wissenschaft selbst unterwiesen habe«. Diese These habe Herder »nicht aus Vernunftgründen« und »auch nicht aus dem Zeugnisse der Bibel« bewiesen:

»Das Thema des Verfassers ist: zu beweisen, daß Gott den ersten Menschen in Sprache und Schrift, und, vermittelst derselben, in den Anfängen aller Erkenntniß oder Wissenschaft selbst unterwiesen habe. Dieses will er nicht aus Vernunftgründen darthun, zum wenigsten besteht darin nicht das charakteristische Verdienst seines Buches: er will es auch nicht aus dem Zeugnisse der Bibel, denn darin ist nichts davon erwähnt: sondern aus einem uralten Denkmal fast aller gesitteten Völker beweisen, von welchem er behauptet, daß der Aufschluß desselben im I. Cap. Mose ganz eigentlich und deutlich enthalten, und dadurch das Geheimniß so vieler Jahrhunderte entsiegelt sey. Die Mosaische Erzählung würde dadurch einen unverdächtigen und völlig entscheidenden Beweis einer ächten und unschätzbaren Urkunde bekommen; der nicht auf die Hochachtung eines einzigen Volkes, sondern auf die Einstimmung der heiligsten Denkmale, welche ein jedes alte Volk von dem Anfange des menschlichen Wissens aufbehalten hat, und die insgesamt dadurch enträthselt werden, gegründet sey. Also enthält das Archiv der Völker den Beweis von der Richtigkeit und zugleich dem Sinne dieser Urkunde, nemlich dem *allgemeinen* Sinne derselben. Denn, nachdem sich dieser entdeckt hat, so bekommt umgekehrt das Monument der Völker die Erklärung seiner

besondern Bedeutung von dieser Urkunde, und die endlosen Muthma-
ßungen darüber sind auf einmal zernichtet; denn der Streit verwandelt
sich sofort in Eintracht, nachdem gezeigt worden, daß es nur so viel verschiedene Apparenzen eines und desselben Urbildes waren« (K 9,125).

Gegen diese These und darüberhinaus gegen Herders Versuch
einer Lösung des Hermeneutikproblems überhaupt bringt Kant
drei Argumente vor: a) Herders Verfahren ist keine legitim theologische Hermeneutik der Bibel auf dem Boden des Glaubens.
Hamann, der den Herder der Bückeburger Zeit zu ›retten‹ versucht, verteidigt in dem Briefwechsel – anders als in früheren und
späteren Schriften – Herders Rechtgläubigkeit. Kant macht Hamann jedoch vorsichtig, aber deutlich darauf aufmerksam, daß
Hamann darin »mit der Meinung des Autors [Herder] nicht einstimmig« (K 9,126) sei. b) Herders Hermeneutik der Bibel wird
zumindest die Meister der historisch-kritischen Wissenschaft nicht
überzeugen: »In Erwägung dessen fürchte ich sehr vor die lange
Dauer des Triumphs ohne Sieg des Wiederherstellers der Urkunde.
Denn es steht gegen ihn ein dichtgeschlossener Phalanx der Meister orientalischer Gelehrsamkeit, die eine solche Beute durch einen
Uneingeweihten von ihrem eigenen Boden nicht so leicht werden
entführen lassen« (K 9,127-128). c) Das dritte und entscheidende
Argument formuliert Kant später in seiner Rezension von Herders ›Ideen‹, in der er sich auch auf die ›Älteste Urkunde‹ bezieht,
deutlicher: Herders Methode der Einfühlung in ursprüngliche
Texte und Dokumente, die Identifizierung mit Ursprünglichem
und dessen Applikation durch Einbildungskraft auf Grund einer
Analogie der Natur entspringen ebenso wie Herders sonstige Hypothesen offenbar der »Verzweiflung« an der Vernunft und dem
»abgedrungenen Entschluß«, die Wahrheit »im fruchtbaren Felde
der Dichtungskraft zu suchen« (K 4,188). »Das übersteigt [aber]
offenbar alle menschliche Vernunft, sie mag nun am physiologi-
schen Leitfaden tappen oder am metaphysischen fliegen wollen«
(K 4,189). Herders »poetischer Geist« habe zweifellos den Ausdruck sehr belebt, es sei allerdings zu fragen,

»ob nicht hie und da Synonymen für Erklärungen und Allegorien für
Wahrheiten gelten; ob nicht statt nachbarlicher Übergänge aus dem Gebiete der philosophischen in den Bezirk der poetischen Sprache zuweilen

die Grenzen und Besitzungen von beiden völlig verrückt seien; und ob an manchen Orten das Gewebe von kühnen Metaphern, poetischen Bildern, mythologischen Anspielungen nicht eher dazu diene, den Körper der Gedanken wie unter einer Vertügade zu verstecken, als ihn wie unter einem durchscheinenden Gewande angenehm hervorschimmern zu lassen« (K 4,195).[86]

Kants Kritik lautet also: Herders Lösungsversuch des Hermeneutikproblems durch eine solche Art von Unmittelbarkeit ist ästhetisch im pejorativen Sinne. Er ist theologisch illegitim und nach der Ausbildung der historisch-kritischen Wissenschaft und auf dem Boden der kritischen Philosophie als ein Produkt der »durch Metaphysik oder durch Gefühle beflügelten Einbildungskraft« (K 4,190) unhaltbar. In dieser Kritik an Herders ästhetischer Lösung des Hermeneutikproblems stimmt Hegel völlig mit Kant überein: »Von seiten der aesthetischen Urteilskraft, der Freiheit der Einbildungskraft ist Herder der erste, vielleicht der einzige, der das Alte Testament in diesem Sinne behandelt hat, eine Bearbeitung, deren das Neue Testament nicht fähig ist« (JSch 231 Anm.).

Die philosophische Überzeugung, die der Herderkritik von Kant und Hegel zugrunde liegt, läßt sich allgemeiner so formulieren: Vergegenwärtigung der in der Bibel geoffenbarten Wahrheiten durch Unmittelbarkeit ist in der Moderne selbst dann, wenn sie nicht ästhetische Theologie, sondern Theologie des Ästhetischen sein will, weder ein überzeugendes Korrektiv gegen bestimmte Theologien noch überhaupt eine diskutable Möglichkeit der Theologie und des religiösen Lebens. Unmittelbarkeit läuft am Ende mit Notwendigkeit auf eine beliebige, leere, durch Bedürfnisse bestimmbare und manipulierbare Subjektivität hinaus. Die Subjektivität, die in der Moderne ohne alle Vermittlungsformen unmittelbar aus sich Glauben neu begründen will, kann sich auch nicht auf die große mystische Tradition berufen. Während diese sich in der Negation des Subjektiven und des subjektiven Willens Gott und dem Menschen öffnete, verschließt sich die moderne Subjektivität, die sich durch Unmittelbarkeit definiert, in sich selbst und genießt letztlich nur sich selbst.

Das Verhältnis von Kant zu Hamann ist sehr viel differenzierter und positiver. Beide verbindet trotz grundsätzlicher Differenzen

eine tiefe gegenseitige Hochachtung, die in vielen sachlichen Übereinstimmungen begründet ist. Diese sachlichen Übereinstimmungen
zwischen ihnen sind – ebenso wie die zwischen Lessing und Hamann – wesentlich größer, als die Forschung bisher angenommen
hat. Kant und Hamann lehnen z. B. die ästhetische Lösung des
Hermeneutikproblems wie auch die »Sekte« derjenigen ab, die »die
Grundveste unsers Glaubens in einem Triebsande kritischer Mode-
Gelehrsamkeit« (K 9,130) suchen. Der entscheidende Unterschied
zwischen beiden, der in ihren späteren Schriften deutlicher wird,
zeigt sich jedoch schon in dem frühen Briefwechsel. Kants Kritik
richtet sich gegen das, was für Hamann das Zentrum seines Denkens ist: gegen die metaschematisierende Sprache und ihren Anspruch, in der Gegenwart die allein mögliche Applikation des christlichen Offenbarungsgehaltes zu sein. Kant bittet seinen »werthen
Freund« um seine Meinung über Herders »Hauptabsicht«: »aber
wo möglich in der Sprache der Menschen. Denn ich armer Erden-
sohn bin zu der Göttersprache der anschauenden Vernunft gar
nicht organisirt. Was man mir aus den gemeinen Begriffen
nach logischer Regel vorbuchstabiren kann, das erreiche ich noch
wohl. Auch verlange ich nichts weiter, als das Thema des Verfassers zu verstehen: denn es in seiner ganzen Würde mit Evidenz
zu erkennen, ist nicht eine Sache, worauf ich Anspruch mache«
(K 9,122).
Die Grundgedanken Kants zum Problem der Bibelhermeneutik,
die sich schon in seiner Herder- und Hamannkritik zeigen, lassen
sich in vier Überlegungen entfalten:

a) Wenn sich die Theologie in der Moderne bei ihrer Bibelexegese
unkritisch auf die Voraussetzungen der historisch-kritischen Wissenschaften so einläßt, daß »philologische und antiquarische Gelehrsamkeit die Grundveste ausmacht« für die Theologie und für
das Christentum, so bedeutet das ihr Ende:

»Wenn eine Religion einmahl so gestellet ist, daß kritische Kenntniß
alter Sprachen, philologische und antiquarische Gelehrsamkeit die Grundveste ausmacht, auf die sie durch alle Zeitalter und in allen Völkern
erbauet seyn muß, so schleppt der, welcher im Griechischen, Hebräischen,
Syrischen, Arabischen etc. imgleichen in den Archiven des Alterthums am

besten bewandert ist, alle Orthodoxen, sie mögen so sauer sehen, wie sie wollen, als Kinder wohin er will; sie dürfen nicht muchsen; denn sie können in dem, was nach ihrem eigenen Geständnisse die Beweiskraft bey sich führt, sich mit ihm nicht messen, und sehen schüchtern einen Michaelis ihren vieljährigen Schatz umschmelzen und mit ganz anderem Gepräge versehen.«

Die »Literatoren« der historisch-kritischen Wissenschaft werden dann mit ihren »Vulkanischen Waffen« die religiöse Überlieferung zersetzen, über das, was einstmals als Religion geglaubt und gelehrt wurde, »philologische und antiquarische Gelehrsamkeit« vermitteln und dem Theologen die »Instruction« (K 9,127) geben, was er jetzt zu lehren und zu predigen habe.

Auch in der Beurteilung der »Vulkanischen Waffen« und der unkritischen Einschätzung ihrer Bedeutung besteht Übereinstimmung zwischen Kant und Hegel: »Sich auf historische und exegetische Erörterungen einzulassen, auf ihr Feld sich zu begeben, heißt sein Recht nicht kennen, oder es nicht behaupten, und die Verteidiger derselben haben gewonnenes Spiel« (JSch 231 Anm.). Zugleich wird an diesem Punkt jedoch, wir wir sehen werden, auch die Differenz zwischen Kant und Hegel deutlich.

b) Ebensowenig wie sich der »biblische Theologe« unkritisch auf die Voraussetzungen der historisch-kritischen Wissenschaften einlassen darf, kann er sich unkritisch auf die Voraussetzungen der reinen Vernunft und der abstrakten Philosophie einlassen. Wenn der »biblische Theologe« »von dem verschrieenen Freiheitsgeist der Vernunft und Philosophie noch nicht angesteckt ist«, d. h. wenn er sein wahres »Geschäft« betreibt, hat er von den für ihn spezifischen Voraussetzungen auszugehen, die nicht durch die Methode der historisch-kritischen Wissenschaft einholbar sind.

Die spezifischen Voraussetzungen des »reinen biblischen Theologen« sind für Kant der Glaube an die geschichtliche Offenbarung Gottes in der Bibel und der auf sie gegründete Kirchenglaube. Was das Wesen des Glaubens ist und was der Glaubende inhaltlich glaubt, kann und braucht der »biblische Theologe« bei einem interdisziplinären Gespräch und in einem Streit der Fakultäten weder formal in seiner Möglichkeit noch inhaltlich in seiner geschichtlichen Wirklichkeit aus der menschlichen Vernunft und aus dem moralischen Vermögen des Menschen a priori einsichtig zu machen. Die im Glauben angenommene Voraussetzung bei seiner Auslegung des Glaubensinhaltes ist der »in alle Wahrheit leitende Geist« und seine Gnade: »Daß ein Gott sei, beweiset der biblische Theolog daraus, daß er in der Bibel geredet hat, worin diese auch von seiner Natur (selbst bis dahin, wo die Vernunft mit der Schrift nicht Schritt halten kann, z. B. vom unerreichbaren Geheimnis seiner dreifachen Persönlichkeit) spricht. Daß aber Gott selbst durch die Bibel geredet habe, kann und darf, weil es eine Geschichtssache ist, der biblische Theolog als ein solcher nicht beweisen. . . . Er wird es also als Glaubenssache« voraussetzen.

Der »biblische Theologe«, der von diesen Voraussetzungen ausgeht, darf daher nach Kant bei der Auslegung der Bibel dieser keinen Sinn unterlegen, den er allein aus der Vernunft oder dem moralischen Vermögen des Menschen entwickelt hat. Er muß eher

»auf übernatürliche Eröffnung des Verständnisses durch einen in alle Wahrheit leitenden Geist rechnen, als zugeben, daß die Vernunft sich darin menge und ihre (aller höheren Autorität ermangelnde) Auslegung geltend mache. – Endlich was die Vollziehung der göttlichen Gebote an unserem Willen betrifft, so muß der biblische Theolog ja nicht auf die Natur, d. i. das eigne moralische Vermögen des Menschen (die Tugend), sondern auf die Gnade (eine übernatürliche, dennoch zugleich moralische Einwirkung) rechnen, deren aber der Mensch auch nicht anders, als vermittelst eines inniglich das Herz umwandelnden Glaubens teilhaftig werden, diesen Glauben selbst aber doch wiederum von der Gnade erwarten kann«.

Wenn der »biblische Theologe« nicht von diesen Voraussetzungen ausgeht, so bewegt er sich nach Kant außerhalb »des allein seligmachenden Kirchenglaubens« und ist, wie die zeitgenössische Theologie zeige, »allen Gefahren der Anarchie ausgesetzt« (K 7,333–334).

Dies hat nach Kant Konsequenzen für den allein legitimen Gebrauch der Bibel durch die Philosophie.

»Wenn der Philosoph zum *Beweise* der Wahrheit seiner angeblich reinen Vernunfttheologie biblische Sprüche anführt, mithin das Offenbarungsbuch in den Verdacht bringt, als habe es lauter Vernunftlehre vortragen wollen, so war seine Auslegung der Schriftstellen Eingriff in die Rechte des biblischen Theologen, dessen eigentliches Geschäft es ist, den Sinn derselben als eine Offenbarung zu bestimmen, der vielleicht etwas enthalten mag, was gar keine Philosophie jemals einsehen kann ... Für Einmischung aber in diese Theologie kann es dem Philosophen nicht angerechnet werden, wenn er etwa Stellen aus der Offenbarungslehre nur zur *Erläuterung*, allenfalls auch Bestätigung seiner Sätze (nach seiner Art sie zu verstehen und auszulegen) herbeyzieht.«[87]

Sicherlich hat nicht nur der »biblische Theologe« die Freiheit und das Recht, über Kants Deutung der theologischen Grundbegriffe und über seine Deutung der Begriffe »Beweis« und »Erläuterung« zu streiten. Man kann auch von der Philosophie her an Kants Unterscheidung die Frage stellen: Heißt »erläutern«, etwas, das man allein aus der Vernunft erkannt hat, durch beliebige Beispiele und Darstellungsmittel veranschaulichen, oder heißt »erläutern«, etwas sichtbar machen, was der Vernunft geschichtlich vorgegeben ist. Die zitierte Aussage scheint für die erste Deutungsmöglichkeit zu sprechen. Kants Deutung der Gestalt des Hiob und der biblischen Eschatologie z. B. spricht jedoch, wie wir sehen werden, für die zweite. Soviel scheint durch die angegebene Unterscheidung zwischen »biblischer Theologie« und »philosophischer Theologie« jedoch deutlich zu sein: Kant sagt nicht wie die Deisten: Es gibt *nur* eine Vernunftreligion, eine Religion innerhalb der Grenzen der bloßen Vernunft, und alle geschichtlichen Religionen sind naive Vor- oder Verfallsformen der reinen Vernunftreligion bzw. Produkte des Priesterbetrugs. Er sagt vielmehr lediglich: Es gibt *auch schon* innerhalb der Grenzen der Vernunft eine »philosophische Theologie«, die etwas von dem erkennen kann, was über den Menschen und sein Verhältnis zur Wahrheit vollständig nur durch die Bibel und die christliche Überlieferung vermittelt ist.
Die »philosophische Theologie« ist für Kant jedoch begrenzt. Er gibt »den theoretischen Mangel des reinen Vernunftglaubens, den dieser nicht ableugnet, z. B. in den Fragen über den Ursprung des Bösen, den Übergang von diesem zum Guten, die Gewißheit des Menschen im letzteren Zustande zu sein und dgl.« ausdrücklich zu. Die Offenbarung wird daher von ihm »nicht für unnötig und überflüssig angesehen«. Im Gegenteil, sie ist zur Ergänzung der

»philosophischen Theologie« »dienlich und als Befriedigung eines Vernunftbedürfnisses dazu nach Verschiedenheit der Zeitumstände und der Personen mehr oder weniger beizutragen behülflich« (K 7,319).[88]

c) Trotz der ausdrücklich anerkannten Grenzen der »philosophischen Theologie« ist diese jedoch für Kant unter den Bedingungen der modernen Welt ein notwendiges Moment menschlichen Selbstverständnisses. Die »philosophische Theologie« sagt, was auch schon die durch die religiöse Überlieferung »erleuchtete praktische Vernunft« von der religiösen Überlieferung erkennen und anerkennen kann. Dies ist nicht unwichtig. Wenn sie nämlich zeigen kann, daß ihre Erkenntnis »vielleicht einem großen Teil nach Offenbarungstheologie sein mag«[89], so sei das auch für das Selbstverständnis des Christen und »für die Ausbreitung und Bevestigung dieser Glaubenslehre ... sehr vorteilhaft, da sie den vernünftelnden Theil der Menschen (der aber wird bey zunehmender Cultur, man mag ihn niederdrücken so sehr man will, allmählich sehr gros) zur Annehmung derselben geneigt macht« (a.a.O. CI–CII).
Es genügt daher nach Kant nicht, daß sich der »biblische Theologe« allein auf die in der Bibel geschichtlich bezeugte Offenbarung beruft. Er muß sich auch, wenn er den Offenbarungsglauben in der Moderne glaubwürdig und überzeugend verkünden will, auf das Gespräch mit den Wissenschaften und der Philosophie einlassen. Wenn er sich hierauf nicht einläßt, weil er glaubt, die Wissenschaften und die Philosophie weiterhin bevormunden zu können, werden wir »bald dahin kommen, dass wir, wie zur Zeit der Scholastiker, keine Philosophie haben würden, als die nach den angenommenen Sätzen der Kirche gemodelt worden oder wie zur Zeit des Galilei keine Astronomie als die, welche der biblische Theologe, der von ihr nichts versteht, bewilligt hat« (a.a.O. XCV). Wenn sich der »biblische Theologe« auf das Gespräch mit den Wissenschaften und der Theologie nicht einläßt, weil er glaubt, auch ohne dieses Gespräch die biblische Wahrheit glaubwürdig auslegen zu können, so wird ihn das mit innerer Notwendigkeit zu einer Entzweiung mit der Gegenwart treiben. Beides jedoch wird das Ende der »biblischen Theologie« bedeuten.

Wenn der »biblische Theologe« die Zeichen der Zeit versteht und sich ernsthaft auf ein Gespräch mit der kritischen Philosophie und den Wissenschaften einläßt, so ist die Philosophie – jedenfalls für Kant – bereit, sich der Theologie »zur Begleiterin und Freundin anzubieten (denn dass sie, wie es vordem hiess, ihr als Nachtreterin bedient sein sollte, daran ist jetzt nicht mehr zu denken)« (a.a.O. C).

»Auch kann man allenfalls der theologischen Fakultät den stolzen Anspruch, daß die philosophische ihre Magd sei, einräumen, (wobei doch noch immer die Frage bleibt: ob diese ihrer gnädigen Frau die Fackel vorträgt oder die Schleppe nachträgt), wenn man sie nur nicht verjagt oder ihr den Mund zubindet; denn eben diese Anspruchlosigkeit, bloß frei zu sein, aber auch frei zu lassen, bloß die Wahrheit zum Vorteil jeder Wissenschaft auszumitteln und sie zum beliebigen Gebrauch der oberen Fakultäten hinzustellen, muß sie der Regierung selbst als unverdächtig, ja als unentbehrlich empfehlen« (K 7,338).

Kants Bestimmung des grundsätzlichen Verhältnisses von »biblischer Theologie« und »philosophischer Theologie«, die für seine Stellungnahme zum Hermeneutikproblem von Bedeutung ist, läßt sich hiernach so zusammenfassen:
1. Die »biblische Theologie« und die »philosophische Theologie« sind für das Selbstverständnis des Menschen unentbehrlich, seitdem und solange der Mensch einen Stand des Bewußtseins erreicht hat, der durch die religiöse Überlieferung und die geistig-wissenschaftliche und gesellschaftlich-politische Wirklichkeit der Moderne zugleich bestimmt ist. Keine dieser beiden Wissenschaften besitzt die absolute immergültige Wahrheit auf eine absolute, immergültige Weise, so daß sie von sich aus die Funktion und die Grenze der anderen bestimmen könnte. Der »biblische Theologe«, der die christliche Offenbarung dem modernen Menschen glaubwürdig auslegen will, ist auf ein ernsthaftes Gespräch mit den Wissenschaften und mit der Philosophie angewiesen, wenn er nicht in die »Zeit der Scholastiker« zurückfallen oder sich mit der Gegenwart entzweien will. Ebenso ist der Philosoph, der die sittlichen und religiösen Voraussetzungen des Menschen sichtbar machen will, prinzipiell auch für die Antworten offen, die ihm von

der christlichen Überlieferung vermittelt und in der Praxis des sittlichen und religiösen Lebens geschichtlich vorgegeben sind.

2. Der Philosoph ist unter bestimmten Bedingungen bereit, die Funktion der ancilla theologiae zu übernehmen, wenn die Theologie diese Magd als »Begleiterin und Freundin« betrachtet. Die Philosophie ist freilich nicht mehr bereit, lediglich als »Nachtreterin« die von einer bestimmten Theologie ausgelegten biblischen Wahrheiten apologetisch zu verteidigen oder zu popularisieren und sich hierbei als eine unselbständige und unfreie Magd ihre Aufgaben, ihre Rechte und Pflichten von der Theologie vorschreiben zu lassen. Philosophie kann auch nicht mehr als Propädeutik, als Vorhof und Einführung in die Theologie verstanden werden. Ihre Funktion ist nicht mehr dadurch definierbar, daß sie »die Schleppe nachträgt«, sie maßt sich allerdings auch nicht an, wie es der unaufgeklärte Fortschrittsglaube ihr zumutet, der Theologie die Fackel voranzutragen. Die Philosophie kann und will »Begleiterin und Freundin« der Theologie sein, wenn diese ihr die Anspruchslosigkeit zugesteht, in Freiheit zum Vorteil jeder Wissenschaft, also auch der Theologie, die Wahrheit offenzuhalten und zu suchen.

3. Für Kant ist auch um des Christentums und der Theologie willen die prinzipielle Unterscheidung zwischen »biblischer Theologie« und »philosophischer Theologie« notwendig, um »Aberglauben, Schwarmerey und Unglauben zu verhüten« und die Offenbarung »in ihrer reinigkeit zu erhalten« (KA 18,487). Es gibt für Kant zwar nicht mehr *die* Philosophie als theologia naturalis, die »Grundveste« des Christentums sein könnte. Es gibt für ihn auch nicht die Philosophie, die den Pluralismus von Philosophien, Wissenschaften und verschiedenen Bewußtseinsformen, z. B. Kunst und Religion, als ein Ganzes wissenschaftlich deduzieren oder aufheben könnte. Trotzdem sind für die Theologie nicht nur die einzelnen Wissenschaften, sondern auch die Philosophie als Gesprächspartner notwendig. Kritische Philosophie hält das offen, was angesichts der Totalitätsansprüche von Wissenschaften und Ideologien der Gesellschaft immer wieder verstellt wird und verstellt werden kann.

Daß und inwiefern die grundsätzliche Unterscheidung zwischen der »biblischen Theologie«, den kritischen Wissenschaften und der »philosophischen Theologie« nicht bloß formale, wissenschaftstheoretische Konsequenzen hat, sondern auch Folgen für die Lösung des Hermeneutikproblems, selbst wenn man im einzelnen Kants Begriffe und Deutungen der traditionellen theologischen Lehrstücke in der heutigen Theologie anders sehen muß, kann hier nicht im einzelnen erörtert werden. Kant hat jedenfalls Voraussetzungen und Bedingungen für ein interdisziplinäres Gespräch zwischen der Theologie und den Wissenschaften formuliert, die auch heute für die Lösung des Problemes der Bibelhermeneutik und der Stellung und Funktion der Theologie in der Wissenschaft und Gesellschaft überhaupt von Bedeutung sind.

d) Das Problem der Hermeneutik und der Applikation der biblischen Wahrheit ist für Kant jedoch auch ein Problem der praktischen Philosophie und der Praxis. Kant lehnt ausdrücklich eine *unmittelbare* Begründung der praktischen Philosophie aus der Bibel, erst recht aber von einer bestimmten Theologie her ab. Trotzdem ist nach seiner Überzeugung dem Menschen einiges durch die Bibel und durch das Christentum über seinen geschichtlichen Stand offenbar geworden, was dem Menschen z. B. in Griechenland noch nicht bekannt war und was er auch in Zukunft nicht mehr vergessen darf, wenn er seinen erreichten Stand nicht wieder verlieren will. Dies sind für Kant besonders zwei Gedanken: Eine durch die Lehren der christlichen Überlieferung »erleuchtete praktische Vernunft« (K 6,421) hat, auch wenn sie durch die Erfahrungen der Aufklärung und der Französischen Revolution kritisch geworden ist, keinen überzeugenden Grund, das zu negieren, was die Bibel und die christliche Überlieferung über den geschichtlichen Stand des Menschen unter dem Titel »corruption des Ebenbildes Gottes« (KA 23,109) und was sie über seine letzte Hoffnung auf die »restitutio imaginis dei« (KA 23,110) sagt.

Die Bibel enthalte zwar »historische aber doch heilige ... Gründe der Moralität« (KA 23,451). Ihre Wahrheit sei tiefer als die der »griechischen Weisheit«. Sie könne selbst »bei der fortschreitenden Cultur des menschlichen Geschlechts« durch kein »neues für göttliche Offenbarung zu haltendes Buch« (KA 23,452) überholt werden. Ja: »Die Bibel enthält in sich selbst einen in praktischer Absicht hinreichenden Beglaubigungsgrund ihrer Göttlichkeit. ... Es mag ihr nun in theoretischer um den Ursprung derselben nachzusuchen für die kritische Behandlung ihrer Geschichte an Beweisthümern viel oder wenig abgehen. Denn die Göttlichkeit ihres moralischen Inhalts entschädigt die Vernunft hinreichend wegen der Menschlichkeit der Geschichtserzählung« (KA 23,454). Das Christentum fordert jedoch nicht nur »größte Achtung, welche die Heiligkeit seiner Gesetze unwiderstehlich einflößt«, sondern auch die Liebe »als freie Aufnahme des Willens eines andern unter seine Maximen, ein unentbehrliches Ergänzungsstück der Unvollkommenheit der menschlichen Natur« (K 6,422).

Trotzdem aber kann für Kant in der Moderne eine praktische Philosophie nicht *unmittelbar* aus der Bibel einen für alle Menschen und alle Zeiten verpflichtenden Grund des Handelns und ein für alle verbindliches Ethos entwickeln. Sie kann von ihrem philosophischen Ausgangspunkt aus nur formulieren, was dem sittlich und vernünftig Handelnden in seinem Handeln als allgemeine Zwecke plausibel und einsichtig zu machen ist.

Das Problem der Applikation der biblischen Wahrheiten ist jedoch für Kant auch ein Problem der gelebten Praxis. Vergegenwärtigung der biblischen Wahrheiten ist für ihn angesichts des weithin in der Wirklichkeit vollzogenen Bruchs mit der überlieferten Gestalt der religiösen Lehren und Institutionen nicht nur zu leisten durch bloße Bewußtseinsänderung, durch Aufhebung des unmittelbaren Bewußtseins des Einzelnen, durch Erinnerung, durch Interpretation bzw. Uminterpretation, durch Einordnung oder gar Identifizierung mit noch vorhandenen und tradierten Wirkungs- und Überlieferungsgeschichten. Vergegenwärtigung biblischer Wahrheiten ist für ihn auch ein Problem der Praxis des Einzelnen, der Kirchen und der gesellschaftlichen Gruppen. Was in verschärfter Weise seit dem 19. Jahrhundert deutlich wird, sieht auch Kant: Wenn in der Moderne nicht neue Institutionen und neue Formen der Praxis für die Vergegenwärtigung gefunden werden, so bleibt Hermeneutik für den Einzelnen und für die Kirche, für die einzelnen gesellschaftlichen Gruppen und für die Gesamtgesellschaft museal, folgenlose Theorie, ›Eule der Minerva‹. Die Überlieferung bleibt nur dann wirksam gegenwärtig, wenn sie in dem gelebten Leben des Einzelnen und der gesellschaftlichen Gruppen gegenwärtig bleibt und wenn das kritische Subjekt ihr für sein konkretes Handeln eine freie und vernünftig begründete Zustimmung geben kann.

Kant hat sich sicherlich nicht so oft und so viel wie z. B. seine Zeitgenossen Herder, Hamann und Lessing zum Hermeneutikproblem geäußert. Er stellte sich auch nicht, wie später z. B. Schleiermacher, Dilthey und Gadamer, das Problem, durch Weiterentwicklung und Differenzierung des Wissenschafts- und Methodenbegriffs der historisch-kritischen Wissenschaft des 18. Jahrhunderts bzw. der später so genannten Geisteswissenschaften das Hermeneutikproblem zu lösen. Ohne wie die Neologen und Deisten das Christentum auf ein bloßes System der Moral zu reduzieren, sah Kant, daß in der Moderne die Vergegenwärtigung der Überlieferung auch, ja sogar in erster Linie ein Problem der Praxis ist. Von hierher wird auch verständlich, daß man in der Hermeneutikdiskussion, die sich auf das Problem der Praxis bisher nicht genügend einließ, Kants Beitrag nicht gebührend berücksichtigt hat. Doch kann vielleicht gerade von Kant her die heutige Hermeneutikdiskussion aus ihrer Einseitigkeit herausgeführt werden, in die sie durch das Gespräch mit den Neopositivisten und Neomarxisten geraten ist.

Die Kritik des Theodizeeprozesses und Perspektiven der Hoffnung angesichts des Übels und des Bösen

Der Begriff Theodizee im Sinne einer Rechtfertigung und Verteidigung Gottes wegen des Zweckwidrigen in der Welt in einem mit der Metapher des Gerichtsprozesses beschriebenen Prozeß der Vernunft vor dem »Tribunal unserer Vernunft«[90] oder, wie Kant schreibt, vor dem »Gerichtshofe der Vernunft« (K 6,121) kommt bei Leibniz zum erstenmal vor.[91] Der unmittelbare Anlaß für seine 1710 erschienenen »Essais de théodicée sur la bonté de Dieu, la liberté de l'homme et l'origine du mal« bildet das 1697 erschienene ›Historische und kritische Wörterbuch‹ von Pierre Bayle. In ihm hatte Bayle die Kompetenz der Vernunft in Fragen der christlichen Offenbarung und des Glaubens bestritten, ja den Widerspruch zwischen den dogmatisch formulierten Glaubenswahrheiten und den Vernunftwahrheiten behauptet. Bereits 1671 hatte Leibniz jedoch schon zu zeigen versucht, daß der freie Wille des Menschen durchaus mit der Allmacht und der Allwissenheit Gottes zu vereinbaren sei. Der Begriff Theodizee begegnet bei Leibniz schon 1697 in einem Brief an die Königin Sophie Charlotte von Preußen und in einem Brief an den Hofprediger Jablonski vom 23. 1. 1700, in dem er schreibt: »Ich hatte mir einstmahls vorgenommen eine Theodicaeam zu schreiben und darinnen Gottes Gütigkeit, Weisheit und Gerechtigkeit, sowohl als höchste Macht und unverhinderte Influentz zu vindicieren.«

Im Anschluß an Leibniz ist vor allem im 18. Jahrhundert in der Theologie und Philosophie, in der Literatur und Geschichtsschreibung die Diskussion über die Legitimität oder – vor allem seit dem Erdbeben von Lissabon im Jahre 1755 – über die Illegitimität eines solchen Theodizeeprozesses eines der großen, für das Jahrhundert charakteristischen Themen.[92] Dabei bedeutet die Bejahung oder Ablehnung der Möglichkeit eines Theodizeeprozesses vor Kant weithin eine Bejahung oder Ablehnung der Aufklärung überhaupt. Erst Kants Stellungnahme führte zu einer Differenzierung der Theodizeediskussion.

Leibniz und Kant stimmen trotz erheblicher sachlicher Differenzen in der Beurteilung der Kompetenz der menschlichen Vernunft und der Möglichkeit eines Theodizeeprozesses darin überein, daß sie die Theodizee als einen Prozeß der Vernunft beschreiben und daß sie die Aufgabe der verteidigenden Vernunft in diesem Prozeß präzisieren. »Unsere begrenzte Vernunft« kann und braucht für Leibniz in einem Theodizeeprozeß nicht die Geheimnisse und Mysterien des christlichen Glaubens, die unsere Vernunft »überschreiten« (a.a.O. 75), a priori zu beweisen. »Ein gerichtlicher Verteidiger ist für gewöhnlich nicht gezwungen, sein Recht zu beweisen oder seinen Besitztitel vorzulegen, wohl aber ist er gezwungen, auf die Gründe des Anklägers zu antworten. ... Man sollte alle tadeln, die dieses Mysterium [Trinität] mit der Vernunft erfassen und es begreifbar machen wollen, dagegen alle loben, die daran arbeiten, es vor den gegnerischen Angriffen zu schützen« (a.a.O. 73).

In seiner Schrift ›Über das Mißlingen aller philosophischen Versuche in der Theodicee‹ aus dem Jahre 1791 beschreibt auch Kant die Theodizee mit der Metapher eines Gerichtsprozesses: »Unter einer Theodicee versteht man die Verteidigung der höchsten Weisheit des Welturhebers gegen die Anklage, welche die Vernunft aus dem Zweckwidrigen in der Welt gegen jene erhebt« (K 6,121). In den Vorarbeiten zu dieser Schrift präzisiert auch er die Aufgabe des Verteidigers in einem Theodizeeprozeß genauer. Die die angeklagte »göttliche Welteinrichtung u. Regierung« verteidigende Vernunft darf vor dem »Gerichtshofe der Vernunft« nicht mit Gründen des Glaubens im Sinne des christlichen Offenbarungsglaubens oder im Sinne der praktischen Vernunft, sondern allein mit allgemein einleuchtenden und anerkennbaren Beweisen »aus der Weltbetrachtung« argumentieren. Die Aufgabe des Verteidigers in einem Theodizeeprozeß ist »die methodische Rechtfertigung in einem Proceß, in welchem die göttliche Welteinrichtung u. Regierung gerechtfertigt d. i. durch hinreichende Einsicht in die Übereinstimmung des Plans mit der höchsten Weisheit so wie wir uns dieselbe denken können aus der Weltbetrachtung einleuchtet bewiesen wird« (KA 23,85).

Die formalen Elemente eines rationalen Theodizeeprozesses lassen sich hiernach in einem ersten Zugriff so kennzeichnen: Gegenstand der Anklage in einem Theodizeeprozeß ist das, was der menschlichen Vernunft in ihrer unmittelbaren Welterfahrung als zweckwidrig erscheint. Das Zweckwidrige nennt Leibniz das metaphysische, physische und moralische Übel, Kant das »physische« und »moralische Zweckwidrige« und »das Mißverhältnis der Verbrechen und Strafen in der Welt« (K 6,123). Angeklagt ist die »göttliche Welteinrichtung u. Regierung« bzw. derjenige Gott, der angesichts des Zweckwidrigen in der Welt als weiser, gütiger, gerechter und heiliger Schöpfer und Regierer der Welt unglaubwürdig geworden ist. Ankläger, Verteidiger und Richter in einem Theodizeeprozeß ist dieselbe Instanz: die menschliche Vernunft. Diese hat demnach ihre eigenen Anklagepunkte als unbegründet zurückzuweisen. Die Vernunft soll in einem Theodizeeprozeß zeigen, daß im Blick auf das wie auch immer im einzelnen interpretierte, zweckvoll geordnete, harmonische und vernünftige Ganze das, was der menschlichen Vernunft zunächst in der unmittelbaren Welterfahrung als zweckwidrig erschien, in Wirklichkeit die conditio sine qua non bzw. die kleinstmögliche technische Unvollkommenheit der besten aller möglichen Welten ist. Die Vernunft hat die Aufgabe, das Übel und das Böse in der Welt in seiner notwendigen Funktion für das Ganze einsichtig zu machen und als Argument der Anklage zu widerlegen.

Hieraus wird schon sichtbar, daß ein rationaler Theodizeeprozeß an ganz bestimmte sachliche und geschichtliche Voraussetzungen gebunden ist. Zwei seien vor allem genannt: Ein Theodizeeprozeß setzt 1.) einen gewissen Stand der Emanzipation des Menschen von der religiösen Überlieferung voraus. Für den Menschen, der in mythischen oder in bestimmter Weise religiös begründeten Lebensordnungen so integriert lebt, daß er noch nicht zum Bewußtsein und Stand seiner Freiheit und Subjektivität gelangt ist, gibt es weder die Möglichkeit, das Übel und das Böse vor dem Hintergrund eines teleologisch gedeuteten Weltganzen als Zweckwidriges zu erfahren und zu deuten, noch das Bedürfnis, dieses als ein Argument der Anklage gegen die »göttliche Welteinrichtung u. Regierung« zu formulieren. Krankheit, Leiden und Tod in der Natur und im menschlichen Leben, Kriege und Ungerechtigkeiten zum Beispiel sind für diesen Menschen aus dem Willen oder Unwillen der Götter oder höheren Mächte hinreichend erklärt. Daß die Gegenwart schlecht ist, vermag die Vorstellung vom Verlust des Paradieses[93] bzw. des goldenen Zeitalters[94] hinreichend zu erklären. Erst wo diese überlieferten mythischen und religiösen Vorstellungen für das kritische Subjekt unglaubwürdig werden, wo Gott dem Menschen in seiner Gottheit nicht mehr selbstverständlich ist, wo seine Allmacht, Güte, Gerechtigkeit und Heiligkeit ›frag-würdig‹ ist, ist ein Theodizeeprozeß möglich.

Der Emanzipationsprozeß darf jedoch noch nicht zu weit fortgeschritten sein.[95] Ein Theodizeeprozeß setzt nämlich 2.) eine Vernunft voraus, die sich nach Kants Formulierung »anheischig« (K 6, 121) macht, das Zweckwidrige in der konkreten Welterfahrung im Blick auf eine metaphysisch oder teleologisch interpretierte

Totalität funktionalisieren und entschärfen und so die »höchste Weisheit des Welturhebers« verteidigen zu können. Nur wo sich die Vernunft z. B. als Anwalt einer erkennbaren prästabilierten Harmonie, einer harmonia mundi, eines teleologischen Kosmos und einer zweckmäßig geordneten unendlichen Vielfalt von Welten versteht, vermag sie in einem Prozeß vor dem »Gerichtshofe der Vernunft« die Argumente der Anklage zu widerlegen. Wo die Vernunft den deistischen oder metaphysischen Gottesbegriff preisgegeben hat, wo sie sich, wie z. B. oft seit dem 19. Jahrhundert, nur noch am Methodenideal der exakten Wissenschaften orientiert, oder wo sie nur noch Theorie für eine revolutionär oder pragmatisch interpretierte Praxis sein will, da entfällt die Möglichkeit eines Theodizeeprozesses und das Bedürfnis nach ihm.

Auch wo Gott nur noch als Einbildung eines falschen, über sich und seine Entfremdung noch nicht aufgeklärten Bewußtseins gedacht wird, wie z. B. bei Feuerbach, Marx und Freud, besteht selbstverständlich keine Nötigung, Gott wegen des Zweckwidrigen in der Welt zu rechtfertigen. Der »Glaube an die Erbsünde« meint dann, wie für Feuerbach, »nichts weiter . . . als dies, daß der Mensch von Natur nicht so sei, wie er sein soll«.[96] Auch für den frühen Marx, der das Problem der Entfremdung noch als ein menschliches Problem und nicht nur als eine ökonomisch bedingte Entfremdung von Klassen erörtert, besteht der Kern des Bösen – ähnlich wie für Feuerbach und für die Linkshegelianer – in dem »Beharren der Einzelheit in sich«. Das Böse besteht darin, »daß der einzelne in seine empirische Natur gegen seine ewige Natur sich verschließt«[97], daß das Individuum sich weigert, sich in die ewige Gattungsnatur aufzulösen. Ebenso reduziert sich das Problem des Bösen für Freud auf die Frage, wie Menschen trotz ihrer vernunftlosen und anarchischen Triebnatur in einer Gesellschaft so zusammenleben können, daß sie sich gegenseitig nicht an der möglichst maximalen Befriedigung ihres Verlangens nach Lust und Glück hindern. ›Zweckwidrig‹ ist dann lediglich die leider nicht veränderbare menschliche Natur – wie für Feuerbach – oder eine bestimmte von Menschen geschaffene und änderbare Gesellschaftsstruktur – wie für Marx – oder die nur bis zu einem bestimmten Grade sublimierbare Triebnatur des Menschen – wie für Freud.

Auch für andere philosophische Positionen des 19. und 20. Jahrhunderts kann es von vornherein kein Theodizeeproblem geben. Für Schopenhauer z. B. ist außer wegen seines Atheismus auch wegen seiner Metaphysik des vernunftlosen Willens eine Rechtfertigung Gottes vor dem Gerichtshof der Vernunft sinnlos. Für Nietzsche, der gegen die Philosophie und das Christentum ästhetisch-dionysisch in seinem Pessimismus der Stärke das Übel und das tragische Dasein bejaht, ist eine Theodizee im Sinne des 18. Jahrhunderts sogar unerwünscht. Auch für Heidegger, für den »das Heile und das Grimmige ... im Sein nur wesen, insofern das Sein selber das Strittige ist«[98], besteht selbstverständlich weder die Möglichkeit noch das Bedürfnis nach einem Theodizeeprozeß.

Auch dort, wo sich die Philosophie wie im Neopositivismus und in den analytischen Wissenschaften darauf beschränkt, nur das zu sagen, was sich als allgemein nachprüfbare wissenschaftliche Sätze aussagen läßt, oder wo sie im Chaos der Weltanschauungen und Ideologien nur das Problem der Rechtssicherung der Freiheit als ein legitimes Problem der Philosophie akzeptiert, gibt es kein Theodizeeproblem für die Vernunft. Das Übel und das Leid, der Tod und das Böse, die selbstverständlich auch jetzt in der menschlichen Erfahrung begegnen, werden von diesen philosophischen Positionen nicht als legitime Probleme der Philosophie betrachtet. Sie werden von vornherein in den Bereich des ›bloß Privaten‹ oder gar Pathologischen verwiesen.

Der Begriff Theodizee im Sinne des von Leibniz und dem 18. Jahrhundert entwickelten und von Kant kritisierten Prozesses ist damit an bestimmte Voraussetzungen der europäischen Aufklärung gebunden. Eine Theodizee ist kein ›ewiges‹ Bedürfnis des Menschen und kein ›ewiges‹ Problem der Vernunft, das man transzendental oder anthropologisch einsichtig machen kann. Dies macht ein kurzer Rückblick auf die Antike und die Bibel deutlich. Weder in der Antike noch in der Bibel gibt es das Bedürfnis und die Möglichkeit einer Theodizee im Sinne der Prozeßfigur.[98a]

In Griechenland konnte weder auf dem Boden der theoretischen noch auf dem Boden der praktischen Philosophie ein Theodizeeprozeß stattfinden. Plato und Aristoteles, die hierbei an Motive ihrer Vorgänger anknüpften, verstanden die theoretische Philosophie in ihrer höchsten Bestimmung als Theorie des Göttlichen, insofern dieses als Idee des Guten bzw. als erster Beweger das höchste Sein ist. Ihre Theorie des Göttlichen verhielt sich positiv und kritisch zu den mythischen Vorstellungen, die bei vielen ihrer Zeitgenossen noch lebendig waren, die von den Sophisten jedoch total abgelehnt wurden. Die Metaphysik war für Plato und Aristoteles einmal Kritik der Darstellung der mit allen menschlichen, oft allzu menschlichen Fehlern und Mängeln behafteten Götter, zum anderen der Versuch, den allgemeinen Wahrheitsgehalt des Mythos dem Stand des Menschen in der Polis gemäß vernünftig und kritisch auszusagen. Während Plato hierbei die Wahrheit noch zum Teil in mythischen Erzählungen aussagte, verzichtete Aristoteles völlig auf das mythische Reden der Alten, ohne damit allerdings zu beanspruchen, alle im Mythos gegebenen Antworten in einer dem philosophischen Bewußtsein gemäßen Weise beantworten zu wollen und zu können.

Das Göttliche konnte für Plato und Aristoteles aus mehreren Gründen nicht in einen Theodizeeprozeß verstrickt werden. Es war nicht als Schöpfer des Kosmos und als Welturheber gedacht und konnte daher auch nicht mit der Verantwortung für das Übel und das Böse in der Welt belastet werden. Beides wurde daher anders erklärt: zum Beispiel aus der mangelnden Einsicht der Menschen, aus ihrer Urentscheidung in der Präexistenz, aus der Materie, die dem alles gestaltenden Logos nicht gefügig ist.[99] Die Kritik der mythischen und politischen Theologie von Plato und Aristoteles zielte ebenso wie die von Xenophanes und anderen Vorsokratikern auf die Entlastung der Götter von der Verantwortung für das Übel und das Böse in der Welt. Gegen die mythischen Erzählungen und gegen den schlechten Anthropomorphismus der Dichter verfochten sie den Satz, daß nicht Gott, sondern der Mensch am Übel Schuld ist und daß die Götter nicht neidisch sind.[100] Nicht Gott, sondern der Dichtung wurde in dem Streit zwischen Dichtung und Philosophie, der bereits zu Platos Zeiten ein ehrwürdiges Alter erreicht hatte[101] und der von Plato und Aristoteles in verschiedener Weise entschieden wurde[102], der Prozeß gemacht. Im Gegensatz zur neuzeitlichen theologia naturalis, die in der metaphysica specialis unter dem Abschnitt providentia dei über den

Zusammenhang des Zufälligen mit der Vorsehung Gottes reflektierte[103], stand die Metaphysik bei Plato und Aristoteles also nicht vor dem Problem, Gott wegen des Übels und des Bösen in der Welt anklagen und verteidigen und wegen des Zufälligen rechtfertigen zu müssen. Vom Zufälligen gibt es nach der Bestimmung des Aristoteles keine Wissenschaft.[104] Gegenstand der Metaphysik war für Plato und Aristoteles das von der Verantwortung für das Übel und das Böse entlastete Göttliche.

Auch auf dem Boden der praktischen Philosophie von Plato und Aristoteles war ein Theodizeeprozeß unmöglich. Beide fragten danach, wie der Mensch unter den Bedingungen der nicht mehr selbstverständlichen griechischen Polis und mythischen und politischen Theologie durch sittliches und politisches Handeln ein gutes und glückliches Leben führen kann. Für Plato war dabei die Frage nach Recht- und Unrechttun und nicht die nach unverschuldetem Unrechtleiden die entscheidende Frage. Die durch die religiöse Überlieferung vermittelte Auskunft über Gericht und Fortleben nach dem Tode blieb für ihn eine glaubwürdige Auskunft, und sie bildete für seine Begründung des sittlichen und politischen Handelns ein entscheidendes Motiv. Aristoteles beschränkt gegenüber Plato den Gegenstand der praktischen Philosophie auf die Frage, wie man »durch Lernen oder Gewöhnen oder sonstwie durch Übung« zu einem guten und glücklichen Leben gelangen kann. Wie und ob man »durch eine Gabe der Gottheit oder etwa gar durch Zufall«[105] zum Glück gelangen kann, gehört für ihn nicht zum Gegenstand der praktischen Philosophie. Sicherlich gehört auch für Aristoteles zu einem guten und glücklichen Leben manches, was nicht in der Macht des Menschen steht und was er nicht allein durch sein Handeln bewirken kann: z. B. Freundschaft, Gesundheit und Beständigkeit des Glücks. Doch das Unglück, das Zufällige, Leid und Tod und all das, was das gute und glückliche Leben zerstören kann, braucht nach Aristoteles in einer praktischen Philosophie nicht erörtert zu werden, und es war für ihn erst recht kein Argument der Anklage gegen Gott. In der praktischen Philosophie konnte für ihn auch im Unterschied zu Plato das Problem des Todes und des Weiterlebens nach dem Tode »eine ungelöste Frage«[106] bleiben.

Auch als in der griechischen Welt die Hoffnung auf die Bewahrung oder Wiederherstellung der politischen Substanz der Polis endgültig geschwunden war, als ferner das Vertrauen auf die Götter und den vernünftig geordneten Kosmos endgültig erschüttert und die Voraussetzungen für eine später so genannte Metaphysik nicht mehr gegeben waren, wurden das Übel und das Böse in der Welt nicht zu einem Argument der Anklage in einem Theodizeeprozeß. Die Ohnmacht und Skepsis der griechischen Philosophie, die nun angesichts des Übels und des Bösen in der Welt herrschte, wird in dem berühmten Argument des Epikur deutlich:

»Entweder will Gott die Übel beseitigen und kann es nicht, oder er kann es und will es nicht, oder er kann es nicht und will es nicht, oder er kann es und will es. Wenn er nun will und nicht kann, so ist er schwach, was auf Gott nicht zutrifft. Wenn er kann und nicht will, dann ist er mißgünstig, was ebenfalls Gott fremd ist. Wenn er nicht will und nicht kann, dann ist er sowohl mißgünstig wie auch schwach und dann auch nicht Gott. Wenn er aber will und kann, was allein sich für Gott ziemt, woher kommen dann die Übel und warum nimmt er sie nicht weg?«

Es ist, wie Laktanz schreibt, verständlich, daß unter den Stoikern »die Mehrzahl der Philosophen, die die Vorsehung verteidigen, durch dies Argument verwirrt werden«.[107]
Nach dem in den biblischen Texten bezeugten jüdischen und christlichen Glauben könnte Gott zwar insofern in einen Theodizeeprozeß verwickelt werden, als er als Schöpfer der Welt und damit als verantwortlich für seine Welt gedacht wird. Doch in den biblischen Texten wird nicht Gott, sondern dem Menschen der Prozeß gemacht, und nicht Gott, sondern der Mensch ist derjenige, der der Rechtfertigung bedürftig ist. Im Alten Testament bezeugt die Paradieseserzählung, daß nicht der Schöpfergott, sondern der Mensch selbst Schuld ist an der Mühsal der Arbeit, an den Schmerzen der Geburt, an Krankheit und Tod, daß Gott jedoch dem Menschen die Erlösung von allen Übeln und von allem Bösen verheißen hat. Im Buch Hiob wendet sich Hiob klagend und fragend an Gott, den er angesichts seines grundlosen Leidens nicht mehr als treu und verläßlich preisen kann. Gott wendet sich Hiob zu, er rechtfertigt ihn und zeigt ihm, daß und warum er in seiner Klage und in seinem Hadern mit Gott ohne Einsicht gehandelt hat. Er

befreit ihn damit von dem Zwang, Gott heuchlerisch preisen oder ihn als einen in seiner Schöpfermacht und in seinen Verheißungen ungetreuen Gott anklagen zu müssen.

Auch im Neuen Testament stellt das Übel und das Böse in der Welt kein Argument der Anklage gegen Gott dar. Für die an Christus glaubende Gemeinde war durch Christi Tod und Auferstehung die Erlösung vollbracht und der letzte Feind, der Tod, überwunden, wenngleich auch für die Erlösten diese Erlösung noch nicht vollendet war. Für die glaubende Gemeinde war das Übel und das Böse in dem gegenwärtigen Äon und der Kampf gegen die vielfältigen Gestalten des Unheils in keiner Weise entschärft oder gar überflüssig. Die Spannung zwischen der schon von Christus vollbrachten Erlösung und Versöhnung und der noch ausstehenden Vollendung kennzeichnet den Glauben der Gemeinde. Ganz gleich, wie man sich im einzelnen diese Vollendung vorstellte: als kurz bevorstehende Parusie, als Auferstehung des Fleisches, als Schöpfung eines neuen Himmels und einer neuen Erde, als apokalyptisch oder eschatologisch beschriebenes Fernziel: es gibt in der Bibel keinen dem Theodizeeprozeß des 18. Jahrhunderts vergleichbaren Lösungsversuch für das Problem des Übels und des Bösen in der Welt.[108]

Die wesentlichen Unterschiede zwischen den Theodizeeversuchen des 18. Jahrhunderts und der Bibel bestehen darin, daß in ihnen der Mensch Gott und nicht Gott den Menschen rechtfertigt, daß Gott im Horizont der metaphysisch interpretierten Schöpfungsnatur und nicht im Horizont der Geschichte, der religiösen Überlieferung und der zukünftigen Vollendung, gedacht wird, daß die endgültige Überwindung des Übels und des Bösen von einer Änderung der Perspektive des unmittelbaren und konkreten Bewußtseins und nicht von dem verzeihenden Handeln Gottes erhofft wird.

Das wird bereits an dem Ausgangspunkt der Theodizeediskussion bei Leibniz deutlich. Leibniz hatte zwar erklärt, daß die einzige Aufgabe des Verteidigers in einem Theodizeeprozeß die Widerlegung der Anklagepunkte sei und daß er nicht die Geheimnisse des Glaubens zu erklären und die Güte, Gerechtigkeit und Heiligkeit Gottes positiv zu beweisen habe. Er selbst beschränkt sich in seiner ›Théodicée‹ jedoch nicht auf dieses kritische Geschäft, sondern glaubt, die Güte, Gerechtigkeit und Herrlichkeit Gottes aus der Welterfahrung und aus der Vernunft beweisen zu können. Aus der Ordnung der Natur und der erst durch »die modernen Entdeckungen«[109] sichtbar gewordenen Harmonie der unendlichen Welten, von der die Alten »nur schwache Vorstellungen« (a.a.O. 109) gehabt hätten, glaubt Leibniz erkennen zu können, daß Gott in seiner Schöpfung »seine Vollkommenheiten auf die wirksamste und seiner Größe, Weisheit und Güte würdigste Art und Weise« (a.a.O. 145) geoffenbart habe. Leibniz deutet Gott daher als den »besten Monarchen« (a.a.O. 291) und als »Fürsten« (a.a.O. 270), der beim Bau seines Schlosses alles berücksichtigt hat, was zu dessen Schönheit und Bequemlichkeit notwendig ist. Er preist ihn als den »großen Architekten, der zu seiner Befriedigung oder zu seinem Ruhme einen schönen Palast erbauen will« und »alles, was zu diesem Gebäude gehört, berücksichtigt« (a.a.O. 145) hat. Die Welt ist für Leibniz die beste aller möglichen Welten, die Gott hat schaffen können, wenn er Endliches, von sich Unterschiedenes hat schaffen wollen. Das Übel und das Böse in ihr habe Gott nicht gewollt, er habe es jedoch als denkbar kleinste technische Unvollkommenheit zulassen müssen. Im Blick auf das Ganze des Universums ist für Leibniz das Übel daher kein Argument der Anklage, da die natürliche Vernunft zeigen könne, »daß sich im Universum unvergleichlich viel mehr Gutes als Übles findet« (a.a.O. 301), »daß alle Übel, verglichen mit den Gütern dieser Welt, auch nur ein Beinah-Nichts sind« (a.a.O. 110) und daß selbst dieses Üble und Böse für Gott eine Bedingung des Guten, der harmonia mundi, sei.

Der Theodizeeprozeß verwandelt sich damit für Leibniz in ein Loblied auf den von der Vernunft selbst entwickelten Gottes- und Weltbegriff, wobei er systemimmanent aus seinem Weltbegriff seinen Gottesbegriff und aus seinem Gottesbegriff seinen Weltbegriff begründet. Nicht der Gott der Bibel und der religiösen Überlieferung, der durch die Ergebnisse der modernen Wissenschaften und die Fragen der kritischen Vernunft ›frag-würdig‹ geworden war, sondern der von Leibniz aus Lehrstücken der Metaphysiktradition und aus naturwissenschaftlichen und mathematischen

Überlegungen konstruierte neue Gottes- und Weltbegriff ist Gegenstand der Apologie. Leibniz verteidigt den Gottes- und Weltbegriff der »richtigen Vernunft« oder, wie die Aufklärung später sagen wird, der »gesunden Vernunft« apologetisch gegen die Argumente der kritischen und skeptischen Vernunft, die für ihn lediglich eine »durch Vorurteile und Leidenschaft getrübte« und »verdorbene Vernunft« (a.a.O. 75) ist.

Vor dem Hintergrund dieser durch Leibniz geschaffenen philosophischen Problemlage ist der im 18. Jahrhundert geführte Streit über die Legitimität und Illegitimität eines Theodizeeprozesses und die Differenzierung der Theodizeediskussion durch und seit Kant verständlich.[110] Kant hat ein doppeltes Ziel: 1.) Kritik der illegitimen Theodizeeprozesse von Leibniz und seinen Nachfolgern und ihrer Konsequenzen und 2.) Aufweis von Perspektiven der Versöhnung und des Trostes angesichts einer durch das Übel und das Böse gekennzeichneten Welt.

1.) Schon in seinen frühen Reflexionen über den »Optimismus« (KA 17,229–239), die offenbar durch die Preisaufgabe der Berliner Akademie für 1755 veranlaßt waren, kritisiert Kant die »Mängel des Optimismus« und die »Fehler dieses Lehrbegriffs« (KA 17,236). Leibniz' Argument der »Rechtfertigung Gottes in der Zumuthung, das er vielleicht der Urheber des Bösen seyn möge« (KA 17,236), bestehe darin, daß Gott zwar das Gute will und »die Laster und die Qvaalen verabscheuet« (KA 17,237), daß er jedoch gegen seinen Willen »nothwendige Mängel« (KA 17,236) hat zulassen und in Kauf nehmen müssen, wenn er überhaupt von den ihm vorgegebenen möglichen Welten die bestmögliche habe schaffen wollen.
Dieses Argument der Zulassung hat für Kant fatale Konsequenzen. Es rechtfertigt Gott nicht, sondern kompromittiert ihn und seine Welt. Man muß angesichts dieser Rechtfertigung nämlich die Frage stellen: Woher stammt der »unerforschliche Streit zwischen dem allgemeinen Willen Gottes, der lediglich auf das Gute abzielt, und der (metaphysischen) nothwendigkeit« (KA 17,236)? »Wenn die Übel durch, ich weis nicht, auf was vor Art nothwendige Fa-

talitaet Gott ihre Zulaßung abnothigen, ohne in ihm (wegen ihr) das Wohlgefallen erregt zu haben, so versetzen sie dieses hochst seelige wesen in eine gewiße Art eines Misfallens« (KA 17, 237).

Kant formuliert nach 1755 seine Kritik der Theodizeeprozesse vor allem in den Reflexionen zu Baumgartens Aussagen über die providentia Dei.[111] In seiner Schrift ›Über das Mißlingen aller philosophischen Versuche in der Theodicee‹ aus dem Jahre 1791 faßt er seine Auseinandersetzung mit dem Theodizeeproblem abschließend zusammen. Diese Schrift enthält (1.) Kants Kritik derjenigen Vernunft, die sich als »der vermeintliche Sachwalter Gottes« »anheischig« macht, in einem »Rechtshandel vor dem Gerichtshofe der Vernunft« die Einwürfe der Vernunft gegen die »höchste Weisheit des Welturhebers« (K 6,121) wegen des Zweckwidrigen in der Welt zu widerlegen und diese höchste Weisheit »durch Beleuchtung und Tilgung derselben [Einwürfe] begreiflich« (K 6,122) zu machen; und sie enthält (2.) eine Erläuterung dessen, was Kant unter einer »authentischen Theodicee« (K 6,131) versteht.

Die Kritik vollzieht Kant in drei Schritten: Er weist nach, a) »daß alle *bisherige* Theodicee das nicht leiste, was sie verspricht« (K 6, 129), ja daß sie »ärger ist als die Beschwerde« (K 6,125). Er beweist b) die Unmöglichkeit aller *zukünftigen* spekulativen (»doktrinalen«) Theodiceeversuche und zeigt c), daß jede Theodicee nur eine »vorgebliche Rechtfertigung« (K 6,125) Gottes, im Grunde aber eine »Sophisterei« (K 6,126) unserer Vernunft, Heuchelei und Schmeichelei ist.

a) Das Mißlingen aller bisherigen Theodizeeprozesse macht Kant in einem »Rechtshandel vor dem Gerichtshofe der Vernunft« deutlich, zu dem er nicht die »die höchste Weisheit des Welturhebers«, sondern den »Verfasser einer Theodicee« (K 6,121) zwingt, um dessen Argumente der Rechtfertigung Gottes und seine Motive im einzelnen zu prüfen. Dieser »Rechtshandel« endet mit dem Urteil, daß man die Argumente der Gott verteidigenden Vernunft nicht aufrechterhalten kann, weil sie entweder nicht einzusehen sind[112] oder wegen ihrer Konsequenzen für den Begriff Gottes, der Schöpfung und für das Handeln des Menschen »ärger ... als die Beschwerde« sind[113] oder aber weil sie Machtsprüche »der moralisch-gläubigen Vernunft« (K 6,128) sind, die nicht ihrem Anspruch gemäß die höchste Weisheit »begreiflich« machen können.

Vor allem zwei in den Theodizeeprozessen des 18. Jahrhunderts immer wiederkehrende Argumente haben nach Kant fatale Konsequenzen für den Begriff Gottes, für den der Schöpfung und für das menschliche Handeln. Das eine lautet: Das Übel und das Böse ist von Gott nicht gewollt, sondern nur zugelassen, »da es selbst Gott unmöglich war, dieses Böse zu verhindern« (K 6,125). Das andere erklärt das Übel und das Böse aus der Geschöpflichkeit und Endlichkeit der geschaffenen Wesen, d. h. es deutet das Übel und das Böse wie Leibniz als metaphysisches Übel.

Wenn das Zweckwidrige in der Welt durch Gottes Zulassung erklärt wird, so kann nach Kant Gott im Ernst nicht mehr als der heilige, gütige und gerechte Gott gedacht werden, der in seiner unergründlichen Freiheit und Allmacht die Welt und den Menschen als ein freies, der Verantwortung und Zurechnung fähiges Wesen geschaffen hat. Der wegen der Zulassung des Zweckwidrigen in der Welt in seiner Freiheit und in seiner Allmacht beschränkte und für das Böse und Widergöttliche zumindest mitverantwortliche Gott ist jedoch nach Kant nicht der heilige und gnädige Gott, auf den der sittlich handelnde Mensch auf Grund seiner Erfahrungen der praktischen Vernunft vertraut und auf den er seine Hoffnung auf Beistand richtet.

In den Theodizeeprozessen wird Gott so gedacht, daß er das physisch und moralisch Zweckwidrige der Welt zunächst zulassen müsse, weil es notwendig aus der Geschöpflichkeit der Dinge und aus »den Schranken der Menschheit als endlicher Natur« (K 6,125) folge; später jedoch hebe er es im Prozeß des gesamten Kosmos und der harmonia mundi als einen Entwicklungsfaktor wieder auf; er gebrauche also die einzelnen Geschöpfe als Mittel zum Zweck der harmonia mundi. Auch hiermit ist für Kant der Begriff Gottes und der Schöpfung und der Grund allen sittlichen Handelns aufgehoben.

Die von der Apologie genannten Argumente entlasten zwar den Menschen, sie heben jedoch seine Freiheit, seine Verantwortung und Zurechnung auf bzw. schränken sie so ein, daß nicht mehr der

Mensch, sondern in letzter Instanz Gott für das Zweckwidrige verantwortlich ist. Sie denken den Menschen im Zusammenhang der harmonia mundi so, daß er in seiner Freiheit, Sittlichkeit und Subjektivität aufgehoben ist, weil er von Gott bzw. der List einer höheren Vernunft für ein unpersönliches, naturhaft gedachtes Weltganzes als Mittel zum Zweck gebraucht wird. Es ist kennzeichnend für Kants Verständnis des Menschen und für das Verfahren seiner kritischen Philosophie, daß für ihn der Aufweis dieser Konsequenzen allein schon ein hinreichender Grund ist, alle bisherigen doktrinalen Theodizeeprozesse ohne weitere theoretische Widerlegung entschieden abzulehnen: »Diese Apologie, in welcher die Verantwortung ärger ist als die Beschwerde, bedarf keiner Widerlegung; und kann sicher der Verabscheuung jedes Menschen, der das mindeste Gefühl für Sittlichkeit hat, frei überlassen werden« (K 6, 125).

b) Um jedoch »mit Gewißheit darzutun«, daß unsere Vernunft auch in Zukunft »schlechterdings unvermögend sei«, das Problem des Übels und des Bösen in einer doktrinalen Theodizee zu lösen, zeigt Kant, warum die konstitutiv an die konkrete Welterfahrung gebundene menschliche Vernunft prinzipiell keine Einsicht in das Verhältnis besitzen kann, »in welchem eine Welt, so wie wir sie durch Erfahrung immer kennen mögen, zu der höchsten Weisheit stehe« (K 6,130). Die konkrete Welterfahrung verbietet es der menschlichen Vernunft, angesichts des Übels und des Bösen in der Welt in überschwenglichen Spekulationen und »Sophistereien« sich zu verlieren und Gottes Absichten und Zwecke aus der Welt »herausvernünfteln« (K 6,131) zu wollen.

Der Mensch ist auf Grund seiner konkreten Welterfahrung nicht in der Lage, die Einheit von »Naturgesetz und Sittengesetz« (K 6, 122 Anm.), d. h. die »Einheit in der Zusammenstimmung jener Kunstweisheit mit der moralischen Weisheit« (K 6,130) zu erkennen. Der Mensch kann nach Kant wohl in der ihm begegnenden Natur »beliebige Zwecke« erkennen und von dort aus wie die Physikotheologen versuchen, auf die »Kunstweisheit des Welturhebers« (K 6,122 Anm.) zu schließen – obwohl dem Menschen die Absicht Gottes in seinem Werk »oft ein verschlossenes Buch [ist]; jederzeit aber ist sie dies, wenn es darauf angesehen ist, sogar die Endabsicht Gottes (welche jederzeit moralisch ist)« (K 6,131), aus seiner Schöpfung erkennen zu wollen. Das »höchste Gut, als der Endzweck aller Dinge« und der Begriff der »moralischen Weisheit des Welturhebers« kann »schlechterdings nicht auf Erfahrung von dem, was in der Welt vorgeht, gegründet werden«. Er kann auch nicht aus den »bloß transszendentalen Begriffen eines schlechthin notwendigen Wesens . . . herausgebracht werden« (K 6, 122 Anm.). Eine solche Einsicht müßte der Mensch jedoch besitzen, wenn er angesichts des Übels in der Welt als Natur und angesichts des Bösen in der Welt als Geschichte eine doktrinale Theodizee schreiben will.

Die Verschiedenheit von Natur- und Sittengesetz macht es dem Menschen auch unmöglich, die durch das Übel und das Böse gekennzeichnete Schöpfung vorbehaltlos als gute und vollkommene Schöpfung zu preisen, wenn er aufrichtig und nicht heuchlerisch sein will.

Auch in dem von Pope und anderen Dichtern und Ästhetikern gezogenen Schluß von der Schönheit und Ordnung der Welt auf den unendlich gütigen und vollkommenen Schöpfer im System des Optimismus sieht Kant schon in seinen frühesten Reflexionen einen »Hauptfehler«: »Mich dünkt, ein Epikur würde demjenigen, der auf diesen Beweis bauete, antworten: Wenn die Übereinstimmung, die ihr in der Welt wahrnehmt, euch eine anordnende Weisheit . . . als die urheberin zu beweisen scheinet, so müst ihr gestehen, daß . . . die Welt dem grosten Theile nach von dieser nicht abhängt, weil sie allenthalben mehr als der Hälfte nach Ungereimtheiten und wiederwärtige Abweichungen in sich enthält« (KA 17,238). Der Schluß von der Schönheit und Ordnung der Welt auf die Vollkommenheit Gottes und umgekehrt zwingt nach Kant zu der Annahme, daß mehr als die Hälfte der Dinge offensichtlich nicht von der Weisheit Gottes, sondern vom blinden »ewigen schicksaal« (KA 17,239) abhängen. Wenngleich Kant in seinen Schriften und Reflexionen bis zur ›Kritik der reinen Vernunft‹ in einer von Leibniz verschiedenen Weise auch von der Schöpfung aus die Vollkommenheit Gottes zu beweisen versucht, so widerlegt doch seiner Meinung nach die Realität des Übels und des Bösen den im System des Optimismus konstruierten Gottes- und Weltbegriff.

Die Welt als Natur ist für Kant daher auch trotz aller Physiko-theologien für uns »oft ein verschlossenes Buch« (K 6,131). Die Natur ist zwar mehr als bloßes Objekt der exakten Naturwissen-schaften und mehr als nur Material der technischen und gesellschaft-lichen Naturbeherrschung. Sie bleibt Gottes Schöpfung, und der Mensch bleibt der Endzweck dieser Schöpfung. Allein, sie ist für den Menschen auch ein fremder und feindlicher Ort, »Tummel-platz« (K 1,441) menschlicher Begierden, »Schaubühne der Eitel-keit« (K 1,472): »Die Betrachtung solcher schrecklichen Zufälle [Erdbeben von Lissabon] ist lehrreich. Sie demütigt den Menschen dadurch, daß sie ihn sehen läßt, er habe kein Recht oder zum wenigsten, *er habe es verloren,* von den Naturgesetzen, die Gott angeordnet hat, lauter bequemliche Folgen zu erwarten, und er lernt vielleicht auch auf diese Weise einsehen, daß dieser Tummel-platz seiner Begierden billig nicht das Ziel aller seiner Absichten enthalten sollte« (K 1,441). Wegen dieser Erfahrung der Schöp-fungsnatur ist für Kant eine Rechtfertigung Gottes wegen des Zweckwidrigen in der Natur in einer doktrinalen Theodizee ein vergeblicher Versuch.[114]

c) Kant begnügt sich jedoch in seiner kritischen Philosophie nicht mit dem Nachweis der Unmöglichkeit eines rationalen Theodizee-prozesses, sondern er fragt hier ähnlich wie auch an anderen Stel-len nach dem Ursprung und dem Interesse der Vernunft an solchen illegitimen Prozessen. Wenn der Mensch im Gegensatz zu der kon-kreten Erfahrung der »Welt, so wie wir sie durch Erfahrung« (K 6,130) allein kennen, und im Widerspruch zu dem, was »inner-lich das Herz« (KA 23,85) sagt, in Theodizeen Gott preisen will, so kann er nach Kant nur unfromme Motive haben: Unaufrich-tigkeit des Menschen vor Gott, Heuchelei und Schmeichelei. Kant entlarvt damit die apologetische Funktion der Theodizee als »ein bloßes Fetischmachen« (K 6,329) und als »Idololatrie« (K 6,335), und er lehnt jede Theorie ab, die glaubt, ohne hinreichende Be-rücksichtigung der Realität des Übels und des Bösen in der Welt versöhnende oder gar erlösende Perspektiven sich erschleichen zu können. Kant erkennt das Leiden an und räsoniert es nicht weg. Er bekennt freimütig, daß ihm wie Hiob angesichts des Übels und des Bösen in der Welt die »für uns unerforschlichen Wege, selbst schon in der physischen Ordnung der Dinge, wie vielmehr denn in der Verknüpfung derselben mit der moralischen (die unsrer Vernunft noch undurchdringlicher ist?) verborgen« (K 6,133) sind. Theodizeen, die vorgeben, die Sache Gottes zu verfechten, sind für ihn daher »im Grunde nichts mehr als die Sache unserer anmaßenden, hiebei aber ihre Schranken verkennenden, Vernunft« (K 6, 121), ja sie sind nichts als Lüge und Unaufrichtigkeit des Menschen vor sich selbst, vor anderen und vor Gott. Die Freunde Hiobs, die angesichts der schweren Prüfungen ihres Freundes nicht wie dieser selbst freimütig bekennen, daß sie die unerforschlichen Wege Gottes nicht erkennen können, sondern eine Überzeugung heucheln, »die sie in der Tat nicht hatten«, und hierbei sogar glaubten, sich durch »falsche Schmeichelei« und »fast an Vermessenheit« (K 6,132) grenzende Behauptungen die Gunst Gottes erwerben zu können, überschreiten daher nicht nur die Grenzen der menschlichen Vernunft, sondern sind unaufrichtig und unfromm.

2. Mit der Kritik der bisherigen und zukünftigen doktrinalen Theodizeeprozesse und der Aufdeckung der ihnen zugrunde liegenden unlauteren Motive des Menschen ist jedoch für Kant die Auseinandersetzung mit dem in der konkreten Selbst- und Welterfahrung offenbaren Stand des Menschen und der Welt, der durch das Übel und das Böse gekennzeichnet ist, nicht beendet. Nachdem der Mensch die überlieferten religiösen Antworten auf das Problem des Übels und des Bösen in der Welt nicht mehr als glaubwürdige Antworten anerkennen kann, muß er sich nach Kant dieser Auseinandersetzung stellen, wenn er aufrichtig sein will. Der Aufweis falscher Lösungsversuche eines Problems kann das Problem selbst nicht beseitigen. »Mit aufrichtiger Gesinnung« (KA 23,85) ist eine Auseinandersetzung dann geführt, wenn sie versucht, in der Wirklichkeit selbst »eine tröstende Aussicht« (K 4,165) zu entdecken, die nicht im Widerspruch steht mit der konkreten Selbst- und Welterfahrung und mit dem, was »innerlich das Herz« sagt. In seinen Betrachtungen über die Natur, die Geschichte und Gottes eigene Auslegung seines Willens in der »machthabenden praktischen Vernunft« (K 6,131) und durch sie glaubt Kant, einige glaubwürdige Perspektiven des Trostes eröff-

nen zu können. Diese unterscheiden sich freilich für Kant von Theorien der Versöhnung und Erlösung. Aber auch dann, wenn die Vernunft angesichts der durch das Übel und das Böse gekennzeichneten Welt nur »etwas Weniges« (K 4,162) zu sagen vermag, verdient sie nach Kant Würde und Ansehen. Eine »eigentliche« Theodizee, die aus der Natur, der Geschichte und der »Stimme Gottes« in uns die Absicht Gottes »herausvernünftelt«, ist für Kant unmöglich, nicht jedoch eine »authentische Theodicee« (K 6,131). Von einer »authentischen Theodicee« spricht Kant z. B. im Zusammenhang seiner Hiobinterpretation; bei seinen Betrachtungen über die Natur und Geschichte spricht er bescheidener von »Ideen«, »Mutmaßungen« und »Entwürfen« zu einer »Rechtfertigung der Natur – oder besser der Vorsehung« (K 4,165).

a) Für Kants Betrachtungen über die Welt als Natur von seinen frühen bis zu seinen späten Schriften und Reflexionen ist es von entscheidender Bedeutung, daß er die Welt im theologischen Sinne als sich successiv entfaltende Schöpfung versteht. Auch nach seiner kopernikanischen Wende hat er in seinen naturphilosophischen Betrachtungen den Schöpfungsbegriff nicht preisgegeben. Wenn das Erdbeben von Lissabon auch den naiven Schöpfungsbegriff der unaufgeklärten Aufklärung in Frage stellte, wenn der zeitgenössische Materialismus, Fatalismus und Atheismus auch den Schöpfungsgedanken ablehnte, wenn auch die empirisch verfahrenden Naturwissenschaften von der Natur nur als Inbegriff von allgemein kontrollierbaren und verifizierbaren Sätzen sprechen können, so bleibt für Kant doch die Schöpfung als »der ganze Inbegriff der Natur« »ein würdiger Gegenstand der göttlichen Weisheit und seiner Anstalten« (K 1,472) und ein würdiger Gegenstand der philosophischen Betrachtungen, selbst wenn diese von der Schöpfung nur »allemal etwas mehr wie bloß Willkürliches, obgleich jederzeit etwas weniger als Ungezweifeltes« (K 1,238) zu erkennen vermögen.

Die zeitgenössischen philosophischen und wissenschaftlichen Theorien der Natur sind also für Kant kein zwingender Grund, den Schöpfungsbegriff preiszugeben, höchstens ein Grund, ihn differenzierter zu verstehen als in der Tradition. Daher ist es für Kant auch unmöglich, in der Natur – wie später zeitweilig Schelling –

ein absolutes Erstes oder – wie Feuerbach – den alleinigen Ausgangspunkt der Philosophie der Zukunft zu sehen. Daher ist es für ihn aber auch unmöglich, in der Natur lediglich – wie Fichte – das Material der sittlichen Pflicht oder – wie Marx – das Material der technischen und gesellschaftlichen Praxis zu sehen. Deshalb kann bei Kant im Ernst aber auch nicht von einer Wende zur Natur in dem Sinne die Rede sein, daß in der Ästhetik die Natur zur Lösung der Spannung zwischen theoretischer und praktischer Vernunft bzw. zur Lösung unbewältigter gesellschaftlicher und politischer Probleme beschworen wird.[115]

Welche Konsequenzen hat dies für seine Betrachtungen über das Übel und das Böse in der Natur? Kant wendet sich immer wieder der bewunderns- und staunenswerten »schönen Seite der Schöpfung« zu und sieht in ihr eine Chiffre, die auf die Größe, Weisheit und Allmacht des Schöpfers verweist. Er verschweigt dabei jedoch in keiner Weise die »abschreckende« (K 6,133) Seite: Naturkatastrophen, Krankheit, Tod, all das, was die Menschen lehrt, daß die Welt nicht »bloß um unsertwillen da« (K 1,472) ist, obwohl der Mensch für Kant der Endzweck der Schöpfung ist. Die »abschrekkende Seite« der Natur ist für ihn kein Argument gegen den Begriff des Schöpfers, seiner Allmacht und Vorsehung, wohl aber ein Zeichen dafür, daß der Mensch nicht dazu geboren ist, »um auf dieser Schaubühne der Eitelkeit ewige Hütten zu erbauen« (K 1, 472), »daß dieser Tummelplatz seiner Begierden billig nicht das Ziel aller seiner Absichten enthalten sollte« (K 1,441). Da Kant der Meinung ist, daß man Naturkatastrophen nicht »jederzeit als verhängte Strafgerichte« (K 1,471) ansehen soll, sondern daß z. B. das »Gesetz der Ausbreitung der Erdbeben . . . keine Sache der Speculation oder Beurteilung [ist], sondern etwas, das durch Beobachtungen vieler Erdbeben« (K 1,455) zu erforschen ist, untersucht er die Ursachen solcher Erdbeben und die Konsequenzen, die die Menschen hieraus ziehen sollen: »Es war nötig, daß Erdbeben bisweilen auf dem Erdboden geschähen, aber es war nicht notwendig, daß wir prächtige Wohnplätze darüber erbaueten? . . . Der Mensch muß sich in die Natur schicken lernen; aber er will, daß sie sich in ihn schicken soll« (K 1,468).

Da Kant einerseits am Begriff der Schöpfung festhält, andererseits jedoch den Menschen von seiner Freiheit, Subjektivität und Geschichte her versteht, versucht er, durch die Unterscheidung zwischen der Welt als Natur und der Welt als Geschichte, zwischen einer allgemeinen und einer speziellen Vorsehung, zwischen dem Übel und dem Bösen glaubwürdige Denkmodelle angesichts der ambivalenten und widerspruchsvollen Schöpfungswirklichkeit zu entwickeln.

Im Gegensatz zu denen, die Gott und die »allgemeine Vorsehung« angesichts der Leiden des Menschen dadurch rechtfertigen, daß sie den Menschen auf die harmonia mundi verweisen, spricht Kant von der Hoffnung auf Gottes »besondere Vorsehung« für den Einzelnen. Er unterscheidet zwischen einer allgemeinen und besonderen »Providentz« Gottes: »Die Providentz ist nicht blos generalis, sondern auch specialissima, aber nicht nach der Art unserer Vorsorge zu denken« (KA 18,476). »Es ist sehr angenehm, die gottliche Vorsorge nach allgemeinen Gesetzen der Natur zu beobachten; denn dieses giebt dem Verstande Einheit nach Regeln. Es ist aber etwas wiedersinnisches, besondere Vorsehung vor individuen zu allegiren, weil dieses lauter unterbrechungen der Gesetze sind . . . . Aber Hofnung auf die besondere Vorsehung, aber ohne Anmaßung sie bestimen zu wollen, ist wiederum ein Gesetz sowohl der Natur als des Wohlverhaltens« (KA 18,484). Gottes »besondere Vorsehung« und Hilfe kann nach Kant nur im Horizont der menschlichen Freiheit, nicht aber im Horizont der Natur gedacht werden: »Gott concurrirt also . . . nur zur Freyheit; denn Natur ist sein eigen Werk, dazu kan er nicht concurriren. Er concurrirt aber nur zur Freyheit, so fern sie das hochste Gut zum Zwek hat: entweder als . . . subiectiver Bedingung desselben oder als obiectiven Folgen« (KA 18,475).

Der Begriff der Schöpfung schließt nach Kant das metaphysische Übel im Sinne von Leibniz aus. Er unterscheidet daher zwischen der von Gott in Freiheit geschaffenen guten Schöpfung, in der es kein notwendig aus der Geschöpflichkeit und Endlichkeit geschaffener Wesen folgendes metaphysisches Übel geben kann, und dem moralisch Guten und Bösen, das allein der menschlichen Freiheit entspringt und daher auch nur dem Menschen zuzurechnen ist: »Wir können sagen: alles moralisch Gute und Böse kommt von uns selbst und ist uns zuzurechnen, und zugleich: alles ... Gute kommt von Gott. Um den concursus und mysticism zu verhüten. Das Gute kommt nach der Ordnung der Natur von Gott, das Böse von der Freyheit« (KA 18,474). Die Unterscheidung zwischen Gottes guter Schöpfung und dem aus der menschlichen Freiheit erklärten moralisch Bösen und die auf dem transzendentalphilosophischen Standpunkt durchgeführte Unterscheidung zwischen Noumenon und Phaenomenon führt Kant zu folgender Theodizee-Definition:

»Die Theodicäe oder Rechtfertigung Gottes wegen der Übel ist leicht, weil sie ein partiales Gute seyn können; aber wegen des Bösen (des Moralischen), weil es schlechthin nicht seyn sollte (auch nicht zu den negationen als nothwendigen Schranken der Geschopfe gehören kan), kan weder eine Beschuldigung noch Rechtfertigung statt finden, weil alles Böse in der Welt in ihr nur als phaenomenon statt findet und, was die wirkliche welt als Noumenon betrift, wir die Moglichkeit derselben den moralischen Gesetzen gemäs und zuwieder gar nicht einsehen können« (KA 18,720-721).

Um der für Kant ruinösen und vermeidbaren Alternative der Aufklärung zwischen einem absolutistischen Willkürgott, der die Freiheit des Menschen zerstört, und dem absolut autonomen Menschen, der um seiner Selbstbehauptung willen glaubt, A-Theist sein zu müssen, zu entgehen, kritisiert er auch die im deistischen Schöpfungsbegriff implizierte Zweck-Mittel-Vorstellung. Der Mensch als ein vernünftiges, freies und sittliches Geschöpf darf nicht als ein von Gott bzw. einer höheren Vernunft gebrauchtes Mittel zur Vervollkommnung des Weltganzen gedacht werden: »Gott kan ein (vernünftig) Geschöpf nicht dem Weltganzen aufopfern, aber wohl zulassen, daß es sich selbst aufopfere. (Hier wird angenomen, daß Gott das vernünftige Geschöpf blos als Mittel zur Volkommenheit des Ganzen brauche. Aber da ist kein moralischer werth in der welt, wo die vernünftige Wesen blos als Mittel gebraucht werden.)« (KA 17,202). Wenn Gott so vorgestellt werde, könne der Mensch nicht mehr als ein in Freiheit sittlich handelndes Wesen gedacht werden. Dann wäre der A-Theismus in der Tat die einzig mögliche, ja notwendige Konsequenz. Da Kant jedoch davon ausgeht, daß der durch die christliche Überlieferung vermittelte Gedanke des Schöpfers und der Schöpfung nicht im Sinne der Aufklärungsalternativen gedacht zu werden braucht, versucht er in den hier angedeuteten Denkmodellen, Gott angesichts des Übels und des Bösen in der Welt zu denken.

b) Das Übel und das Böse in der Geschichte ist für Kant ein dringlicheres Problem als das Zweckwidrige in der Natur. Wie für Hamann, Hegel und Kierkegaard, so liegt auch für Kant die Schwäche der Theodizee-Prozesse seit Leibniz vor allem darin, daß sie auf diese in der Moderne notwendig gewordene Auseinandersetzung mit dem Problem des Übels und des Bösen in der Geschichte nicht eingehen: »Denn was hilfts, die Herrlichkeit und Weisheit der Schöpfung im vernunftlosen Naturreiche zu preisen und der Betrachtung zu empfehlen, wenn der Teil des großen Schauplatzes der obersten Weisheit, der von allem diesen den Zweck enthält – die Geschichte des menschlichen Geschlechts – ein unaufhörlicher Einwurf dagegen bleiben soll, dessen Anblick uns nötigt, unsere Augen von ihm mit Unwillen wegzuwenden und, indem wir verzweifeln, jemals darin eine vollendete vernünftige Absicht anzutreffen, uns dahin bringt, sie nur in einer anderen Welt zu hoffen?« (K 4,165).

Alle geschichtsphilosophischen Betrachtungen über den innerhalb der Geschichte realisierbaren gesellschaftlich-politischen Endzweck: die das Recht verwaltende weltbürgerliche Gesellschaft und den ewigen Frieden haben, wie wir gezeigt haben, den einen Zweck, in der Geschichte »einen Leitfaden [zu] entdecken«, der »eine tröstende Aussicht in die Zukunft eröffnet« (K 4,165). Ansatzpunkte für glaubwürdige »Ideen«, »Entwürfe« und Denkmodelle sieht Kant in zwei bedeutenden Phänomenen der Gegenwart: der Französischen Revolution und der Verbesserung der Staatsverfassungen, sowie in den in der Gegenwart dem Menschen als sittlichem und vernünftigem Wesen einsichtigen Imperativen und »Rechtsprinzipien« (K 6,467). Von diesen Ansatzpunkten aus kann der Mensch zwar nicht »in theoretischer Absicht« den Zweck der Weltgeschichte, ihrer Leiden, Kriege und Ungerechtigkeiten erkennen und eine Gott rechtfertigende Theodizee schreiben: »Dieser Standpunkt der Beurteilung ist für uns viel zu hoch, als daß wir unsere Begriffe (von Weisheit) der obersten, uns erforschlichen

Macht in theoretischer Absicht unterlegen könnten« (K 6,467). Der Zweck der Weltgeschichte ist für Kant nicht wie für Hegel im Prinzip erreicht, und der menschliche Geist ist für ihn nicht wie für Hegel durch das Christentum zur Einsicht in die absolute, an sich vollbrachte Versöhnung befähigt.

Das erste Ziel der geschichtsphilosophischen Betrachtungen angesichts des Übels und des Bösen ist für Kant ein praktisches. Seine Betrachtungen wollen zeigen, daß der von der Vernunft geforderte Endzweck des sittlichen und politischen Handelns in der Geschichte realisierbar ist, wenngleich bisher in der Geschichte und der sittlichen und politischen Verfassung der Gegenwart nur »etwas Weniges« von diesem Endzweck realisiert ist. Sie wollen auch zeigen, daß die Verwirklichung dieses innergeschichtlichen Endzwekkes bzw. die Veränderung der bestehenden Welt zum Guten oder wenigstens Besseren hin allein von dem Handeln des Menschen abhängt; denn »die Natur hat gewollt, daß der Mensch alles, was über die mechanische Anordnung seines tierischen Daseins geht, gänzlich aus sich selbst herausbringe und keiner anderen Glückseligkeit oder Vollkommenheit teilhaftig werde, als die er sich selbst, frei von Instinkt, durch eigene Vernunft verschafft hat« (K 4,153). Trotzdem geht es Kant in seinen geschichtsphilosophischen Betrachtungen auch um Perspektiven des Trostes und der Versöhnung, die er freilich nicht Theodizee, sondern bescheidener und anspruchsloser »Rechtfertigung der Natur – oder besser der Vorsehung« nennt.[116]

Eine Theodizee, die authentisch, d. h. glaubwürdig ist, nennt Kant die Auslegung der Zwecke Gottes, in der »Gott durch unsre Vernunft selbst der Ausleger seines durch die Schöpfung verkündeten Willens« (K 6,131) ist. »Eine solche authentische Interpretation« des Willens Gottes angesichts des Übels und des Bösen in der Welt findet Kant im Buche Hiob, »einem alten heiligen Buche allegorisch ausgedrückt« (K 6,131).

Die Größe Hiobs und den Grund seiner späteren Rechtfertigung durch Gott sieht Kant darin, daß er in seinem unverschuldeten Leiden im Gegensatz zu den falschen und unaufrichtigen Freunden an seiner berechtigten Klage festhält und sich bei dieser Klage fragend und drängend an den Gott wendet, den er in seiner

Schöpfung und in seinem Handeln nicht mehr als guten Gott erkennen und anerkennen kann. Hiob spricht, wie er in seiner Situation denkt und denken muß, wenn er vor sich, seinen Freunden und vor Gott aufrichtig sein will. Er verfällt nicht wie seine Freunde dem »Hange zur Falschheit und Unlauterkeit, als dem Hauptgebrechen in der menschlichen Natur« (K 6,134), sondern verwirft die dem Anschein nach fromme Demut seiner Freunde, die durch »falsche Schmeichelei«, um sich bei Gott »durch ihr Urteil in Gunst zu setzen« (K 6,132), ein Wissen vortäuschen, das sie gar nicht besitzen. Der Hiob der Bibel und der Kants beharrt auf dem Recht zur Klage angesichts seines Schicksals und einer unheilen Welt. Er verwirft die Trostgründe, die an seiner konkreten Erfahrung und an der widerspruchsvollen Welt vorbei eine Versöhnung vortäuschen. Wie der Hiob der Bibel seinen religiös und scheinbar fromm argumentierenden Freunden (13,7–9), so bestreitet auch Kant der Theologie und Philosophie seiner Zeit das Recht, angesichts der Erfahrung des Leidens Gott verteidigen und rechtfertigen zu können. In der Bibel schweigt Hiob sieben Tage und sieben Nächte; er gibt alle seine Hoffnung preis und verteidigt nur das, was ihm niemand nehmen konnte: seinen guten Lebenswandel. »Ich habe nichts zu hoffen; doch will ich meine Wege vor ihm verantworten« (13,15). In dieser Aufrichtigkeit sieht Kant den Vorzug des redlichen Mannes. Wegen dieser Aufrichtigkeit kann Gott Hiob rechtfertigen. Gott antwortet zwar nicht auf die Fragen Hiobs, er rechtfertigt sich nicht vor Hiob dadurch, daß er ihm für das unverschuldete Leiden Gründe nennt. »Gott würdigt Hiob« viel mehr, ihm seine unerforschliche Weisheit und Macht in der »schönen« und »abschreckenden« Seite der Schöpfung und seine unerforschlichen Wege in der physischen und moralischen Ordnung der Dinge »vor Augen zu stellen« (K 6,133). Wie für Kant, so ist auch für Hamann die Natur »ein versiegeltes Buch ... ohne die Auslegung seines Geistes und ihres Schöpfers«.[117] Gott redet damit für den Hiob der Bibel und für Hamann und Kant nicht, wie Bloch und in anderer Weise Jung meinen,[118] an dem Menschen vorbei, indem er als der Herr und Schöpfergott seine Allmacht über alle Kreatur demonstriert, und er brüllt ihn nicht in Grund und Boden. Hiob schweigt am Ende, und er gesteht, »nicht etwa frevelhaft, denn er ist sich seiner Redlichkeit bewußt, sondern nur unweislich über Dinge abgesprochen zu haben, die ihm zu hoch sind und die er nicht versteht« (K 6,133). In gleicher Weise deutet auch Hamann den biblischen Text: »Daß Hiob Gottes Gleichnisse durch seinen starken Glauben verstand, sehen wir aus seiner Antwort« (a.a.O. 1,149).

Hiob besitzt die Aufrichtigkeit, die für Kant »das Haupterfordernis in Glaubenssachen« (K 6,134) und die Bedingung eines »freyen Glaubens« ist. Wie sehr Kant in dieser Hiob-Interpretation seine persönliche Überzeugung ausspricht, wird in dem Brief vom 28. 4. 1775 an Lavater deutlich, in dem er von sich sagt, daß er »kein Mittel kennt, was in dem letzten Augenblicke des Lebens Stich hält, als die reineste Aufrichtigkeit in Ansehung der verborgensten Gesinnungen des Herzens und der es mit Hiob vor ein Verbrechen hält Gott zu schmeicheln und innere Bekenntnisse zu thun, welche vielleicht die Furcht erzwungen hat und womit das Gemüth nicht in freyem Glauben zusammenstimmt« (K 9, 139). Diesen »freyen Glauben« sah Kant durch die »Sitten- und Religionslehrer« (K 6,134) seiner Zeit in Frage gestellt: »Hiob würde wahrscheinlicher Weise vor einem jeden Gerichte dogmatischer Theologen, vor einer Synode, einer Inquisition, einer ehrwürdigen Classis, oder einem jeden Oberkonsistorium unserer Zeit (ein einziges ausgenommen) ein schlimmes Schicksal erfahren haben« (K 6,133).

In der im Buch Hiob von Gott selbst durch und in unserer praktischen Vernunft vollzogenen Auslegung und Verkündigung seines Willens sieht Kant die einzige Form einer Theodizee angesichts des Übels und des Bösen in der Welt: die »authentische Theodicee«. Für den Hiob der Bibel und für Kant gibt es keine Erklärung für das Leiden und keine Rechtfertigung Gottes, weder von Seiten des Menschen noch von Seiten Gottes. »Was in dem letzten Augenblicke des Lebens Stich hält« und was die Bedingung der Rechtfertigung durch Gott ist, ist für beide allein der gute Lebenswandel, die Aufrichtigkeit des Herzens. Auch nach Hamann bleibt dem Hiob allein der »Trost eines unschuldigen, redlichen Herzens«.[119] Kant schweigt bezeichnenderweise von dem guten Ende, an dem der Hiob der Bibel alles doppelt wiederbekam, und auch

Kierkegaard wollte im Unterschied zu den »bestellten Tröstern« und »steifen Zeremonienmeistern« »am liebsten von der Zeit vorher«[120] predigen.

Wie Kant, so lehnen aus sehr verschiedenen Gründen z. B. auch Voltaire, Schelling und Hegel, Hamann und Kierkegaard die rationalen Theodizeeprozesse des 18. Jahrhunderts ab. Ihre Kritik macht die Konsequenzen dieser Prozesse für den Gottes- und Weltbegriff und für das sittliche und politische Handeln deutlich, und sie entwickeln andere Perspektiven des Trostes und der Versöhnung angesichts des Übels und des Bösen. Voltaire führt durch seine Ironie und Persiflage auf die beste aller möglichen Welten und die prästabilierte Harmonie die bei Leibniz implizierte und in der Literatur des 18. Jahrhunderts explizierte Ästhetisierung der Theodizee ad absurdum, und er erhebt nach der Zurückweisung der falschen und heuchlerischen Lobpreisungen Gottes und seiner guten Schöpfung wie Hiob Klage wegen des Übels und des Bösen in der Welt.[121] Sowohl die literarischen als auch die philosophisch-theologischen Auseinandersetzungen mit dem Theodizeeproblem sprengen den Schein einer heilen und versöhnten Welt, um in der unversöhnten Wirklichkeit glaubwürdigere Perspektiven der Erlösung und Versöhnung sichtbar zu machen.

Die Argumente von Schelling und Hegel, Hamann und Kierkegaard gegen die rationalen Theodizeeversuche des 18. Jahrhunderts sind im einzelnen zwar sehr verschieden, ebenso ihre eigenen, oft nicht widerspruchsfreien neuen Theodizeen und Lösungsversuche des Problems des Übels und des Bösen. In einem stimmen sie jedoch überein: Im Gegensatz zu Kant sind sie nicht der Überzeugung, daß auf dem Boden der praktischen Vernunft Perspektiven des Trostes und der Hoffnung angesichts des Übels und des Bösen möglich und legitim sind. Schelling und Hegel versuchen, den Mangel an spekulativem Sinn[122] in den rationalen Theodizeeprozessen auf dem Standpunkt eines in verschiedener Weise gedeuteten absoluten Wissens zu überbieten; Hamann und Kierkegaard dagegen bestreiten der Vernunft prinzipiell das Recht, zum Problem des Übels und des Bösen Überzeugendes aussagen zu können.

Dies zeigt sich außer an den expliziten Äußerungen zum Theodizeeproblem auch in ihren verschiedenen Deutungen des Buches Hiob. Schelling beschränkt sich bei seiner Deutung des biblischen Textes allein auf die Rahmenerzählung, d. h. auf das Gespräch zwischen Gott und dem Satan. Ihm geht es um die Funktion des Prinzips des Bösen innerhalb der Geschichte und des Werdens des Absoluten. Ihm geht es also gar nicht um Hiob, sondern um Satan und sein »Verhältniß zu Gott« und seine »hohe Stelle und Funktion in der Schöpfung«. Das Böse deutet Schelling hier wie auch sonst nicht nur als Feind Gottes und des Menschen, sondern auch als »Werkzeug Gottes (a.a.O. 14,249) und als ein »zur göttlichen Oekonomie selbst gehöriges und insofern von Gott anerkanntes Princip« (a.a.O. 14,247), das zur »vollendeten Offenbarung Gottes« (a.a.O. 6,63) und zur Vollendung der Geschichte der Menschheit notwendig ist. Der Satan ist für ihn im Prozeß des Absoluten die Macht, »die, ohne selbst böse zu seyn, dennoch das verborgene Böse hervor- und an den Tag bringt, damit es nicht unter dem Guten verborgen bleibe«. Er ist im Handeln Gottes mit Hiob die Macht, »die gleichsam nothwendig ist, damit das Ungewisse gewiß werde, das Unentschiedene sich entscheide, die Gesinnung sich bewähre« (a.a.O. 14,248).

Auch Hegel geht es bei seiner Deutung des biblischen Textes gar nicht um Hiob und sein Schicksal. Ihn interessiert lediglich die Frage, welche Bedeutung dieses religiöse Dokument für das jüdische Volk und seine Religion innerhalb der Geschichte der Religion überhaupt hat. Hegel geht aus von dem durch das Christentum offenbar gewordenen Stand der absoluten Versöhnung und interpretiert von hier aus die Größe und Grenze des in der Gestalt des Hiob sich manifestierenden Geistes der jüdischen Religion. Für Hegel ist Hiobs »Standpunkt beschränkt« (Rel 2, 1, 75), weil er in seinem Leid lediglich nach den Zwecken Gottes »in Beziehung auf das einzelne Individuum« (Rel 2, 1, 74) und auf die »Zwecke des Wohls des Einzelnen« (Rel 2, 1, 75) fragt. Beschränkt ist für Hegel aber auch der dem Buche Hiob zugrunde liegende Gottesbegriff. Gott offenbart Hiob nur seine Überlegenheit und Allmacht, »blos reine Macht« (Rel 2, 1, 75), und er verlangt von seinem Knecht »absolute Unterwerfung« (Rel 2, 1, 74). Auch das Buch Hiob macht nach Hegels Meinung damit die Grenze des religiösen Geistes des jüdischen Volkes deutlich. Die »Tiefe des Schmerzes ist so allerdings vorhanden, aber mehr als dem einzelnen Individuum angehörig, als daß er als ewiges Moment des Geistes gewußt würde« (Rel 2, 1, 89). Die Hebräer hätten das wahre Wesen des Bösen, des Geistes und der Freiheit noch nicht erfaßt, sie hätten das Böse, den Geist und die Freiheit »nicht in der spekulativen Bedeutung aufgefaßt« (Rel 2, 1, 88). Wie Schelling, so deutet also auch Hegel Hiob nur im Blick auf eine Geschichte des Absoluten, deren Ziel: die absolute Versöhnung und Vollendung von der absoluten Vernunft von vornherein gewußt ist.

Für Hamann und Kierkegaard dagegen gibt es angesichts des Übels und des Bösen keine Vernunfteinsicht, die die Einsicht des Buches Hiob überbieten könnte: »Die Vernunft entdeckt uns nichts mehr, als was Hiob sahe«. Für Hamann ist nicht eine von der spekulativen Vernunft konstruierte Geschichte des Absoluten, sondern die Geschichte Hiobs der Schlüssel zum Verständnis der Geschichte des Menschen und der Menschheit: »Vielleicht finden wir aber in der ganzen Geschichte Hiobs eine Geschichte unseres eigenen Geschlechts und unsers eigenen Elends« (a.a.O. 1,145).

Auch für Kierkegaard ist die im Buche Hiob gegebene Antwort auf das Übel und das Böse in der Welt durch keine »weltliche Weisheit«, die nur »einen Paragraphen über die Vollkommenheit des Lebens vorliest«, zu überbieten. Wie für Hiob, so stellt auch für Kierkegaard »jede menschliche Erklärung . . . nur ein Mißverständnis dar, und alle seine [Hiobs] Not ist im Verhältnis zu Gott für ihn nur ein Sophismus, den er zwar nicht selber zu lösen vermag, angesichts dessen er sich jedoch darauf vertröstet, Gott werde ihn lösen können« (a.a.O. 418). Nirgends gebe es einen adäquateren Ausdruck der Trauer und der Klage als im Buche Hiob: »Nirgends in der Welt hat die Leidenschaft des Schmerzes einen solchen Ausdruck gefunden. Was ist Philoktet mit seinen Klagen, die doch immer an der Erde haften und die Götter nicht entsetzen. Was ist die Situation Philoktets, verglichen mit derjenigen Hiobs« (a.a.O. 415). Hiob ist für Kierkegaard jedoch nicht nur der Zeuge einer authentischen Klage, sondern auch der Zeuge eines aufrichtigen und freimütigen Glaubens an Gott trotz des Übels und des Bösen in der Welt: »Das Große bei Hiob ist

deshalb nicht, daß er gesagt hat: Der Herr hat's gegeben, der Herr
hat's genommen, der Name des Herrn sei gelobt – was er ja auch
zu Anfang gesagt und später nicht wiederholt hat – sondern
Hiobs Bedeutung beruht darin, daß die Grenzstreitigkeiten mit
dem Glauben in ihm ausgekämpft sind, daß jener ungeheure Auf-
stand der wilden und kampflustigen Kräfte der Leidenschaft hier
dargestellt ist« (a.a.O. 421).

Die Frage nach der nachgeschichtlichen Zukunft des Einzelnen und der Menschheit

Die Antworten auf die Fragen nach Tod und Unsterblichkeit und
nach der nachgeschichtlichen Zukunft des Einzelnen und der
Menschheit, die uns durch die religiösen und philosophischen Überlieferungen vermittelt sind, ja diese Fragen selbst sind heute nicht
mehr selbstverständlich. Die Theologie versucht in sehr verschiedener Weise, die biblischen Offenbarungen und ihre Deutungen in
der Theologie- und Kirchengeschichte neu auszulegen und zu vergegenwärtigen. Die Philosophie, die sich neopositivistisch, sprachanalytisch oder strukturalistisch als strenge Wissenschaft versteht,
sowie diejenige, die sich nur noch auf philosophie- und wissen-
schaftsgeschichtliche oder gesellschaftliche und politische Probleme
beschränkt, stellt diese ›bloß privaten‹ Fragen nicht mehr. Die
existentialistischen Reflexionen über den je eigenen bzw. den absurden Tod und die neuen Hoffnungen, die angesichts des Todes
für den Einzelnen und für die Menschheit, z. B. im Anschluß an
Marx und an Evolutionstheoretiker vorgetragen werden, können
das kritische Subjekt im Ernst nicht befriedigen.
In dieser Situation sind Kants Betrachtungen und Überlegungen
über diese Fragen von einigem Interesse; denn auch schon Kant
wandte sich diesen Fragen unter der spezifisch modernen Bedingung zu, daß die kritische Vernunft nur diejenigen überlieferten
Antworten als glaubwürdige Antworten anerkennen kann, die
glaubwürdige Antworten auf gegenwärtige Fragen geben. Hieraus ergibt sich für Kant zweierlei:
Die kritische Vernunft, die sich den überlieferten Antworten zu-

wendet, muß einerseits prinzipiell offen sein für »ein ihr fremdes Angebot, das nicht auf ihrem Boden erwachsen, aber doch hinreichend beglaubigt ist« (K 5,131) – selbst dann, wenn sie sich von dieser Auskunft »keinen (als bloß negativen) Begriff machen« (K 6, 411) kann. Eine Vernunft, die z. B. von dem Standpunkt einer Philosophie als strenger Wissenschaft oder als Transzendentalphilosophie aus von vornherein bestimmte Fragen als unwissenschaftliche Fragen ausklammert, kann selbstverständlich zu der Frage nach der nachgeschichtlichen Zukunft des Einzelnen und der Menschheit keine Stellung nehmen. Kant verstellt sich nicht durch einen bestimmten Wissenschaftsbegriff von vornherein den Blick für diese Fragen. Er wendet sich vielmehr bei der Erörterung dieser Frage der »Weisheitslehre« und der »Philosophie, in der Bedeutung, wie die Alten das Wort verstanden« (K 5,118) zu. Er wendet sich jedoch auch den in der Bibel, in den religiösen Überlieferungen aller Völker und »vornehmlich in der frommen Sprache« (K 6,411) vermittelten Auskünften zu und befragt sie nach dem, was sie über Tod und Unsterblichkeit, das »Ende aller Dinge«, den »letzten Zweck Gottes in Schöpfung der Welt« (K 5, 141), den »jüngsten Tag«, »das jüngste Gericht«, »die Schöpfung eines neuen Himmels und einer neuen Erde« (K 6,412) und anderes aussagen.

Die kritische Vernunft kann und darf jedoch andererseits nicht »allem Unsinn oder Wahnsinn der Einbildungskraft« und allen Schwärmereien oder »leeren Vernünfteleien« (K 5,131) zustimmen, die uns in der religiösen und philosophischen Überlieferung vermittelt sind. »Mahomets Paradies, oder der Theosophen und Mystiker schmelzende Vereinigung mit der Gottheit, so wie jedem sein Sinn steht, würden der Vernunft ihre Ungeheuer aufdringen, und es wäre ebenso gut, gar keine zu haben, als sie auf solche Weise allen Träumereien preiszugeben« (K 5,131). Nur diejenigen Auskünfte kann also die kritische Vernunft als glaubwürdig anerkennen, denen sie eine freie und begründete Zustimmung geben kann.

Wenn man demnach Kants Betrachtungen über die nachgeschichtliche Zukunft des Einzelnen und der Menschheit angemessen interpretieren will, muß man von den von ihm selbst formulierten Voraussetzungen und Bedingungen ausgehen. Auch in diesem Punkt wird sich zeigen, daß Kant nicht von den durch die Aufklärung und seither fixierten Alternativen ausgeht. Was nach Kants Überzeugung für die kritische Vernunft glaubwürdige Auskünfte der Überlieferung sind, zeigen seine Betrachtungen (1.) über den Tod und die nachgeschichtliche Zukunft des Einzelnen und der Menschheit und (2.) über das radikal Böse und das Reich Gottes.

1.) Bei seinen Betrachtungen über den Tod in seiner Schrift über das ›Ende aller Dinge‹ (1794) geht Kant von dem in der »frommen Sprache üblichen Ausdruck« aus, mit dem man einen sterbenden Menschen sprechen läßt: »Er gehe aus der Zeit in die Ewigkeit«. Dieser Ausdruck ist für Kant nur dann sinnvoll, wenn man a) voraussetzt, daß der Tod für den Menschen wirklich das Ende aller für das menschliche Leben konstitutiven Zeit und Geschichte bedeutet, und wenn man daher die Ewigkeit nicht als »eine ins Unendliche fortgehende Zeit«, sondern als »Ende aller Zeit«, als etwas von Zeit und Geschichte qualitativ Verschiedenes und damit als etwas für unsere Vernunft prinzipiell Unzugängliches denkt.[123] Der Ausdruck hat für ihn b) nur dann einen Sinn, wenn er zugleich nicht das absolute Ende des Menschen, sondern eine »ununterbrochene Fortdauer des Menschen« voraussetzt, von der wir uns freilich keinen Begriff machen können.[124]
Der Gedanke des Todes enthält für Kant damit unaufhebbar zwei Momente: das Ende des Menschen in Zeit und Geschichte und die Fortdauer des Menschen als Person in der Ewigkeit. Beides kann der Mensch zwar nicht begreifen oder gar erklären, beides kann er jedoch auch nicht aufhören zu bedenken – zumindest nicht »unter allen vernünftelnden Völkern, zu allen Zeiten«:[125]

»Dieser Gedanke hat etwas Grausendes in sich: weil er gleichsam an den Rand eines Abgrunds führt, aus welchem für den, der darin versinkt, keine Wiederkehr möglich ist (...); und doch auch etwas Anziehendes: denn man kann nicht aufhören, sein zurückgeschrecktes Auge immer wieder darauf zu wenden (...). Er ist furchtbar-erhaben: zum Teil wegen seiner Dunkelheit, in der die Einbildungskraft mächtiger als beim hellen Licht zu wirken pflegt. Endlich muß er doch auch mit der allgemeinen Menschenvernunft auf wundersame Weise verwebt sein: weil er unter allen vernünftelnden Völkern, zu allen Zeiten, auf eine oder andere Art eingekleidet, angetroffen wird« (K 6,411).

In dieser Deutung des in dem religiösen Sprachgebrauch seiner Zeit und in den Überlieferungen aller »vernünftelnden Völker« enthaltenen Gedankens über den Tod wird deutlich, was Kant im Sinne des traditionellen und zeitgenössischen Sprachgebrauchs ›Unsterblichkeit der Seele‹ nennt. Auf seinem tanszendentalphilosophischen Standpunkt nennt er die ›Unsterblichkeit der Seele‹ ein Postulat der reinen praktischen Vernunft, d. h. er deutet sie als eine Erkenntnis, die auch schon dem sittlich Handelnden als eine Bedingung des Handelns a priori einsichtig zu machen ist. Das bedeutet für Kant jedoch nicht, daß hiermit bereits alles ausgesagt ist, was im religiösen Sprachgebrauch und in der Überlieferung mit dem Theorem ›Unsterblichkeit der Seele‹ bezeichnet ist.[126] Es bedeutet für ihn jedoch vor allem nicht, daß die Vernunft auch ohne diesen Sprachgebrauch und ohne diese Überlieferung über diesen Gegenstand Befriedigendes zu sagen vermag.

Dies wird an mehreren Aussagen Kants deutlich. Für ihn bedeutet der Gedanke der ›Unsterblichkeit der Seele‹ z. B. die »tröstende Hoffnung, wenngleich nicht Gewißheit« (K 5,134), daß der Tod nicht das absolute Ende des Menschen ist, sondern daß es für den Menschen eine freilich unerkennbare »ununterbrochene Fortdauer des Menschen«, genauer eine »ins Unendliche fortdauernde Existenz und Persönlichkeit desselben vernünftigen Wesens« (K 5, 133) gibt. Dieser Gedanke bedeutet für den sittlich Handelnden ferner die begründete Hoffnung, daß in der zukünftigen Vollendung und Glückseligkeit des Reiches Gottes »meine eigene Glückseligkeit mit enthalten« (K 5,141) ist. Diese und andere Aussagen zeigen, daß es Kant bei seiner Betrachtung über die ›Unsterblichkeit der Seele‹ gar nicht um die Unsterblichkeit der Seele im Sinne einer im Tod vom Leib ablösbaren unzerstörbaren menschlichen Geistseele geht, sondern um die Unzerstörbarkeit der einzelnen Person, Persönlichkeit, Subjektivität oder wie man dies auch immer nennen mag.

Nur so ist Kants Kritik an Plato und den orientalischen und östlichen Religionen verständlich. Den zeitweise von Plato und vor allem vom Platonismus in der Theologie und Philosophie vertretenen Dualismus zwischen einem bösen und sündigen Leib und seinen Trieben und der göttlichen Seele und die »widrigen zum Teil ekelhaften Gleichnisse«, mit denen sich weise dünkende Philosophen des Ostens, »auch sogar Plato«, die Erde als einen »Ort der Züchtigung und Reinigung gefallener, aus dem Himmel verstoßener Geister« (K 6,413) vorgestellt haben, lehnt Kant ausdrücklich und entschieden ab. Ebenso lehnt er die Vorstellungen derjenigen ab, die, wie z. B. Aristoteles, mit der Lehre von der ›Unsterblichkeit der Seele‹ eine angeblich unpersönliche ewige Geistseele, und nicht die Unzerstörbarkeit der einzelnen Person verteidigen wollen. Die chinesische Philosophie, den »Pantheism«, »Spinozism« und das »Emanationsystem« verurteilt Kant als ein »Ungeheuer von System«, weil dieses den Menschen »durch Vernichtung seiner Persönlichkeit« und »durch das Zusammenfließen« mit dem »Abgrund der Gottheit« (K 6,420) das höchste Gut und die ewige Ruhe verspricht.

Kants Deutung der ›Unsterblichkeit der Seele‹ als Unzerstörbarkeit der Person, an der er trotz des Endes des konstitutiv an Zeit und Geschichte gebundenen menschlichen Lebens im Tode glaubt festhalten zu können und zu müssen, und seine Kritik der bloß mythischen und vernünftelnden Elemente der religiösen und philosophischen Überlieferung unterscheidet sich damit in entscheidender Weise von vielen Deutungen der ›Unsterblichkeit der Seele‹, die im 18. Jahrhundert ausgebildet wurden. Zur Verdeutlichung von Kants Auffassung sei auf einige Unterschiede kurz hingewiesen.

Von den Deisten, z. B. von Reimarus[127] und Moses Mendelssohn, unterscheidet sich Kant vor allem dadurch, daß er nicht über eine vom Leib ablösbare Geistseele und über das, was nach dem Tode sein wird, metaphysische Spekulationen anstellt, sondern daß er lediglich den Gedanken der Unzerstörbarkeit der Person und ihrer Fortdauer verteidigt. Von den Deisten unterscheidet er sich ferner dadurch, daß er bei seinen Betrachtungen über die nachgeschichtliche Zukunft nicht von Metaphysik, sondern von einer Hoffnung spricht, die für die durch die Überlieferung »erleuchtete praktische Vernunft« (K 6,421) glaubwürdig ist. Die rationalistische Mißdeutung Platos und die Philosophie des 18. Jahrhunderts hatten versucht, »die metaphysischen Beweistümer nach dem Geschmack unserer Zeiten einzurichten«.[128] Sie berief sich dabei auf Plato, »einen Heiden«, um sich »auf die Offenbarung nicht einlassen«[129] zu müssen. Kant dagegen beruft sich bei aller Kritik an den unvernünftigen Elementen der religiösen und philosophischen Überlieferung ausdrücklich auf die durch das Christentum vermittelten Antworten.

In der Deutung der ›Unsterblichkeit der Seele‹ stimmt Lessing in vielen Punkten mit Kant überein. Lessing hat sicherlich an den Stellen, an denen er von der »Hypothese« spricht, daß »jeder einzelne Mensch ... mehr als einmal auf dieser Welt vorhanden gewesen sein« (L 8,614) könnte, nach seiner eigenen Unterscheidung nicht δογματικῶς gesprochen. Schon die Art und Weise, wie Lessing in den letzten Paragraphen der ›Erziehung des Menschengeschlechts‹ diese Hypothese vorträgt – sie alle sind als Fragesätze formuliert –, läßt darauf schließen, daß er hier nicht seine bestimmte Überzeugung ausspricht. Lessing stimmt zumindest auch darin mit Kant überein, daß »Christus der erste zuverlässige, praktische Lehrer der Unsterblichkeit der Seele« (L 8,605) ist. Auch für ihn ist wie für Kant die ›Unsterblichkeit der Seele‹ keine Frage der »philosophischen Spekulation«, sondern des sittlichen Handelns: »Denn ein anders ist, die Unsterblichkeit der Seele, als eine philosophische Spekulation, vermuten, wünschen, glauben: ein anders, seine innern und äußern Handlungen darnach einrichten«. Sicherlich gehört für Lessing auch schon vor Christus der Gedanke der Unsterblichkeit zu den religiösen Lehren mancher Völker. Doch »eine innere Reinigkeit des Herzens in Hinsicht auf ein andres Leben zu empfehlen, war ihm [Christus] allein vorbehalten« (L 8,606). Trotz mancher Übereinstimmungen scheint es für Lessing jedoch keinen Begriff der Person zu geben, von dem aus er wie Kant von der Fortdauer und der Unzerstörbarkeit der einzelnen Person nach dem Tode sprechen könnte.

Für Herder ist trotz seiner religiösen Redeweise eine Unzerstörbarkeit der Person nach dem Tode im Ernst nicht einmal denkbar. Er kritisiert die abstrakten Spekulationen der Deisten und Metaphysiker über eine vom Leib und der Materie ablösbare reine Geistseele – »Einen Geist, der ohne und außer aller Materie wirkt, kennen wir nicht«[130] –, und er bestreitet, daß der Mensch ein »selbständiges Wesen« (a.a.O. 13,253) ist. Der Blick auf die Natur und Geschichte zeigt nach seiner Meinung, daß der Mensch im Verhältnis zu diesem Ganzen nur eine »Ameise« (a.a.O. 5,531), ein »Insekt« (a.a.O. 5,559), eine »kleine Woge« (a.a.O. 5,581), ein »kleines blindes Werkzeug« (a.a.O. 5,532) ist. Wo Herder, wie vor allem in den ›Ideen‹, die Natur und die Geschichte als Stufen des Entwicklungsprozesses der einen Kraft deutet, die sich nach ein und demselben Gesetze vom anorganischen Sein bis zum Menschen zu immer höheren und komplizierteren Organisationsformen bildet und wieder auflöst, um sich schließlich zu dem für uns unbekannten übermenschlichen und übergeschichtlichen Reich unsichtbarer Kräfte fortzuentwickeln, da ist auch der Mensch nur eine verschwindende Gestalt: »Ich bins, in dem die Schöpfung sich punktet« (a.a.O. 29,444), genießt und wieder auflöst – ebenso wie die Erde, die »nur ein Mittelklang, ein leiser Übergang« (a.a.O. 29,559) innerhalb der unendlichen Harmonie der Sphären ist. Wo Herder gesellschaftlich und politisch argumentiert, da deutet er, beeinflußt von seinem Freund von Einsiedel[131], ebenso wie später die Linkshegelianer den Unsterblichkeitsglauben als ein Wunschgebilde und einen Trost für diejenigen, die im Diesseits unerfüllt und unglücklich sind oder sich aus Trägheit oder Verblendung weigern, das »Himmelreich hier auf Erden« (a.a.O. 14, 568) zu bauen.

Kant hält im Unterschied zu vielen seiner ›aufgeklärten‹ Zeitgenossen an der »tröstenden Hoffnung« auf die Unzerstörbarkeit der Person und auf die Glückseligkeit als ein wesentliches Moment des höchsten Gutes fest. Diese Hoffnung scheint uns heute auf den ersten Blick aus vielen Gründen keine glaubwürdige Perspektive des Trostes mehr zu bieten. Nicht nur die Philosophie, sondern auch die Theologie kritisiert heute mit Recht die illegitime Privatisierung und Subjektivierung der christlichen Verheißungen durch den Pietismus und die Romantik. Die Theologie sieht zwar nicht wie die Linkshegelianer und der junge Marx im Blick auf die ewige Gattungsnatur des Menschen in dem Wunsch nach Unsterblichkeit das schlechthin Böse, das »Beharren der Einzelheit in sich«[132], das »nude empirische Ich, die Selbstliebe« (a.a.O. 1,98), die darin besteht, »daß der einzelne in seine empirische Natur gegen seine ewige Natur sich verschließt« (a.a.O. 1,92). Sie kritisiert heute jedoch zu Recht die ›bürgerliche‹ Reduzierung der christlichen Verheißungen allein auf das private Heil, und sie macht auch auf die gesellschaftlichen und politischen Implikamente der biblischen Verheißungen und ihre Konsequenzen für die gegenwärtige Welt aufmerksam.

Die theologische und philosophische Kritik der Romantik und des Idealismus trifft jedoch nicht Kant. Sein Personbegriff unterscheidet sich von dem des Pietismus, der Romantik und des neueren Personalismus. Kant wird daher von dem Personalismus auch mit Recht nicht zu seinen Vorläufern und Ahnherren gerechnet. Kants Kritik des Pietismus und der zeitgenössischen Mystik, des Eudämonismus in der zeitgenössischen Ethik und Theologie richtet sich gegen den Begriff der Person und Subjektivität, der im Grunde durch die Selbstliebe im Sinne des amour propre definiert ist.

Trotz dieser Kritik hält Kant jedoch an der Hoffnung auf die Unzerstörbarkeit der Person und auf die Glückseligkeit angesichts des Todes fest. Er ist der Überzeugung, daß die Person, seitdem sie durch das Christentum »in der Welt als Zweck an sich betrachtet« wird, in legitimer Weise auch auf die eigene Glückseligkeit in einem anderen Leben hoffen darf, wenn sie sich dieser durch ein sittliches Handeln würdig zu machen versucht hat. Daher ist für Kant auch das oberste Gut der »Alten« »nicht das ganze und vollendete Gut« des »Gegenstandes des Begehrungsvermögens vernünftiger endlicher Wesen; denn um das zu sein, wird auch Glückseligkeit dazu erfordert und zwar nicht bloß in den parteiischen Augen der Person, die sich selbst zum Zwecke macht, sondern selbst im Urteile einer unparteiischen Vernunft, die jene überhaupt in der Welt als Zweck an sich betrachtet. Denn der Glückseligkeit bedürftig, ihrer auch würdig, dennoch aber derselben nicht teilhaftig zu sein, kann mit dem vollkommenen Wollen eines vernünftigen Wesens ... gar nicht zusammen bestehen« (K 5,120 bis 121).

Für den Menschen, der sich geschichtlich als Person und Subjektivität erkannt hat, gibt es nach Kant auf Grund der christlichen Überlieferung eine begründete Hoffnung auf eine nachgeschichtliche Zukunft. Was der Mensch post Christum natum im Letzten erhofft und erhoffen darf, kann nicht a priori ermittelt, »nicht analytisch erkannt werden« (K 5,123). Es ist nach Kant auch nicht von der »Weisheitslehre« und Philosophie der »Alten« erkannt worden. Die Stoiker hätten zwar die Tugend zum letzten und höchsten Ziel des Menschen erklärt, sie hätten aber »das zweite Element des höchsten Gutes, eigene Glückseligkeit« (K 5, 138), nicht gekannt. Erst das »christliche Prinzip der Moral« habe die Voraussetzung dafür geschaffen, daß sich der Mensch dieses höchste Gut »zum letzten Gegenstand alles Verhaltens« (K 5,140) machen kann, ja sie fordert es von ihm.

Das bedeutet für Kant jedoch nicht, daß der Mensch nun in einer schwärmerischen Eschatologie die konkreten Ziele und Pflichten des sittlichen und politischen Handelns überspringen darf. Im Gegenteil. Kants ganze Kritik des Pietismus und der zeitgenössischen Theologie richtet sich gegen eine solche vermeintlich theologisch begründete »Verwüstung« der Moral und der Sittlichkeit. Er unterscheidet daher das »höchste Gut«, das ich erhoffen darf, von dem »praktischen Gut«, das ich durch mein Handeln verwirklichen muß. Gerade um der Erlangung des letzten und höchsten Gutes willen sei der Mensch verpflichtet, »uneigennützig«, nicht aus »Furcht oder Hoffnung« (K 5,140) für seine eigene Glückseligkeit, für Belohnung oder Bestrafung, das Gute zu tun. Die Achtung und freie und vernünftig begründete Zustimmung zu dem moralischen Gesetz sei Aufgabe und Pflicht des Menschen. »Daher ist auch die Moral eigentlich nicht die Lehre, wie wir uns glücklich machen, sondern wie wir der Glückseligkeit würdig werden sollen« (K 5,141).

»Denn wir sehen doch nichts vor uns, das uns von unserm Schicksal in einer künftigen Welt itzt schon belehren könnte, als das Urteil unsers eignen Gewissens, d. i. was unser gegenwärtiger moralischer Zustand, soweit wir ihn kennen, uns darüber vernünftigerweise urteilen läßt: daß nämlich, welche Prinzipien unsers Lebenswandels wir bis zu dessen Ende in uns herrschend gefunden haben (sie seien die des Guten oder des Bösen), auch nach dem Tode fortfahren werden es zu sein; ohne daß wir eine

Abänderung derselben in jener Zukunft anzunehmen den mindesten Grund haben. Mithin müßten wir uns auch der jenem Verdienst oder dieser Schuld angemessenen Folgen, unter der Herrschaft des guten oder des bösen Prinzips, für die Ewigkeit gewärtigen; in welcher Rücksicht es folglich weise ist, *so* zu handeln, *als ob* ein andres Leben und der moralische Zustand, mit dem wir das gegenwärtige endigen, samt seinen Folgen, beim Eintritt in dasselbe unabänderlich sei« (K 6,414).

Der Mensch kann und darf demnach nicht auf Gottes Gnade rechnen. Er kann und darf jedoch auf den Gott hoffen, der nicht willkürlich, sondern verläßlich ist, der unser ewiges Heil nicht nach willkürlichen, sondern nach den sittlichen Gesetzen beurteilt, die allen vernünftigen Wesen in ihrem Gewissen, in ihrer praktischen Vernunft, einsichtig und gegeben sind. Er kann und darf auf den gnädigen Gott hoffen, so daß, »wenn wir so gut handeln, als in unserem Vermögen ist, wir hoffen können, daß, was nicht in unserem Vermögen ist, uns anderweitig werde zustatten kommen, wir mögen nun wissen, auf welche Art, oder nicht« (K 5,139 Anm.).

2.) Wenn der Mensch, der durch das Christentum um die Unzerstörbarkeit seiner Person weiß, über die nachgeschichtliche Zukunft des Menschen und der Menschheit Befriedigendes sagen will, muß er nach Kant über das radikal Böse und das Reich Gottes sprechen.[133] Wie sehr sich Kants Deutung des radikal Bösen von den zeitgenössischen Deutungen des Bösen unterscheidet, zeigt nicht nur der energische Protest von Goethe[134], sondern auch ein Blick auf die zeitgenössischen Sündenfalltheorien.[135] An der Art und Weise, wie im 18. Jahrhundert der Mensch die für ihn ›skandalöse‹ biblische Geschichte vom Sündenfall um- bzw. weginterpretiert, zeigt sich besonders deutlich, wie er sich selbst verstand. An dieser Um- bzw. Weginterpretation beteiligen sich im 18. Jahrhundert in Deutschland Theologen und Deisten, Geschichts- und Naturforscher, und wohl nichts beweist deutlicher die damals herrschende Überzeugung von der »gesunden Vernunft« und von der unverdorbenen menschlichen Natur als diese Gemeinsamkeit der sonst so verschiedenen, ja entgegengesetzten Positionen.
Wie sehr die Neologie den Offenbarungsinhalt der Paradieseserzählung preisgab, erkennt man zum Beispiel an den Deutungen

von Michaelis und Jerusalem. Nach Michaelis meint der in dem biblischen Text genannte Baum des Lebens einen Baum mit heilsamen Früchten und der Baum der Erkenntnis einen mit giftigen Früchten. Gottes Gebot bedeutet für ihn im Grunde nichts anderes als eine Warnung vor dem Genuß dieser giftigen Früchte. Der Sündenfall reduziert sich hiernach auf eine für die Vernunft plausible physiologisch-psychologische Konstitutionsänderung des Menschen, deren natürliche Vererbung man mit dem Begriff der Erbsünde bezeichnet: Der Mensch aß von dem Baum der Erkenntnis mit den giftigen Früchten. Hierdurch verhärteten sich seine Gefäße, so daß er sterblich wurde. Hierdurch verstärkten sich seine sinnlichen Triebe, so daß seine Vernunft seitdem mit der Sinnlichkeit kämpfen muß. Allerdings sind dem Menschen nach Michaelis »in der Geburt viele Triebe zum Guten eingepflanzet«[136], so daß er durch richtige Erziehung trotzdem der Vernunft gemäß tugendhaft leben kann und die Paradieseserzählung für die Vernunft kein Skandalon mehr ist. Jerusalem geht in seiner rationalistischen Deutung einen Schritt weiter. Er erklärt, daß die Lehre von einer aus dem Urstand gefallenen Vernunft der »gesunden Vernunft« und dem Begriff eines weisen und gütigen Gottes widerspricht. Diese Lehre sei daher »für die Vernunft nicht einen Augenblick tragbar« (a.a.O. 139). In ihr sei die menschliche Natur »zu schwarz gesehen« (a.a.O. 140).

Wenn Michaelis und Jerusalem der Paradieseserzählung auch noch eine gewisse pädagogische und moralische Bedeutung zugestehen und wenn sie auch noch den Offenbarungsbegriff festhalten, so kann das doch den Bruch mit der christlichen Überlieferung nicht mehr verschleiern. Zur offenen und scharfen Kritik an dem theologischen Gehalt der Paradieseserzählung kommt es bei den Deisten Gamborg und Reimarus. Ausgehend von dem, was die »gesunde Vernunft« für vernünftig, moralisch und für Gottes würdig hält, erklärt Gamborg die Erzählung für eine falsche Deutung der Isis-Osiris-Erzählung – »eine kauderwälsche Erklärung einer ägyptischen Bilderschrift«. Den Inhalt der Paradieseserzählung hält er für »nonsens«, »Galimathias« und »ganz und gar gegen alle vernünftigen Begriffe des höchsten Wesens« (a.a.O. 38). Reimarus versucht im einzelnen nachzuweisen, daß die Paradieseserzählung, wenn man sie ernst nimmt, für »Gott höchst unanständig« (a.a.O. 163) ist, weil sie »alle Begriffe und Grundsätze einer menschlichen Moral umkehrt«, weil sie geradezu eine Gotteslästerung darstellt und der »Wahrheit, Weißheit, Güte, Gerechtigkeit, Heiligkeit, Liebe und dem Erbarmen« (a.a.O. 141) Gottes widerspricht. Der Bruch mit der christlichen Überlieferung ist damit offenbar:

»Eine vernünftige Religion muß vor allen Dingen in jeder sogenannten Offenbarung der Grund- und Prüf-Stein werden, als welche gewiß durch die Natur von Gott abstammet. Mithin muß uns auch ein ungehinderter Gebrauch der gesunden Vernunft und ihrer Regeln leiten. Ohne Vernunft und deren Gebrauch wären wir, wie das Vieh, gantz und gar keiner Religion fähig; und selbst die wahre Offenbarung wäre uns so unnütz, als wenn Ochsen und Eseln das Evangelium gepredigt würde. Es ist selbst der Vernunft gemäß, nichts darum bloß verworffen, weil es über unseren Begriff geht; aber hergegen, wenn eine vorgegebene Offenbarung etwas enthält, was sich selbst klar und deutlich wiederspricht, oder das andere unwiedersprechliche Wahrheiten, besonders die unendliche Vollkommenheit Gottes, seine Weißheit, Vorsehung, Güte und Allmacht, seine ewigen Regeln des Natur- und Sitten-Gesetzes aufhebt: so mag auch ein Engel vom Himmel her Prediger eines solchen Evangelii seyn, wir können ihm dennoch unmöglich glauben« (a.a.O. 90).

Die Vernunft verteidigt bei Gamborg und Reimarus noch gegen die theologische Deutung der Paradieseserzählung ihren eigenen vernünftigen Begriff des Menschen und Gottes. Für andere Positionen jedoch, die die Metaphysik des Deismus preisgegeben haben, wird nicht nur die Annahme eines theologischen, sondern auch die eines philosophischen und vernünftig-moralischen Gehaltes der Paradieseserzählung schlechthin sinnlos. Nach der Deutung der ›mythischen Schule‹ von Eichhorn, Gabler und Bauer[137] berichtet die Paradieseserzählung zwar von einem wirklichen Geschehen: Die ersten Menschen beobachteten, wie ein Tier von der Frucht eines Baumes fraß und starb. Diese Menschen erlebten jedoch auf Grund ihrer primitiven mythischen Vorstellungen dieses wirkliche Geschehen auf mythische Weise. Gottes Gebot und der Sündenfall bestanden nicht in der Wirklichkeit, sondern nur in der Einbildung der primitiven Menschen und in ihrem falschen Bewußtsein. Gegenstandslos, ja sinnlos ist auch für von Einsiedel eine theologische und philosophische Deutung der Paradieseserzählung sowie die Frage nach dem Ursprung des Bösen und der gefallenen Vernunft überhaupt. Wenn, wie er voraussetzt, die Natur nicht mehr vernünftig und teleologisch geordnet ist, wenn die Natur nicht mehr auf den Menschen als ihren Endzweck ausgerichtet ist, wenn die Erkenntnis des Menschen und seine geistigen und sittlichen Maßstäbe der außermenschlichen Natur unangemessen sind, so ist die auch noch im 18. Jahrhundert von der Theologie und Philosophie gestellte Frage nach dem Ursprung des Bösen und des Übels eine sinnlose Frage:

»Die Frage über den Ursprung des moralischen Übels ist blos durch Religionsmeinungen so schwer auflöslich worden. Ohne vorgefaßte Meinungen wird die Bösartigkeit der Menschen und ihre Borniertheit ebenso gut zu einer fehlerhaften Organisation wie jede körperliche Unvollkommenheit. Aber da man dem Daseyn des Menschen einen hohen Zweck angedichtet und einen Grund hat wissen wollen, warum der Mensch so ist, wie er ist, so hat man auf Irrthum kommen müssen, weil kein höherer Grund als die Existenz existiert, wenn man nicht auf die Kräfte der Elemente, die für uns verschlossen sind, zurückgehen will. Die Frage über die Bösartigkeit des Menschen ist nicht verständiger, als wenn man fragt, warum die Eicheln keine Weinbeeren?«[138]

Herders frühe Deutung der Paradieseserzählung in einem Brief an Hamann aus dem Jahre 1768[139] hat mit den Deutungen dieser Erzählung im 18. Jahrhundert manches gemeinsam – vor allem dies, daß sie sie nicht als ein Glaubenszeugnis des Alten Testaments und nicht theologisch versteht. Sie unterscheidet sich jedoch von diesen Deutungen dadurch, daß sie in dieser Erzählung einen Leitfaden zu einer Geschichtsphilosophie sieht. Nach Herder hat der Verfasser mit seiner Erzählung in Adam als Typus und Figur die Entwicklung des Einzelnen und die des ganzen Menschengeschlechtes vom ursprünglichen Zustand zum gesellschaftlich-geschichtlichen Zustand deuten wollen: »Die Natur Adams unsre Natur, seine Geschichte der Inhalt der Welt, unsres Geschlechts ganzer Knote«.[140] »Dich selbst, deine fortgehende, wachsende Lebensalter, mit Bildung und Mißbildung, dein Geschlecht, seine ganze Geschichte, alles wirst du in Adam finden, und in dem kleinen Umlauf, der ihm ward« (a.a.O. 7,115). Die Paradieseserzählung ist deshalb für Herder der Schlüssel zum Verständnis der ganzen Geschichte, Faden im Labyrinth der Geschichte der Völker.[141] Der Mensch mußte das Risiko auf sich nehmen, »außer seinen Schranken, sich zu erweitern, Erkenntn. zu sammeln, fremde Früchte zu genießen, andern Geschöpfen nachzuahmen, die Vernunft zu erhöhen, und selbst ein Sammelplatz aller Instinkte, aller Fähigkeiten, aller Genußarten seyn zu wollen, zu seyn wie Gott (nicht mehr ein Thier) u. zu wißen p.«.[142] Der ›Sündenfall‹ war also notwendig, wenn der Mensch Mensch und nicht mehr Tier sein sollte.

In der typologischen und figuralen Deutung Adams und des ganzen Alten Testaments überhaupt stimmt Herder mit Hamann überein. Hamann schreibt z. B.: »Der hieroglyphische Adam ist die Historie des ganzen Geschlechts im symbolischen Rade«.[143] Die Unterschiede zwischen Hamann und Herder bei der Deutung der Paradieseserzählung und des Alten Testaments überhaupt sind jedoch größer, als Hamann, vor allem aber als Herder selbst bewußt war. Hamann deutet das gesamte Alte Testament typologisch im Horizont des Christusgeschehens, Herder dagegen deutet die Paradieseserzählung im Horizont der Entwicklung der Natur. Er lehnt, wie er später ausdrücklich erklärt, einen theologischen Gebrauch des Typusbegriffs ab.[144] Es ist daher verständlich, daß Hamann trotz seiner positiven Beurteilung der »Neuesten Auslegung der ältesten Urkunde« Herders frühe Deutung der Paradieseserzählung als eine noch auf dem Boden Rousseaus stehende Deutung kritisiert.[145]

Während die »gesunde Vernunft« im 18. Jahrhundert das für sie Skandalöse in der Geschichte ihres eigenen Falls in der Paradieseserzählung weginterpretiert, geht es Fichte, Schelling, Hegel, Oetinger, Baader und anderen[146] – freilich in sehr verschiedener Weise – in ihren Sündenfalltheorien um eine Genealogie der Freiheit und Vernunft, der Gesellschaft und der Geschichte aus einem der Freiheit und Vernunft, der Gesellschaft und Geschichte vorhergehenden Grund: der Natur, dem Absoluten, dem absoluten Geist. Diese Genealogie lehnen Marx und Kierkegaard ab. Beide kritisieren im Jahre 1844 – Marx in den ›Ökonomisch-philosophischen Manuskripten‹, Kierkegaard in seiner Schrift ›Der Begriff der Angst‹ – sowohl die rationalistischen als auch die idealistischen Sündenfalltheorien.[147]

Marx vergleicht einmal die »ursprüngliche Akkumulation« mit dem Sündenfall.[148] Für ihn ist jedoch eine theologische und philosophische Erklärung der menschlichen Entfremdung durch einen Sündenfall aus einem »erdichteten Urzustand« prinzipiell sinnlos: »Ein solcher Urzustand erklärt nichts. Er schiebt bloß die Frage in eine graue, nebelhafte Ferne. Er unterstellt in der Form der Tatsache, des Ereignisses, was er deduzieren soll, nämlich das notwendige Verhältnis zwischen zwei Dingen, z. B. zwischen Teilung der Arbeit und Austausch. So erklärt die Theologie den Ursprung des Bösen durch den Sündenfall, d. h. er unterstellt als ein Faktum, in der Form der Geschichte, was er erklären soll« (a.a.O. 1, 560).

Für Marx zeigt sich an den rationalistischen und idealistischen Sündenfalltheorien besonders deutlich, daß »die große historische Weisheit der Deutschen«, die »historische Spekulation« der Philosophie über den Ursprung der Geschichte aus dem Ur- oder Naturzustand bzw. aus der Vorgeschichte keine wissenschaftliche Erklärung ist:

»Hieran zeigt sich sogleich, wes Geistes Kind die große historische Weisheit der Deutschen ist, die da, wo ihnen das positive Material ausgeht und wo weder theologischer noch politischer noch literarischer Unsinn verhandelt wird, gar keine Geschichte, sondern die ›vorgeschichtliche Zeit‹ sich ereignen lassen, ohne uns indes darüber aufzuklären, wie man aus diesem Unsinn der ›Vorgeschichte‹ in die eigentliche Geschichte kommt – obwohl auf der andern Seite ihre historische Spekulation sich ganz besonders auf die ›Vorgeschichte‹ wirft, weil sie da sicher zu sein glaubt vor den Eingriffen des ›rohen Faktums‹ und zugleich weil sie hier ihrem spekulierenden Triebe alle Zügel schießen lassen und Hypothesen zu tausenden erzeugen und umstoßen kann«.[149]

Wie Marx so verwirft auch Kierkegaard die rationalistischen und idealistischen Sündenfalltheorien und Erklärungen des Ursprungs des Bösen und der Geschichte. Gegen Hegel, der nach seiner Meinung die Logik und die Ethik verwischt und das Böse nur als ein negatives Entwicklungsmoment anerkennt, betont Kierkegaard: Die Sünde ist »Gegenstand der Predigt, wo der Einzelne als der

Einzelne zum Einzelnen spricht«.[150] Im Gegensatz zu denjenigen, die die Paradieseserzählung entmythologisieren, erklärt Kierkegaard, »daß keine Zeit so geschickt darin gewesen ist, Verstandes-Mythen hervorzubringen wie die unsere, die, während sie alle Mythen ausrotten will, selber Mythen hervorbringt« (a.a.O. 493). Er verteidigt das unaufhebbare Geheimnis der Bosheit und der Sünde mit dem Satz: »Die Sünde kam durch eine Sünde in die Welt« (a.a.O. 475). Kierkegaards eigene »psychologische Erklärung« der Sünde aus dem Begriff der Angst soll – wie er ausdrücklich betont – »nicht die Pointe beschwatzen, sondern muß sich in ihrer elastischen Zweideutigkeit halten, aus der die Schuld im qualitativen Sprung hervorbricht« (a.a.O. 487).

Kants Äußerungen über den Sündenfall in seinem ›Mutmaßlichen Anfang der Menschengeschichte‹ unterscheiden sich von den Äußerungen derjenigen, die die Autonomie der »gesunden Vernunft« verteidigen bzw. die diese Vernunft von einem dieser Vernunft vorhergehenden anderen Grund her erklären wollen, dadurch, daß er diese nicht als ein »ernsthaftes Geschäft«, sondern als »bloße Lustreise« (K 4,327) ankündigt. Kant will sich weder mit der in der »heiligen Urkunde« (K 4,328) berichteten Geschichte messen, die »als wirkliche Nachricht aufgestellt und geglaubt wird« (K 4, 327), noch die Differenz zwischen Natur und Geschichte verwischen: »Die Geschichte der Natur fängt ... vom Guten an, denn sie ist das Werk Gottes; die Geschichte der Freiheit vom Bösen, denn sie ist Menschenwerk« (K 4,334). Kant deutet im Ernst nicht den Sündenfall als ein notwendiges Ereignis für die Menschwerdung des Menschen, er deutet sie auch nicht wie Schiller als »die glücklichste und größte Begebenheit in der Menschengeschichte«.[151] Der Mensch darf »der Vorsehung wegen der Übel, die ihn drücken, keine Schuld geben«, weil er sich »von allen Übeln, die aus dem Mißbrauche seiner Vernunft entspringen, die Schuld gänzlich selbst beizumessen habe« (K 4,342).

Kants Deutung des radikal Bösen läßt sich so zusammenfassen: Kant lehnt (1.) ausdrücklich und entschieden eine naturhaft-biologische Erbsündenauffassung ab, weil diese sowohl das Phänomen der menschlichen Freiheit und Zurechnung als auch das Phänomen des Bösen, so wie es in der Erfahrung der praktischen Vernunft gegeben ist, verfehlt. Seine Deutung des radikal Bösen richtet sich (2.) gegen zwei extreme Deutungen des Bösen, die ebenfalls beide das Phänomen der Freiheit und Zurechnung und damit das Böse als ein sittliches Phänomen aufheben. Sie richtet sich a) gegen diejenigen, die das Böse in einem naiven Optimismus entschärfen, und b) gegen diejenigen, die in einem vermeintlich heroischen Pessimismus von einer totalen Verfallenheit des Menschen an das Böse ausgehen.

a) Entschärft wird das Problem des Bösen nach Kant durch die »griechischen Schulen … der Cyniker, der Epikureer, der Stoiker« und ihre Nachfolger in der Gegenwart. Diese glauben, das Böse aus der »tierischen Natur« des Menschen, seiner Sinnlichkeit und Leiblichkeit, zureichend erklären zu können, und sie gehen davon aus, daß der Mensch aus eigener Kraft das Böse durch die Verwirklichung des Ideals der »Natureinfalt, der Klugheit, der Weisheit« (K 5,138–139 Anm.) völlig aufheben kann. Diesen Idealen der »Alten«, vor allem der »Tugend« der Stoiker – »ein gewisser Heroism des über die tierische Natur des Menschen sich erhebenden Weisen, der ihm selbst genug ist, andern zwar Pflichten vorträgt, selbst aber über sie erhaben und keiner Versuchung zu Übertretung des sittlichen Gesetzes unterworfen ist« (K 5,138 Anm.) – stellt Kant immer wieder das Ideal der »christlichen Moral«: »die Heiligkeit« gegenüber: »Die christliche Moral, weil sie ihre Vorschrift (wie es auch sein muß) so rein und unnachsichtlich einrichtet, benimmt dem Menschen das Zutrauen, wenigstens hier im Leben, ihr völlig adäquat zu sein« (K 5,139 Anm.).

Auch diejenigen, die den Menschen als »von Natur für gesund und gut« (K 6,158) halten, die nur die gesellschaftlichen Zustände für böse und schlecht erklären und auf einen moralischen Fortschritt des Menschen hoffen, vertreten nach Kant eine »heroische Meinung, die wohl allein unter Philosophen und in unsern Zeiten vornehmlich unter Pädagogen Platz gefunden hat«. Ihre Auffassung von der Natur des Menschen ist für Kant »bloß eine gutmütige Voraussetzung der Moralisten von Seneca bis zu Rousseau« (K 6,158). Solch ein naiver Optimismus entschärft das Problem des Bösen, weil er nicht von dem in der Erfahrung offenbaren geschichtlichen Stand der menschlichen Natur ausgeht, den Kant wie das Christentum durch die »corruption des Ebenbildes Gottes« (KA 23,109) deutet.

b) Aber auch diejenigen, die davon ausgehen, daß der Mensch dem Bösen so total verfallen sei, daß er zu keiner guten Tat fähig sei, verfehlen nach Kant das Phänomen des radikal Bösen, und sie zerstören die Voraussetzungen, die den sittlich Handelnden in seinem Handeln einsichtig sind. Ihr vermeintlich heroischer Pessimismus hebt nämlich nicht nur die Pflicht des Menschen zum sittlichen Handeln und seine Zurechnung und Verantwortung auf, sondern auch die der praktischen Vernunft einleuchtende vernünftige Hoffnung auf Gottes Beistand und auf die »restitutio imaginis dei« (KA 23,110).

Die Erfahrung des radikal Bösen besteht für Kant darin, daß sich der Mensch in seinem Handeln immer schon vor seinen je einzelnen Taten in einem geschichtlichen Stand und in einer Welt erfährt, in dem sein »Hang zum Bösen« und die Antriebskräfte der ihn umgebenden naturhaften und gesellschaftlichen Welt seinem Willen zum Guten einen unerklärbaren und im letzten unaufhebbaren Widerstand entgegenstellen. Diesen geschichtlichen Stand der menschlichen Natur und seiner Welt, diese Verstrickung des Menschen in eine gegen seine Freiheit und seine Bestimmung gerichtete zweideutige Welt, die sich der Mensch nicht allein existentialistisch oder personalistisch aus seinen je eigenen einzelnen bösen Taten zureichend erklären kann und die er auch nicht von sich aus so aufheben kann, daß er endgültig mit sich, mit Gott und der Welt in Frieden leben kann, diesen geschichtlichen Stand des Menschen in der Welt meint Kant, wenn er vom radikal Bösen spricht.

Das radikal Böse ist damit für Kant dunkler, als die Optimisten meinen, und heller, als die Pessimisten wähnen. Es bleibt für ihn in seinem Ursprung, auch in seinem Ursprung aus der menschlichen Freiheit, »unerforschlich« (K 6,183), ein mysterium iniquitatis. Es liegt »kein begreiflicher Grund« vor, warum die Freiheit ihrem eigenen Wesensgesetz zuwider handeln sollte: »Für uns ist also kein begreiflicher Grund da, woher das moralische Böse in uns zuerst gekommen sein könne« (K 6,183).

In der ›Religion innerhalb der Grenzen der bloßen Vernunft‹ entwickelt Kant die Hypothese von der Verderbnis unserer obersten

Maxime durch eine »intelligibele Tat, bloß durch Vernunft ohne alle Zeitbedingungen erkennbar« (K 6,170), die jeder empirischen und in der Zeit und Geschichte geschehenen Tat vorhergehen soll. Aber auch sie vermag das Geheimnis des Bösen nicht zu erklären. Diese Hypothese versucht zwar im Gegensatz zu allen mythischen Vorstellungen und philosophischen Spekulationen, die den Ursprung des Bösen im Menschen aus einem von der Freiheitstat des Menschen verschiedenen Grund erklären, das Böse als sittliches Phänomen zu deuten. Sie vermag jedoch auf Grund der auf dem transzendentalphilosophischen Standpunkt entwickelten Unterscheidung zwischen dem intelligiblen und empirischen Charakter des Menschen den Zusammenhang zwischen der intelligiblen Tat und den in der Zeit und in der Geschichte gemachten Erfahrungen des Bösen nicht einsichtig zu machen.

Kant beendet daher seine Überlegungen über das radikal Böse damit, daß er in Übereinstimmung mit der »Vorstellungsart, deren sich die Schrift bedient«, erklärt, das Böse fange »von der Sünde« (K 6,181) an: »Das Böse hat nur aus dem Moralisch-Bösen (nicht den bloßen Schranken unserer Natur) entspringen können; und doch ist die ursprüngliche Anlage, (die auch kein anderer als der Mensch selbst verderben konnte, wenn diese Korruption ihm soll zugerechnet werden), eine Anlage zum Guten« (K 6,183).

Kant unterscheidet sich mit seiner Deutung des radikal Bösen jedoch nicht nur von den theologischen und philosophischen Sündenfalltheorien seiner Zeit, er unterscheidet sich auch von den Lehren der »Alten«. Da sich der Mensch für ihn in einem geschichtlichen Stand befindet, der durch die »corruption des Ebenbildes Gottes« gekennzeichnet ist, ist es für ihn »begreiflich, warum die griechischen Schulen zur Auflösung ihres Problems von der praktischen Möglichkeit des höchsten Guts niemals gelangen konnten« (K 5,137) und warum erst »die Lehre des Christentums ... in diesem Stücke einen Begriff des höchsten Guts (des Reichs Gottes) [gibt], der allein der strengsten Forderung der praktischen Vernunft ein Gnüge tut« (K 5,138–139). »Die griechischen Philosophen« hatten nach Kant keinen Begriff von dem höchsten Gut des Menschen, dem Reiche Gottes, der Heiligkeit, »dem höchsten Gut dieser und einer andern Welt« (KA 19,189). Sie hatten aber auch keine Vorstellung »in Ansehung des Weges, dazu zu gelangen«. Sie konnten nur davon ausgehen, daß zur Erlangung ihres im einzelnen verschieden bestimmten sittlichen Ideals der »bloße Gebrauch der natürlichen Kräfte dazu hinreichend« sei. Im Blick auf den durch die christliche Überlieferung offenbar gewordenen Stand des Menschen und auf seine letzte Hoffnung ist für Kant der Unterschied zwischen Plato und Aristoteles und der zwischen ihnen und den anderen griechischen Philosophen nur relativ: »Aristoteles und Plato unterschieden sich nur in Ansehung des Ursprungs unserer sittlichen Begriffe«.

Für Kant ist die christliche Überlieferung mit ihrer Auskunft über das nachgeschichtliche Ziel des Menschen und der Menschheit und mit ihrer Auffassung von dem Weg zur Erlangung dieses Ziels allein überzeugend: »Die christliche Moral, weil sie ihre Vorschrift (wie es auch sein muß) so rein und unnachsichtlich einrichtet, benimmt dem Menschen das Zutrauen, wenigstens hier im Leben, ihr völlig adäquat zu sein, richtet es aber doch auch dadurch wiederum auf, daß, wenn wir so gut handeln, als in unserem Vermögen ist, wir hoffen können, daß, was nicht in unserem Vermögen ist, uns anderweitig werde zustatten kommen, wir mögen nun wissen, auf welche Art, oder nicht« (K 5,139 Anm.).

Das höchste Gut nennt Kant das Reich Gottes. Hierunter versteht er (1.) das durch die »christliche Sittenlehre« verheißene Reich, das den »Mangel« des moralischen Gesetzes der praktischen Vernunft ergänzt, die zwar von dem Menschen moralische Vollkommenheit fordert, aber ihm keine Glückseligkeit verheißen kann; denn »das moralische Gesetz für sich verheißt doch keine Glückseligkeit« (K 5,139). Wenn man unter dem Reich Gottes etwas versteht, in dem »die größte Glückseligkeit mit dem größten Maße sittlicher (in Geschöpfen möglicher) Vollkommenheit als in der genausten Proportion verbunden vorgestellt wird, meine eigene Glückseligkeit mitenthalten« (K 5,141), so muß die Vernunft, wenn sie nicht leere und abstrakte Postulate entwickeln will, für ein »ihr fremdes Angebot, das nicht ihrem Boden erwachsen ist«, offen sein. Kant versteht daher unter dem Reich Gottes (2.) jenes Reich, das allein »durch einen heiligen Urheber kommen« (K 5, 140) kann, allein durch Gott, der »der allein Heilige, der allein

Selige, der allein Weise« (K 5,142 Anm.) ist. Er versteht unter ihm (3.) jenes Reich, das jetzt schon – wenn auch noch verborgen – durch das sittliche Handeln der Menschen verwirklicht wird, denn das Ziel und der Wunsch des sittlich Handelnden sei, »das höchste Gut zu befördern (das Reich Gottes zu uns zu bringen)« (K 5,141). Er versteht unter ihm (4.) jenes Reich, das jetzt jedoch trotz seiner verborgenen Gegenwart lediglich »Gegenstand der Hoffnung« ist und erst in der »Ewigkeit« (K 5,140) offenbar wird, wenn der gnädige Gott das radikal Böse in uns und die Unangemessenheit zwischen unserem sittlichen Verhalten und der geforderten Heiligkeit durch seine Gnade aufgehoben haben wird.

Sicherlich bleiben bei Kants Deutung des radikal Bösen und des Reiches Gottes manche Fragen unerörtert bzw. offen, die der Theologe von der Voraussetzung seines Glaubens an die Offenbarungen und Verheißungen Gottes in der Bibel im einzelnen anders beantworten wird. So viel dürfte jedoch deutlich geworden sein: Das Reich Gottes ist für Kant nicht innerhalb der menschlichen Geschichte in einem Staat, in einem »messianischen Erdenreich« (KA 23,112) zu verwirklichen. Kant spricht bewußt von einem »Reich Gottes nach dem neuen Bunde«, nicht von einem »nach dem alten Bunde«, von einem »moralischen« und nicht von einem »politischen« Reich (KA 23,113). Die Verwirklichung des Reiches Gottes ist für Kant kein innergeschichtlicher Endzustand, der durch einen Fortschritt der Sittlichkeit und Moralität, der Gesellschaft und der Zivilisation zu erreichen ist. Kant deutet aber das Reich Gottes auch nicht als einen eschatologischen Mythos oder als eine Chiffre, die man auf eine existentielle, geschichtslose Natur des Menschen hin uminterpretieren muß, und die daher für die konkrete Geschichte folgenlos bleibt.

Am Ende des 18. Jahrhunderts hat in Deutschland wohl keiner überzeugender und konsequenter als Kant die Aporien der »unbefriedigten Aufklärung« sichtbar gemacht. Seine Größe bestand darin, daß er einerseits die von der abstrakten Aufklärung fixierten Antithesen und Alternativlösungen und ihre Voraussetzungen und Konsequenzen kritisierte, andererseits aber den Prozeß der Aufklärung fortsetzte und plausible und verbindliche Denkmodelle zu entwickeln versuchte. Der geschichtliche Prozeß der

Aufklärung war mit Kant jedoch nicht beendet, wenngleich der Begriff Aufklärung, den Kant ausschließlich im positiven Sinne verwandte, schon von seinen Schülern und Nachfolgern, besonders von den Romantikern, auch im pejorativen Sinne gebraucht wurde. Angesichts der verschärften Aporien der Zeit und des größeren Bruchs der Gegenwart mit der europäischen Überlieferung glaubten die Schüler und Nachfolger Kants andere Lösungen als Kant selbst suchen zu müssen.

IV. Kapitel: Hegel

Ein Vergleich der Diagnosen der geistig-wissenschaftlichen und gesellschaftlich-politischen Aporien der Moderne von Lessing, Kant
und Hegel zeigt, daß sich für Hegel die geschichtliche Aporie der
Zeit verschärft hat. Die Aufklärung, die für Lessing und Kant
noch das wahre Geschäft der Vernunft war, betrachtete Hegel wie
viele seiner Zeitgenossen am Beginn des 19. Jahrhunderts als eine
überwundene bzw. zu überwindende Gestalt der neueren Geschichte. Die Ausbildung der »Aufklärerei« (BSch 261) in allen
Bereichen der Wirklichkeit hat nach Hegel gezeigt, daß diese die
Probleme der Zeit nicht mehr befriedigend lösen kann, daß sie
nicht »in ihrer Befriedigung bleiben kann; jenes Sehnen des trüben
Geistes, der über den Verlust seiner geistigen Welt trauert, steht
im Hinterhalte« (Phän 407). Entsprechend seiner Diagnose der
verschärften geschichtlichen Aporie sind für Hegel andere Lösungsversuche als die Lessings und Kants notwendig. Wie sehr sich seine
Lösungsversuche trotz vieler Gemeinsamkeiten von denen Lessings
und Kants unterscheiden, wurde bisher wiederholt gezeigt. Wie
Hegel die »unbefriedigte Aufklärung« deutet und wie er sie zu
lösen versucht, soll im folgenden an seiner Auseinandersetzung mit
dem Problem der Kunst und der Religion gezeigt werden.

Der Satz vom Ende der Kunst

»Uns gilt die Kunst nicht mehr als die höchste Weise, in welcher
die Wahrheit sich Existenz verschafft ... Man kann wohl hoffen,
daß die Kunst immer mehr steigen und sich vollenden werde, aber
ihre Form hat aufgehört, das höchste Bedürfnis des Geistes zu
sein« (Ä 139). Dieser Satz Hegels gehört zu den Sätzen seiner Philosophie, die schon im 19. Jahrhundert die Links- *und* die Rechts-
hegelianer am meisten provozierten und die auch heute noch in
der sozialistischen und in der bürgerlichen Gesellschaft bei der Diskussion von Hegels Ästhetik im Mittelpunkt stehen.[1] Die Kritik

des Satzes vollzieht sich von Anfang an auf zweifache Weise: als direkte und als indirekte Hegelkritik.

Die sehr verschiedenen Argumente der direkten Kritik lassen sich kurz so zusammenfassen: Hegel hat auf Grund der seit Baumgarten üblichen rationalistischen Unterscheidung zwischen gnoseologia inferior und gnoseologia superior, auf Grund des Systemzwanges seiner Philosophie des absoluten Geistes und auf Grund seines noch nicht genügend entwickelten ästhetischen und historischen Bewußtseins vom Ende der Kunst gesprochen und so sprechen müssen. Sein Urteil ist zu erklären aus dem Mißtrauen der abendländischen Philosophie gegenüber der Kunst und ihrem Element: der Sinnlichkeit und dem schönen Schein, das Plato zum erstenmal formuliert hatte. Hegels Satz vom Ende der Kunst ist die notwendige Konsequenz des konservativen Klassizismus der Goethezeit und der letztlich aus den ökonomischen Verhältnissen der bürgerlichen Gesellschaft entspringenden Kunstfeindschaft.

Die indirekte Kritik des Hegelschen Satzes, die von größerem Gewicht ist, bildet fast die gesamte nach Hegel ausgebildete Philosophie der Kunst. Fast jede Philosophie der Kunst im 19. und 20. Jahrhundert, auch die der Hegelianer in der ersten Hälfte des 19. Jahrhunderts, geht explicite oder implicite davon aus, daß es für Hegel in der Moderne keine wahre Kunst und kein wahres Kunstbedürfnis mehr gibt und geben kann und daß man von Hegels Philosophie aus auch keine positive Theorie der gegenwärtigen Kunst entwickeln kann. Sie glaubt daher, von anderen Voraussetzungen als denen Hegels aus die Aufgabe und die Funktion der Kunst neu bestimmen zu müssen. Die von Links- und Rechtshegelianern, Marxisten und Nicht-Marxisten entwickelte Philosophie der Kunst will die Kunst von einem Grund her verständlich machen, der außerhalb dessen liegt, was unmittelbar in der Kunst geschieht bzw. was Künstler und Kunstbetrachter unmittelbar an der Kunst interessiert. Die Begründungsversuche sind dabei sehr verschieden.[2] Kierkegaard sieht die Aufgabe des Schriftstellers im Unterschied zum Apostel und zum Genie darin, die substanzlose, weil in der bloßen Möglichkeit fixierte ästhetische Subjektivität durch indirekte Mitteilung auf die religiöse Wahrheit aufmerksam zu machen. Feuerbach dagegen will die Kunst von der Natur, Marx von der Gesellschaft, Nietzsche vom dionysischen Bilderrausch des Ureinen, Heidegger vom Geschehen der Wahrheit aus neu begründen. Sie alle gehen über Hegels Satz hinaus und versuchen, die Möglichkeit von Kunst von einem von Hegels Voraussetzungen verschiedenen Ausgangspunkt aus verständlich zu machen.

Die bisherige Form der direkten und indirekten Kritik des Hegelschen Satzes überzeugt heute aus verschiedenen Gründen kaum noch. Die historischen Untersuchungen zur Entwicklung der Hegelschen Ästhetik haben gezeigt, daß seine Aussagen über die Kunst wesentlich differenzierter sind, als die bisherige Kritik annahm. Die Diskrepanz zwischen den verschiedenen philosophischen Begründungsversuchen der Kunst und den von Einzelwissenschaftlern und Künstlern selbst gemachten Aussagen über die Kunst wird seit Hegel immer größer. Vor allem scheinen heute viele Phänomene der Gegenwartskunst Hegels Satz zu bestätigen. Es gibt in den industriell entwickelten Staaten Kunst als manipulierbare Ware, die alle kritische Distanz der Kunst zur gegenwärtigen Welt endgültig verloren hat.[3] So ist es verständlich, daß sich heute die Philosophie und die Einzelwissenschaften bei ihrer Beschäftigung mit der Gegenwartskunst erneut dem Hegelschen Satz zuwenden. Selbst wenn man eine unmittelbare Applikation der Hegelschen Philosophie der Kunst in der Gegenwart für unmöglich hält, fragt man danach, warum Hegel vom Ende der Kunst sprach.[4]

Der Satz vom Ende der höchsten Bestimmung der Kunst aus den Manuskripten zu den Vorlesungen über Ästhetik, der auch in anderen Vorlesungsmanuskripten und in den Berliner Schriften ausgesprochen ist, ist Hegels abschließende Formulierung einer für ihn zunächst schmerzlichen Erfahrung. Der junge Hegel leidet wie Schiller und Hölderlin an der Entfremdung des Menschen und der Entzweiung der Zeit; er diskutiert theologische Lösungsversuche und sehnt sich wie viele seiner Zeitgenossen politisch-ästhetisch nach der antiken Polis und Republik und ihrer schönen Religion zurück: »Ach, aus den fernen Tagen der Vergangenheit strahlt der Seele, die Gefühl für menschliche Schönheit, Größe im Großen hat – ein Bild entgegen – das Bild eines Genius der Völker

– eines Sohnes des Glücks. ... Wir kennen diesen Genius nur vom Hörensagen, nur einige Züge von ihm, in hinterlassenen Kopien seiner Gestalt ist uns vergönnt, mit Liebe und Bewunderung zu betrachten, die nur ein schmerzliches Sehnen nach dem Original erwecken« (JSch 28–29). Der junge Hegel kritisiert die christliche Religion, weil sie die Kunst und die schönen menschlichen Formen zerstört hat, die dem Volke zugänglich waren, und weil nun »die Einbildungskraft des Volkes ... keine Leitung, keine schöne Darstellung der Bilder vor sich« (JSch 358) hat.

Nach 1800 jedoch ist für Hegel »die lebendige Welt« nicht mehr durch die Schönheit und die Kunst anschaulich adäquat darstellbar: »Wenn zu unseren Zeiten freilich die lebendige Welt nicht das Kunstwerk in sich bildet, muß der Künstler seine Einbildung in eine vergangene Welt versetzen; er muß sich eine Welt träumen, aber es ist seinem Werk auch der Charakter der Träumerei oder des Nichtlebendigseins, der Vergangenheit, schlechthin aufgedrückt«.⁵ In den Jenaer Vorlesungsmanuskripten wird Hegels Auseinandersetzung mit Schellings Prinzip der Anschauung und seiner Theorie des Schönen deutlich:

»Dies Medium der Endlichkeit, die Anschauung, kann nicht das Unendliche fassen. Es ist nur gemeinte Unendlichkeit. Dieser Gott als Bildsäule, diese Welt des Gesanges, welche den Himmel und die Erde, die allgemeinen Wesen in mythischer, individueller Form und die einzelnen Wesen, das Selbstbewußtsein umschließt, es ist gemeinte, nicht wahre Vorstellung. Es ist nicht die Notwendigkeit, nicht die Gestalt des Denkens darin. Die Schönheit ist viel mehr der Schleier, der die Wahrheit bedeckt, als die Darstellung derselben«. Die Kunst ist für Hegel jetzt »der indische Bacchus, der nicht der klare, sich wissende Geist ist, sondern der begeisterte Geist, der sich in Empfindung und Bild einhüllende, worunter das Furchtbare verborgen ist. Sein Element ist die Anschauung; aber sie ist die Unmittelbarkeit, welche nicht vermittelt ist. Dem Geiste ist dies Element daher unangemessen« (Jen 265).

Die ›Phänomenologie des Geistes‹ zeigt, daß Hegels Auseinandersetzung mit der Romantik und mit Schelling beendet ist. Schönheit und Wahrheit, Kunst und Religion liegen für Hegel von nun an auf verschiedenen Ebenen: »Die kraftlose Schönheit haßt den Verstand« (Phän 29). Der Abschnitt über die »Kunstreligion«

zeigt, wie der Geist der Sittlichkeit über die Form der ursprünglichen »Kunstreligion« hinausgeht und im Selbstbewußtsein der Völker und Individuen und in den sittlichen Institutionen eine höhere Form der Darstellung gewinnt: »Später ist der Geist über die Kunst hinaus, um seine höhere Darstellung zu gewinnen« (Phän 492). Die Konsequenzen, die Hegel hieraus in seiner Berliner Zeit zieht, lauten: »Die schönen Tage der griechischen Kunst wie die goldene Zeit des späteren Mittelalters sind vorüber« (Ä 57). Die bildende Kunst des zeitgenössischen Klassizismus und die Kunst der Nazarener sind für ihn jetzt anachronistisch: »Mögen wir die griechischen Götterbilder noch so vortrefflich finden und Gottvater, Christus, Maria noch so würdig und vollendet dargestellt sehen: es hilft nichts, unser Knie beugen wir doch nicht mehr« (Ä 139–140).

Drei Gründe haben nach Hegel dazu geführt, daß die schöne Kunst in der gegenwärtigen Welt nicht mehr das höchste Organon der Wahrheit sein kann: 1. das Christentum, 2. die seit der Aufklärung und der Französischen Revolution sich ausbildende Wirklichkeit, 3. der Zerfall der Kunst, den er in seiner Zeit glaubt feststellen zu können.

1. Das Christentum ist für den späten Hegel eine die schöne Kunst überbietende Form der Wahrheitsvermittlung. In der Verwandlung der Welt durch das Christentum sieht freilich erst der späte Hegel einen Fortschritt. In seinen früheren Schriften ist das Christentum für ihn noch nicht die Achse der Weltgeschichte. Hier ist Sokrates noch Christus überlegen, hier wird das Christentum noch nicht als absolute Religion, sondern als Zerfallsprodukt der römischen Republik gedeutet. In seinen Vorlesungen über die Philosophie der Religion und in seinen späten Schriften überhaupt ist jedoch für Hegel der einzig wahre »Standpunkt der modernen Welt« der post Christum natum.

»Die Größe des Standpunktes der modernen Welt ist diese (durch das Christentum herbeigeführte) Vertiefung des Subjekts in sich, daß sich das Endliche selbst als Unendliches weiß und mit dem Gegensatze behaftet ist, den es getrieben ist, aufzulösen. Die Frage ist nun, wie er aufzulösen ist. Der Gegensatz ist: Ich bin Subjekt, frei, bin Person für mich; darum entlasse ich auch das Andere frei, das drüben ist und so das Andere bleibt. Die Alten sind zu diesem Gegensatze nicht gekommen, nicht zu dieser Entzweiung, die nur der Geist ertragen kann. Es ist die höchste Kraft, zu diesem Gegensatze zu kommen, und Geist ist nur dies, selbst im Gegensatz unendlich sich zu erfassen« (Rel 2,2,46).

Das Einzigartige am Christentum und an der in ihm geoffenbarten Inkarnation Gottes sieht Hegel darin, daß hier die Wahrheit nicht wie in den »indischen Inkarnationen« (Ä 959) und in der griechischen »Kunstreligion« nur in der Vorstellung auf dem Boden der Kunst hervorgebracht ist. Die Wahrheit des Christentums ist »nicht Einbildung, sondern es ist wirklich an dem« (Phän 527). Christus ist »ganz Gott und ganz ein wirklicher Mensch, hineingetreten in alle Bedingungen des Daseins« (Ä 425). »Gott selber ist Fleisch geworden, geboren, hat gelebt, gelitten, ist gestorben und auferstanden. Dies ist ein Inhalt, den nicht die Kunst erfunden, sondern der außerhalb ihrer vorhanden war und den sie daher nicht aus sich genommen hat« (Ä 484). »Der Gott der geoffenbarten Religion, dem Inhalt und der Form nach, ist der wahrhaft wirkliche Gott, dem eben damit seine Gegner bloße Wesen der Vorstellung sein würden, welche ihm nicht auf einerlei Terrain gegenüberstehn können« (Ä 485).

Erst durch das Christentum ist dem Menschen nach Hegel die wahre Subjektivität Gottes und des Menschen offenbar geworden. Weder in China und Indien (H 11,163; 169) noch in Griechenland (H 11,344–345) und Rom (H 11,374) ist für ihn die Subjektivität in ihrer wahren Bedeutung erkannt: »Solche Subjektivität, wie wir sie fassen, ist ein viel, viel reicherer, intensiverer, und darum viel späterer Begriff, der in der älteren Zeit überhaupt nicht zu suchen ist« (H 17,71). »Das Menschliche als wirkliche Subjektivität« (Ä 496) ist für ihn erst durch das Christentum zum allgemeinen Prinzip geworden. Jetzt ist der Mensch und nicht der Kosmos der Ort, an dem Gott in seiner Wahrheit erkannt werden kann. Durch das »Menschwerden Gottes« ist der von Hegel positiv verstandene »Anthropomorphismus viel weiter getrieben« (Ä 425) als in der griechischen Kunst, ja er ist »geheiligt worden« (Ä 485). Jetzt »ist Gott nicht ein nur menschlich gestaltetes Individuum, sondern ein wirkliches einzelnes Individuum, ganz Gott und ganz ein wirklicher Mensch, hineingetreten in alle Bedingungen des Daseins und kein bloßes menschlich gebildetes Ideal der Schönheit und Kunst« (Ä 425). Durch die Inkarnation ist die »Leiblichkeit, das Fleisch, wie sehr auch das bloß Natürliche und Sinnliche als das Negative gewußt ist, zu Ehren gebracht und das Anthropomorphistische geheiligt worden; ... in wirklichem Dasein ist der Gott zu erkennen« (Ä 485).[6]

Das durch die Menschwerdung Gottes in seiner tiefsten Subjektivität offenbar gewordene Sein Gottes und des Menschen kann für Hegel nicht mehr als Fall eines allgemeinen Seinsbegriffs oder als Seiendes neben anderen Seienden gedacht werden. Der Mensch ist nun nicht mehr wie bei den Griechen ein im Kosmos inbegriffenes Wesen, das sich von den unsterblichen Göttern im wesentlichen nur dadurch unterscheidet, daß es sterblich ist. Der Mensch gilt nicht mehr als ein Wesen, das zusammen mit den Göttern unter dem höchsten Gesetz des Schicksals und der unabänderlichen Notwendigkeit steht. Er kann für Hegel auch nicht mehr »als bloße Akzidenz der Gottheit«, als bloßes Glied des Staates zureichend gedacht werden:

»In der christlichen Welt ist das Subjekt nicht als bloße Akzidenz der Gottheit zu fassen, sondern als unendlicher Zweck in sich selbst, so daß hier der allgemeine Zweck, die göttliche Gerechtigkeit im Verdammen und Seligsprechen, zugleich als die immanente Sache, das ewige Interesse und Sein des Einzelnen selbst erscheinen kann. Es ist in dieser göttlichen Welt schlechthin um das Individuum zu tun: im Staate kann es wohl aufgeopfert werden, um das Allgemeine, den Staat zu retten; in bezug auf Gott aber und in dem Reiche Gottes ist es an und für sich Selbstzweck« (Ä 885).[7]

Diese Verwandlung der Welt durch das Christentum hat für Hegel entscheidende Konsequenzen für die Kunst. Vor allem zwei durch das Christentum offenbar gewordene Wahrheiten sind für Hegel nicht mehr durch die Kunst adäquat anschaulich darstellbar: die tiefste Entzweiung des Menschen und seine tiefste Versöhnung. Im Heroenzeitalter und bei den Griechen, bei denen »das Ungeheuer der Entzweiung nur noch schlummerte« (Ä 218), wurden das Leid, der Schmerz und der Tod noch nicht »in seiner wesentlichen Bedeutung ... aufgefaßt« (Ä 500). Da die Griechen noch nicht »die Subjektivität in ihrem geistigen Insichsein von unendlicher Wichtigkeit« begriffen, war der Tod für sie »ein abstraktes Vorübergehen, ohne Schrecken und Furchtbarkeit, ein Aufhören ohne weitere unermeßliche Folgen für das hinsterbende Individuum«. Die Griechen umgaben »deshalb den Tod mit heiteren Bildern«; es war ihnen »nicht Ernst mit dem, was wir Unsterblichkeit heißen« (Ä 500). Das »Bewahren ihrer selbst« in Schmerz und Leid blieb für sie, wie die Gestaltung der Niobe und des Laokoon zeige, leere, »kalte Resignation« (Ä 745), »ein starres Beisichsein, ein erfüllungsloses Ertragen des Schicksals« (Ä 746), Götterstille und Göttertrauer (Ä 467–468). Wo jedoch Gott und der Mensch in seiner tiefsten Entzweiung und Versöhnung offenbar geworden sei, sei diese griechische Gesinnung dem Leid und dem Tod gegenüber wahrhaft trostlos (H 8,332–334).

Die durch das Christentum offenbar gewordene tiefste Entzweiung der Subjektivität sei freilich nicht zu verwechseln mit dem in der Moderne üblich gewordenen empfindsamen oder heroischen Kokettieren mit dem Schmerz, dem je eigenen Tod, dem Absurden, dem Nichts und allen Grenzsituationen. Hegel wendet sich bewußt und ausdrücklich gegen diese »gewisse vornehme Empfindlichkeit, die sich an Schmerz und Leiden weidet und sich darin interessanter findet als in schmerzlosen Situationen, die sie für alltäglich ansieht« (Ä 1101). Er wendet sich gegen die Schicksalstragödie, die »leeres Geschwätz vom Schicksal« (Ä 1085) und »ein dialektisches Räderwerk« sei, in dem »das Subjekt als diese Subjektivität eine nur leere, unbestimmte Form« (Ä 1099) sei. Hegel unterscheidet also die im Christentum offenbar gewordene Subjektivität des Menschen von der »leeren, unbestimmten Form« der schlechten, »sich in sich verhausenden Subjektivität« (Ä 480), die in Opposition gegen die geschichtlich ausgebildete Wirklichkeit in ihrer Innerlichkeit ihre eigentliche Existenzform glaubt finden zu können.

Auch die Realität des Bösen, der Sünde und des »bloß Negativen«, die die Griechen nach Hegel noch nicht erfaßt haben, um die der Mensch post Christum natum jedoch weiß, kann für ihn nicht durch die Kunst adäquat anschaulich dargestellt werden. Dies be-

stätige etwa der Mephisto Goethes und der Abbadonna Klopstocks:

»Der Teufel für sich ist deshalb eine schlechte, ästhetisch unbrauchbare
Figur; denn er ist nichts als die Lüge in sich selbst und deshalb eine höchst
prosaische Person. Ebenso sind zwar die Furien des Hasses und so viele
spätere Allegorien ähnlicher Art wohl Mächte, aber ohne affirmative
Selbständigkeit und Halt und für die ideale Darstellung ungünstig; ob-
schon auch in dieser Beziehung für die besonderen Künste – und die Art
und Weise, in welcher sie ihren Gegenstand unmittelbar vor die Anschauung bringen oder nicht – ein großer Unterschied des Erlaubten und des
Verbotenen festzutellen ist. Das Böse jedoch ist im allgemeinen in sich
kahl und gehaltlos, weil aus demselben nichts als selber nur Negatives,
Zerstörung und Unglück herauskommt« (Ä 239).

Das Böse deutet Hegel hier nicht, wie sonst oft innerhalb seiner
Philosophie des absoluten Geistes, als eine bloße Vermittlungskategorie des Absoluten, sondern als die Macht, aus der nur Negatives und Zerstörung herauskommt.
Wie die tiefste Entzweiung der Subjektivität, so vollzieht sich für
Hegel auch die wahre Versöhnung Gottes mit den Menschen und
der Welt »in einem anderen Felde als in dem der Kunst« (Ä 542).
Das werde etwa an der Darstellung der Maria Magdalena deutlich: »Sie erscheint hier nach innen und außen als die schöne Sün-
derin, in welcher die Sünde ebenso anziehend ist als die Bekehrung.
Doch weder mit der Sünde noch mit der Heiligkeit wird es dann
so ernst genommen« (Ä 522). Die durch das Christentum offenbar
gewordene tiefste Entzweiung und Versöhnung ist also für Hegel
durch die Kunst nicht mehr adäquat anschaulich darstellbar. Deshalb hat sie für ihn ihre höchste Bestimmung unwiederbringlich
verloren.

2. Das Ende der höchsten Bestimmung der Kunst ist für Hegel
auch durch die »moderne Welt« und die »neuere Zeit« im engeren
Sinne herbeigeführt. Diese seit dem 17. und 18. Jahrhundert, vor
allem aber seit der Französischen Revolution sich ausbildende Welt
ist für Hegel durch verschiedene Phänomene gekennzeichnet:
durch die technischen und wirtschaftlichen Revolutionen der indu-

striellen Gesellschaft; durch die Auflösung der Stände und der alten rechtlichen und politischen Ordnungen, die noch weithin für den Staat und das System der Staaten im 18. Jahrhundert tragend waren; durch die Auflösung der auch noch in der Metaphysik und Geschichtsphilosophie bis Kant implizierten theologischen Voraussetzungen; durch den im Verhältnis zum 18. Jahrhundert radikaleren Bruch zwischen der durch das Christentum begründeten Überlieferung und der sich durch den Fortschritt und den »Atheismus der sittlichen Welt« (RPh 7) verstehenden neuen Geschichte; durch die ungelöste Spannung zwischen der politischen Revolution und Reaktion; durch die Genesis des später so genannten historischen und ästhetischen Bewußtseins.

Diese Gegenwart hat nach Hegel sowohl in der »neueren Bildung« und Theorie als auch in der sittlichen, gesellschaftlichen und politischen Praxis die Gegensätze »auf die Spitze des härtesten Widerspruchs« hinaufgetrieben:

»Die geistige Bildung, der moderne Verstand bringt im Menschen diesen Gegensatz hervor, der ihn zur Amphibie macht, indem er nun in zweien Welten zu leben hat, die sich widersprechen, so daß in diesem Widerspruch nun auch das Bewußtsein sich umhertreibt und, von der einen Seite herübergeworfen zu der andern, unfähig ist, sich für sich in der einen wie in der andern zu befriedigen. Denn einerseits sehen wir den Menschen in der gemeinen Wirklichkeit und irdischen Zeitlichkeit befangen, von dem Bedürfnis und der Not bedrückt, von der Natur bedrängt, in die Materie, sinnlichen Zwecke und deren Genuß verstrickt, von Naturtrieben und Leidenschaften beherrscht und fortgerissen; andererseits erhebt er sich zu ewigen Ideen, zu einem Reiche des Gedankens und der Freiheit, gibt sich als Wille allgemeine Gesetze und Bestimmungen, entkleidet die Welt von ihrer belebten, blühenden Wirklichkeit und löst sie zu Abstraktionen auf« (Ä 95).

Die wachsende Abhängigkeit des Einzelnen »von äußeren Einwirkungen, Gesetzen, Staatseinrichtungen, bürgerlichen Verhältnissen« beschreibt Hegel so: »Sodann muß der einzelne Mensch, um sich in seiner Einzelheit zu erhalten, sich vielfach zum Mittel für andere machen, ihren beschränkten Zwecken dienen, und setzt die andern, um seine eigenen engen Interessen zu befriedigen, ebenfalls zu bloßen Mitteln herab« (Ä 177).

Trotz der vielen noch ungelösten Probleme und Widersprüche sieht der späte Hegel jedoch in der sich realisierenden Moderne keinen Verlust, sondern einen Gewinn. In der industriellen Gesellschaft sieht er die Chance der wachsenden Herrschaft des Menschen über die Natur, über Armut und soziales Elend. In dem auf dem Prinzip der Subjektivität begründeten Staat vermag der Mensch nach Hegels Überzeugung erst die Freiheit und Sittlichkeit zu verwirklichen. Die durch die industrielle Gesellschaft und den modernen Staat prinzipiell ermöglichte Freiheit und Subjektivität aller ist für Hegel etwas, wovon weder Sokrates und Plato noch Aristoteles ein Bewußtsein gehabt haben: »Dies wußte selbst Plato und Aristoteles nicht« (H 11,45). Die Freiheit aller und die Subjektivität des Menschen konnten nach Hegel von der »griechischen Sittlichkeit« und »der platonischen Republik« aus nur als eine Macht des »Verderbens« (RPh 14) begriffen werden.

Die Ausbildung der modernen gesellschaftlichen und politischen Wirklichkeit hat nach Hegel Konsequenzen für die Kunst: »Unser heutiges Maschinen- und Fabrikenwesen mit den Produkten, die aus demselben hervorgehn, sowie überhaupt die Art, unsere äußeren Lebensbedürfnisse zu befriedigen, würde nach dieser Seite hin ganz ebenso als die moderne Staatsorganisation dem Lebenshintergrunde unangemessen sein, welchen das ursprüngliche Epos erheischt« (Ä 948). Der Lebenshintergrund des ursprünglichen Epos war für Hegel der »heroische Weltzustand«. In ihm konnten der Mensch und seine gesellschaftliche, politische und religiöse Welt als eine substanzielle Totalität durch die Kunst anschaulich dargestellt werden. Prinzipiell durch die griechische Polis und Philosophie und das römische Recht, endgültig jedoch durch das Christentum, die industrielle Gesellschaft und den modernen Staat ist für Hegel dieser »heroische Weltzustand« aufgehoben.

Der Künstler ist daher für Hegel in der gegenwärtigen Welt von allen ihn unmittelbar verpflichtenden »Weltanschauungsweisen« freigesetzt. Es gibt für den Künstler keinen Kanon, der ihm in einer verbindlichen Weise sagen könnte, was er darstellen und wie er darstellen müßte. Diese Freisetzung des Künstlers bedeutet für Hegel nicht Verlust, sondern Gewinn:

»Selbst der ausübende Künstler ist nicht etwa nur durch die um ihn her laut werdende Reflexion, durch die allgemeine Gewohnheit des Meinens und Urteilens über die Kunst verleitet und angesteckt, in seine Arbeiten selbst mehr Gedanken hineinzubringen; sondern die ganze geistige Bildung ist von der Art, daß er selber innerhalb solcher reflektierender Welt und ihrer Verhältnisse steht und nicht etwa durch Willen und Entschluß davon abstrahieren oder durch besondere Erziehung oder Entfernung von den Lebensverhältnissen sich eine besondere, das Verlorene wieder ersetzende Einsamkeit erkünsteln und zuwege bringen könnte« (Ä 57).

»Sich vergangene Weltanschauungen wieder, sozusagen, substantiell aneignen, d. i. sich in eine dieser Anschauungsweisen festhineinmachen zu wollen« (Ä 569), hilft dem Künstler nichts mehr: »Die Subjektivität des Künstlers [steht] über ihrem Stoffe und ihrer Produktion«, sie behält »sowohl den Inhalt als die Gestaltungsweise desselben ganz in ihrer Gewalt und Wahl« (Ä 565). Die Bildung der Reflexion und die Freiheit des Gedankens hat auch den Künstler den vergangenen »Weltanschauungsweisen« (Ä 566) und den vergangenen Stil- und Kunstformen gegenüber »sozusagen zu einer tabula rasa gemacht« (Ä 568).
Die gegenwärtige Welt kann für Hegel nun nicht mehr wie in dem »heroischen Weltzustand« als eine anschauliche Totalität dargestellt werden. Der Monarch, der Beamte, der General, die jetzt die konkrete Spitze der Herrschaft, der Verwaltung und der Kriegsführung im Staate bilden, sind nicht mehr wie die Fürsten bei Homer und die Könige bei Shakespeare Gestalten, in deren Handlungen und Begebenheiten sich die Einheit des persönlichen Charakters mit dem allgemeinen sittlichen und politischen Ganzen anschaulich machen läßt. Götz von Berlichingen und Franz Moor repräsentieren für Hegel nicht mehr das sittliche und politische Ganze. Sie müssen es daher wie die »in neueren Romanen agierenden Helden« der »festen, sicheren Ordnung der bürgerlichen Gesellschaft und des Staates« gegenüber beim ohnmächtigen Wünschen und Postulieren bewenden lassen:

»Besonders sind Jünglinge diese neuen Ritter, die sich durch den Weltlauf, der sich statt ihrer Ideale realisiert, durchschlagen müssen und es nun für ein Unglück halten, daß es überhaupt Familie, bürgerliche Gesellschaft, Staat, Gesetze, Berufsgeschäfte usf. gibt, weil diese substantiellen Lebensbeziehungen sich mit ihren Schranken grausam den Idealen und dem unendlichen Rechte des Herzens entgegensetzen. Nun gilt es, ein Loch in diese Ordnung der Dinge hineinzustoßen, die Welt zu verändern, zu verbessern oder ihr zum Trotz sich wenigstens einen Himmel auf Erden herauszuschneiden. ... Das Ende solcher Lehrjahre besteht darin, daß sich das Subjekt die Hörner abläuft, mit seinem Wünschen und Meinen sich in die bestehenden Verhältnisse und die Vernünftigkeit derselben hineinbildet, in die Verkettung der Welt eintritt und in ihr sich einen angemessenen Standpunkt erwirbt« (Ä 557-558).

Der Versuch, den gegenwärtigen Weltzustand als Totalität durch die Kunst anschaulich darzustellen, führt nach Hegel notwendig ebenso wie der Versuch, das Schicksal, die Vorsehung und andere substantielle Mächte in Handlungen und Begebenheiten darzustellen, zur »kahlen Allegorie allgemeiner Reflexionen« (Ä 958), zu »Erdichtung«, zu »indischen Inkarnationen, ... [zu] einem Schein des Daseins ..., dessen Erdichtung vor der Wahrheit des in der wirklichen Geschichte realisierten Weltgeistes erblassen müßte« (Ä 959). »Wenn aber das, was geschieht, nicht als die konkrete Tat, der innere Zweck, die Leidenschaft, das Leiden und Vollbringen bestimmter Helden vorübergeführt wird, deren Individualität die Form und den Inhalt für diese ganze Wirklichkeit abgibt, so steht die Begebenheit nur in ihrem starren, sich für sich fortwälzenden Gehalte als Geschichte eines Volkes, Reiches usw. da«. Die »poetische Gestalt« wird für Hegel »zu einer kahlen Allegorie allgemeiner Reflexionen über die Bestimmung des Menschengeschlechts und seiner Erziehung, über das Ziel der Humanität, moralischen Vollkommenheit oder wie sonst der Zweck der Weltgeschichte festgesetzt wäre, heruntersinken« (Ä 958), wenn in ihr nicht die Freiheit und Subjektivität des Menschen und die gegenwärtige Wirklichkeit zur Darstellung gelangt. Da die Kunst für Hegel jedoch nur dann ihre höchste Bestimmung erfüllt, wenn sie den Menschen und seine gegenwärtige Welt als Totalität anschaulich darstellen kann, hat sie jetzt ihre höchste Bestimmung endgültig und unwiederbringlich verloren.

3. Daß in der durch das Christentum, die Aufklärung und die Französische Revolution gebildeten Welt die Kunst nicht mehr höchstes Organ der Wahrheitsvermittlung sein kann, sieht Hegel

auch durch die zeitgenössische Kunst und Literatur und die zeitgenössischen Kunsttheorien bestätigt.

Hamanns theologische Deutung des Poeten geht davon aus, daß dieser, gegründet auf die Herablassung Gottes in der Bibel, die Offenbarungen Gottes in der Natur und in der Geschichte nachzuahmen habe. Trotz seiner ständigen Polemik gegen die moderne Nachahmungs- und Genietheorie konnte Hamann jedoch nach Hegel nicht verhindern, daß seine Deutung des Poeten als Identifizierung des Poeten und Propheten, des Genies und Apostels und damit als Ästhetisierung der Theologie mißverstanden wurde. Er konnte ferner mit seiner Theorie der Sprache und Zeichen nach der Ausbildung der modernen Naturwissenschaft und der kritischen Bibelexegese und gegen sie die Offenbarung Gottes in der Natur und Geschichte nicht mehr in einer für alle glaubwürdigen Weise aussagen. Er konnte von seinem Ansatz aus auch nicht die Positivität der gegenwärtigen geistig-wissenschaftlichen und gesellschaftlich-politischen Bewegungen überzeugend deutlich machen. Bei aller Hochachtung für Hamann kommt Hegel daher in seiner Hamann-Rezension zu dem Ergebnis, daß Hamann auf Grund seines »abstrakten Hasses gegen die Aufklärung« (BSch 264) »in dem negativen Resultate mit dem, was er bekämpfte, übereinkam, alle weitere Entfaltung von Lehren der Wahrheit und deren Glauben als Lehren, ja von sittlichen Geboten und rechtlichen Pflichten, für gleichgültig« (BSch 274–275) ansah.

Zu einem noch schieferen Verhältnis zur gegenwärtigen Welt führte nach Hegel Klopstocks religiöse Dichtung, »da seinem Gemüte keine reichere Vernunftforderung in der Wirklichkeit erschienen war« (Ä 1037). Auch Herder, der die Kunst und Literatur der einzelnen Völker, vor allem ihre vermeintliche oder wirkliche ursprüngliche Poesie, gegen die rationalen Tendenzen der Wissenschaften und der Gesellschaft zu vergegenwärtigen suchte, mußte es nach Hegel bei einem ästhetischen Protest und bei ästhetischen Reflexionen über die Kunst bewenden lassen. Sicherlich ist Herder für Hegel kein Vorläufer des Historismus und kein Vorläufer der antirevolutionären politischen Romantik. Dennoch ist es Herder in seinen verschiedenen Entwürfen und Ansätzen nicht gelungen, das Problem der Sprache und der Kunst und Literatur und der Geschichte und Humanität überzeugend zu deuten.

Schiller ist nach Hegel nicht wie Kant in erster Linie an einer Kritik der Urteilskraft und einer transzendentalen Begründung des Geschmacksurteils, sondern an einer Deutung der Funktion der Kunst und des Künstlers unter den Bedingungen der gegenwärtigen Entfremdung und Entzweiung interessiert. Vor der Revolution hatte Schiller die unmittelbar bevorstehende Verwirklichung der Monarchie der Vernunft erwartet. Nach dem Scheitern der Revolution glaubte er vorübergehend, durch ästhetische Erziehung die Entfremdung des Menschen und die Entzweiung zwischen dem Einzelnen, der Gesellschaft und dem Staat aufheben zu können. Die Versöhnung im wirklichen Leben des Einzelnen, der Gesellschaft und des Staates blieb jedoch aus. Die ›Schaubühne als eine moralische Anstalt‹ handelt nach Gesetzen, die von denen der realen Geschichte verschieden sind: »Die Gerichtsbarkeit der Bühne fängt an, wo das Gebiet der weltlichen Gesetze sich endigt«.[8] Die ›Briefe über die ästhetische Erziehung des Menschen‹ enden mit einer Utopie: der »Staat des schönen Scheins« existiert nur »in einigen wenigen auserlesenen Zirkeln« (a.a.O. 5,669). Schillers Tragödien können nur noch den Untergang des großen Menschen in und an der Geschichte darstellen. Der Sieg der dämonischen Freiheit über das Schicksal ist nur noch im Tode zu erringen; das Schöne blüht nur noch im Gesang. Für Hegel ist daher Schillers Kunstphilosophie und Dichtung ein Zeichen dafür, daß die schöne Kunst unwiederbringlich vergangen ist.

Auch Goethe und die Romantik liefern Hegel einen Beweis für den Satz vom Ende der höchsten Bestimmung der Kunst. Hegels Verhältnis zu beiden ist zwar sehr verschieden. Er schätzt bei aller Distanz zu Goethe die Heiterkeit, die spielerische Weltverklärung und gelungene Aneignung der orientalischen Kunst in dessen Alterslyrik, die »Innigkeit und Froheit des sich in sich selber bewegenden Gemütes, welche durch die Heiterkeit des Gestaltens die Seele hoch über alle peinliche Verflechtung in die Beschränkung der Wirklichkeit hinausheben« (Ä 573). Er kritisiert sehr scharf die Kunst der Romantiker und ihre Kunstreflexionen[9], vor allem ihr Prinzip der Ironie, in der er nicht ein Darstellungsprinzip der Kunst, sondern nur ein für das sittliche und politische Leben zerstörendes Prinzip der schlechten Subjektivität sieht. Auch Goethe und die Romantiker können für Hegel jedoch nicht den gegenwärtigen Weltzustand und die lebendige Wahrheit auf höchste Weise darstellen. Goethes Alterslyrik repräsentiert für ihn eine bereits in der persischen Kunst vorgebildete Kunst- und Welterfahrung, und er behandelt sie daher auch unter den symbolischen Kunstformen der längst vergangenen mohammedanischen Poesie. Die romantische Erwartung einer durch Reflexion potenzierten progressiven Universalpoesie (Schlegel) und eines neuen Epos, in dem die Götter wieder mit der Natur versöhnt sein werden (Schelling), ist für Hegel eine für die Ethik und Politik, die Religion und Philosophie in gleicher Weise ruinöse Utopie. Da für ihn im Christentum und im Staat die Versöhnung bereits geleistet ist, kann und braucht diese für Hegel nicht mehr durch die Kunst gestiftet zu werden. Kunst, die angesichts der in der Geschichte vollbrachten Versöhnung über sich selbst und ihre Darstellungsmittel dichtet und denkt, kann er nur als letzte sich auflösende Stufe der christlich-romantischen Kunstform deuten.

Hegel geht in seinen Berliner Vorlesungen über Ästhetik aus von der durch das Christentum, die Aufklärung und die Französische Revolution gebildeten Moderne. Diese Welt ist für ihn einerseits eine durch »das Nach der Kunst« (Ä 139) im Sinne des Nach der schönen Kunst charakterisierte Welt. Andererseits sieht Hegel jedoch in einigen Erscheinungen seiner Gegenwartskunst auch eine neue Form von Kunst, die offenbar etwas anderes als das Zerfallsprodukt der im System des Schönen entwickelten romantischen Kunstform ist. Hegel spricht daher in seinen Berliner Vorlesungen über Ästhetik wohl vom Ende der höchsten Bestimmung der Kunst, von einem Überschreiten ihrer höchsten Möglichkeit, von einem Aufhören des höchsten Kunstbedürfnisses; er spricht jedoch nicht vom absoluten Ende der Kunst im Sinne ihrer Auflösung oder ihres Zerfalls. Er schreibt im Gegenteil: »Man kann wohl hoffen, daß die Kunst immer mehr steigen und sich vollenden werde« (Ä 139). Der in Griechenland erreichte unüberbietbare Gipfel der Kunst und die Vollendung der Kunst sind also für Hegel nicht dasselbe. Ja, erst wo der im System der Ästhetik aus der Idee des Schönen entwickelte Begriff der schönen Kunst zerfallen ist, ergibt sich für Hegel die Möglichkeit der Vollendung der Kunst als freier Kunst. Dies zwingt zu einer Differenzierung des Hegelschen Kunstbegriffs in seinen Berliner Ästhetikvorlesungen.

Hätte Hegel in seiner ›Ästhetik‹ nur das geschrieben, was sich aus der Logik des Ideals des Schönen entwickeln läßt, so hätte er nicht vom Ende der höchsten Bestimmung der Kunst und gleichzeitig von dem nach wie vor legitimen Bedürfnis nach Kunst und von einer neuen erst in der Moderne möglichen Vollendung der Kunst sprechen können. Bei einer systemimmanenten Interpretation der Hegelschen Ästhetik ist aus mehreren Gründen nicht einzusehen, warum man auf ein weiteres Steigen und Sichvollenden der Kunst hoffen kann. Wenn Hegel etwa in der Entwicklung des Ideals des Schönen zu den symbolischen, klassischen und romantischen Kunstformen eine »Totalität«, »den wahren Einteilungsgrund dieser Sphäre« sieht, weil diese Kunstformen »aus der Idee selbst hervorgehn« (Ä 113), und wenn er im einzelnen das Ende der romantischen Kunstform nachweist (vor allem Ä 566–573), so ist eigentlich eine zukünftige, nachromantische Kunst nicht denkbar. Der von Hegel in seiner ›Ästhetik‹ entwickelte Begriff der schönen Kunst ist ferner so unaufhebbar an bestimmte geschichtliche »Weltanschauungsweisen« (Ä 566), d. h. an bestimmte sittliche, politische und religiöse Voraussetzungen gebunden, daß für die Künstler und Kunstbetrachter, die diesen »Weltanschauungsweisen« gegenüber »tabula rasa« sind, eine neue weltanschauungsfreie Kunst undenkbar ist. Die Kunst ist ferner nach Hegels Definition eine Wahrheitsvermittlung im Element der sinnlichen Anschauung. Wahrheitsvermittlung durch Kunst wird jedoch dann überflüssig, wenn die Wahrheit in den Vorstellungen der Religion und im Begriff der Philosophie adäquater vermittelt wird. Wer daher Religion und Philosophie hat, braucht die Kunst nicht mehr. In seinen Vorlesungen in Jena und in seiner ›Phänomenologie‹ war für Hegel daher im Sinne seines freilich niemals bruchlos und widerspruchslos entwickelten Systembegriffes der Philosophie konsequenterweise die Kunst als Vorhof der Religion und Philosophie endgültig durchschritten, die Welt der Kunst als bloße Einbildung und Träumerei und die Schönheit als etwas, das die Wahrheit verdeckt, endgültig überwunden. Wenn Hegel jedoch in seinen Berliner Ästhetikvorlesungen von einzelnen Kunstwerken spricht, dann hat man nicht den Eindruck, daß die durch die Kunst vermittelte Wahrheit durch die Religion und die absolute Reflexion ersetzbar und überbietbar ist und daß er von den Sinnen und der Anschauung bloß im pejorativen Sinne spricht.

Eine systemimmanente Interpretation der Hegelschen ›Ästhetik‹, die der Hegelschen Ästhetik und der Hegelschen Philosophie überhaupt einen Systembegriff unterstellt, den sie so gar nicht besitzt, muß zu dem Ergebnis kommen: Hegel kommt bei seinem aus der Idee des Schönen wissenschaftlich deduzierten Begriff der schönen Kunst und ihrer Kunstformen mit einer in der Sache selbst liegenden Konsequenz zu dem Resultat, daß in der Gegenwart die Kunst und das Kunstbedürfnis schlechthin zerfallen sind. Hegels ›Ästhetik‹ ist keine Theorie dessen, was ist, sondern eine Theorie dessen, was war. Sie begreift nicht, dem Hegelschen Anspruch von Philosophie entsprechend, die jetzt »lebendige Wahrheit«, sondern stellt als ›Eule der Minerva‹ eine vergangene, uns nicht mehr genügende Form der Wahrheitsvermittlung dar.

Die Größe von Hegels Berliner Vorlesungen über Ästhetik besteht jedoch darin, daß sie außer dem aus der Idee des Schönen entwickelten System auch den Ansatzpunkt zu einer Theorie der nachästhetischen freien Kunst enthält. Die Vorlesungen enthalten den Ansatz zu einer Theorie der freien Kunst in der durch das Christentum, die Aufklärung und die Französische Revolution gebildeten neuen Welt. Dieser Ansatz soll im folgenden kurz dargestellt werden. Wie weit einzelne Momente der Hegelschen Theorie der freien Kunst: z. B. seine Deutung der Innerlichkeit[10], der Abstraktion[11], des objektiven Humors[12] usw., zur Interpretation der im 19. und 20. Jahrhundert ausgebildeten Kunst fruchtbar sind, kann hierbei nicht erörtert werden.

Das auch in der Gegenwart lebendige allgemeine Bedürfnis nach Kunst entspringt nach Hegel der Verwunderung und dem Staunen. Wo sich der Mensch, in der »Stumpfheit und Dumpfheit« dahinlebend, noch nicht wundert und wo er sich, vermeintlich aufgeklärt, nicht mehr wundert, kann es nach Hegel keine Kunst und kein Bedürfnis nach Kunst geben. Verwunderung und Staunen sind für ihn jedoch das Zeichen eines gebildeten Menschen, der von den Sorgen der äußeren Existenz befreit ist und über die äußere Natur und seine unmittelbaren und partikularen Interessen herrscht: »Die Verwunderung... kommt nur da zum Vorschein, wo der Mensch, losgerissen von dem unmittelbarsten, ersten Zusammenhange mit der Natur und der nächsten, bloß praktischen Beziehung der Begierde, geistig zurücktritt von der Natur und seiner eigenen singulären Existenz und in den Dingen nun ein Allgemeines, Ansichseiendes und Bleibendes sucht und sieht« (Ä 323).

Den Ursprung der Verwunderung und des Staunens und damit den Ursprung der Kunst sieht Hegel darin, daß sich der Mensch das, »was er ist und was überhaupt ist«, vorstellen will: »Das allgemeine und absolute Bedürfnis, aus dem die Kunst (nach ihrer formellen Seite) quillt, findet seinen Ursprung darin, daß der Mensch denkendes Bewußtsein ist, d. h. daß er, was er ist und was überhaupt ist, aus sich selbst für sich macht. Die Naturdinge sind nur unmittelbar und einmalig, doch der Mensch als Geist verdoppelt sich, indem er zunächst wie die Naturdinge ist, sodann aber ebensosehr für sich ist, sich anschaut, sich vorstellt, denkt und nur durch dies tätige Fürsichsein Geist ist« (Ä 75). Was Hegel von der Poesie sagt, gilt allgemein von der Kunst: Sie ist »die allgemeinste und ausgebreiteteste Lehrerin des Menschengeschlechts gewesen und *ist es noch*. Denn Lehren und Lernen ist Wissen und Erfahren dessen, was ist. Sterne, Tiere, Pflanzen wissen und erfahren ihr Gesetz nicht; der Mensch aber existiert erst dem Gesetze seines Daseins gemäß, wenn er weiß, was er selbst und was um ihn her ist; er muß die Mächte kennen, die ihn treiben und lenken, und solch ein Wissen ist es, welches die Poesie in ihrer ersten substantiellen Form gibt« (Ä 879).

Das spezifische Bedürfnis des Menschen nach freier Kunst und die spezifische Funktion dieser Kunst in der Moderne sieht Hegel darin begründet, daß diese Kunst alle die geistigen Zusammenhänge des Menschen und seiner Welt darstellt, in denen »der Mensch überhaupt heimisch zu sein die Befähigung hat« (Ä 570), und die in der industriellen Gesellschaft und im modernen Staat nicht unmittelbar sichtbar werden: »Das Erscheinen und Wirken des unvergänglich Menschlichen in seiner vielseitigsten Bedeutung und unendlichen Herumbildung ist es, was in diesem Gefäß menschlicher Situationen und Empfindungen den absoluten Gehalt unserer Kunst itzt ausmachen kann« (Ä 571).

Bereits im Mittelalter vollzog sich nach Hegel die Freisetzung der Kunst und ihre Wende von der religiösen Innerlichkeit und ihren Vorstellungen zur Welt und ihren Zwecken und Interessen:

»Wenn aber das Reich Gottes Platz gewonnen hat in der Welt und die weltlichen Zwecke und Interessen zu durchdringen und dadurch zu verklären tätig ist, ... so fällt nun auch die negative Haltung des zunächst ausschließlich religiösen Gemüts gegen das Menschliche als solches hinweg, der Geist breitet sich aus, sieht sich um in seiner Gegenwart und erweitert sein wirkliches weltliches Herz. Das Grundprinzip selber ist nicht geändert; die in sich unendliche Subjektivität wendet sich nur einer anderen Sphäre des Inhalts zu ... [Sie ist] in sich selber affirmativ geworden« (Ä 524-525).

Erst in der Gegenwart sieht Hegel jedoch die Voraussetzungen zur vollen Entfaltung einer nachästhetischen freien Kunst gegeben: »In unseren Tagen hat sich fast bei allen Völkern die Bildung der Reflexion, die Kritik, und bei uns Deutschen die Freiheit des Gedankens auch der Künstler bemächtigt und sie in betreff auf den Stoff und die Gestalt ihrer Produktion, nachdem auch die notwendigen besondern Stadien der romantischen Kunstform durchlaufen sind, sozusagen zu einer tabula rasa gemacht« (Ä 568).

Der Künstler ist damit für Hegel in der Moderne durch keinen bestimmten Darstellungsinhalt und durch keinen bestimmten Darstellungsstil gebunden. Er ist frei für die Pluralität von »Weltanschauungsweisen« und Kunstformen. Die Vielfalt künstlerischer Stile und Tendenzen, das Selbstständig- und Artistischwerden der Kunst, das Experimentieren mit neuen Darstellungs- und Ausdrucksmöglichkeiten, das Reflektieren und Konstruieren, dieses alles ist für Hegel kein Symptom des Verlusts der Mitte, sondern einer prinzipiell erst in der Moderne ermöglichten freien Kunst. Es ist für Hegel die Würde und Aufgabe der von allen unmittelbaren sittlichen, religiösen und politischen Funktionen freigesetzten Kunst, die vielfachen Bildungen des Humanus, den Reichtum der inneren und äußeren Welt des Menschen mit allen ihr gemäßen Mitteln zur Anschauung zu bringen. Die freie Kunst braucht nach Hegel freilich nicht mehr das Ganze der Welt auszusagen, und sie braucht es auch nicht mehr auf höchste Weise auszusagen. Trotzdem bleibt die Kunst für Hegel neben der Religion und Philosophie ein Organon der Wahrheit, wenn sie auch nicht mehr wie für Schelling das höchste Organon der Wahrheit sein kann.[13]

Hiermit hat Hegel einen Ansatzpunkt zu einer Theorie der freien Kunst in der Moderne gewonnen, der vor ihm weder in der seit Baumgarten ausgebildeten Ästhetik noch in der Kunsttheorie der Aufklärung und Romantik möglich war. Die von der Aufklärung und Romantik ausgebildeten »Vorstellungen« und »Ansichten« über die unmittelbaren praktischen und theoretischen Zwecke der Kunst sind für Hegel unhaltbar. Die freie Kunst ist für ihn wie für Kant zweckfrei, weder durch Zwecke der Moral und der Politik noch durch solche der Religion und der Wissenschaft unmittelbar bestimmbar. Das Wohlgefallen, das freie Kunst erzeugt, ist für beide ein interesseloses Wohlgefallen. Der unmittelbare Zweck der freien Kunst kann für Hegel nicht der Nutzen der Gesellschaft, die Erkenntnis des Wahren und des Guten sein. Der unmittelbare Zweck ist nicht »die moralische Besserung«, wie »in neuerer Zeit häufig« (Ä 93) angegeben. Die freie Kunst kann auch nicht unmittelbar dem »Zusammenleben der Menschen und dem Staat« (Ä 90) dienen. Sie ist keine Illustration oder gar ideologische Vermittlung bestimmter sittlicher und politischer Ziele: »Wir Deutsche ... fordern zu sehr einen Gehalt von Kunstwerken, in dessen Tiefe dann der Künstler sich selber befriedigt« (Ä 583). Die freie Kunst ist für Hegel erst recht kein Mittel, »sich vergangene Weltanschauungen wieder, sozusagen, substantiell aneignen, d. i. sich in eine dieser Anschauungsweisen festhineinmachen zu wollen« (Ä 569). Allen solchen »Vorstellungen« und »Ansichten« gegenüber vertritt Hegel wie Kant die Auffassung, daß die wahrhaft freie Kunst uns auf einen anderen Boden stellt, »als der ist, welchen wir in unserem gewöhnlichen Leben sowie in unserem religiösen Vorstellen und Handeln und in den Spekulationen der Wissenschaft einnehmen« (Ä 908).

Die Freisetzung der Kunst von allen unmittelbaren Zwecken und

Interessen bedeutet für Hegel jedoch nicht, daß die Kunst nun bloße Unterhaltung ist, »ein bloßes Spiel des Zufalls und der Einfälle . . ., das ebensogut zu unterlassen als auszuführen sei« (Ä 74). Unter freier Kunst versteht Hegel kein Spiel, bei dem die von der »lebendigen Wahrheit« losgelöste Subjektivität »alle menschlichen Vermögen und alle individuellen Kräfte nach allen Seiten und Richtungen hin« (Ä 90) entwickeln kann, keine Schlegelsche Ironie, so wie Hegel diese versteht, die alle sittlichen, politischen und religiösen Inhalte zersetzt.

Auch die freie Kunst hat die Aufgabe, »die tiefsten Interessen des Menschen, die umfassendsten Wahrheiten des Geistes zum Bewußtsein zu bringen und auszusprechen« (Ä 54), so weit es mit ihren Darstellungsmitteln möglich ist. Inhalt der freien Kunst ist damit für Hegel die »sich mit sich im andern vermittelnde Subjektivität« (Ä 514). Diese Vermittlung mit dem andern, mit der vermenschlichten Natur und der gesellschaftlichen und politischen Welt, ist für Hegel konstitutiv für die Kunst, denn »die Seele will sich, aber sie will sich in einem Anderen, als sie selbst in ihrer Partikularität ist« (Ä 745). Daher darf sich die Subjektivität für ihn auch nicht in ihrer Partikularität und in der »nebulosen Vorstellung vom Idealischen neuerer Zeit« fixieren. Diese sei nämlich »nur eine vornehme Abstraktion moderner Subjektivität, welcher es an Mut gebricht, sich mit der Äußerlichkeit einzulassen«. Die in der Moderne mögliche wahre Subjektivität läßt sich nach Hegel »in die gewöhnliche äußerliche Realität, in das Alltägliche der Wirklichkeit und damit in die gemeine Prosa des Lebens ein« (Ä 259) – ohne freilich in ihr auf- bzw. unterzugehen.

Was Hegel unter freier Kunst versteht, wird auch an seiner Kritik der endgültig erst auf dem Boden der Aufklärung ausgebildeten Nachahmungs- und Genietheorie deutlich. Die freie Kunst ist für Hegel nicht Widerspiegelung einer eigentlichen, vorbildlichen und immerseienden ontologischen Wirklichkeit, so wie z. B. Batteux und Diderot, Baumgarten und Mendelssohn die Kunst vermeintlich im Sinne des Aristoteles als Nachahmung der schönen Natur deuteten. Freie Kunst wird von Hegel nicht mit Hilfe des Urbild-Abbild-Modells am Maße einer zeitlosen Natur gemessen. Wie Hegel mit Recht sagt, scheint das Prinzip der Nachahmung der

Natur in der in der Aufklärung ausgebildeten »allgemeinen ganz abstrakten Form« nur »ein durch große Autorität bewährtes Prinzip zu sein« (Ä 87). Die Vorstellung, Kunst könne mit Hilfe des Urbild-Abbild-Modells durch einen Bezug auf einen ontologischen und verdinglichten Natur- und Wirklichkeitsbegriff definiert werden, kritisiert bereits Hegel als eine Vorstellung, die sich nicht auf Aristoteles berufen kann.[14]

Freie Kunst ist für Hegel aber auch nicht unmittelbare Nachahmung der prosaischen bürgerlichen Welt und ihres Milieus, so wie z. B. Iffland und Kotzebue »das Tagesleben ihrer Zeit in den prosaischen engeren Beziehungen mit wenig Sinn für eigentliche Poesie abkonterfeiten« (Ä 561). Eine solche Nachahmung der unmittelbaren Lebenswelt ohne kritische oder polemische Distanz zu ihr ist für Hegel eine »überflüssige Bemühung« (Ä 84), die »nur technische Kunststücke, nicht aber Kunstwerke zutage fördern kann« (Ä 87). »Technische Kunststücke« ohne kritische Distanz zur unmittelbaren Welt des Menschen, seiner Sprache und seinen Vorstellungen, haben nach Hegel das Moment verloren, das konstitutiv zum Werkcharakter des Kunstwerkes gehört.

Was Hegel unter freier Kunst versteht, kann auch nicht von der in der Aufklärung im Gegensatz zur Nachahmungstheorie entwickelten Genietheorie zureichend verstanden werden. Genie ist zwar für Hegel wie für Kant für das Kunstschaffen notwendig. Freie Kunst ist jedoch mehr als Ausdruck einer mit der gegenwärtigen Welt und der »lebendigen Wahrheit« unvermittelten Subjektivität und ihrer Innerlichkeit, wie dies die Genietheorien der Zeit meinten. Der Künstler ist für Hegel kein Schöpfer, der in Analogie zum göttlichen Schöpfer aus seiner Innerlichkeit und aus seiner unmittelbaren, nicht reflektierten und nicht reflektierbaren Einheit mit dem Weltgrund schafft. Das romantische Pathos des Ursprünglichen und das Bewußtsein der Identität mit dem absoluten Grund der Natur und Geschichte ist für Hegel ein leerer Schein und ein falsches Bewußtsein.

Hegel hat in seiner Berliner Zeit nicht nur aus der Idee des Schönen das Natur- und Kunstschöne und die Totalität der Formen der schönen Künste systematisch entwickelt, jenes System der fünf schönen Künste, das zu seiner Zeit noch keine hundert Jahre alt war.[15] Er hat in seiner Berliner Zeit auch Ansätze zu einer Theorie einer nachästhetischen freien Kunst entwickelt, die nach seiner Überzeugung in der Moderne allein noch möglich ist. Für diese freie Kunst kann und darf es nach Hegel keinen verbindlichen Kanon dafür geben, was der Künstler im einzelnen darzustellen hat und wie er seinen Gegenstand im einzelnen darzustellen hat. Dennoch glaubt Hegel, für die in der Moderne sich vollendende moderne Kunst folgendes sagen zu können: Die freie Kunst wird, wenn auch in einer inhaltlich sehr verschiedenen Weise, »das Erscheinen und Wirken des unvergänglich Menschlichen in seiner vielseitigsten Bedeutung und unendlichen Herumbildung« (Ä 571) zu ihrem spezifischen Gegenstand haben. Die freie Kunst wird ferner, wenn auch nicht in einer aus der Idee des Schönen deduzierten Weise, schöne Kunst sein müssen, wenn sie nicht ihren Kunstcharakter überhaupt dementieren und sich in »technische Kunststücke« auflösen will.[16]

Dieser Ansatz zu einer Theorie der nachästhetischen freien Kunst kann heute nach dem endgültigen Zerfall der Ästhetik im Sinne Baumgartens und Schellings für eine Philosophie der Kunst nicht unmittelbar appliziert werden. Er wäre heute von einer Philosophie der Kunst weiterzuentwickeln, die nicht mehr wie bisher beansprucht, für Künstler, Kunstbetrachter und Kunstwissenschaftler einen verbindlichen Kanon von Darstellungsgegenständen und Darstellungsmitteln liefern zu können, sondern die sich darauf beschränkt, über die grundsätzliche Funktion der freien Kunst, ihre kritische Distanz zum Bestehenden, zum unmittelbaren Bewußtsein der »sich in sich verhausenden Subjektivität« und zu den herrschenden Institutionen Plausibles und Verbindliches auszusagen.

Was uns von Hegel und seiner Zeit unterscheidet, ist die geschichtliche Erfahrung dessen, wozu sich die von allen unmittelbaren sittlichen und religiösen, gesellschaftlichen und politischen Funktionen freigesetzte Kunst im 19. und 20. Jahrhundert tatsächlich entwickelt hat. Das »unvergänglich Menschliche in seiner vielseitigsten Bedeutung und unendlichen Herumbildung« ist für uns nach den Erfahrungen des 20. Jahrhunderts differenzierter und abgründiger, als Goethes Alterslyrik annimmt, die Hegel z. B. vor Augen hatte. Für Hegel gehört ferner zur Freiheit des Künstlers, daß er in seinem Kunstwerk die Pluralität von traditionellen Kunstformen in kritischer Weise thematisiert und parodiert. Hegel kannte jedoch nicht die vor- und außereuropäischen Formen von ›Kunst‹, ja nicht einmal den von der modernen Kunst verschiedenen Kunstcharakter der antiken und mittelalterlichen Kunstwerke, von dem heute das kritische Bewußtsein weiß. Hegel kannte selbstverständlich auch noch nicht die Phänomene unserer Gegenwartskunst, in der sich nicht nur das System der fünf schönen Künste, sondern überhaupt alle tradierten Gattungen von Kunst auflösen und neu bilden, in der die Kunst ihren bisherigen Kunstcharakter bewußt dementiert und in der Kunst gesellschaftlich manipuliert wird. Daß sich freilich die Kunst ins Nicht- und Außerästhetische und in »technische Kunststücke« auflöst, wenn sie auf jede kritische Distanz zur Gesellschaft verzichtet und wenn sie in totaler Weise den Kunstcharakter von Kunstwerken dementiert, dieses scheint heute allerdings durchaus plausibel.

Hegels Satz vom Ende der Kunst spricht vom Ende der höchsten Bestimmung der schönen Kunst, die er persönlich in Griechenland erreicht sah. Die Entscheidung über das Ende der höchsten Bestimmung der Kunst scheint heute, anders als Heidegger meint, endgültig gefallen zu sein, selbst wenn man dieses Ende auch anders als Hegel begründen kann. Der Satz vom Ende der Kunst meint bei Hegel jedoch nicht den Zerfall von Kunst überhaupt. Im Gegenteil, Hegel meint, daß die Kunst als freie Kunst »immer mehr steigen und sich vollenden werde«, und er zeigt, wie er sich auf Grund seiner Gegenwartskunst und auf Grund seiner geschichtlichen Erfahrungen die Möglichkeit einer solchen nachästhetischen freien Kunst vorstellte.

Geschichte und System in der ›Religionsphilosophie‹

Hegels Religionsphilosophie[17] ist ebenso wie die von Lessing, Hamann und Kant ein Versuch, die Aporie zwischen dem überlieferten Christentum, seiner Lehre und seinen kirchlich-religiösen Institutionen, und der modernen geistig-wissenschaftlichen und gesellschaftlich-politischen Wirklichkeit durch eine Überwindung der von der Aufklärung formulierten und fixierten Alternativen von Glauben und Wissen, Bewahrung und Fortschritt, Jenseits und Diesseits, Heteronomie und Autonomie, Objektivität und Subjektivität auf dem Boden der Gegenwart so zu lösen, daß die Subjektivität dieser Lösung eine freie und begründete Zustimmung geben kann. In der Deutung der allgemeinen Aporie zwischen Christentum und Moderne und in der Ablehnung der Alternativen und Alternativlösungen der Aufklärung stimmt Hegel mit Lessing, Hamann und Kant völlig überein. Auf Grund seiner Überzeugung von der Verschärfung der geschichtlichen Aporie glaubt er jedoch, über ihre Lösungsversuche hinausgehen zu müssen und mit seinem Systemversuch innerhalb seiner religionsphilosophischen Schriften die dieser Aporie allein noch angemessene Lösung gefunden zu haben. Hegels Systemversuch ist die seiner Diagnose der verschärften Aporie entsprechende Lösung – und diese ist am Ende schon für Hegel selbst nur eine »partielle« Lösung für den von der Welt isolierten »Priesterstand« (Rel 2, 2, 231) der Philosophie.

In der Deutung der allgemeinen Aporie stimmt Hegel der Sache nach mit Lessing, Hamann und Kant völlig überein. Seine Kritik der Orthodoxie geht genau wie die seiner Vorgänger davon aus, daß diese in ihrer innerkirchlichen Polemik gegen Reformen der Lehre und der kirchlich-religiösen Institutionen sowie in ihrer totalen Ablehnung der historisch-kritischen Wissenschaften »von der Heterodoxie des Feindes nicht unangesteckt geblieben« (L 8,197) ist, daß sie den Glauben zu einem solchen bloß positiven, allein auf Autorität hin anzunehmenden »System religiöser Sätze« gemacht hat, daß dies »notwendig Verlust der Freiheit der Vernunft, der Selbständigkeit derselben voraussetzt« (JSch 233–234). Hegels Kritik des Pietismus geht ebenso wie die von Lessing, Hamann und Kant davon aus, daß dieser durch seine schwärmerische Jenseitserwartung und seinen blinden Fanatismus in der Religion, der Sittlichkeit und dem Staat dann »Verwüstungen« (K 3,568) anrichtet, wenn er gegen die Wirklichkeit, die sich in den kirchlich-religiösen und gesellschaftlich-politischen Institutionen ausgebildet hat, unmittelbar aus dem Gefühl und der Innerlichkeit des Herzens und durch unmittelbaren Rückgriff auf das Urchristentum Neues schaffen will. Seine Kritik der zeitgenössischen Bibelexegese schließlich geht wie die seiner Vorgänger davon aus, daß diese ebenso wie die Exegese der Deisten und Neologen durch den unkritischen Gebrauch des Wissenschafts- und Methodenbegriffs der historisch-kritischen Wissenschaft die Bibel so entmythologisiert und in den Kontext der orientalischen Welt integriert, daß jede überzeugende Applikation der biblischen Wahrheit für die Gegenwart unmöglich ist, daß sie die Bibel zu einer »wächsernen Nase«[18] macht, daß sie die Bibel nur als ein historisches Dokument behandelt, wie die »Kontorbedienten eines Handelshauses ...«, die nur über fremden Reichtum, der ihnen durch die Hände geht, Buch und Rechnung führen, nur für andere handeln, ohne eigenes Vermögen zu bekommen« (Rel 1, 1, 47).

Auch in der Beurteilung der zeitgenössischen Religionsphilosophie besteht völlige Übereinstimmung: Die theologia naturalis der Schulphilosophie und die von Leibniz und im Anschluß an seine Metaphysik unternommenen Theodizeeversuche des 18. Jahrhunderts sind für sie unhaltbar. Der Deismus ist für sie alle ein besonders deutliches Beispiel für die über sich und ihre Voraussetzungen unaufgeklärte Aufklärung, insofern diese glaubt, aus der abstrakten Vernunft einen von der christlichen Überlieferung unterscheidbaren, ja ablösbaren allgemeinen Begriff von Vernunftreligion konstruieren zu können, der für alle vernünftigen Wesen in allen Zeiten und Räumen gilt und der es ermöglicht, jede Offenbarungsreligion und jede positive Religion als eine psychologisch oder gesellschaftlich zureichend erklärbare Früh- oder Verfallsform dieser Vernunftreligion zu entlarven. Der platte Aufklärungsverstand, der – wie Lessing und Hegel formulieren – allen dogmatischen Aussagen des Christentums erst die »Krätze« gibt, »um sie kratzen zu können« (JSch 61)[19], triumphiert für sie über eine erst von ihm selbst geschaffene »geistlose Dogmatik« (Rel 1, 1, 301) und über einen »Leichnam«, der »ebensowenig von Vernunft als echtem Glauben an sich hat« (GW 1). Er »dichtet ... dem religiösen Glauben an, daß seine Gewißheit sich auf einige einzelne historische Zeugnisse gründet« (Phän 394), und hat den Glauben »ausgeplündert« (Phän 406).

Auf Grund dieser Deutung der allgemeinen Aporie ist das gemeinsame Ziel der Religionsphilosophie für Lessing, Hamann, Kant und Hegel ein doppeltes: 1.) Kritik der von der Aufklärung sowohl in den Kirchen und Gemeinden als auch in der Gesellschaft und im Staat angerichteten »Verwüstungen«; 2.) Formulierung von Denkmodellen, auf Grund derer das kritische Subjekt der gegenwärtigen christlichen Religion, die zwar auf mannigfaltige Weise geschichtlich vorgegeben ist, jetzt aber nicht mehr unreflektiert und unkritisch allein auf Treu und Glauben hin angenommen werden kann, eine freie und begründete Zustimmung geben kann.

Seit etwa 1800 glaubt Hegel, daß er auf Grund der Verschärfung der geschichtlichen Aporie zwischen Christentum und Moderne über die Lösungsversuche und Denkmodelle von Lessing, Hamann und Kant hinausgehen müsse. Die Verschärfung besteht für ihn in dem größeren Bruch mit der christlichen Überlieferung und in der jetzt an vielen Phänomenen erkennbaren »ungeheuren Revolution in der christlichen Welt . . .: es ist ein ganz anderes Selbstbewußtsein über das Wahre eingetreten« (Rel 1, 1, 140).

Die Aufklärung hat jetzt für ihn nicht nur in dem »höher gebildeten Bewußtsein« (BSch 15), sondern auch, ja gerade in dem, was Hegel das »Volk« nennt, einen »unendlichen Schmerz« erzeugt:

»Wenn den Armen nicht mehr das Evangelium gepredigt wird, wenn das Salz dumm geworden und alle Grundfesten stillschweigend hinweggenommen sind, dann weiß das Volk, für dessen gedrungen bleibende Vernunft die Wahrheit nur in der Vorstellung seyn kann, dem Drange seines Innern nicht mehr zu helfen. Es steht dem unendlichen Schmerze noch am nächsten«, es sieht »sich von seinen Lehrern verlassen; diese haben sich zwar durch Reflexion geholfen und in der Endlichkeit, in der Subjectivität und deren Virtuosität und eben damit im Eiteln ihre Befriedigung gefunden, aber darin kann jener substantielle Kern des Volks die seinige nicht finden« (H 16,355).[20]

Die »ungeheure Revolution in der christlichen Welt« zeigt sich Hegel an vielen Phänomenen: an der Ausbildung der neuen wirtschaftlichen und gesellschaftlichen Verhältnisse, an der Erschütterung der überlieferten religiösen, sittlichen und politischen Institutionen durch die Französische Revolution, an der Romantik mit ihren aufklärungsfeindlichen geistigen, gesellschaftlichen und politischen Bewegungen, an der »Sucht des Privatwohls und -genusses«, die jetzt »an der Tagesordnung« (Rel 2, 2, 229) ist.[21] Die »ungeheure Revolution« in der Wirklichkeit hat nach Hegel die Partikularität der Kirchen und Gemeinden im Verhältnis zur Gesamtgesellschaft und zum Staat und den immer größer werdenden Verlust der Funktions- und Integrationskraft der tradierten kirchlich-religiösen und sittlich-politischen Institutionen offenbar gemacht. Dies alles hat nach Hegel dazu geführt, daß nun auch im Volk »das Bedürfnis der Erkenntnis und der Zwiespalt mit der Religion erwacht ist« (Rel 1, 1, 44), so daß sich der Einzelne jetzt nicht mehr auf seine sogenannte unmittelbare religiöse Existenz und auf eine ungebrochene religiöse Vorstellungswelt in der Kirche und Gemeinde zurückziehen kann.

Daher hält Hegel jetzt trotz seiner tiefen Hochachtung vor Lessing, Hamann und Kant und trotz der vielen sachlichen Übereinstimmungen mit ihnen ihre Lösungsversuche für unzureichend. Lessings Denkmodelle, z. B. die von ihm in der ›Erziehung des Menschengeschlechts‹ formulierte Hypothese, mit der er die in der Bibel bezeugte Offenbarung Gottes als einen auf das ganze Menschengeschlecht gerichteten Erziehungsprozeß Gottes so zu denken versucht, daß die Gegenwart in ihrer Einheit und in ihrer Differenz zur bisherigen Geschichte sichtbar wird, bleibt für Hegel angesichts des Bruchs in der Wirklichkeit eine zu unbestimmte Vorstellung. Hamanns metaschematisierende Sprache und sein »abstrakter Haß gegen die Aufklärung überhaupt« (BSch 264) führten diesen nach Hegel trotz seiner legitimen Aufklärungskritik dahin, daß er am Ende »in dem negativen Resultate mit dem, was er bekämpfte, übereinkam, alle weitere Entfaltung von Lehren der Wahrheit und deren Glauben als Lehren, ja von sittlichen Geboten und rechtlichen Pflichten, für gleichgültig« (BSch 274–275) ansah. »Die letzte Zeit« hat die Kultur, wie Hegel 1802 formuliert, so »über den alten Gegensatz der Vernunft und des Glaubens, von Philosophie und positiver Religion« erhoben, daß auch Kant mit seiner Unterscheidung von »biblischer Theologie« und »philosophischer Theologie« und mit »seinem Versuche, die positive Form der Religion mit einer Bedeutung aus seiner Philosophie zu beleben, nicht deswegen kein Glück machte, weil der eigentümliche

Sinn jener Formen dadurch verändert würde, sondern weil dieselben auch dieser Ehre nicht mehr wert schienen« (GW 2).

Der größere Bruch mit der religiösen Überlieferung in der Wirklichkeit und das, was Fichte und Schelling zunächst als legitime Weiterentwicklung des transzendentalphilosophischen Ansatzpunktes von Kant verstanden, und das, was Weishaupt, Jacobi, Reinhold und andere als Transzendentalphilosophie kritisierten, haben Hegel sowohl in seiner Religionsphilosophie als auch in seiner Rechts- und Geschichtsphilosophie und in seiner Ästhetik den Blick für entscheidende Voraussetzungen und Differenzierungen der Kantischen Philosophie und für viele sachliche Übereinstimmungen mit Kant verstellt. Trotzdem kann ein kurzer Vergleich der Stellungnahmen von Kant und Hegel zu drei Fragen: zum Verhältnis der Theologie zu den modernen Wissenschaften, zum Verhältnis von Staat und Religion, zur Frage nach der nachgeschichtlichen Zukunft des Menschen und der Menschheit Hegels Diagnose der Zeit verdeutlichen.

1.) Kant und Hegel stimmen darin überein, daß sowohl diejenige Theologie, die sich auf ein Gespräch mit der modernen Wissenschaft und der Philosophie nicht einläßt, als auch diejenige Theologie, die »von dem verschrieenen Freiheitsgeist der Vernunft und Philosophie ... angesteckt« (K 7,334), unkritisch mit dem Wissenschafts- und Methodenbegriff der historisch-kritischen Wissenschaft und dem der a priori deduzierenden Philosophie arbeitet, nicht mehr in der Lage ist, die in der Bibel geoffenbarte und durch die Überlieferung vermittelte Wahrheit in der Gegenwart glaubwürdig zu applizieren. Für Kant besteht das wahre »Geschäft« der Theologie jetzt darin, daß sie von ihren spezifischen Voraussetzungen: von dem durch die Bibel bezeugten Glauben an die Offenbarung Gottes und dem »Kirchenglauben« aus, im kritischen Gespräch mit den modernen Wissenschaften und der Philosophie und im Gespräch und Streitgespräch der Fakultäten auf die neuen Fragen neue Antworten geben muß, wenn sie nicht in »die Zeit der Scholastiker« und in die »Zeit des Galilei« zurückfallen bzw. sich selbst zur Unverbindlichkeit verurteilen will. Der Theologe kann und braucht nach Kant bei diesem interdisziplinären Gespräch seine spezifischen Voraussetzungen nicht rational oder transzendental zu begründen, er muß sich nur auf das Gespräch einlassen. Die Philosophie bietet sich – wenigstens nach Kant – dieser Theologie als »Freundin« und Gesprächspartnerin an, wenn diese ihr nur die Freiheit läßt, in Freiheit nach der Wahrheit zu suchen. Kant formuliert damit entscheidende Voraussetzungen und Bedingungen für ein interdisziplinäres Gespräch mit der Theologie.

Für Hegel dagegen ist die Theologie, vor allem durch ihren unkritischen Gebrauch der modernen wissenschaftlichen Methoden und durch ihre unkritische Anpassung an modern sein wollende Trends, endgültig so zerfallen, daß sie einerseits ihre spezifischen Voraussetzungen: die Bibel und die religiöse Überlieferung zu einer beliebigen Überlieferung gemacht hat und daß sie andererseits selbst zu einem leeren und eitlen Räsonieren geworden ist. Auch für Hegel ist zwar wie für Kant durch die Ausbildung der Erfahrungswissenschaften die Philosophie über die der Alten hinausgekommen. Angesichts des Zerfalls der Theologie und der Religion kann für ihn jedoch nicht mehr das interdisziplinäre Gespräch, sondern allein noch die systematische Darstellung und Entfaltung der absoluten Wahrheit in der Philosophie eine überzeugende Vergegenwärtigung der christlichen Wahrheit leisten.

2.) Kant und Hegel in seiner Berliner Zeit stimmen darin überein, daß das Verhältnis von Staat und Religion nach der Aufklärung und nach der Französischen Revolution nicht mehr in der Weise positiv bestimmt werden kann, daß man entweder von den metaphysischen und kosmopolitischen Begründungen der antiken Polis und Republik und von den mittelalterlichen Vorstellungen über die civitas und die res publica christiana oder von den modernen Naturrechtstheorien ausgeht. Während dort die politische Gemeinschaft durch eine Metaphysik und politische Theologie begründet oder durch die christliche Religion integriert war, werde hier die Religion in den naturrechtlichen Konstruktionen der Souveränität und der politischen Institutionen lediglich auf eine mehr oder weniger ideologische Funktion reduziert. Für Kant und Hegel ist die Trennung von Staat und Religion trotz der Folgen der Französischen Revolution und trotz der kurzschlüssigen Reaktion auf sie der große Fortschritt, der es dem Staat und der Religion ermöglicht, ihre wahren »Geschäfte« besser zu erkennen und auszuführen.

Bei der genaueren Analyse ergeben sich jedoch erhebliche Differenzen[22]. Für Kant gibt es auf Grund von »Geschichtszeichen« (K 7,397) die für das sittliche und politische Handeln begründete Hoffnung, die freilich keine Gewißheit ist, daß sich der moderne Staat als politischer Rechtsstaat und die das Recht verwaltende weltbürgerliche Gesellschaft in Zukunft trotz der Wirren der jetzigen Zeit besser und universaler verwirklichen werden. Der Hegel der Berliner Zeit dagegen »entsäkularisiert«, wie R. Rothe mit Recht formuliert,[23] den modernen Staat, indem er ihn als sittliches Universum und »göttlichen Willen« (RPh 222) so interpretiert, daß in ihm die Arbeit der »ganzen Weltgeschichte« (RPh 223): die Verwirklichung der Freiheit und die »wahrhafte Versöhnung objektiv geworden« (RPh 297) sei, die bisher in der Gemeinde nur im Glauben und in der Innerlichkeit vorhanden war. Für Kant kann der moderne Staat mit den ihm allein zur Verfügung stehenden rechtlichen und politischen Mitteln und Institutionen bloß für das »Erdenglück«, nicht aber »auch für die Seligkeit der Unterthanen Sorge tragen«.[24] Er hat bei einem Streit der Religionen und bei einem Streit der Fakultäten nicht die Kompetenz, in Religionsfragen inhaltliche Entscheidungen zu fällen, sondern den Rückfall in den »Naturstand« (a.a.O. XCIV) zu verhindern und die von ihm freigesetzten Einzelnen, die Kirchen und Gemeinden und die sittlichen und religiösen Institutionen zu schützen. Kant stand freilich noch nicht wie Hegel vor der Frage, ob und wie der moderne Staat in der bürgerlichen Gesellschaft und angesichts ihrer Ideologiebildungen den Zerfall der auch für seine Existenz und für sein Funktionieren notwendigen, nicht durch ihn definierten Substanzträger und Substanzvermittler verhindern kann. Sein politischer Staatsbegriff hätte es ihm jedoch unmöglich gemacht, wie Hegel von allen Anhängern des Staates »zu fordern, daß sie sich zu einer Kirchengemeinde halten –, übrigens zu irgendeiner« halten müßten, und zwar mit der Begründung, daß die Religion für den Staat »das ihn für das Tiefste der Gesinnung integrierende Moment« sei (RPh 225).

Der Begriff und das Problem der bürgerlichen Gesellschaft werden für Hegel etwa seit 1820 besonders zentral. In seinen Jugendschriften sehnt er sich noch wie Hölderlin und andere nach der ästhetisch und politisch idealisierten Polis und der antiken Republik. Er kritisiert das Christentum, indem er wie vor ihm die Aufklärer (z. B. Gibbon) und später die Linkshegelianer die Entstehung des Christentums aus dem Zerfall der antiken Welt erklärt. Auch in Jena deutet Hegel zunächst noch »die absolute Idee der Sittlichkeit« als ein Ganzes, in dem für den Einzelnen und für die Freiheit selbständiger religiöser Gruppen kein Platz ist. »Der Einzelne muß nicht nur einen Teil seiner Freiheit aufgeben, sondern sich selbst ganz«.[25] In seiner Rechtsphilosophie verteidigt und rechtfertigt Hegel wie Kant vom »Prinzip des Staats« (RPh 222 Anm.) aus die Trennung von Staat und Religion. Der hier von Hegel konstruierte Staat als »Wirklichkeit der sittlichen Idee« (RPh 207), der freilich schon damals von dem Staat der preußischen Wirklichkeit verschieden war, erkennt zwar das Recht der Subjektivität an. Er vermag jedoch diese Subjektivität und ihre konkrete Freiheit nur noch unzureichend mit vorrevolutionären gesellschaftlichen und politischen Institutionen, der Monarchie und den Ständen, vor der Anarchie der religiösen Sekten zu sichern, die in »Zeiten öffentlichen Elends, der Zerrüttung und Unterdrückung« (RPh 220) aufs Jenseits vertrösten und damit alle vernünftige sittliche und politische Praxis zerstören. Die Kirchen und Gemeinden sind für Hegel in der Rechtsphilosophie jedoch im Grunde aufgehoben und überflüssig, da der Staat für ihn der »göttliche Wille als gegenwärtiger, sich zur wirklichen Gestalt und Organisation einer Welt entfaltender Geist« (RPh 222) ist, in dem »die wahrhafte Versöhnung objektiv geworden« (RPh 297) ist, die bisher nur im Glauben und in der Innerlichkeit in der Gemeinde vorhanden war. Diese »Entsäkularisierung« des modernen Staates wird auch in anderen Aussagen der Berliner Zeit völlig deutlich: »Die Institutionen der Sittlichkeit sind göttliche Institutionen« (Rel 2, 2, 218). »Die wahre Versöhnung, wodurch das Göttliche sich im Felde der Wirklichkeit realisiert, besteht in dem sittlichen und rechtlichen Staatsleben: dies ist die wahre Subaktion der Weltlichkeit« (Rel 2, 2, 219 Anm.). Wo Hegel ferner über die listenreichen Wege des Weltgeistes und über die Weltgeschichte als Weltgericht meditiert und den Staat als ein »Moment« (RPh 290) im unpolitischen »Spiel« (RPh 288) des Weltgeistes betrachtet, wo er ferner vor »Seiner Majestät dem König« (BSch 31) davon spricht, »daß sich die Grundsätze von Religion und Staat selbst mit dem innersten Wesen der Wahrheit zu einem echten Frieden verbanden« (BSch 45), wo er davon spricht, daß die absolute, d. h. christliche Religion »die Sanktionierung der in empirischer Wirklichkeit stehenden Sittlichkeit ... die Basis der Sittlichkeit und des Staates« (Enz 432) sei, da beschwört er einen Scheinfrieden, der schon damals weder die Theologen noch die Philosophen und Politiker zu überzeugen vermochte. Für Kant ist der Staat lediglich ein politischer Rechtsstaat, bei Hegel wird der Staatsbegriff, wie er selbst sieht, zweideutig: »Das geistige Individuum, das Volk, insofern es in sich gegliedert, ein organisches Ganze ist, nennen wir Staat. Diese Benennung ist dadurch der Zweideutigkeit ausgesetzt, daß man mit Staat und Staatsrecht im Unterschiede von Religion, Wissenschaft und Kunst gewöhnlich nur die politische Seite bezeichnet. Hier aber ist der Staat in einem umfassenderen Sinne genommen, so wie wir auch den Ausdruck Reich gebrauchen, wo wir die Erscheinung des Geistigen meinen«.[26] Man braucht also nicht durch die Brille der Marxisten und politischen Pragmatiker zu sehen, um die Grenze einer liberal-rechtsstaatlichen Hegelinterpretation zu erkennen.

3.) Kant und Hegel stimmen darin überein, daß sie weder die metaphysischen Spekulationen der Deisten, z. B. die von Reimarus und Mendelssohn, über eine im Tode vom Leib ablösbare unsterbliche Seele noch die schwärmerischen, privatisierenden Eschatologievorstellungen der pietistischen Sekten als glaubwürdige Vergegenwärtigung der in der Bibel und in der religiösen Überlieferung vermittelten Antworten auf die Frage nach der nachgeschichtlichen Zukunft des Menschen und der Menschheit anerkennen können. Beide stimmen auch darin überein, daß für sie erst auf dem Boden des Christentums der unendliche Wert der Person, wie Kant sagt, oder der Subjektivität, wie Hegel sagt, so gefaßt ist, daß seitdem glaubwürdigere Vorstellungen über ein nachgeschichtliches höchstes Gut und ein nachgeschichtliches Reich Gottes entwickelt worden sind. Kant und Hegel sind in ihren Aussagen über diese Frage sehr zurückhaltend. Im Unterschied zu der »modernen Theologie« (Rel 1, 1, 42), die das Volk in seinem »unendlichen Schmerz« allein läßt, »geniert« (Rel 1, 1, 47) diese Frage sie jedoch nicht, wie Hegel sagt.

Der Unterschied zwischen Kant und Hegel ist in diesem Punkt folgender: Nachdem für Kant der Mensch durch das Christentum seinen unendlichen Wert als Person erkannt hat, hat die durch »hergebrachte fromme Lehren« der Überlieferung »erleuchtete praktische Vernunft« (K 6,421) auch angesichts des »furchtbarerhabenen« Gedankens (K 6,411) des Todes keinen zwingenden Grund, die im religiösen Sprachgebrauch und in der religiösen Überlieferung ausgesprochene Hoffnung auf ein anderes Leben preiszugeben. Der Mensch darf nach Kant auf Grund der überlieferten religiösen Lehren die begründete Hoffnung haben, daß in dem allerdings erst nachgeschichtlich von Gott vollendeten Reich Gottes seine »eigene Glückseligkeit« (K 5,141) mitenthalten sein wird. Er muß sich jedoch dieser durch ein sittliches Verhalten würdig zu machen versuchen, das allein aus Achtung vor dem moralischen Gesetz und dem Gewissen »uneigennützig« ist und das nicht aus »Furcht oder Hoffnung« (K 5,140) auf seine eigene zukünftige Belohnung und Bestrafung entsprungen ist. Kants Deutung der Person, die von der des neueren Personalismus[27] sehr verschieden ist, schließt also die durch die Offenbarung und Überlieferung vermittelte Hoffnung auf die nachgeschichtliche Vollendung des Menschen, der Menschheit und der Welt nicht als eine durch die Philosophie überholbare Vorstellung und religiöse Auskunft aus, sondern ausdrücklich ein.

Der junge Hegel erklärt wie die Aufklärer und die Linkshegelianer den Auferstehungswunsch des jungen Christentums aus dem Zerfall der öffentlichen Tugend der Römer. »Cato wandte sich erst zu Platos Phädon, als das, was ihm bisher die höchste Ordnung der Dinge war, seine Welt, seine Republik zerstört war; dann flüchtete er sich zu einer noch höheren Ordnung« (JSch 222). Erst der Untergang der Republik und ihrer Freiheit habe die Leidenshysterie und »Trosttheorie« (JSch 227) erzeugt, in der der

Mensch den Wunsch habe, sich in einen jenseitigen Himmel »hineinzubetteln oder hineinzuzaubern« (JSch 228). Der späte Hegel gibt diese Deutung des Christentums preis. Er sieht und bejaht in der Inkarnation jenes »ungeheure Moment im Christentum«, das endgültig in der Reformation dazu geführt habe, daß sich der Mensch nun in seiner unendlichen Bedeutung, seiner Geschichtlichkeit und seiner Subjektivität, positiv begreift. Den Begriff Geschichtlichkeit gebraucht Hegel zum erstenmal[28], und er gebraucht ihn in einer von dem heutigen Gerede von Geschichtlichkeit sehr verschiedenen Bedeutung.[29] Die Subjektivität, von der seit 1788 in der philosophischen Diskussion fast ausschließlich in pejorativem Sinne gesprochen wurde, bezeichnet Hegel 1802 als »die große Form des Weltgeistes«, »das Prinzip des Nordens und, es religiös angesehen, des Protestantismus« (GW 3). Nach dem Mißbrauch des Prinzips der Subjektivität durch die privatisierten chiliastischen Jenseitserwartungen der pietistischen Sekten und durch die jede Substanz zersetzenden ironischen Reflexionen der Romantiker kann Hegel allerdings in seiner Religionsphilosophie keinen positiven Begriff der Subjektivität entwickeln, der so etwas wie eine nachgeschichtliche Zukunft des Menschen und der Menschheit überhaupt denkbar macht. Auf dem Standpunkt des absoluten Geistes muß die Subjektivität nicht nur ihre bloß natürlichen Bedürfnisse und unmittelbaren egoistischen Interessen aufheben und negieren, wenn sie zu ihrer wahren Bestimmung und höchsten Freiheit gelangen will, sie muß auch ihre eigene Endlichkeit und konkrete Subjektivität überhaupt preisgeben: »Das Endliche ist kein wahrhaftes Sein«. Es »hat keine Wahrheit« (Rel 1, 1, 218), es ist nur die »Hülse, die abgestreift werden« (Rel 1, 1, 258) muß. Das wahre Sein des endlichen Geistes ist nicht sein eigenes Sein, es ist auf dem Standpunkt des absoluten Geistes nur ein Moment und eine Vermittlungskategorie des Absoluten. Wer nach Hegel daher auf dem Standpunkt des absoluten Geistes die Versöhnung erkannt hat, kann und braucht sich nicht mehr wie das religiöse Bewußtsein diese Versöhnung als ein »Fernes der Zukunft« vorzustellen, so als ob die Welt »ihre Verklärung noch zu gewarten hat« (Phän 547–548). Die religiösen Vorstellungen sind für Hegel »nur trübe Vorstellungen«. »Das Jetzt des Genusses zerrinnt in der

Vorstellung teils in ein Jenseits, in einen jenseitigen Himmel, teils in Vergangenheit, teils in Zukunft. Der Geist aber ist sich schlechthin gegenwärtig und fordert eine erfüllte Gegenwart; er fordert mehr als nur trübe Vorstellungen« (Rel 2, 2, 215). Die »erfüllte Gegenwart« zeigt, daß der freie Geist »nichtbeschränkter, allgemeiner Geist« ist; »das, was aufzuheben ist, ist die *Form* ... seines vereinzelten, partikulären Fürsichseins« (Rel 2, 2, 207). »Der Mensch als Geist [ist] unsterblich, über die Endlichkeit, Abhängigkeit, über äußere Umstände erhaben ..., der Sterblichkeit entnommen« (Rel 2, 2, 110).

Die verschärfte Aporie zwischen Christentum und Moderne führt Hegel zu der Überzeugung, daß jetzt nur noch durch eine systematische Darstellung und Entfaltung der Philosophie die in Christus vollbrachte und jetzt in der Gemeinde und in der »neuen Welt« auf verschiedene Weise gegenwärtige absolute Versöhnung glaubwürdig und überzeugend appliziert werden kann. Wenn Hegel eine systematische Darstellung und Entwicklung der in der »neuen Welt« und der »neuen Wirklichkeit« (Rel 2, 2, 155) offenbar gewordenen Wahrheit versucht, so ist er sich, wie wir noch sehen werden, bei aller Berufung auf die mittelalterliche Theologie, auf die Metaphysik und auf die Reformation, durchaus bewußt, daß dies jetzt »so zum ersten Male geschieht« (Rel 1, 1, 7). Hegel will damit jedoch nicht, wie er immer wieder ausdrücklich betont, eine neue Religion stiften und »die Religion umstoßen ..., die substanzielle Wahrheit hat nicht erst die Philosophie zu geben. Nicht erst auf Philosophie haben die Menschen zu warten gehabt, um das Bewußtsein, die Erkenntnis der Wahrheit zu empfangen« (Rel 1, 1, 299). Die Philosophie müsse ebenso wie der christliche Glaube davon ausgehen, »daß die Versöhnung vollbracht ist, d. h. es muß vorgestellt seyn als etwas Geschichtliches, als eines, das vollbracht ist auf der Erde« (H 16,317).

Hegel wendet sich daher gegen das »Vorurteil« von Gegnern und Verteidigern der Religion, »daß das Religiöse, in dem es begrifflich gemacht werde, aufhöre, religiös zu sein« (Rel 1, 1, 301). Er wendet sich gegen die »sich Spekulation nennende Abstraktion« (Phän 411), und er wendet sich gegen diejenige Subjektivität, die glaubt, aus ihrem unmittelbaren, partikularen Selbstbewußtsein zur Versöhnung gelangen zu können. »Das Subject gelangt nicht aus sich, d. i. aus sich als diesem Subject, durch seine Thätigkeit, sein Verhalten zur Versöhnung: es ist nicht sein Verhalten als des Subjects, wodurch die Versöhnung zu Stande gebracht wird und zu Stande gebracht werden kann« (H 16,277). Die Versöhnung ist »ein zweiseitiges Tun: Gottes Gnade und des Menschen Opfer« (Rel 1, 1, 258). Ja, Hegel beruft sich ausdrücklich wie Hamann auf den »lutherischen und christlichen Glauben«, der den objektiven Zusammenhang der Versöhnung mit der »christlichen Lehre von der Dreieinigkeit Gottes« lehre, und er wendet sich dagegen, »wenn heutigestages Theologen vom Fache noch der christlichen Versöhnungslehre zugetan sein wollen und zugleich leugnen, daß die Lehre von der Dreieinigkeit die Grundlage derselben sei; ohne diese objektive Grundlage kann die Versöhnungslehre nur einen subjektiven Sinn haben« (BSch 259).

Angesichts der verschärften Aporie kann und muß die Philosophie »das Zeugnis des Geistes in seiner höchsten Weise« (Rel 2, 2, 22) bezeugen und beglaubigen. Der »objektive Standpunkt« der Philosophie sei jetzt »allein fähig, das Zeugnis des Geistes auf gebildete, denkende Weise abzulegen und auszusprechen«:

»Durch die Philosophie erhält, empfängt die Religion ihre Rechtfertigung vom denkenden Bewußtsein aus. Die unbefangene Frömmigkeit bedarf deren nicht; sie nimmt die Wahrheit als Autorität auf und empfindet die Befriedigung, Versöhnung vermittelst dieser Wahrheit. Aber sofern das Denken anfängt, den Gegensatz zu setzen gegen das Konkrete, und sich gegen das Konkrete in Gegensatz setzt, so ist es der Prozeß des Denkens, diesen Gegensatz durchzumachen, bis er zur Versöhnung kommt. Diese Versöhnung ist die Philosophie. Die Philosophie ist insofern Theologie« (Rel 2,2,227-228).

Die höchste Weise der Bezeugung und Beglaubigung besteht für Hegel darin, »daß der Begriff [der absoluten Religion] rein als solcher aus sich ohne Voraussetzungen die Wahrheit entwickelt und entwickelnd erkennt und in und durch diese Entwickelung die Notwendigkeit der Wahrheit einsieht« (Rel 2, 2, 22). Hierzu hat das Christentum den Geist ermächtigt: Es ist nun »nichts Geheimes mehr an Gott« (Rel 1, 1, 75). Die Wahrheit hat jetzt im »begreifenden Wissen« »die Gestalt der Gewißheit« (Phän 556) erlangt, so daß der Geist jetzt nicht nur das erst durch die historisch-kritischen Wissenschaften hervorgebrachte bloß Historische und bloß Positive und die »von der Reflexion erst gemachten Zufälligkeiten« (JSch 147), sondern auch die Zeit und alle geschichtlichen Vermittlungen überhaupt hinter sich gelassen hat. Für den sich wissenden Geist ist die Geschichte nur »der an die Zeit entäußerte Geist« (Phän 563), für ihn ist »die Zeit getilgt« (Phän 558). Angesichts der verschärften Aporie und des Zerfalls der religiösen Substanz im Leben des Einzelnen, der Kirchen und Gemeinden, der Gesellschaft und des Staates versucht Hegels systematische Darstellung und Entfaltung der absoluten Versöhnungslehre, den Geist durch eine alle Geschichte tilgende und aufhebende Vermittlung mit der geschichtlich erst durch das Christentum offenbar gewordenen Wahrheit zu versöhnen. Er versucht, die durch das Christentum in der Geschichte offenbar gewordene Wahrheit für eine bestimmte geschichtliche Situation dadurch gegenwärtig zu halten, daß er sie aus aller Geschichte und allen geschichtlichen Vermittlungen heraushebt.

Genau dieses ist seit Hegels Lebzeiten das Ärgernis für die Theologie und die Philosophie. An der bisherigen theologischen und philosophischen Diskussion über Hegels Gottesbegriff und seine Trinitätslehre, seine Deutung der Inkarnation und des »spekulativen Karfreitags« (GW 124), des Heiligen Geistes, der Gemeinde und anderer theologischer Lehren läßt sich ein großes Stück der neueren Theologie- und Kirchengeschichte sowie der Philosophie- und Wissenschaftsgeschichte deutlich machen. Neuere philosophische und theologische Hegelinterpretationen im Anschluß an Lukács und Bloch und an die liberal-rechtsstaatliche Hegeldeutung weichen diesem Ärgernis häufig dadurch aus, daß sie Hegel lediglich als einen Hermeneutiker der Zeit interpretieren und seinen Systemanspruch der Religionsphilosophie ebenso wie den der Rechts- und Geschichtsphilosophie und der Ästhetik tabuieren. Oder sie vereinfachen sich die Auseinandersetzung mit Hegel dadurch, daß sie entweder, in aktualisierender Absicht, den jungen Hegel gegen den späten ausspielen oder daß sie, in kompromittierender Absicht, den religionsphilosophischen Schriften eine systematische Geschlossenheit und Stimmigkeit und eine Identitätsphilosophie unterstellen, die sich im Blick auf alle Aussagen Hegels nicht belegen läßt.

Die Religionsphilosophie ist, wie Hegel immer wieder betont, keine Identitätsphilosophie. Sie ist keine Sache der Logik, sondern eine Logik derjenigen Sache, die immer wieder die von Hegel intendierte und mehr noch Hegel unterstellte systematische Geschlossenheit sprengt. In den religionsphilosophischen Schriften gibt es ebensowenig wie sonst bei Hegel den ihm seit Chalybäus und Marx immer wieder unterstellten dialektischen Dreischritt von Thesis, Antithesis und Synthesis.[30] Der Systemanspruch[31] kommt in den Jugendschriften nicht vor. Wenn Hegel in Jena das, was er in Frankfurt über das »Leben« und die »Liebe«, das »Schicksal« und die »Versöhnung« gedacht hatte, in einem System darzustellen versucht, so bleiben seine Systementwürfe zunächst sehr verschieden und widerspruchsvoll. In den vier religionsphilosophischen Vorlesungen in Berlin, in denen der angeblich so ›erstarrte Systematiker‹ doch besonders sichtbar werden müßte, wird die ungelöste Spannung zwischen den systematisch entwickelten Denkmodellen und der Vielfalt der religionsgeschichtlichen Zeugnisse und Dokumente immer wieder deutlich.[32] Der in seinen vier Vorlesungen beschriebene Gang des Geistes der Religion geht sehr verschiedene Wege: 1821 und 1824 ist die griechische Religion, 1827 die jüdische die unmittelbare Vorläuferin der römischen und christlichen Religion.[33] Auch die systematisch entwickelten Denkmodelle zur Deutung der Geschichte des Christentums sind sehr verschieden: Einmal wird der Fortschritt der Religion vom Osten zum Westen nach dem Schema Joachims von Fiore in drei Reichen gedacht, dann wieder hat das Christentum seinen Ort innerhalb der vier »welthistorischen Reiche« (RPh 293) des Weltgeistes. Völlig ohne System und ohne Bezug zu den in den Vorlesungen systematisch entwickelten Denkmodellen deutet Hegel schließlich in seinen Berliner Schriften den Beitrag von Hamann, Schleiermacher, Humboldt, Hinrichs und anderen zur zeitgenössischen Aporie des Christentums. Man kann daher weder Hegels Systemanspruch tabuieren noch ihm einen Systembegriff unterstellen, den er in seinen Schriften gar nicht ausgeführt hat.

Wenn man von der geschichtlichen Wirklichkeit ausgeht, von deren Aporie Hegel selbst ausgeht, die er deutet und für die er Lösungen sucht – und wenn man nicht von den verschiedenen Begriffen der Weltgeschichte ausgeht, die Hegel in seinen Schriften und Vorlesungen zur Deutung seiner Gegenwart entwickelt hat –, so wird schon bei Hegel selbst die Grenze seines Systemversuchs deutlich. An der Julirevolution von 1830 z. B. wird Hegel sichtbar, daß seine Theorie des Staates als eines sittlichen Universums und seine Theorie des Verhältnisses von Staat und Religion denjenigen »Widerspruch« und die »unaufgelöste Entzweiung«, an der »unsere Zeit leidet« (Rel 1, 1, 311), unvermittelt außer sich hat. Seine Religionsphilosophie endet daher mit einem »Mißton« (Rel 2, 2, 231) zwischen dem, was seine Philosophie im System als ein Ganzes entwickeln wollte, und dem, was sich bei einer »empirischen Betrachtung« der Aporie zeigt, in der sich die christliche Religion »zur Zeit findet« (Rel 2, 2, 229). Die Lösung vom Systemansatz aus erweist sich schon für Hegel selbst als eine partielle, die nur für den von der Welt isolierten »Priesterstand« der Philosophie gilt, die aber nicht für das »höher gebildete Bewußtsein« und das Volk und nicht für die Kirchen, die Gesellschaft und den Staat gilt, für die sie doch in erster Linie gedacht war: »Wie sich die zeitliche Gegenwart herausfindet, ist ihr zu überlassen ... Wie es in der Welt sich gestalte, ist nicht unsere Sache« (Rel 2, 2, 231). So lautet der letzte Satz von Hegels Vorlesungsmanuskript über die Philosophie der Religion.

Aus dem inneren Zusammenhang von System und Geschichte in Hegels Religionsphilosophie ergeben sich für das Gespräch mit Hegel und für die Religionsphilosophie überhaupt, die sich seit dem 17. und 18. Jahrhundert ausgebildet hat und die man spätestens seit 1799[34] so nennt, entscheidende Konsequenzen. Von ihnen seien lediglich zwei deutlich gemacht:

1.) Hegel deutet die verschärfte Aporie zwischen Christentum und Moderne so: Die Wahrheit ist »durch die moderne Theologie ausgelöscht« (Rel 1, 1, 42). Die Kirchen und Gemeinden haben sich einerseits in religiöse Sekten aufgelöst und sie sind jetzt überflüssig, weil ihre bisher nur im Glauben und in der Innerlichkeit vorgestellte Versöhnung im Staat objektiv geworden ist. Andererseits betont Hegel jedoch auch immer wieder, daß »das

Zeugnis des Geistes ... auf mannigfache, verschiedene Weise vorhanden sein« kann, wozu auch »jener Standpunkt des Vertrauens [gehört], daß auf Autorität geglaubt« (Rel 2, 2, 23) wird. Das Prinzip des Nordens und des Protestantismus: die Subjektivität ist durch den Pietismus und die Romantik zumindest religiös so zerfallen, daß Hegel der Subjektivität des Einzelnen auf dem Standpunkt des absoluten Geistes im Blick auf die nachgeschichtliche Zukunft kein wahrhaftes Sein mehr zuerkennen kann.

Wenn Hegels Deutung der Gegenwart stimmen würde, wenn das Salz des Christentums in der modernen geistig-wissenschaftlichen und gesellschaftlich-politischen Wirklichkeit wirklich so »dumm geworden« (Rel 2, 2, 230) wäre, so wäre nicht nur Hegels eigener Lösungsversuch, sondern auch das Geschäft des »biblischen Theologen« und das des »philosophischen Theologen« überhaupt zu Ende. Dann wären heute beide das, was ihnen das Argument des Priesterbetrugs vom Mittelalter bis zum 18. Jahrhundert unterstellt: betrogene Betrüger. Dann wären für den Einzelnen und für die Wissenschaften andere Lösungsversuche der Aporie überzeugender als die von Hegel angebotenen. Dann wären z. B. der späte Hamann, der seine metaschematisierende Sprache, und der späte Kierkegaard, der seine Spekulationen als Korrektiv der Zeit preisgab, um ohne Gespräch mit der Theologie und den Wissenschaften, den Kirchen und der Gesellschaft fromm die Aufgaben des Alltags zu tun, glaubwürdigere Zeugen des Christentums. Dann wäre diejenige Hermeneutik, die angesichts des Bruchs mit der Überlieferung ohne ausdrückliche Reflexion auf die Praxis die heute noch vorhandenen religiösen Überlieferungs- und Wirkungsgeschichten nur erinnernd vergegenwärtigt, museal, folgenlos und ein ohnmächtiger Kompensationsversuch der geschichtslosen modernen Gesellschaft. Dann wären diejenigen Religionswissenschaften, die sich lediglich darauf beschränken, wertfrei historisch, soziologisch, psychologisch, phänomenologisch und sprachanalytisch für alle Religionen geltende Definitionen empirisch zu entwickeln, und die sich weder kritisch noch apologetisch auf bestimmte geschichtliche Religionen und auf die Fragen und Probleme des konkreten Subjekts einlassen, wissenschaftsgeschichtlich gesehen die legitimen Erben der endgültig zu Ende gegangenen theologischen und philosophischen Tradition. Es gibt jedoch Argumente dafür, daß heute – in der industriell entwickelten Gesellschaft Europas, erst recht jedoch in der ›Dritten Welt‹ – das Verhältnis von Christentum und Moderne wesentlich differenzierter ist, als Hegel annahm – selbst wenn man nicht blind ist für die schon von Hegel mit Recht kritisierten Alternativen der Aufklärung und die von ihm analysierten Tendenzen der modernen Theologie und der modernen Gesellschaft.

2.) Eine Religionsphilosophie, die zu der heute im gelebten Leben des Einzelnen, der Kirchen und Gemeinden, der Gesellschaft und des Staates lebendigen religiösen Substanz Bestimmtes sagen will, muß sich von derjenigen totalen Kritik bzw. unvermittelten Apologie der Religion, auch des Christentums, unterscheiden, die bisher das Gespräch mit Hegel und die Religionsphilosophie überhaupt fast ausschließlich kennzeichnete, wie wir im 1. Kapitel dargestellt haben.

Die totale Kritik der Religion, die sich vor allem in Anschluß an Hegels Religionsphilosophie ausgebildet hat und die sich als ihre sachliche Konsequenz bzw. legitime Weiterentwicklung versteht, beansprucht, die Religion überhaupt durch einen kompromittierenden Grund: die Natur bzw. die Gesellschaft als falsches Bewußtsein bzw. als Ideologie entlarven zu können. Die totale Kritik der Religion im Namen der Natur, die vor allem von Feuerbach, Nietzsche und Löwith vorgetragen wird, deutet Hegels Religionsphilosophie als inkonsequente Aufhebung und Negation der »christlichen Onto-Theologie oder Meta-Physik«, die den vergeblichen und für die europäische Geschichte verhängnisvollen Überstieg des Bewußtseins »über die natürliche Welt zu einem überweltlichen Gott«[35] versucht hat. Da nach Feuerbachs Deutung der Moderne in den Wissenschaften, im Leben des Einzelnen und in der Gesellschaft das Christentum jedoch »gründlich, rettungslos, unwiderruflich« (a.a.O. 2,218) negiert ist, ist für ihn Hegels Versuch, das Christentum für die Gegenwart neu zu applizieren und zu interpretieren, eine inkonsequente Halbheit: »Das Bedürfniss der Erhaltung ist nur ein gemachtes, hervorgerufenes – Reaction« (a.a.O. 2, 216).[36]

Notwendig ist für ihn jetzt eine totale Negation des Christentums, vor allem der durch das Christentum erzeugten maßlosen Selbst-

überschätzung des Menschen[37], und ein »universaler Selbstenttäu-
schungsact« (a.a.O. 241–242) der Philosophie und des Menschen.
Notwendig ist jetzt »die Rückkehr zur Natur«. Diese ist »allein
die Quelle des Heils« (a.a.O. 2,203), »der Anfang zu einem
neuen Leben der Menschheit, die Grundbedingung ihrer Wieder-
geburt« (a.a.O. 7,258). Der Ausgangspunkt und der Maßstab
dieser Kritik der Hegelschen Religionsphilosophie: die außermenschliche und die menschliche Natur, bleibt freilich in der durch
die modernen Naturwissenschaften und die industrielle und gesellschaftliche Praxis gebildeten Welt nicht zufällig vieldeutig und
unbestimmt. Mit Natur meint diese Hegelkritik den stoisch interpretierten Kosmos, einen vagen Evolutionsprozeß von Himmel
und Erde, eine romantisch verklärte Unmittelbarkeit der Sinne,
der Sinnlichkeit, des natürlichen Geschlechts und die durch sie begründete Ich-Du-Beziehung (Feuerbach). Als Natur gilt das mit
antichristlichem Affekt beschworene dionysische Ur-Eine und der
Wille zur Macht (Nietzsche), die skeptisch und resigniert gesuchte
sprachlose Welt der Natur (Löwith).

Auch die totale Kritik der Religion im Namen der Gesellschaft,
vor allem die von Marx und den Marxisten, versteht sich als die
sachliche Konsequenz der inkonsequenten Hegelschen Religionsphilosophie. Für Marx selbst war freilich durch Feuerbach die
Kritik der Religion im wesentlichen beendet und die Hegelsche
Religionsphilosophie als eine Begriffsbewegung ohne ein bewegen-
des Subjekt und als ein Monolog des von der Wirklichkeit abstra-
hierenden Denkens mit sich selbst durchschaut. Was Marx über
Feuerbach hinaustreibt, ist die Hoffnung, durch gesellschaftlich-
politische Praxis die entfremdete bürgerliche Gesellschaft in eine
künftige Gesellschaft so aufheben zu können, daß nicht nur für die
Religion als Opium des Volkes und für das Volk, sondern auch
für die Religionsphilosophie als Opium für Intellektuelle kein
Bedürfnis mehr besteht. Die Marxisten nach Marx argumentieren
zunächst weithin mit den von Marx selbst bereits kritisierten Argumenten der Linkshegelianer gegen die Religion und gegen die
Religionsphilosophie.

Wo heute jedoch in den industriell entwickelten Staaten selbst die
Marxisten ihr Fernziel und die gesellschaftlich-politischen Mittel

zu seiner Realisierung neu formulieren müssen und wo auch in der sozialistischen Gesellschaft die Entzweiung zwischen der Theorie und der gesellschaftlich-politischen Praxis immer offenbarer wird, zwingt die erneute Auseinandersetzung mit der in der Wirklichkeit lebendigen Religion und mit der Hegelschen Religionsphilosophie (z. B. bei Lukács, Bloch, Adorno, Schaff, Kolakowski, Machovec, Luporini, Garaudy) zu einer Differenzierung sowohl gegenüber dem herrschenden orthodoxen Marxismus als auch gegenüber dem jungen Marx. Man unterscheidet – wie in der dialektischen Theologie – zwischen der Religion überhaupt und dem Christentum, man gibt das Opiumargument von Marx zum Teil ausdrücklich preis, man historisiert und relativiert seine Religionskritik und führt einen Dialog mit dem Christentum über gemeinsame humane und gesellschaftlich-politische Ziele. Die entscheidende These bleibt jedoch bei allen von Marx ausgehenden Kritikern der Hegelschen Religionsphilosophie dieselbe: Hegels Religionsphilosophie ist ein idealistischer Lösungsversuch der in seinem Ursprung und Wesen gesellschaftlich-politischen Entfremdung. Was Hegel zunächst in der Utopie der Vergangenheit: der griechischen Polis und der antiken Republik sucht und dann im Christentum als die an sich vollbrachte Versöhnung gefunden zu haben glaubt, ist für sie eine Versöhnung des Einzelnen mit der Gesellschaft, die Hegels eigene gesellschaftlich-politische Wirklichkeit noch verweigerte, die man heute jedoch entweder mit Blochscher Emphase von der Zukunft erhofft oder mit Adornoscher Skepsis trotz des angeblich totalen Entfremdungs- und Verblendungszusammenhangs *der* Gesellschaft in einer negativen Dialektik wenigstens noch denkt. Da in der Mitte des 20. Jahrhunderts angesichts der verschärften Aporien der bürgerlichen und sozialistischen Gesellschaft sowie der ›Dritten Welt‹ der gesellschaftlich und politisch etablierte Marxismus als Stalinismus und die Pluralität von marxistischen Theorien und Revolutionsmodellen, zumindest die Plausibilität dieser im Anschluß an Marx entwickelten Theoreme immer mehr schwindet, wird heute auch bei den von Marx ausgehenden Theoretikern das Problem der Religion sich in einer neuen Weise stellen.

Die mit der Moderne unvermittelte philosophische Apologie der

Religion wendet sich der Hegelschen Religionsphilosophie von den Ansatzpunkten aus zu, die man im Sprachgebrauch der antiken und mittelalterlichen Metaphysik das immerseiende Sein, das Ewige, das Absolute oder im neueren Sprachgebrauch die endliche und einzelne Person und Existenz nennt. Wo die Apologie der Religion heute ohne die notwendige Differenzierung zwischen den verschiedenen theologischen und philosophischen Überlieferungen von der ›heiligen Überlieferung‹ überhaupt oder bestimmter vom platonisch-christlichen oder thomistischen Denken ausgeht, versteht sie sich als eine solche, die vom immerseienden Sein, vom Ewigen und Absoluten nach Ansicht der Maximalisten immergültige, nach Ansicht der Minimalisten wenigstens relative Aussagen machen kann. Diese Apologie der Metaphysiker setzt trotz aller immer differenzierter werdenden Methodenreflexion innerhalb der Metaphysikgeschichte als selbstverständlich eben das voraus, was spätestens seit der Aufklärung theologisch und philosophisch nicht mehr selbstverständlich ist: Daß der Mensch nämlich dessen fähig und bedürftig sei, was für die antike und mittelalterliche Metaphysik das immerseiende Sein, das Ewige und das Absolute war. Hegel gilt dieser Apologie trotz aller Kritik als Zeuge und Bewahrer der Metaphysik der Alten.

Die mit der modernen Wirklichkeit unvermittelte Apologie der Religion, die in ihrem kritischen Gespräch mit Hegel von der endlichen, je eigenen Person bzw. Existenz ausgeht, argumentiert durchweg von dem Person- und Existenzbegriff aus, der sich seit den zwanziger Jahren und seit der neueren Kierkegaardrezeption ausgebildet hat. Der Begriff Person und Existenz, der in dieser Apologie zum Fundamentalbegriff geworden ist, hat nicht nur die in der Antike und im Mittelalter für ihn grundlegenden rechtlichen und theologischen Voraussetzungen preisgegeben, sondern sich fast durchweg auch als Gegenbegriff zum transzendentalphilosophischen Ego, zu den modernen Wissenschaften und der versachlichten und der verwalteten Gesellschaft, zur Antinomie von Du und Es, Gemeinschaft und Gesellschaft, Gemeinde und säkularisierter Welt fixiert. Der Einzelne, auf den Kierkegaard lediglich als religiöser Schriftsteller ohne theologischen Auftrag als Korrektiv der Zeit aufmerksam machen wollte, wird in dieser Apologie anthropologisiert und ontologisiert. Personalismus und Existentialismus zählen so auch zu ihren Vorläufern und Ahnherren die Gegner Hegels: Jacobi und den späten Schelling, Weiße und J. H. Fichte, Feuerbach, Kierkegaard und andere. Konsequenterweise sind die kritischen Argumente und Vorwürfe gegen Hegels Religionsphilosophie gleich: Idealismus, Panlogismus, Pantheismus, Atheismus, Hybris usw. Es leuchtet auch ein, daß der Umschlag der unvermittelten Apologie, die von diesem Person- und Existenzbegriff ausgeht, zu einer totalen Kritik der Religion und zu einer Interpretation der Hegelschen Religionsphilosophie als Atheismus des seine Endlichkeit annehmenden Daseins (z. B. bei Bruno Bauer und Kojève) nicht weit ist.

Man kann, ja man muß die hier kurz gekennzeichneten bisherigen philosophischen Gespräche mit Hegels Religionsphilosophie sicherlich im einzelnen theologie- und philosophiegeschichtlich, kirchengeschichtlich und gesellschaftlich-politisch genauer interpretieren. Dennoch sind sie sowohl im Blick auf das Grundproblem einer Religionsphilosophie überhaupt als auch im Blick auf Hegel unbefriedigend. Die totale Kritik und die unvermittelte Apologie bleiben erstens bei aller Legitimität und Plausibilität einzelner Argumente blind für genau die neuen Fragen und Aporien, die das kritische Subjekt seit dem 17. und 18. Jahrhundert zur Ausbildung der Religionsphilosophie zwingen. Ihre Deutungen der neuen nicht aus der bisherigen Theologie- und Kirchengeschichte ableitbaren Fragen und Aporien können für das kritische Subjekt daher keine überzeugende Lösungsversuche sein. Unbefriedigend sind die bisherigen philosophischen Gespräche mit Hegels Religionsphilosophie jedoch zweitens vor allem deshalb, weil sie von Voraussetzungen ausgehen, die Hegel selbst bereits direkt oder indirekt als Ausgangspunkte zu einer Lösung der geschichtlichen Aporie zwischen Christentum und Moderne zurückgewiesen hat, und weil sie sich mit Hegels überzeugender Kritik dieser Voraussetzungen nicht auseinandersetzen.

Die radikale Kritik der Religion im Namen der Natur geschieht im Namen dessen, was angeblich unmittelbar ist, d. h. nicht durch die Philosophie, das Christentum, die geschichtliche Überlieferung, die sittlichen und rechtlichen, die gesellschaftlichen und politischen

Institutionen vermittelt ist. Gegen diesen erst durch den abstrakten Verstand und sein leeres Räsonieren gebildeten Begriff von Natur, gegen die »heutigestages so beliebte Kategorie der Unmittelbarkeit« (BSch 325), richtet sich Hegel, wenn er trotz seiner Unterscheidung zwischen Glauben und Wissen die entscheidende gemeinsame Voraussetzung beider, ihre »einzige Grundlage« so bestimmt: »Philosophie und Glaube [haben] das Wort Gottes zur einzigen Grundlage und die Vernichtung der gefallenen Natur, die Erlösung von der Natur, zum Zwecke ... Beide sind übernatürlich, insofern sie den Menschen über die gefallene Natur erheben, welches durch die Natur selbst nicht bewirkt werden kann; beide sind aber auch insofern natürlich, als sie die Wiederherstellung der wirklichen Natur zur Folge haben sollen« (BSch 324). Von der unmittelbaren Natur aus kann man nach Hegel den unendlichen Wert des Menschen nicht bestimmen: »Alle Unmittelbarkeit, in der der Mensch Werth hätte, ist hinweggeworfen; es ist allein die Vermittlung, in der ihm solcher Werth, aber ein unendlicher zukommt, und in der die Subjectivität wahrhaft unendlich und an und für sich wird« (H 16,312). Selbst wenn man Hegels Begriff der Vermittlung auf dem Standpunkt des absoluten Geistes nicht zustimmen kann, bleibt seine Kritik des abstrakten Naturbegriffs und der Kategorie der Unmittelbarkeit als Fundamentalbegriffe überzeugend.

Die radikale Kritik der Hegelschen Religionsphilosophie im Namen der Gesellschaft geschieht bei Marx im Namen der zukünftigen revolutionär zu verwirklichenden Gesellschaft, in der die Menschen in ihrer Arbeit und Produktion der Lebensbedingungen und in der Befriedigung ihrer Bedürfnisse unentfremdet leben können und in der die Religion und »die Tradition aller toten Geschlechter« nicht mehr »wie ein Alp auf dem Gehirne der Lebenden«[38] lastet. Hegel gebraucht ab 1820 den Begriff der bürgerlichen Gesellschaft und deutet sie als ein System der Befriedigung individueller Bedürfnisse und natürlicher Interessen. Seine ganze Philosophie geht davon aus, daß der Mensch dann seine konkrete Freiheit verloren hat, wenn er nach dem totalen Bruch mit allen Traditionen »Alles durch sie [die bürgerliche Gesellschaft] sey und vermittelst ihrer thue« (H 7,315). Für ihn ist daher nicht der revolutionäre Bruch mit der bisherigen Geschichte, sondern die glaubwürdige Vergegenwärtigung ihrer Substanz in der Theorie und in der Praxis das Bedürfnis der Zeit.

Die mit der Moderne unvermittelte Apologie der Religion diskutiert und kritisiert die Hegelsche Religionsphilosophie von den Voraussetzungen der antiken und mittelalterlichen Metaphysik aus als ihre Bewahrung und Erinnerung. Trotz Hegels Berufung auf die Metaphysik der Alten auch in seiner Religionsphilosophie, insofern diese gegenüber der »Aufklärerei« ein Moment von Wahrheit enthalte, und trotz vieler formaler Analogien seiner Systemversuche mit dieser Metaphysik unterscheidet sich jedoch seine Religionsphilosophie von aller Metaphysik, der rationalistischen und der der Alten, dadurch, daß sie nicht von einem immerseienden Sein, sondern von der erst durch das Christentum gebildeten »neuen Welt« ausgeht, von der erst durch Christus vollbrachten und in der Gegenwart auf verschiedene Weise gegenwärtigen absoluten Versöhnung. Seine Religionsphilosophie ist keine Bewahrung und Erinnerung der Metaphysik der Alten, sondern der auf Grund seiner Deutung der verschärften Aporie des Christentums und der Moderne unternommene Versuch einer Applikation des überlieferten Christentums, ein Versuch, von dem Hegel selbst sagt, daß er »so zum ersten Male« (Rel 1, 1, 7) unternommen worden sei.

Das von der unvermittelten Apologie der Religion im Namen der Person und Existenz aus geführte Gespräch mit Hegels Religionsphilosophie anthropologisiert und ontologisiert im allgemeinen genau dasjenige am einzelnen Subjekt, was der Mensch nach Hegel aufheben muß, wenn er zu seiner wahren Freiheit und höchsten Bestimmung gelangen will.

Lessing, Kant und Hegel verstanden ihre Gegenwart als das Zeitalter der »unbefriedigten Aufklärung«, in der weder durch eine unkritische Vergegenwärtigung oder gar Beschwörung angeblich immergültiger Antworten der Überlieferung noch durch die Alternativlösungen der abstrakten Aufklärung ein überzeugender und verbindlicher Konsens über Fragen des sittlichen und politischen Handelns, der Kunst und der Religion zu ermitteln war. Die

Philosophie hatte für sie in dieser Situation die Aufgabe, den Prozeß der Aufklärung weiterzuführen. Ausgehend von »der gereiften Urteilskraft des Zeitalters, welches sich nicht länger durch Scheinwissen hinhalten läßt« bzw. von dem in der Gegenwart erreichten »Fortschritt im Bewußtsein der Freiheit« hatte sie durch kritische Analysen die allgemeinen Probleme der Moderne sichtbar zu machen und in Denkmodellen Verbindliches für die Theorie und die Praxis zu formulieren. Mit welchen verschiedenen Methoden Lessing, Kant und Hegel die neuen Fragen der praktischen Philosophie, der Philosophie der Kunst und der Philosophie der Religion zu formulieren und zu beantworten versuchten, wurde im einzelnen gezeigt. Warum und wie heute die Philosophie die von Lessing, Kant und Hegel gestellten Fragen neu aufgreifen muß, wenn sie nicht hinter den bereits in der klassischen deutschen Philosophie erreichten Stand der Aufklärung zurückfallen will, wurde immer wieder angedeutet. Dies auszuführen, ist eine Aufgabe, zu der die vorliegende Arbeit Prolegomena liefern wollte. Für die Philosophie, die heute den unvollendeten Prozeß der Aufklärung in der geistig-wissenschaftlichen und gesellschaftlich-politischen Welt weiterführen will, steht auch jetzt »der kritische Weg . . . allein noch offen«. Nur so ist sie in der Lage, »dazu beizutragen, um diesen Fußsteig zur Heeresstraße zu machen« (K 3,571).

Anmerkungen

I. Kapitel: Einleitung

1 Hinweise zu den verwandten Abkürzungen am Schluß der Arbeit.

2 Lactantius, Inst. div. I 23.

3 Marx, Werke, Schriften, Briefe, hrsg. v. H. J. Lieber, Stuttgart 1962 ff., 6, 840.

4 M. Theunissen, Der Andere. Studien zur Sozialontologie der Gegenwart, Berlin 1965.

5 s. hierzu: M. Müller, Person und Funktion, in: Philos. Jb. 69 (1961–62) 371–404; J. Ritter, Person und Eigentum. Zu Hegels ›Grundlinien der Philosophie des Rechts‹, § 34–§ 81, in: Marxismusstudien, 4. Folge, Tübingen 1962, 196–218; M. Theunissen, Skeptische Betrachtungen über den anthropologischen Personbegriff, in: Die Frage nach dem Menschen, hrsg. v. H. Rombach, Freiburg i. Br.–München 1966, 461–490.

6 L. Wittgenstein, Tractatus logico-philosophicus, Frankfurt a. M. 1963, 6, 42; 6, 421.

7 R. Carnap, Logische Syntax der Sprache, Wien 1934, 204.

8 M. Weber, Gesammelte Aufsätze zur Wissenschaftslehre, besorgt v. J. Winckelmann, [2]Tübingen 1951, 585.
Zur gegenwärtigen Diskussion des Neopositivismus und der analytischen Wissenschaften s.: Logik der Sozialwissenschaften, hrsg. v. E. Topitsch, [3]Köln–Berlin 1966; J. Habermas, Zur Logik der Sozialwissenschaften, Philos. Rdsch., Beiheft 5, 1967.

9 R. Seidenberg, Posthistoric Man. An Inquiry, The University of North Carolina Press 1950.

10 s. hierzu meine Einleitung zu: F. Th. Vischer, Über das Erhabene und Komische, Frankfurt a. M. 1967, und meinen Artikel ›Ästhetik‹, in: Sowjetsystem und demokratische Gesellschaft, Freiburg–Basel–Wien 1966, 1, 396–409.

11 s. hierzu: O. Kristeller, The Modern System of the Arts. A Study in the History of Aestetics, in: J. Hist. Ideas 12 (1951) 496–527 und 13 (1952) 17–46.

12 Schiller, Sämtliche Werke, hrsg. v. G. Fricke u. H. G. Göpfert, [2]München 1960, 5, 395.

13 Schelling, Sämtliche Werke, Stuttgart u. Augsburg 1856–1861, 5, 405.

14 s. hierzu die Arbeiten in: Hegel-Studien 1 (1961), 2 (1963), 3 (1965),

4 (1967); Hegel-Jahrbuch 1964, 1965, 1966; Nachahmung und Illusion, hrsg. v. H. R. Jauß, München 1964; Immanente Ästhetik.
Ästhetische Reflexion, Lyrik als Paradigma der Moderne, hrsg. v.
W. Iser, München 1966; Die nicht mehr schönen Künste. Grenzphä-
nomene des Ästhetischen, hrsg. v. H. R. Jauß, München 1968.

15 Grundlagen der marxistisch-leninistischen Ästhetik, Berlin 1962, 34.

16 Nietzsches Werke (Großoktavausgabe, Kröner), 1–16, Leipzig
1905–1926, Wille zur Macht § 804.

17 s. Fichte, Briefwechsel, hrsg. v. H. Schulz, Leipzig 193, 2, 148.

18 s. hierzu: J. Matthes, Religion und Gesellschaft. Einführung in die
Religionssoziologie, Reinbek b. Hamburg 1967 (dort weitere Literaturhinweise).

19 H. Lübbe, ›Säkularisierung‹. Geschichte eines ideenpolitischen Begriffs, Freiburg i. Br.–München 1965, 23; T. Rendtorff, Zur Säkularisierungsproblematik, in: Matthes, Religion und Gesellschaft a.a.O.,
208–229.

20 s. K 3, 257.

21 s. hierzu: K. Homann, Zum Begriff ›Subjektivität‹ bis 1802, in:
Arch. Begriffsgesch. 11 (1967) 184–205.

22 Hegel, Die Vernunft in der Geschichte, hrsg. v. J. Hoffmeister,
[5]Hamburg 1955, 245.

II. Kapitel: Lessing

1 Zum Stand der gegenwärtigen Forschung zu Lessings Religionsphilosophie s. vor allem: J. Schneider, Lessings Stellung zur Theologie
vor der Herausgabe der Wolfenbüttler Fragmente, Diss. Amster-
dam, 's-Gravenhage 1953; H. Thielicke, Offenbarung, Vernunft
und Existenz. Studien zur Religionsphilosophie Lessings, [4]Gütersloh
1957; W. von Loewenich, Luther und Lessing, Tübingen 1960; K. S.
Guthke, Lessing-Forschung 1932 bis 1962, in: Dtsch. Vjschr. Lit.wiss.
38 (1964) 155*–162*; W. Oelmüller, Lessing und Hamann. Prolegomena zu einem künftigen Gespräch, in: Collegium Philosophicum.
Studien Joachim Ritter zum 60. Geburtstag, Basel–Stuttgart 1965,
272–302; H. E. Allison, Lessing and the enlightenment. His philo-
sophy of religion and its relation to eighteenth century thought, in:
The University of Michigan Press 1966; G. Pons, G. E. Lessing et
le christianisme, Paris 1964; K. Beyschlag, Einführung in Lessings
theologisch-philosophische Schriften, in: Lessings Werke, hrsg. v.
K. Wölfel, Frankfurt a. M. 1967, 3, 593–697.

2 s. hierzu meine Arbeit: Lessing und Hamann a.a.O. 294–297.

3 s. L 6, 360.

4 vgl. L 8, 158.

5 s. L 9, 773; 812; 852.

6 Wenn auch nicht alle Äußerungen in den überlieferten Faustfragmenten, aus denen hier zitiert ist, so von Lessing selbst formuliert sind, so sind sie doch sicherlich in seinem Geiste. S. hierzu L 2, 577–578.

7 zit. in: Die Hauptschriften zum Pantheismusstreit zwischen Jacobi und Mendelssohn, hrsg. u. eingel. v. H. Scholz, Berlin 1916, LXII.

8 s. L 7, 188–189.

9 s. hierzu: W. R. Gaede, Wie dachte Lessing über Friedrich II.? in: Journal of English and Germanic Philology 35 (1936) 546–565.

10 Lessing stellt sich z. B. im Jahre 1769 bei dem Streit zwischen Goeze und Alberti auf die Seite seines späteren Gegners Goeze. S. hierzu: Schneider a.a.O. 168–173.

11 Ausgehend von einem rational nicht völlig unterscheidbaren Ineinander von inspirierten Worten und menschlichen Zusätzen, wie es dem Glaubenden in der Bibel vorgegeben sei und das von der Wissenschaft nicht adäquat vergegenwärtigt werden könne, fragt Lessing: »Wie? wenn sich Gott bei seiner Inspiration gegen die menschlichen Zusätze, die selbst durch die Inspiration möglich wurden, eben so verhalten hätte, wie bei seiner Schöpfung gegen das moralisch Böse? Wie? wenn er, nachdem das eine und das andere Wunder einmal geschehen war, das, was diese Wunder hervorgebracht hatten, seinem natürlichen Laufe überlassen hätte? Was schadet es, daß in diesem Falle die Grenzen zwischen menschlichen Zusätzen und geoffenbarten Wahrheiten so genau nicht mehr zu bestimmen wären? Ist doch die Grenzscheidung zwischen dem moralisch Bösen und dem moralisch Guten so unbestimmbar. Haben wir aber darum gar kein Gefühl vom Guten und Bösen? Würden sich deswegen gar keine geoffenbarte Wahrheiten von menschlichen Zusätzen unterscheiden?« (L 8, 171)

12 s. hierzu: K. Rahner – J. Ratzinger, Offenbarung und Überlieferung, Freiburg–Basel–Wien 1965 und die dort angegebene Literatur.

13 »Wie viel kleine Nachrichten und Begriffe sind nicht auch wirklich durch bloße mündliche Überlieferung bis auf den heutigen Tag fortgepflanzet worden, *ohne* deren Hülfe wir schwerlich wohl die Schriften des N.T. vollkommen so verstehen und auslegen würden, als wir *mit* ihrer Hülfe tun? Dieses gilt nicht allein von den Katholiken, die es eingestehen: sondern auch von den Protestanten, ob deren es schon wenige zugeben« (L 8, 180–181).

14 Thielicke a.a.O. 153.

15 s. L 8, 221–223.

16 s. hierzu: Schneider a.a.O. 245 Anm. 79.

17 s. hierzu: W. Nigg, Das Buch der Ketzer, Zürich 1949, 455–474.

18 Zur Neologie s. K. Aner, Die Theologie der Lessingzeit, Halle/Saale 1929; E. Hirsch, Geschichte der neuern evangelischen Theologie, 1–5, Gütersloh 1949–1954, 4, 1–204.

19 s. L 8, 489.

20 s. L 7, 812–816.

21 Daß dies Lessings Meinung war, wird auch durch folgende Äußerung Nicolais bestätigt: Lessing wollte nicht, »daß in der Dogmatik Änderungen gemacht würden, ob er gleich dabei den Weg zur freiesten Untersuchung offen gehalten wissen wollte. Daß dies Lessings Meinung war, kann ich mit völliger Gewißheit behaupten, da ich und Moses [Mendelssohn] so oft mit ihm über diesen Gegenstand disputiert haben« (L 9, 339 Anm.).
In der Kritik des Pietismus stimmt Herder mit Lessing überein: »Mystische Gefühle« (Sämmtliche Werke, hrsg. v. B. Suphan, 1–32, Berlin 1877–1899, 6, 102) und andächtige Schwärmerei hält er, auch wegen ihrer politischen Konsequenzen, für »Unsinn« (a.a.O. 6, 99), weil sie sich »von der Welt des Lebens« (a.a.O. 6, 104) getrennt haben. »Ach! ein Opium der Seele ist sie, diese feierliche Andacht! Sie wiegt in einen Schlummer, wobei man was zu denken glaubt, nichts denkt, und – desto mehr fühlet. Man träumt, und ermattet und entnervt sich auf immer – schädliches, tödtliches Opium der Seele!« (a.a.O. 6, 98–99).

22 s. hierzu: M. Schmidt, Einleitung zu: Das Zeitalter des Pietismus, hrsg. v. M. Schmidt u. B. Jannasch, Bremen 1965, XXXIII.

23 Zur Geschichte des Deismus s. E. Hirsch, Geschichte der neuern evangelischen Theologie a.a.O. 1, 219–394. Dieser Begriff wird erst seit der Mitte des 18. Jahrhunderts in dem bis heute üblichen Sinn allgemein gebraucht.

24 Gedankenbücher, hrsg. v. J. H. Mautner, Frankfurt a. M.–Hamburg 1963, 148.

25 vgl. Schneider a.a.O. 225–226; Thielicke a.a.O. 117.

26 s. hierzu: Augustinus, contra Faust. 29, 4; Tr. 24, 1 in ev. Jo; Thomas von Aquin, S. th. I. 110, 4.

27 Erziehung des Menschengeschlechts § 22.

28 Für Kierkegaard gibt es von seinem Ansatzpunkt aus, wie wir noch sehen werden, das hermeneutische Problem Lessings nicht. Für ihn ist das Paradox des Glaubens für einen Jünger und Zeitgenossen

Jesu in keiner Weise leichter als für den heutigen Christen. S. hierzu: Kierkegaard, Philosophische Brosamen und unwissenschaftliche Nachschrift, hrsg. v. H. Diem u. W. Rest, Köln und Olten 1959, 228.

29 s. auch: L 7, 654; 657; 659.

30 Von der Menschlichkeit in finsteren Zeiten, München 1960, 43.

31 Hamann an Herder am 28. 3. 1785.

32 Hamann an Jacobi am 5. 12. 1784.

33 Hamann Briefwechsel, hrsg. v. W. Ziesemer u. A. Henkel, Wiesbaden 1955 ff., 4, 192.

34 Die Vernunft in der Geschichte a.a.O. 150.

35 Lessing hat »Hochachtung« (L 4, 424) für Rousseau, er lobt dessen »erhabene Gesinnungen« (L 3, 333), hat jedoch gegen dessen Beurteilung der Komödie (L 6, 149) und der Künste und Wissenschaften in der modernen Gesellschaft überhaupt (L 3, 341) erhebliche Einwände und kann Rousseaus Begriff der »Perfektibilität« (L 9, 63) nicht anerkennen. Trotzdem übt Rousseau eine Wirkung auf ihn aus, die sich selbst ein so klarer Denker wie Lessing nicht erklären kann: »Ich weiß nicht, was man für eine heimliche Ehrfurcht für einen Mann empfindet ... auch sogar alsdann, wann er zu weit geht« (L 3, 340). »Herr Rousseau hat Unrecht; aber ich weiß keinen, der es mit mehrerer Vernunft gehabt hätte« (L 3, 418).
Ähnlich geht es Hamann mit Rousseau (Sämtliche Werke, hrsg. v. J. Nadler, 1–6, Wien 1949–1957, 2, 159–161; 2, 191; 4, 271; 4, 305–311; Briefwechsel a.a.O. 2, 139–140). Ihn verbinden, wie Nadler sagt, »mit Rousseau Gefühle der Zustimmung und Ablehnung« (Sämtliche Werke a.a.O. 6, 328). Beide sind vor allem in ihren religiösen Anschauungen grundverschieden. Hamann glaubt daher z. B., »ungleich weitere Aussichten im dritten Capitel Mosis, als Rousseauische Corollaria gefunden zu haben« (Briefwechsel a.a.O. 2, 416), stimmt dennoch aber, ohne daß es ihm bewußt ist, z. B. in seiner frühen Deutung der Genesis in den ›Biblischen Betrachtungen‹ mit diesem der Sache nach überein. Dies zeigt z. B. folgende Aussage: »Moses Erzählung giebt uns den Grund von der Ungleichheit unter den Menschen und ihrer Gesellschaft« (Sämtliche Werke a.a.O. 1, 19).
Auch Herder schwankt zwischen Lob und Tadel Rousseaus, wenngleich er selbst meint – in einem Brief an Hamann aus dem Jahre 1765 –, sich von einem »eifrigen Roußeauianer« zu einem kritischen Beurteilter Rousseaus entwickelt zu haben (Hamann, Briefwechsel a.a.O. 2, 409). Zumindest in seiner frühen Deutung der Paradieseserzählung in einem Brief an Hamann aus dem Jahre 1768 (Hamann,

Briefwechsel a.a.O. 2, 408–415) und in seiner ›Ältesten Urkunde des Menschengeschlechts‹ denkt er trotz seiner Kritik an der Naturzustandstheorie von den Voraussetzungen Rousseaus aus, weil auch er die Geschichte im Horizont der Natur deutet. S. z. B. Sämmtliche Werke a.a.O. 32, 166; 7, 113.

36 Lessing unterscheidet noch nicht, wie die Philosophie seit Kant, zwischen Verstand und Vernunft. Er wollte den Verstand auch noch nicht »nur allein an dem üben wollen, was unsere körperlichen Bedürfnisse betrifft«. Eine solche Beschränkung mache nämlich den Verstand stumpf, und dies entspreche nicht der Würde des Menschen (L 8, 611). Sowohl mit dem Begriff Vernunft als auch mit dem Begriff Verstand bezeichnet Lessing die theoretische und praktische Vernunft des Menschen, den Inbegriff des Menschen als eines geistbegabten, auf Geschichte verwiesenen Geschöpfes.
Zu Lessings Vernunftbegriff und seinen theologischen Voraussetzungen s. Thielicke a.a.O. 68–76.

37 s. L 8, 590–591.

38 s. L 8, 613–614.

39 Lessing kann sich bis zu einem gewissen Grad auf ›orthodoxe‹ Vorläufer berufen: Die Offenbarung ist ja nicht nur von Herder (s. Sämmtliche Werke a.a.O. 10, 286) und von Neologen (z. B. Semler, Jerusalem), sondern auch schon von Paulus, den griechischen Kirchenvätern, Bernard von Clairvaux, Pascal und anderen als Erziehung des Menschengeschlechts gedeutet worden. S. hierzu: Lessings Werke, hrsg. v. K. Wölfel a.a.O. 3, 614; 690–691; P. Müller, Untersuchungen zum Problem der Freimaurerei bei Lessing, Herder und Fichte, Bern 1965, 85. Auch schon Origenes und Richard und Hugo von St. Victor und nicht nur Joachim von Fiore sprechen von einer dreifachen Auslegung der Bibel und von drei Reichen. S. hierzu: E. Bloch, Zur Originalgeschichte des Dritten Reiches, in: Erbschaft dieser Zeit, erweiterte Ausgabe, Frankfurt a. M. 1962, 126–152. Und nicht nur Joachim von Fiore und die Schwärmer des 13. und 14. Jahrhunderts, sondern auch Bonaventura deutet von der Offenbarung her die Geschichte mit dem Dreizeitalterschema. S. hierzu: J. Ratzinger, Die Geschichtstheologie des Heiligen Bonaventura, München–Zürich 1959. Zum Problem der ›progressiven Offenbarung‹ im 18. Jahrhundert s.: E. Benz, Johann Albrecht Bengel und die Philosophie des deutschen Idealismus, in: Dtsch. Vjschr. Lit.wiss. 27 (1953) 528–554. Über ›heilsgeschichtliche Eschatologie und progressive Offenbarung‹ s.: J. Moltmann, Theologie der Hoffnung, ²München 1965, 61–66.

40 »Ich für meinen Teil habe keinen Begriff von der Erziehung des Menschengeschlechts, die sich mein verewigter Freund Lessing von ich weiß nicht welchem Geschichtsforscher der Menschheit hat einbilden lassen« (Gesammelte Schriften, Leipzig 1863, 3, 317).

41 s. L 8, 593.

42 Briefe von und an Hegel, hrsg. v. J. Hoffmeister, ²Hamburg 1961, 1, 25.

43 Schelling, Sämtliche Werke a.a.O. 1, 477.

44 Friedrich Schlegel, Kritische Schriften, hrsg. v. W. Rasch, ²München 1964, 368.

45 s. hierzu: Guthke a.a.O. 121*–124*.

46 Während Lessing an seinem ›Nathan‹ arbeitete, las er von Nikolaus von Kues ›De pace fidei‹. Lessing und Nikolaus von Kues ist gemeinsam, daß sie, wenn auch in sehr verschiedener Weise, das Verhältnis der Religionen untereinander erörtern. Sie unterscheiden sich jedoch in folgendem: Nach Lessing kann die Vernunft sich und anderen nicht mehr wie nach Nikolaus von Kues angesichts der Verschiedenheiten der Religionen und ihrer Kulte durch Spekulationen über die Einheit und Vielheit die christliche Religion und ihre dogmatischen Glaubensinhalte als die von allen Religionen intendierte Universalreligion einsichtig machen. Ein Unterschied zwischen beiden besteht ferner darin, daß sich Nikolaus von Kues das Verhältnis der Religionen im Horizont metaphysischer und mathematischer Spekulationen einsichtig machen will, während Lessing dieses Problem im Horizont der Subjektivität und Geschichte zu denken versucht.

47 Daß die Religionen, die in der Ringparabel überhaupt verglichen werden, Offenbarungsreligionen sind, die sich auf Geschichte gründen und somit zunächst auf Treu und Glauben an die vermittelnden Traditionen angenommen werden müssen, hat Konsequenzen für die Interpretation der ›Ringparabel‹, die oft nicht genug berücksichtigt werden.

48 Die Gegenthese vertritt S. Atkins (The Parable of the Rings in Lessing's ›Nathan der Weise‹, in: Germanic Review 26 (1951) 259–267); s. hierzu auch: Guthke a.a.O. 123*.

49 Diese Interpretation der ›Ringparabel‹ unterscheidet sich von manchen, vor allem in älteren Arbeiten vertretenen Interpretationen: Daß Lessing in der ›Ringparabel‹ den »Beweis der Wahrheit des Christentums« als des »rechten Glaubens« gebe, ist die Interpretation von K. Barth (Die protestantische Theologie im 19. Jahrhundert, ² Zollikon/Zürich 1952, 228; 230). »Alle diese Ringe [sind]

echt«, d. h. alle Offenbarungsreligionen sind wahr, ist das Ergebnis der Interpretation von O. Mann (Lessing. Sein und Leistung, [2]Hamburg 1961, 376). H. Leisegang (Lessings Weltanschauung, Leipzig 1931, 156–157), B. v. Wiese (Lessing. Dichtung, Aesthetik, Philosophie, Leipzig 1931, 81) und H. Arendt (a.a.O.) dagegen glauben, für Lessing sei keine der Offenbarungsreligionen wahr. Hotho deutet die eigene Überzeugung der Aufgeklärten als vierten Ring: »Welche Freude war unter allen Aufgeklärten verbreitet, als sie die neue Wendung bewundern durften, welche Lessing der alten Erzählung Boccaccio's von den drei Ringen gegeben hatte; wie jauchzten sie, als sie den vierten Ring ihrer eignen Überzeugung als den einzig echten wiedererkennen konnten!« (Vorstudien für Leben und Kunst, Stuttgart und Tübingen 1835, 356) E. Hirsch (Geschichte der neuern evangelischen Theologie a.a.O. 4, 133) wiederum sieht in Lessing »nichts als [einen] Anhänger einer natürlichen oder vernünftigen Religion«. Über die These Kierkegaards und – in seiner Nachfolge – Thielickes, daß Lessing die Religion in die Innerlichkeit und geschichtslose Subjektivität aufgehoben habe, wird im letzten Abschnitt dieses Kapitels gesprochen werden.

50 z. B. K. Aner, Die Theologie der Lessingzeit a.a.O. bes. Kap. 8; F. Blanke, Hamann und Lessing, in: Hamann-Studien, Zürich 1956, 69–81; E. Jansen-Schoonhoven, in: J. G. Hamanns Hauptschriften erklärt, Bd. 5, Gütersloh 1962, 190.

51 z. B. D. F. Strauss, Gesammelte Schriften, Bonn 1876, 2, 43–82.

52 z. B. Danzel-Guhrauer, G. E. Lessing, Leipzig 1850–1854, 1, 50; 90 *und* die Marxisten von F. Mehring (Die Lessing-Legende, [4]Stuttgart 1913, 4) bis P. Rilla (L 10, 194–195; 214–216).

53 z. B. W. Dilthey, Das Erlebnis und die Dichtung, [7]Leipzig–Berlin 1921, 19.

54 Die hier vorgelegte Interpretation der Lessingschen Religionsphilosophie stimmt mit vielen neueren theologischen und philosophischen Arbeiten über Lessing darin überein, daß es in Lessings Schriften kein System der Theologie und Philosophie gibt. Sie ist deshalb jedoch nicht der Meinung, daß Lessing ein »fragmentarischer Denker« (W. Nigg, Das Buch der Ketzer a.a.O. 474) ist, daß er als existentieller Denker prinzipiell auf jeden Besitz der Wahrheit verzichtet hat (so interpretieren ihn trotz verschiedener Ansatzpunkte Kierkegaard, Thielicke, Arendt), daß es eine Widersprüchlichkeit in Lessings religionsphilosophischen Schriften und Aussagen gibt, »die nur in der Sache gegründet sein kann« (so Guthke a.a.O. 161*).

55 vgl. auch L 3, 79.

56 s. hierzu z. B.: B. Böhm, Sokrates im 18. Jahrhundert. Studien zum Werdegang des modernen Persönlichkeitsbewußtseins, Leipzig 1929.

57 s. hierzu: Schneider a.a.O. 152 und Thielicke a.a.O. 56; 169; 93–114.

58 Die physikotheologischen Gottesbeweise der Aufklärung und ihre spezifischen Voraussetzungen sind neuerdings mehrfach dargestellt und verschieden interpretiert worden. S. hierzu vor allem: W. Philipp, Das Werden der Aufklärung in theologiegeschichtlicher Sicht, Göttingen 1957; G. Kaiser, Klopstock. Religion und Dichtung, Gütersloh 1963, 28–105; H. Blumenberg, Kopernikus im Selbstverständnis der Neuzeit, Mainz 1965.

59 G. Eichholz (Die Geschichte als theologisches Problem bei Lessing, in: Theologische Studien und Kritiken, NF, 107 (1936)) schrieb bereits, daß für Lessing »die Frage nach dem Sinn des Kosmos, nach der Theodizee der Welt ... zur Frage nach dem Sinn der Geschichte« wird, ja daß »die Geschichte ... zur Mitte aller Probleme« sowohl in den theologischen und philosophischen Schriften wie in seiner Ästhetik und Dichtung wird (a.a.O. 377–378). Die Deutung des Lessingschen Begriffs der Geschichte bleibt in dieser systematischen Untersuchung jedoch zu unbestimmt. Nach Eichholz steht Lessings gnostisches Geschichtsdenken (a.a.O. 418–421) sachlich und geschichtlich zwischen dem Geschichtsdenken von Leibniz und dem von Hegel (a.a.O. 406–414). S. hierzu auch: W. Dilthey, Gesammelte Schriften, 1–12, Stuttgart u. Göttingen 1958–1960, 5, 19: »In Lessing wird aus Leibniz das historische Bewußtsein entbunden«.

60 Zum Stand der gegenwärtigen Lessingforschung zu diesem Thema s. Guthke a.a.O. 129*–152*. Die Arbeit von H. J. Schrimpf (Lessing und Brecht. Von der Aufklärung auf dem Theater, Pfullingen 1965) macht deutlich, daß und wie Lessing auch in seiner Dramaturgie den Menschen im Horizont der Subjektivität und Geschichte deutet.

60a Selbst da also, wo Lessing die alte Vorstellung vom theatrum mundi verwendet, mit der z. B. Plotin den Dramatiker mit dem Logos und die Schaubühne mit der Welt vergleicht (s. z. B. Plotins Schriften, übers. v. R. Harder, Hamburg 1960, 5, 76–95), wird seine Wende von der Metaphysik zur Geschichte deutlich.

61 Thielicke a.a.O. 105. Thielicke versucht, Lessings Verhalten in dem Gespräch mit Jacobi von seiner ›existenziellen Grundhaltung‹ der Ironie und Frage aus zu deuten. Die Ironie und die Frage sei die Art und Weise, mit der Lessing als Wartender und Hoffender nach der Wahrheit gesucht habe (a.a.O. 93–114). Das ›existenzielle Moment‹ in Lessings Denken ist von Thielicke sicher richtig beschrie-

ben. Es ist jedoch als Ansatzpunkt einer Interpretation zu allgemein und unbestimmt. Die konkreten geschichtlichen Aporien, die Lessing aufdeckt, die falschen Synthesen, die er zerschlägt, und die sachlichen Intentionen seines Denkens können von einer ›existenziellen Grundhaltung‹ aus nicht zureichend erklärt werden. Die philosophische Bedeutung des Lessingschen Denkens besteht nicht darin, daß es eine angeblich zeitlose existenzielle Grundstruktur des Menschen, sondern daß es eine allgemeine geschichtliche Aporie der Moderne offenlegt.

62 zit. in: Die Hauptschriften zum Pantheismusstreit a.a.O. 88.

63 Fr. H. Jacobi's Werke, Leipzig 1812–1825, 2, 398.

64 Diese bisher in deutschen Tagebuch-Übersetzungen unbekannten Tagebuchnotizen macht L. Richter im Anhang ihrer Arbeit: Der Begriff der Subjektivität bei Kierkegaard. Ein Beitrag zur christlichen Existenzdarstellung, Würzburg 1934, 94–108 zugänglich und interpretiert sie. Zu Kierkegaards Philosophie der Subjektivität s.: H. Fahrenbach, Die gegenwärtige Kierkegaard-Auslegung in der deutschsprachigen Literatur von 1948–1962, Philos. Rdsch., Beiheft 3, 1–82.

65 zit. Richter a.a.O. 100.

66 zit. Richter a.a.O. 101.

67 zit. Richter a.a.O. 79.

68 S. Kierkegaard, Philosophische Brosamen und unwissenschaftliche Nachschrift a.a.O. 200 Anm. 2.

69 s. hierzu: G. Scholtz, Sprung. Zur Geschichte eines philosophischen Begriffs, in: Arch. Begriffsgesch. 11 (1967) 206–237.

70 In vielen Einzelinterpretationen stimmt diese Lessinginterpretation mit der Thielickes überein. Das gilt jedoch nicht für die verschiedenen systematischen Ansatzpunkte seiner Interpretation im ersten und zweiten Teil seiner Arbeit. Während Thielicke im ersten Teil das »Kardinalproblem von Lessings Religionsphilosophie« in der »Lösung des Konfliktes zwischen Transzendenzgläubigkeit und Immanenzverhaftung« (a.a.O. 57) sieht, ist für ihn in dem 20 Jahre später (1957) geschriebenen zweiten Teil das »Problem Glaube und Geschichte ... das (gesperrt H. Th.) Problem Lessingschen Denkens« (a.a.O. 146). Hier interpretiert er Lessing mit Kategorien Kierkegaards, der Existenzphilosophie und der dialektischen Theologie. Seine These lautet: Lessing ist ein »Vorläufer Kierkegaards« (a.a.O. 143). Es geht Lessing ebenso wie Kierkegaard »um die höchste Leidenschaft der Innerlichkeit, und also geht es um die Jemeinigkeit der Wahrheit« (a.a.O. 170).

71 Kant, Die Religion innerhalb der Grenzen der bloßen Vernunft, hrsg. v. K. Vorländer, eingel. v. H. Noack, [7]Hamburg 1961, XV.

III. Kapitel: Kant

1 Kant hat auch in seiner theoretischen Philosophie nicht wie der Empirismus von Hume und Locke die Erfahrung zur universalen Begriffs- und Erkenntnisquelle gemacht. S. hierzu: M. Horkheimer, Kants Philosophie und die Aufklärung, in: Zur Kritik der instrumentellen Vernunft, Frankfurt a. M. 1967, 203–215; F. Kambartel, Erfahrung und Struktur. Bausteine zu einer Kritik des Empirismus und Formalismus, Frankfurt a. M. 1968, 87–148.

2 Kant versteht hierunter vor allem, aber nicht nur, die von Wolff und von Baumgarten systematisierte rationale Schulmetaphysik des 18. Jahrhunderts. Kants Gebrauch des Begriffs ›Platonismus‹ (s. hierzu: H. Heimsoeth, Atom, Seele, Monade, Mainz 1960, 17–19) und seine knappen Ausführungen über »die Geschichte der reinen Vernunft« (K 3, 569–571) am Ende der ›Kritik der reinen Vernunft‹ zeigen freilich den Mangel dessen, was man seit dem 19. Jahrhundert historisches Bewußtsein nennt. Doch ist mit dem Hinweis auf den historischen Unterschied zwischen der Metaphysik der Antike und des Mittelalters und der Metaphysik des 17. und 18. Jahrhunderts das sachliche Problem, das Kant zur Metaphysikkritik trieb, noch in keiner Weise gelöst.

3 Heine spricht z. B. wie vorher schon Mendelssohn von Kants »zerstörenden, weltzermalmenden Gedanken« (Werke und Briefe, 1–10, (Ost-)Berlin 1961–1964, 5, 260).

4 Das zeigt sich auch an seinem Verhältnis zu Plato: »Plato bemerkte sehr wohl, daß unsere Erkenntniskraft ein weit höheres Bedürfnis fühle, als bloß Erscheinungen nach synthetischer Einheit buchstabieren, um sie als Erfahrung lesen zu können, und daß unsere Vernunft natürlicher Weise sich zu Erkenntnissen aufschwinge, die viel weiter gehen, als daß irgendein Gegenstand, den Erfahrung geben kann, jemals mit ihnen kongruieren könne, die aber nichts desto weniger ihre Realität haben und keinesweges bloße Hirngespinste sind« (K 3, 257).

5 Über die »äußere Unfertigkeit« des Nachlaßwerkes und über die Entwicklung der Problematik in ihm s.: G. Lehmann, Zur Frage der Spätentwicklung Kants, in: Kantstudien 54 (1963) 491–507. D. Henrich, Zu Kants Begriff der Philosophie, in: Kritik und Meta-

physik. Studien Heinz Heimsoeth zum 80. Geburtstag, Berlin 1966, 54.

6 s. hierzu: W. Schulz, Das Problem der absoluten Reflexion, Frankfurt a. M. 1963.

7 Husserliana 5, Den Haag 1952, 141.

8 Sämtliche Werke a.a.O. 3, 281.

9 s. hierzu: K. Homann, Zum Begriff ›Subjektivität‹ bis 1802 a.a.O.

10 s. hierzu: O. Marquard, Hegel und das Sollen, in: Philos. Jb. 72 (1964) 103–119.

11 s. hierzu: Theunissen, Der Andere a.a.O.

12 s. hierzu und zum folgenden meinen Aufsatz: Kants Beitrag zur Grundlegung einer praktischen Philosophie in der Moderne, in: Philos. Jb. 75 (1967) 22–55 und die dort genannte Literatur.

13 s. z. B. die Kantdeutungen des sogenannten Deutschen Idealismus und die Heideggers, die auch aus der Beschränkung auf den Kant der drei ›Kritiken‹ zu erklären ist.

14 s. hierzu: M. Eliade, Kosmos und Geschichte, Reinbek 1966; C. Levi-Strauss, Das wilde Denken, Frankfurt a. M. 1968. Es müßte jedoch deutlicher als in diesen religionsgeschichtlichen und ethnologischen Arbeiten ausgesprochen werden, daß der Rückgriff auf Begründungen der Praxis in archaischen Gesellschaften, den schon Plato und Aristoteles im Blick auf die Polis für illegitim hielten, gegenwärtig keine plausiblen und verbindlichen Begründungen zu vermitteln vermag.

15 Eth. Nic. 1099 b 9–11.
s. hierzu: J. Ritter, ›Politik‹ und ›Ethik‹ in der praktischen Philosophie des Aristoteles, in: Philos. Jb. 74 (1967).

16 s. hierzu: W. Kluxen, Philosophische Ethik bei Thomas von Aquin, Mainz 1964; W. Hennis, Politik und praktische Philosophie. Eine Studie zur Rekonstruktion der politischen Wissenschaft, Neuwied–Berlin 1963; D. H. Meyring, Politische Weltweisheit. Studien zur deutschen politischen Philosophie des 18. Jahrhunderts, Diss. Münster 1965.

17 Die von dem transzendentalphilosophischen Standpunkt entwickelte theoretische Philosophie kann für Kant nicht in dem Sinne wie die Metaphysik bei Wolff der praktischen Philosophie vorangehen. Wolff schreibt: »Metaphysica philosophiam practicam praecedere debet« (Philosophia rationalis sive logica § 93).

18 s. hierzu: O. Brunner, Neue Wege der Sozialgeschichte. Vorträge und Aufsätze, Göttingen 1956.

19 s. hierzu J. Habermas, Theorie und Praxis. Sozialphilosophische

Studien, Neuwied–Berlin 1963; L. Strauss, Naturrecht und Geschichte, Stuttgart 1956.

20 Die praktische Philosophie der platonisch-aristotelischen Tradition und die Kants unterscheiden sich damit von einer Genealogie der Moral, mit der z. B. Nietzsche glaubte, von einem »außermoralischen Ursprung« aus in kompromittierender Absicht alle moralischen Gefühle und überhaupt allen Glauben an Gut und Böse als falsches Bewußtsein und Ideologie entlarven zu können. Diese praktische Philosophie versucht nicht wie Nietzsche, »über Moral zu denken, ohne unter ihrem Zauber zu stehen« (Wille zur Macht 253); sie will nicht alle sittlichen Erfahrungen einer »Prüfung, Zerlegung, Anzweiflung, Vivisektion« (Jenseits von Gut und Böse 186) unterziehen. Nietzsches »Hauptsatz«: »Es gibt keine moralischen Phänomene. Diese Interpretation selbst ist außermoralischen Ursprungs« (Wille zur Macht 258) wäre für sie ebensowenig überzeugend wie Nietzsches These: »Es gibt gar keine moralischen Handlungen: Sie sind vollkommen eingebildet. Nicht nur, daß sie nicht nachweisbar sind (was z. B. Kant zugab und das Christentum insgleichen), – sondern sie sind gar nicht möglich« (Wille zur Macht 786).

21 Auch für bürgerlich nicht Selbständige gelten jedoch nach Kant, und das unterscheidet sie von Sklaven, die Rechte, die dem Menschen als Menschen zukommen: Die »Abhängigkeit von dem Willen anderer und Ungleichheit ist gleichwohl keineswegs der Freiheit und Gleichheit derselben *als Menschen,* die zusammen ein Volk ausmachen, entgegen: vielmehr kann bloß den Bedingungen derselben gemäß dieses Volk ein Staat werden und in eine bürgerliche Verfassung eintreten« (K 7, 121).

22 M. Riedel, Theorie und Praxis im Denken Hegels. Interpretationen zu den Grundstellungen der neuzeitlichen Subjektivität, Stuttgart, Berlin, Köln, Mainz 1965, 226. Zum unterschiedlichen Sprachgebrauch in der praktischen Philosophie von Kant und Hegel s. auch andere Arbeiten von Riedel: Tradition und Revolution in Hegels ›Philosophie des Rechts‹, in: Z. philos. Forsch. 16 (1962) 203–230; ders., Hegels ›Bürgerliche Gesellschaft‹ und das Problem ihres geschichtlichen Ursprungs, in: Arch. Rechts- und Soz. Philos. 48 (1962) 539–566.

23 Hobbes, Leviathan, hrsg. v. M. Oakeshott, Oxford 1957, 85.

24 s. hierzu: D. Henrich, Hutcheson und Kant, in: Kantstudien 49 (1957/58) 49–69.

25 Eine Vorlesung Kants über Ethik, hrsg. v. P. Menzer, Berlin 1924, 146.

26 s. hierzu und zu den bisherigen Untersuchungen über die Beziehun-
   gen zwischen Rousseau und Kant: J. Schmucker, Die Ursprünge der
   Ethik Kants in seinen vorkritischen Schriften und Reflektionen,
   Meisenheim am Glan 1961, 128–255.

27 s. hierzu: I. Fetscher, Rousseaus politische Philosophie, Neuwied
   1960; R. Spaemann, Natürliche Existenz und politische Existenz
   bei Rousseau, in: Collegium Philosophicum a.a.O. 373–388;
   L. Strauss, Naturrecht und Geschichte a.a.O.

28 J. J. Rousseau, Über Kunst und Wissenschaft. Über den Ursprung
   der Ungleichheit unter den Menschen, französisch und deutsch, mit
   Einleitung, Übersetzung und Anmerkungen von K. Weigand, Hamburg 1955, 78–81; 80.

29 Einmal erklärt Rousseau ihn durch zufällige äußere Ursachen (a.a.O.
   188; 272), dann wieder durch die Unwissenheit des Menschen (a.a.O.
   200), ein andermal als Folge der unnatürlichen menschlichen Reflexion (a.a.O. 98), dann wieder durch den Irrtum des Menschen
   (a.a.O. 312). Einmal ist der Fortschritt in den Gesellschaftszustand
   für die Entwicklung der Menschheit so notwendig wie für die Individuen das Altern (a.a.O. 272), dann wiederum hängt er vom Willen des Menschen ab, kann also beschleunigt oder verlangsamt werden (a.a.O. 272).

30 s. hierzu: Spaemann, Natürliche Existenz und politische Existenz
   bei Rousseau a.a.O. 377.

31 s. Strauss, Naturrecht und Geschichte a.a.O. 306.

32 s. K 3, 257.

33 Ritter, ›Naturrecht‹ bei Aristoteles, Stuttgart 1961, 9.

34 zit. ebd. 5; zum folgenden s. ebd. 5–13.

35 s. KA 19, 164–165; s. auch: KA 19, 292 Reflexion 7238.

36 s. auch: KA 23, 120; KA 17, 744; KA 19, 176–177; 174; 197; 309.

37 J. Schmucker, Die Originalität des ontotheologischen Argumentes
   Kants gegenüber verwandten Gedankengängen bei Leibniz und in der
   Schulphilosophie der Zeit, in: Kritik und Metaphysik a.a.O. 120–133.

38 »Zwar in die Sonne (das Übersinnliche) hinein sehen, ohne zu er-
   blinden, ist nicht möglich; aber sie in der Reflexe (der die Seele
   moralisch erleuchtenden Vernunft), und selbst in praktischer Absicht hinreichend, zu sehen, wie der ältere Plato tat, ist ganz tun-
   lich: wogegen die Neuplatoniker ›uns sicher nur eine Theatersonne
   geben‹, weil sie uns durch Gefühle (Ahnungen) d. i. bloß das Subjektive, was gar keinen Begriff von dem Gegenstande gibt, täuschen
   wollen, um uns mit dem Wahn einer Kenntnis des Objektiven hin-
   zuhalten, was aufs Überschwengliche angelegt ist« (K 6, 488).

39 s. hierzu auch folgende Aussagen Kants: »Die moralische Gesetze
sind gründe des Göttlichen willens. Dieser ist ein Grund des Unsri-
gen vermittelst seiner Gütigkeit und gerechtigkeit, darnach er die
... Glückseeligkeit mit dem Wohlverhalten verbindet. Wäre kein
Gott, so würden alle unsere Pflichten schwinden, weil eine Unge-
reimtheit im Gantzen wäre, nach welcher das Wohlbefinden nicht
mit dem Wohlverhalten stimmete« (KA 19, 130). »Gott ist nicht
durch seinen Willen als Auctor des moralischen Gesetzes, sondern
der (göttliche) Wille ist das moralische Gesetz, nemlich das Urbild
des vollkommensten Willens und auch das principium aller Bedingungen, unseren Willen ... einstimmig mit dem seinigen zu deter-
miniren« (KA 19, 247). »In allem praktischen ist eine Idee, die man
nicht erreicht. ... Denn die idee machen wir uns nicht selbst,
sie liegt in uns gegeben« (KA 19, 213). »Die moralische Gesetze haben wohl das principium obligandi in sich, aber obligiren nicht ohne
religion, weil sie nicht durch ihre Natur Verheißung der Glückseeligkeit bey sich führen« (KA 19, 301).

40 Wie Kant so versucht auch Hegel nach der Kritik des Willkürgottes
gegen den »ungeheuren Irrtum unserer Zeiten« auf dem Boden der
durch das Christntum und die Aufklärung ausgebildeten Welt die
Freiheit Gottes und die des Menschen zusammenzudenken: »Indem
die Religion das Bewußtsein der absoluten Wahrheit ist, so kann,
was als Recht und Gerechtigkeit, als Pflicht und Gesetz, d. i. als
wahr in der Welt des freien Willens gelten soll, nur insofern gelten,
als es Teil an jener Wahrheit hat, unter sie subsumiert ist und aus
ihr folgt. ... Es kann nicht zweierlei Gewissen, ein religiöses und ein
dem Gehalte und Inhalte nach davon verschiedenes sittliches, geben«. Trotz aller Unterschiede, die noch dargestellt werden, stimmt
Hegel mit Kant darin überein, daß »in Ansehung der Ausgangspunkte dieser Erhebung [des Geistes zu Gott] ... Kant insofern im
allgemeinen den richtigsten ergriffen, als er den Glauben an Gott aus
der praktischen Vernunft hervorgehend betrachtet. ... Die wahrhafte Religion und wahrhafte Religiosität geht nur aus der Sittlichkeit hervor und ist die denkende, d. i. der freien Allgemeinheit ihres
konkreten Wesens bewußtwerdende Sittlichkeit. Nur aus ihr und
von ihr aus wird die Idee von Gott als freier Geist gewußt; außerhalb des sittlichen Geistes ist es daher vergebens, wahrhafte Religion
und Religiosität zu suchen« (Enz 431–432).

41 T. Rendtorff, Kirche und Theologie. Die systematische Funktion des
Kirchenbegriffs in der neueren Theologie, Gütersloh 1966.

42 »Das ist die moralische Liebenswürdigkeit, welche das Christentum

304

bei sich führt, die durch manchen äußerlich ihm beigefügten Zwang, bei dem öftern Wechsel der Meinungen, immer noch durchgeschimmert und es gegen die Abneigung erhalten hat, die es sonst hätte treffen müssen; und welche (was merkwürdig ist) zur Zeit der größten Aufklärung, die je unter Menschen war, sich immer in einem nur desto hellern Lichte zeigt« (K 6, 424).

s. auch: »Das Christentum hat, außer der größten Achtung, welche die Heiligkeit seiner Gesetze unwiderstehlich einflößt, noch etwas Liebenswürdiges in sich. (Ich meine hier nicht die Liebenswürdigkeit der Person, die es uns mit großen Aufopferungen erworben hat, sondern der Sache selbst: nämlich der sittlichen Verfassung, die er stiftete; denn jene läßt sich nur aus dieser folgern.) Die Achtung ist ohne Zweifel das erste, weil ohne sie auch keine wahre Liebe stattfindet; ob man gleich ohne Liebe doch große Achtung gegen jemand hegen kann. Aber wenn es nicht bloß auf Pflichtvorstellung, sondern auch auf Pflichtbefolgung ankommt, wenn man nach dem subjektiven Grunde der Handlungen fragt, aus welchem, wenn man ihn voraussetzen darf, am ersten zu erwarten ist, was der Mensch tun werde, nicht bloß nach dem objektiven, was er tun soll; so ist doch die Liebe, als freie Aufnahme des Willens eines andern unter seine Maximen, ein unentbehrliches Ergänzungsstück der Unvollkommenheit der menschlichen Natur (zu dem, was die Vernunft durchs Gesetz vorschreibt, genötigt werden zu müssen): denn was einer nicht gern tut, das tut er so kärglich, auch wohl mit sophistischen Ausflüchten vom Gebot der Pflicht, daß auf diese, als Triebfeder, ohne den Beitritt jener, nicht sehr viel zu rechnen sein möchte« (K 6, 422–423).

43 F. H. Jacobis Werke a.a.O. 3, 182.

44 »So viel wird mir jeder, in der Geschichte der neueren und neuesten Philosophie auch nur obenhin bewanderte, Leser einräumen: daß die ganze transzendentale Umwälzung durch sich selber auf die Kreislinie beschränkt sei, welche der fortschreitende Idealismus um die, als den einzig möglichen Mittelpunkt aller Wahrheit angenommene, Subjektivität herum beschreibt, – und daß durch die Fichtisch-Schellingsche Sublimation des Kantischen transzendentalen Idealismus jener Mittelpunkt entscheidend festgesetzt, und jene Kreislinie völlig vollendet sei« (Beiträge zur leichtern Übersicht des Zustands der Philosophie beim Anfange des 19. Jahrhunderts, hrsg. v. C. L. Reinhold, Erstes Heft, Hamburg 1801, VI (Vorrede).
Von einem »weit geöffneten bodenlosen Abgrund einer absoluten Subjectivität« kann bei Kant jedoch schlechterdings keine Rede sein.

Jacobi und Reinholds Kritik trifft der Sache nach auch nicht Kant, sondern lediglich bestimmte Konsequenzen der »Fichtisch-Schellingschen Sublimation« der Kantischen Transzendentalphilosophie.

45 K. Lorenz, Das sogenannte Böse. Zur Naturgeschichte der Aggression, ⁴Wien 1964, 380.

46 Kant unterscheidet beide zwar, er ordnet sie jedoch ebensowenig wie Moralität und Legalität zwei entgegengesetzten Bereichen, dem sogenannten privaten und öffentlichen, zu. Sowohl der Sprachgebrauch als auch die inhaltlichen Ausführungen über beide Ziele zeigen, daß es bei Kant keine Entgegensetzung von Moralität und Legalität gibt. »Etwas Moralisches (Tugend- oder Rechtspflicht) betrifft« (K 6, 359) das sittliche *und* das politische Handeln des Menschen. Der kategorische Imperativ beschränkt sich nicht auf die bloße Innerlichkeit des Einzelnen, er verlangt Achtung vor der Menschheit in der eigenen Person und der des anderen. Die »Idee des Staats- und Völkerrechts« wiederum verlangt um der Verwirklichung der Freiheit, Gleichheit und Selbständigkeit willen nicht nur ein durch Verfassungen und Gesetze geordnetes inneres und äußeres Staatenverhältnis, sondern auch das sittliche und politische Handeln der Bürger. Das bedeutet bei Kant jedoch keine Politisierung der Moral und keine Moralisierung der Politik, und daher unterscheidet er zwischen beiden Zielen.

47 s. hierzu: H. J. Paton, Der kategorische Imperativ, Berlin 1962; G. Patzig, Der Gedanke eines kategorischen Imperativs, in: Arch. Philos. 6 (1956) 82–96.

48 Kant schreibt: Ist daher ein Gesetz »so beschaffen, daß ein ganzes Volk unmöglich dazu seine Einstimmung geben könnte . . ., so ist es nicht gerecht; ist es nur möglich, daß ein Volk dazu zusammenstimme, so ist es Pflicht, das Gesetz für gerecht zu halten: gesetzt auch, daß das Volk itzt in einer solchen Lage oder Stimmung seiner Denkungsart wäre, daß es, wenn es darum befragt würde, wahrscheinlicherweise seine Beistimmung verweigern würde« (K 6, 381).

49 Kants kategorischer Imperativ ist jedoch nicht Ausdruck eines naturfeindlichen Rigorismus im Sinne Schillers oder eines gesellschaftlich und psychologisch durchschaubaren Zwangsgesetzes und Überichs im Sinne Adornos oder Marcuses. Kant war freilich nicht, wie zeitweise jedenfalls Schiller, der Meinung, daß durch ästhetische Erziehung der Mensch zu seiner Totalität und die Gesellschaft zur »Monarchie der Vernunft« gebildet werden könne. Die sittlich Handelnden sollen gerade nach Kant ein »wackeres und fröhliches Gemüt (. . .) in Befolgung ihrer Pflichten« und ein »jederzeit fröhliches

Herz« haben. Das soll sie von der »Mönchsasketik« unterscheiden, »welche aus abergläubischer Furcht, oder geheucheltem Abscheu an sich selbst mit Selbstpeinigung und Fleischeskreuzigung zu Werke geht«. Was man »nicht mit Lust, sondern bloß als Frondienst tut, das hat für den, der hierin seiner Pflicht gehorcht, keinen inneren Wert und wird nicht geliebt, sondern die Gelegenheit ihrer Ausübung so viel möglich geflohen« (K 7, 301).

50 s. hierzu die verschiedenen Arbeiten in: Die Entstehung des modernen souveränen Staates, hrsg. v. H. H. Hofmann, Köln–Berlin 1967.

51 s. Aristoteles, Pol. III. 9. 1280 b 30–35: »Man sieht also, daß der Staat keine Gemeinschaft bloß dem Orte nach oder nur zum Schutze wider gegenseitige Beeinträchtigungen und zur Pflege des Tauschverkehrs ist, sondern daß dies zwar da sein muß, wenn ein Staat vorhanden sein soll, daß aber, auch wenn es alles da ist, noch kein Staat vorhanden ist, sondern als solcher erst zu gelten hat: die Gemeinschaft in einem guten Leben unter Häusern und Geschlechtern zum Zwecke eines vollkommenen und sich selbst genügenden Daseins« (zit. nach der Übersetzung von E. Rolfes, [3]Hamburg 1958).

52 s. Thomas, de regim. princ. 14: »Si enim propter solum vivere homines convenirent, animalia et servi essent pars aliqua congregationis civilis. Si propter acquirendas divitias, omnes simul negotiantes ad unam civitatem pertinerent« (Ausgewählte Schriften zur Staats- und Wirtschaftslehre des Thomas von Aquino, hrsg. v. F. Schreyvogl, Jena 1923, 84–85).

53 s. Eth. Nic. 1094 b 7.

54 Friedrich Schiller, Sämtliche Werke, a.a.O. 5, 575.

55 s. K 6, 380–381.

56 s. K 6, 387–388.

57 »Bey Gott bedeutet das allgemeine das all, was alles übrige in sich enthält. Bei Menschen bedeutet das allgemeine das wenige, was in allem übrigen enthalten ist. Die Gottliche Providentz, wenn sie General ist, so muß sie auch speciell seyn, so ist es nicht mit der menschlichen Vorsorge bewandt. Denn das generale ist bey Gott die Erkenntnis des Ganzen, beym Menschen die Erkenntnis der Gattung. Nun ist das, was in dem Einzelnen enthalten ist, nicht im Begriffe der Gattung, aber wohl im Erkentnis des Ganzen enthalten, welches aber uns Menschen zu fassen Unmoglich ist. Die Erkentnis Gottes bestimmt jeden Theil im Ganzen, der Menschen das Ganze durch die Theile« (KA 18, 478).

58 Schelling, Sämtliche Werke a.a.O. 3, 592–593.

59 A. H. Müller, Die Elemente der Staatskunst, Berlin 1809, 2, 191.

Kants eigene ›Idee zu einer allgemeinen Geschichte in weltbürgerlicher Absicht‹ ist zwar für ihn nur ein Leitfaden, eine Hypothese, die nicht »die Bearbeitung der eigentlichen, bloß empirisch abgefaßten Historie verdrängen wollte« (K 4, 165). Dennoch ist für ihn der Versuch, nicht nur in der Natur, sondern auch in der Geschichte »Plan und Endabsicht« erkennen zu wollen, legitim, kein bloßer »Roman« (K 4, 164), kein schwärmerischer »Chiliasmus« (K 4, 162). Es gibt für Kant nicht *den* Fortschritt, sondern nur bestimmte Fortschritte im Sinne einer »Vermehrung der Produkte ihrer [der Menschen] Legalität«. Über ein »immer wachsendes Quantum der Moralität in der Gesinnung« (K 7, 404) kann die Philosophie nichts aussagen. Zu einem Fortschrittsglauben, der annimmt, daß »die moralische Grundlage im Menschengeschlechte im mindesten vergrößert« werde, ist für Kant »eine Art von neuer Schöpfung (übernatürlicher Einfluß) erforderlich« (K 7,405). Und doch erkennt der Mensch auch für Kant, ähnlich wie später für Hegel, aus der Geschichte mehr als nur Historisches und bloß Positives. Wie Kant den in der Geschichte erreichten Stand des Bewußtseins von dem sittlichen Charakter der menschlichen Gattung der historischen Beliebigkeit zu entreißen und allgemein verbindlich zu formulieren versucht, zeigen etwa folgende, nicht bruchlos übereinstimmende Randbemerkungen zur ›Anthropologie‹: »Der Charakter der Gattung kann nur aus der Geschichte gezogen werden. ... Der Charakter der Gattung kann nicht historisch durch Geschichte allein ausgemacht werden« (Werke in 6 Bde., hrsg. v. W. Weischedel, Darmstadt 1966, 6, 685).

60 Zu Kants Verhältnis zur Französischen Revolution im einzelnen s.: L. Goldmann, Mensch, Gemeinschaft und Welt in der Philosophie Immanuel Kants, Zürich 1945, 221–223 Anm.; K. Weyand, Kants Geschichtsphilosophie, Köln 1963, 186–191.

61 Der Antagonismus, insofern er ein dialektisches Zusammenspiel von Vereinzelung und Vergesellschaftung ist, ist zwar für den Übergang vom Naturzustand zum Gesellschaftszustand und für einzelne Fortschritte innerhalb des Gesellschaftszustandes nach Kants ›Idee zu einer allgemeinen Geschichte in weltbürgerlicher Absicht‹ notwendig (s. hierzu: Weyand, Kants Geschichtsphilosophie a.a.O. 79–84). Im Antagonismus sieht Kant jedoch nicht eine List der bösen Natur, die er verteidigt, sondern das für uns nicht adäquat erkennbare Wirken der Vorsehung. Dies zeigt z. B. seine Erklärung des »Gebrauchs des Worts Natur«: »Der Gebrauch des Worts Natur ist auch, wenn es wie hier bloß um Theorie (nicht um Religion) zu tun ist, schicklicher für die Schranken der menschlichen Vernunft

(als die sich in Ansehung des Verhältnisses der Wirkungen zu ihren Ursachen innerhalb den Grenzen möglicher Erfahrung halten muß) und bescheidener, als der Ausdruck einer für uns erkennbaren Vorsehung, mit dem man sich vermessenerweise ikarische Flügel ansetzt, um dem Geheimnis ihrer unergründlichen Absicht näher zu kommen« (K 6, 448–449).

62 Marx, Werke, Schriften, Briefe a.a.O. 3, 2, 1024.

63 Kant schreibt: »Ehe dieser letzte Schritt (nämlich die Staatenverbindung) geschehen, also fast nur auf der Hälfte ihrer Ausbildung, erduldet die menschliche Natur die härtesten Übel, unter dem betrüglichen Anschein äußerer Wohlfahrt; und Rousseau hatte so unrecht nicht, wenn er den Zustand der Wilden vorzog, sobald man nämlich diese letzte Stufe, die unsere Gattung noch zu ersteigen hat, wegläßt. Wir sind im hohen Grade durch Kunst und Wissenschaft kultiviert. Wir sind zivilisiert bis zum Überlästigen zu allerlei gesellschaftlicher Artigkeit und Anständigkeit. Aber uns für schon moralisiert zu halten, daran fehlt noch sehr viel. ... Solange aber Staaten alle ihre Kräfte auf ihre eiteln und gewaltsamen Erweiterungsabsichten verwenden, und so die langsame Bemühung der inneren Bildung der Denkungsart ihrer Bürger unaufhörlich hemmen, ihnen selbst auch alle Unterstützung in dieser Absicht entziehen, ist nichts von dieser Art zu erwarten; weil dazu eine lange innere Bearbeitung jedes gemeinen Wesens zur Bildung seiner Bürger erfordert wird. Alles Gute aber, das nicht auf moralischgute Gesinnung gepropft ist, ist nichts als lauter Schein und schimmerndes Elend. In diesem Zustande wird wohl das menschliche Geschlecht verbleiben, bis es sich, auf die Art, wie ich gesagt habe, aus dem chaotischen Zustande seiner Staatsverhältnisse herausgearbeitet haben wird« (K 4, 161).

64 Durch die Veröffentlichung des zweiten ›Stücks‹ seiner ›Religion innerhalb der Grenzen der bloßen Vernunft‹ geriet Kant in Konflikt mit der auf Grund des Wöllnerschen Religionsedikts unter Friedrich Wilhelm II. errichteten Zensurbehörde. S. hierzu: Die Religion innerhalb ... a.a.O. XLVI–LII.

65 Die Religion innerhalb ... a.a.O. XV.

66 s. z. B. K 7, 377; 362–363; K 9, 381.

67 s. hierzu: Noack, in: Die Religion innerhalb ... a.a.O. LXXIV–LXXXIV.

68 s. hierzu: H. Maier, Religionsfreiheit in den staatlichen Verfassungen, in: Religionsfreiheit. Ein Problem für Staat und Kirche, München 1966, 24–53.

69 Schon Herder spricht vom »mechanischen« Staat; er deutet den Staat jedoch nicht im Sinne der politischen Romantik reaktionär. S. J.G. Herder, Auch eine Philosophie der Geschichte zur Bildung der Menschheit. Nachwort von H.-G. Gadamer, Frankfurt a. M. 1967, 176.

70 Schelling, Sämtliche Werke a.a.O. 2, 72.

71 Die Religion innerhalb . . . a.a.O. XC.

72 Die Religion innerhalb . . . a.a.O. XCIV.

73 Die Religion innerhalb . . . a.a.O. XCVIII.

74 s. hierzu die Erklärung über die Religionsfreiheit des Zweiten Vatikanischen Konzils, bes. Absatz 2: »Das Vatikanische Konzil erklärt, daß die menschliche Person das Recht auf religiöse Freiheit hat. Diese Freiheit besteht darin, daß alle Menschen frei sein müssen von jedem Zwang sowohl von seiten Einzelner wie gesellschaftlicher Gruppen, wie jeglicher menschlicher Gewalt, so daß in religiösen Dingen niemand gezwungen wird, gegen sein Gewissen zu handeln, noch daran gehindert wird, privat und öffentlich, als einzelner oder in Verbindung mit anderen – innerhalb der gebührenden Grenzen – nach seinem Gewissen zu handeln. Ferner erklärt das Konzil, das Recht auf religiöse Freiheit sei in Wahrheit auf die Würde der menschlichen Person selbst gegründet, so wie sie durch das geoffenbarte Wort Gottes und durch die Vernunft selbst erkannt wird. Dieses Recht der menschlichen Person auf religiöse Freiheit muß in der rechtlichen Ordnung der Gesellschaft so anerkannt werden, daß es zum bürgerlichen Recht wird« (K. Rahner, H. Vorgrimler, Kleines Konzilskompendium, Freiburg–Basel–Wien 1966, 662–663).

75 L 8, 190; Rel. 1, 1, 38 u. a.

76 Die Deutung des Hermeneutikproblems beim frühen und späten Herder unterscheidet sich zwar in Einzelheiten von der der hier genannten Schriften; das ist vor allem durch sein Verhältnis zu Hamann bedingt (s. hierzu: Hamanns Hauptschriften erklärt, 4, Gütersloh 1963). Der Unterschied zu Lessing, Hamann und Kant bleibt jedoch im wesentlichen gleich.

77 Herder, Sämmtliche Werke a.a.O. 6, 32.

78 »Komm' hinaus, Jüngling, aufs freie Feld und merke: Die urälteste herrlichste Offenbarung Gottes erscheint dir jeden Morgen als Tathsache, großes Werk Gottes in der Natur« (a.a.O. 6, 258).

79 »Wer sich überhaupt von Göttlichen Veranstaltungen in der Welt und im Menschenreich anders als durch Welt- und Menschliche Triebfedern Begriffe macht, ist wahrhaftig mehr zu utopischdichterischen, als zu philosophischnatürlichen Abstraktionen geschaffen. Wenn hat

in der ganzen Analogie der Natur die Gottheit anders, als durch Natur gehandelt?« (a.a.O. 5, 520–521).

80 s. hierzu meinen Aufsatz: Lessing und Hamann a.a.O.

81 s. hierzu: K. Gründer, Figur und Geschichte, Freiburg–München 1958; M. Seils, Theologische Aspekte zur gegenwärtigen Hamann-Deutung, Göttingen 1957.

82 Hamann, Sämtliche Werke a.a.O. 2, 203.

83 s. hierzu: Hamann, Sämtliche Werke a.a.O. 1, 308; Kant (Kritik der Urteilskraft § 42) und Schiller (Nationalausgabe 20, 116) gebrauchen im Unterschied zu Hamann den Begriff Chiffre nur im Zusammenhang der Natur, nicht der Geschichte.

84 Hamanns Versuch, das Hermeneutikproblem zu lösen und gegen die verschiedenen Positionen der Zeit die christliche Wahrheit zu verteidigen, ist von Hegel überzeugend gedeutet worden: »Was Hamann seinen Geschmack an Zeichen nennt, ist, daß ihm alles gegenständlich Vorhandene seiner eigenen inneren und äußeren Zustände wie der Geschichte und der Lehrsätze nur gilt, insofern es vom Geiste gefaßt, zu Geistigem geschaffen wird, so daß dieser göttliche Sinn weder nur Gedanke noch Gebilde einer schwärmenden Phantasie, sondern allein das Wahre ist, das so gegenwärtige Wirklichkeit hat. ... Indem Hamanns Glaube eine positive Grundlage zur Voraussetzung behielt, so war dieselbe für ihn zwar ein Festes, aber ein Göttliches, weder ein äußerlich vorhandenes Ding (die Hostie der Katholiken), noch eine als buchstäbliches Wort behaltene Lehrformel (wie bei dem Wortglauben der Orthodoxie vorkommt), noch gar ein äußerlich Historisches der Erinnerung; sondern das Positive ist ihm nur Anfang und für die Gestaltung, für Ausdruck und Verbildlichung wesentlich zur belebenden Verwendung. Hamann weiß, daß dies belebende Prinzip wesentlich eigener individueller Geist ist und daß die Aufklärerei, welche sich mit der Autorität des Buchstabens, welchen sie nur erkläre, zu brüsten nicht entblödete, ein falsches Spiel spielte, indem der Sinn, den die Exegese gibt, zugleich verstandener, subjektiver Sinn ist, – welches Subjektive des Sinnes aber damals die Verstandesabstraktionen der Wolffschen Schule, welche Vernunft genannt wurden, wie nachher anderer Schulen waren. So ist Hamanns Christentum eine Energie lebendiger individueller Gegenwart; in der Bestimmtheit des positiven Elements bleibt er der freiste, unabhängigste Geist, daher für das am entferntesten und heterogensten Scheinende wenigstens formell offen« (BSch 260–261).

Trotzdem ist Hamann – auch für Hegel – nicht in der Lage, das

Problem der Subjektivität und Geschichte auf dem Boden der Moderne philosophisch und theologisch befriedigend zu lösen. Da Hamann, wie Hegel formuliert, nicht nur gegen die anfänglichen abstrakten Gestalten der Aufklärung kämpfte, sondern auch »ins Gelag und ins Blaue hinein gegen das Denken und die Vernunft überhaupt« »poltert«, kam er am Ende dazu, daß er »in dem negativen Resultate mit dem, was er bekämpfte, übereinkam, alle weitere Entfaltung von Lehren der Wahrheit und deren Glauben als Lehren, ja von sittlichen Geboten und rechtlichen Pflichten, für gleichgültig anzusehen« (BSch 274–275).

85 In der Kritik der Schulphilosophie und des trostlosen Zustandes der Philosophie in der zweiten Jahrhunderthälfte stimmen Lessing und Kant der Sache nach weithin überein. Beide haben sich jedoch persönlich nie gesehen, und sie haben nicht miteinander korrespondiert. Von Lessing liegen keine Äußerungen über Kant vor. Kant hat sich nur selten über Lessing geäußert. An seinen Äußerungen werden vor allem die verschiedenen Auffassungen zur Ästhetik, zur praktischen Philosophie und zur Religionsphilosophie deutlich. Für Kant gibt es z. B. beim Urteil über das Schöne keinen »Beweis a priori nach bestimmten Regeln«, auch nicht nach den Regeln von »Batteux oder Lessing« (KA 5, 284). In einem Blatt aus dem Nachlaß, auf dem Kant über die Freiheit und die Verbindlichkeit von Pflichten spricht, die der Freiheit nicht widersprechen, verteidigt er sich – wie auch an anderen Stellen – gegen »Schillers Einwürfe« gegen seine angebliche »Cartheuser Moral«. Dort stehen dann die Worte: »von der kasuistischen Moral – Vom Braunschweiger Fragmentisten. Von erzcatholischen Protestanten« (KA 23, 269). In einer Anmerkung zur zweiten Auflage der ›Religion innerhalb‹ zeigt Kant am Verhalten Jesu, warum die Auffassung, Jesus habe nur politische Ziele verfolgt, falsch sei: »Aber auch nicht, daß er, (wie der Wolfenbüttelsche Fragmentist argwohnt), sein Leben nicht in moralischer, sondern bloß in politischer, aber unerlaubter Absicht, um etwa die Priesterregierung zu stürzen und sich mit weltlicher Obergewalt an ihre Stelle zu setzen, gewagt habe« (K 6, 224 Anm.). Kant kritisiert zwar Mendelssohns Kritik an »Lessings Hypothese von einer göttlichen Erziehung des Menschengeschlechts« (K 6, 392), jedoch nicht, um Lessings Religionsphilosophie zu verteidigen, sondern um Mendelssohns Deutung des Verhältnisses der Theorie zur Praxis im Völkerrecht« (K 6, 391) zu korrigieren. Wie Mendelssohn (K 9, 274–276), Biester (K 9, 304–310) und andere kritisiert Kant 1786 Jacobis Veröffentlichung über das letzte Gespräch mit Lessing:

»Die Jacobische Grille ist keine ernstliche, sondern nur eine affektierte Genieschwärmerei, um sich einen Namen zu machen, und ist daher kaum einer ernstlichen Widerlegung wert« (K 9, 295).

86 Die Rezension des ersten Teils von Herders ›Ideen‹ beendet Kant mit dem Wunsch, »daß unser geistvoller Verfasser in der Fortsetzung des Werks, da er einen festen Boden vor sich finden wird, seinem lebhaften Genie einigen Zwang auflege, und daß Philosophie, deren Besorgung mehr im Beschneiden als Treiben üppiger Schößlinge besteht, ihn nicht durch Winke, sondern bestimmte Begriffe, nicht durch gemutmaßte, sondern beobachtete Gesetze, nicht vermittelst einer, es sei durch Metaphysik oder durch Gefühle beflügelten Einbildungskraft, sondern durch eine im Entwurfe ausgebreitete, aber in der Ausübung behutsame Vernunft zur Vollendung seines Unternehmens leiten möge« (K 4, 190).

87 Die Religion innerhalb ... a.a.O. XCVII–XCVIII (Sperrungen Kant).

88 In einem Brief an Jung-Stilling schreibt Kant: »Sie tun auch daran sehr wohl, daß Sie die letzte Befriedigung Ihres nach einem sichern Grund der Lehre und der Hoffnung strebenden Gemüts im Evangelium suchen, diesem unvergänglichen Leitfaden wahrer Weisheit, mit welchem nicht allein eine ihre Spekulation vollendende Vernunft zusammentrifft, sondern daher sie auch ein neues Licht in Ansehung dessen bekömmt, was, wenn sie gleich ihr ganzes Feld durchmessen hat, ihr noch immer dunkel bleibt, und wovon sie doch Belehrung bedarf« (K 9, 381).

89 Die Religion innerhalb ... a.a.O. CI.

90 Leibniz, Theodicee, Hrsg. A. Buchenau u. E. Cassirer, Leipzig 1925, 67.

91 s. hierzu: G. W. Leibniz, Confessio philosophi, hrsg. v. O. Saame, Frankfurt a. M. 1967; F. Kuhn, Die historischen Beziehungen zwischen der stoischen und Leibnizschen Theodicee, Diss. Leipzig 1913; H. Schepers, Zum Problem der Kontingenz bei Leibniz. Die beste der möglichen Welten, in: Collegium Philosophicum a.a.O. 326–350.

92 Zur Darstellung, nicht zur Deutung der Theodizeediskussion im 18. Jahrhundert s. O. Lempp, Das Problem der Theodicee in der Philosophie und Literatur des 18. Jahrhunderts bis auf Kant und Schiller, Leipzig 1910; J. Kremer, Das Problem der Theodicee in der Philosophie und Literatur des 18. Jahrhunderts. Mit besonderer Rücksicht auf Kant und Schiller, Berlin 1909; F. Billicsich, Das Problem des Übels in der Philosophie des Abendlandes, Bd. 2: Von Eckehart bis Hegel, Wien–Köln 1952; K. Löwith, Die beste aller Welten und das radikal Böse im Menschen, in: Vorträge und Abhandlungen, Stuttgart 1966.

93 s. hierzu: H. Jonas, Die mythologische Genesis, [3]Göttingen 1964.

94 s. hierzu: R. Dölle, Goldenes Zeitalter, in dem in Kürze erscheinenden ›Historischen Wörterbuch der Philosophie‹.

95 Den Zusammenhang der Auflehnung gegen Gott in der Revolte mit dem Alten Testament und Christentum betont auch Camus ausdrücklich: »Der Begriff des persönlichen Gottes, Schöpfers aller Dinge und damit für sie verantwortlich, gibt allein dem Protest des Menschen seinen Sinn. Man kann daher ohne Paradox sagen, daß, in der westlichen Welt, die Geschichte der Revolte untrennbar ist von derjenigen des Christentums« (Der Mensch in der Revolte, [4]Reinbek b. Hamburg 1964, 33). Dort, wo an einen persönlichen Gott geglaubt wird und kein Weltprinzip regiert, »kann die Revolte persönlich Rechenschaft verlangen. ... Mit Kain fällt die erste Revolte mit dem ersten Verbrechen zusammen. Die Geschichte der Revolte, wie wir sie heute leben, ist weit mehr diejenige der Abkömmlinge Kains als diejenige der Schüler des Prometheus. In diesem Sinne setzt vor allen andern der Gott des Alten Testaments die Energie der Revolte in Bewegung« (a.a.O. 37).

96 Das Wesen des Christentums, hrsg. v. W. Schuffenhauer, (Ost-Berlin 1956, 1, 4.

97 Werke, Schriften, Briefe a.a.O. 1, 92.

98 Über den Humanismus, Frankfurt a. M. 1947, 43.

98a Man sollte daher den Theodizeebegriff nicht durch ›Rückübertragung‹ bei der Interpretation der Antike und der Bibel gebrauchen, da dann seine spezifischen Voraussetzungen und Implikamente verlorengehen oder unkontrolliert mit übertragen werden. Aus den gleichen Gründen sollte man den Theodizeebegriff auch nicht so ausweiten, daß man unter ihm »das wesentliche Ziel aller Philosophie« (Kremer a.a.O. X) oder den Inbegriff der theologia naturalis versteht, wie es die Neuscholastik eine Zeitlang tat. S. z. B. die Arbeiten von Gutberleth und Donat. Donat definiert die Theodizee so: »Theodicea ... est scientia de Deo naturali lumine rationis comparata« (Theodicea, [8]Heidelberg 1945, 1). Das Problem des Übels umfaßt in diesen Theodizeen nur einen kleinen Raum (vgl. Gutberleth (Die Theodicee, [4]Münster 1909) Kap. 5, §§ 6–7; Donat Kap. 4, Art. 3).

99 s. hierzu: Billicsich, Das Problem des Übels in der Philosophie des Abendlandes, Bd. 1 a.a.O.; K.-H. Volkmann-Schluck, Plotins Lehre vom Wesen und von der Herkunft des Schlechten, in: Philos. Jb. 75 (1967) 1–21.

100 Plato, Pol. 617 E; Aristoteles, Met. 982 b 30.

101 Plato, Pol. 607 B.
102 s. hierzu meinen Artikel ›Ästhetik‹, in: Sowjetsystem und demo-
    kratische Gesellschaft a.a.O.; H. Koller, Die Mimesis in der Antike,
    Bern 1954; A. Müller, Platons Philosophie als kritische Distanzie-
    rung von der mythischen Dichtung, Diss. Münster 1967.
103 Baumgarten erörtert z. B. die Frage nach dem Zusammenhang von
    Zufall und Vorsehung in seiner ›Theologia naturalis‹ unter dem
    Titel ›Providentia Dei‹.
104 Aristoteles, Met. 1027 a 20.
105 Aristoteles, Eth. Nic. 1099 b 9–11.
106 Aristoteles, Eth. Nic. 1100 a 21–22.
107 Epikur, hrsg. v. O. Gigon, Zürich 1949, 80. Auch Hume erklärt:
    »Epicurus' old questions are yet unanswered« (Dialogues concern-
    ing Natural Religion, Part IX).
108 s. hierzu: K. Goldammer, H.-H. Schrey, W. Trillhaas, Theodizee,
    in: RGG 6, 739–747; W. Kern, Theodizee, in: LThK 10, 26;
    P. Dingermann, H. Schlier, W. Kern, Übel, in: LThK 10, 429–435;
    J. Bernhart, Das Böse, in: HthG 1, 184–197: »Schweigt darüber
    [quaestio iuris des Bösen] schon die geschriebene Offenbarung und
    beschränkt sich auf die Verkündigung, daß Gott nicht die Quelle,
    aber der Herr über das Böse ist, so ist noch weniger vom spekulati-
    ven Angehen der Frage [in der Dogmatik] Licht zu erwarten«
    (a.a.O. 190). S. ferner: »Auch im NT findet sich also keine spekula-
    tive Anwort auf die Frage nach dem Ursprung des Bösen« (RGG
    6, 741). »Die klassische christliche Theologie hat die Th[eodizee]
    jedoch nie zu einem eigenen Thema entwickelt« (RGG 6, 745).
109 Theodicee a.a.O. 109.
110 s. hierzu: D. Henrich, Kants Kritik der Theodizee von Leibniz und
    das Problem einer Begründung der Ethik, in: Über Kants früheste
    Ethik. Versuch einer Rekonstruktion, in: Kantstudien 54 (1963)
    408–414; H. Heimsoeth, Astronomisches und Theologisches in Kants
    Weltverständnis, Mainz 1963; Lempp, Kremer und Billicsich, die
    in den in Anm. 92 genannten Arbeiten Kants Entwicklung des
    Theodizeeproblems darstellen, berücksichtigen nicht genug die wich-
    tigen Reflexionen zum Theodizeeproblem, vor allem die zu Baum-
    gartens Darstellung der providentia Dei in der ›Theologie naturalis‹.
    Nach Lempp hat Kant die durch die »intellektualistische Theodicee«
    entstandene Krise im 18. Jahrhundert durch eine »religiöse Weltan-
    schauung« (a.a.O. 427–428) überwunden. Nach Heimsoeth hat Kant
    trotz seiner Kritik an den zeitgenössischen Theodizeen Theodizee-
    überlegungen im Blick auf die Welt als Schöpfung nie aufgegeben

(a.a.O. 833). Es ist nicht zufällig, daß Kants Schrift ›Über das Mißlingen aller philosophischen Versuche in der Theodicee‹, in der er
1791 seine jahrzehntelangen Auseinandersetzungen mit dem Theodizeeproblem abschließend zusammenfaßt, in allen hier genannten
Arbeiten nicht genügend interpretiert wird.

111 z. B. KA 17, 323–325; 517; 695–696; KA 18, 216–217; 263–265;
     472–484.

112 in Kants Schrift die Abschnitte II c, III a, b, c.

113 ebd. die Abschnitte I a, b, c.

114 Zur Erschütterung des optimistischen Weltbildes der Theodizeen
     durch das Erdbeben von Lissabon s. D. Hildebrandt, Voltaire,
     Candide. Dichtung und Wirklichkeit, Frankfurt a. M.–Berlin 1963;
     H. A. Korff, Voltaire im literarischen Deutschland des XVIII. Jahrhunderts, 2 Bde., Heidelberg 1917, 1, 215–230. Herder wendet sich
     gegen das »unphilosophische Geschrei, das Voltaire bey Lissabons
     Sturz anhob«, und verweist angesichts des Leides und Todes auf die
     Ordnung und Weisheit der Natur, in der Überzeugung, hiermit
     trösten zu können. Untergang und Wandel der Gestalten und Formen der Natur geschehe »nach ewigen Gesetzen der Weisheit und
     Ordnung ... Nie aber trift dieser das Innere der Natur, die über
     allen Ruin erhaben, immer als Phönix aus ihrer Asche ersteht und
     mit jungen Kräften blühet« (Sämmtliche Werke a.a.O. 13, 24). Für
     Kant kann im Gegensatz zu Herder, wie wir sehen werden, der
     Blick auf die Natur im letzten keine Perspektive der Hoffnung und
     des Trostes angesichts des Übels und des Bösen in der Welt bieten.

115 So spricht O. Marquard z. B. von Kants »Wende zur Ästhetik« in:
     Kant und die Wende zur Ästhetik, in: Z. philos. Forsch. 16 (1962)
     231–243; 363–374.

116 s. K 6, 448–449.

117 Hamann, Sämtliche Werke a.a.O. 1, 148.

118 s. hierzu: E. Bloch, Studien zum Buch Hiob, in: Auf gespaltenem
     Pfad. Zum 90. Geburtstag von Margarete Susmann, hrsg. v.
     M. Schlösser, Darmstadt 1964, 85–102; C. G. Jung, Antwort auf
     Hiob, ²Zürich 1953.

119 Hamann, Sämtliche Werke a.a.O. 1, 145.

120 Kierkegaard, Die Krankheit zum Tode. Furcht und Zittern. Die
     Wiederholung. Der Begriff der Angst, hrsg. v. H. Diem u. W. Rest,
     Köln-Olten 1956, 407.

121 Zur Ästhetisierung der Theodizee s.: Die nicht mehr schönen Künste.
     Grenzphänomene des Ästhetischen a.a.O.; zu Voltaires Hiobdeutung s.: H. Weinrich, Voltaire, Hiob und das Erdbeben von Lissa-

bon, in: Aufsätze zur portugiesischen Kulturgeschichte, hrsg. v. H. Flasche, Bd. 4, 164, Münster 1966.

122 s. Schelling, Sämtliche Werke a.a.O. 7, 195.

123 Kant schreibt daher: »Wenn Zeit und Ewigkeit (als Dauer) blos nach ihrer Größe nicht nach ihrer qvalitaet betrachtet werden so ist es eine Ungereimthe Theilung aller Weltdauer in Zeit u. Ewigkeit denn die Zeit gehört mit zur Ewigkeit. Sie müssen also durch ihre verschiedene Qvalität eingetheilt werden« (KA 23, 151).

124 Das »Ende aller Dinge« ist nach Kant »der Tod ... für jeden Einzelnen« (KA 23, 151) und »das eigentliche Ende aller Ding in der Zeit, und zugleich der Anfang der (seligen oder unseligen) Ewigkeit« (K 6, 412).

125 »Vernünfteln« wird von Kant hier im Gegensatz zu seinem sonstigen Sprachgebrauch und auch im Gegensatz zu Lessing (z. B. L 7, 186; 8, 610) im positiven Sinne gebraucht.

126 Zur Geschichte dieses Theorems s.: F. P. Fiorenza, J. B. Metz, Der Mensch als Einheit von Leib und Seele, in: Mysterium Salutis, Bd. 2, 584–636. Dort weitere Literaturangaben.

127 H. S. Reimarus, Die vornehmsten Wahrheiten der natürlichen Religion, ³Hamburg 1766, 10. Abhandlung: Von der Seelen Unsterblichkeit und den Vortheilen der Religion (a.a.O. 691–766).

128 Moses Mendelssohn, Phädon oder über die Unsterblichkeit der Seele, ⁴Reutlingen 1789, VI.

129 zit. in: H. Hettner, Geschichte der deutschen Literatur im 18. Jahrhundert, 2, 138.

130 Herder, Sämmtliche Werke a.a.O. 13, 172.

131 s. hierzu: A. von Einsiedel, Ideen, eingel., mit Anmerkungen versehen u. nach J. G. Herders Abschriften in Auswahl hrsg. v. W. Dobbek, (Ost-)Berlin 1957.

132 Marx, Werke, Schriften, Briefe a.a.O. 1, 92.

133 zu Kants Aussagen über das radikal Böse und das Reich Gottes s.: K. Jaspers, Das radikal Böse bei Kant, in: Rechenschaft und Ausblick, München 1951, 90–114; K. Löwith, Die beste aller Welten und das radikal Böse im Menschen a.a.O.; H. Blumenberg, Kant und die Frage nach dem ›gnädigen Gott‹, in: Studium generale 7 (1954) 554–570; H. Urs von Balthasar, Prometheus. Studien zur Geschichte des deutschen Idealismus, ²Heidelberg 1947; J. Taubes, Abendländische Eschatologie, Bern 1947; C. Walther, Typen des Reich-Gottes-Verständnisses, München 1961, 20–41.

134 Goethe an Herder am 7. 6. 1793: »Dagegen hat aber auch Kant seinen philosophischen Mantel, nachdem er ein langes Menschen-

317

leben gebraucht hat, ihn von mancherlei sudelhaften Vorurtheilen zu reinigen, freventlich mit dem Schandfleck des radikalen Bösen beschlabbert, damit doch auch Christen herbeigelockt werden, den Saum zu küssen«.

135 s. hierzu vor allem: M. Metzger, Die Paradieseserzählung. Die Geschichte ihrer Auslegung von J. Clericus bis W. M. L. de Wette, Bonn 1959. Metzger hat das zum Teil unbekannte und schwer zugängliche Material sehr ausführlich und sorgfältig zusammengestellt. Wir zitieren daher im folgenden einiges nach dieser Schrift.

136 zit. Metzger, Die Paradieseserzählung a.a.O. 137.

137 s. hierzu auch: C. Hartlich und W. Sachs, Der Ursprung des Mythosbegriffes in der modernen Bibelwissenschaft, Tübingen 1952.

138 von Einsiedel, Ideen a.a.O. 130–131.

139 Hamann, Briefwechsel a.a.O. 2, 408–415.

140 Herder, Sämmtliche Werke a.a.O. 7, 130.

141 »Die Kindheit des Menschengeschlechts ist im Großen, was die Kindheit und Jugend der Menschen im kleinen ist« (Hamann, Briefwechsel a.a.O. 2, 411). »Und nun, da wir die Stimme der Prophetin vernommen, die heilige Muttersage der Urwelt, den güldnen Zweig des Paradieses in der Hand, steigen wir hinab ins Reich der Schatten, ins Riesengedränge der Völker, Sprachen, Gewohnheiten, Fabeln, Bilder und Zeichen und scheuen uns nicht. Der güldne Zweig des Paradieses ist mit uns, die Führerin-Stimme vor uns, und im größten Licht, auf der Höhe der Welt, am großen Denkmal des Urbeginnes, hilfts Gott! finden wir uns wieder« (Herder, Sämmtliche Werke a.a.O. 7, 171).

142 Hamann, Briefwechsel a.a.O. 2, 410.

143 Hamann, Sämtliche Werke a.a.O. 2, 200.

144 vgl. hierzu: Herder, Sämmtliche Werke a.a.O. 10, 203.

145 Hamann, Sämtliche Werke a.a.O. 3, 123–133.
Hamann schreibt 1768 in seinem Antwortbrief an Herder: »Der Anfang Ihres Briefes schmeckt mehr nach einem süßen als alten Wein« (Briefwechsel a.a.O. 2, 415).

146 s. hierzu: E. Lämmerzahl, Der Sündenfall in der Philosophie des deutschen Idealismus, Berlin 1934; H. Wimmershoff, Die Lehre vom Sündenfall in der Philosophie Schellings, Baaders und Friedrich Schlegels, Solingen 1934; H. Spreckelmeyer, Die philosophische Deutung des Sündenfalls bei Franz Baader, Würzburg 1938; F. Lieb, Franz Baaders Jugendgeschichte, München 1926; D. Baumgardt, Franz von Baader und die philosophische Romantik, Halle/Saale 1927.

147 Die Voraussetzungen ihrer Kritik sind allerdings grundverschieden. Während Marx glaubt, das Böse und das Sündenbewußtsein z. B. allein aus den Bedingungen einer bestimmten vom Menschen geschaffenen und somit auch änderbaren Gesellschaftsstruktur erklären zu können, der Mensch daher für Marx im Grunde gut ist, geht Kierkegaard davon aus, daß das unerklärbare Geheimnis der Sünde bei jeder Deutung des Menschen vorausgesetzt werden muß.

148 »Diese ursprüngliche Akkumulation spielt in der politischen Ökonomie ungefähr dieselbe Rolle wie der Sündenfall in der Theologie. Adam biß in den Apfel, und damit kam über das Menschengeschlecht die Sünde. Ihr Ursprung wird erklärt, indem er als Anekdote der Vergangenheit erzählt wird. In einer längst verflossenen Zeit gab es auf der einen Seite eine fleißige, intelligente und vor allem sparsame Elite und auf der anderen faulenzende, ihr alles, und mehr, verjubelnde Lumpen. Die Legende vom theologischen Sündenfall erzählt uns allerdings, wie der Mensch dazu verdammt worden sei, sein Brot im Schweiße seines Angesichts zu essen: die Historie vom ökonomischen Sündenfall aber enthüllt uns, wieso es Leute gibt, die das keineswegs nötig haben« (Werke, Schriften, Briefe a.a.O. 4, 864 bis 865).

149 K. Marx, F. Engels, Die deutsche Ideologie, Berlin 1957, 25.

150 Die Krankheit zum Tode . . . a.a.O. 455.

151 Schiller a.a.O. 4, 769.

IV. Kapitel: Hegel

1 s. hierzu die zahlreichen Arbeiten in: Hegel-Studien 1 (1961), 2 (1963), 3 (1965), 4 (1967); Hegel-Jahrbuch 1964, 1965, 1966; Nachahmung und Illusion a.a.O.; Immanente Ästhetik a.a.O.; Die nicht mehr schönen Künste a.a.O.

Auf folgende neuere Interpretationen des Hegelschen Satzes sei kurz verwiesen: Für Heidegger ist »die Entscheidung über Hegels Satz . . . noch nicht gefallen« (Holzwege, ³Frankfurt a. M. 1957, 67). Für ihn bleibt im universalen Verfall die Dichtung »Sage der Unverborgenheit des Seienden« (a.a.O. 61), die »das Einst der Frühe des Geschickes« bewahrt und seine erneute Ankunft als »das Späteste« (a.a.O. 301) vorbereitet. D. Jähnig (Hegel und die These vom ›Verlust der Mitte‹, in: Spengler-Studien, Festgabe für Manfred Schröter zum 85. Geburtstag, München 1965, 147–176) vergleicht Hegels Satz mit Sedlmayers These vom Verlust der Mitte.

Beide gehen nach Jähnig vom Zerfall der Kunst in der Moderne aus, interpretieren diese Moderne jedoch in entgegengesetzter Weise: als Vollendung bzw. als Verfall. Beide kennen nach Jähnig nur den einseitigen metaphysischen Begriff von Kunst, der platonisch-christlicher Herkunft sei. Nach J. Patočka (Die Lehre von der Vergangenheit der Kunst, in: Beispiele. Festschrift für Eugen Fink zum 60. Geburtstag, Den Haag 1965, 46–61) kann man Hegels Satz in doppelter Weise interpretieren: von Hegels Metaphysik aus als Zerfall der Kunst, von der modernen Phänomenologie aus als Möglichkeit moderner Kunst.

Ausführliche Literaturhinweise zu Hegels Ästhetik in: Hegel, Einleitung in die Ästhetik, hrsg. v. W. Henckmann, München 1967, 145–156.

2 s. hierzu: meinen Artikel ›Ästhetik‹, in: Sowjetsystem und demokratische Gesellschaft a.a.O. und die dort angegebene Literatur.

3 s. hierzu: K. M. Michel, Die sprachlose Intelligenz, Frankfurt a. M. 1968.

4 Wir untersuchen im folgenden nicht Hegels Theorie des Naturschönen, die Berechtigung und Grenze seiner Deutung der einzelnen Künste. Nicht erörtert wird ferner, daß und wie weit Hegels Satz auch in seiner nie bruchlos gelungenen Philosophie des absoluten Geistes und in seinem angeblichen Wissen von der vollzogenen und vollendeten Versöhnung von Endlichkeit und Unendlichkeit, von Metaphysik und Geschichtsphilosophie begründet ist. Wir fragen im folgenden, welche geistig-wissenschaftlichen und gesellschaftlich-politischen Erfahrungen Hegels Satz vom Ende der Kunst zugrunde liegen, und wir beschränken uns hierbei bewußt auf einige Analysen Hegels.

5 Dokumente zu Hegels Entwicklung, hrsg. v. J. Hoffmeister, Stuttgart 1936, 337.

6 Zur Deutung der Leiblichkeit im Horizont der Naturphilosophie bei Hegel s.: M. Riedel, Theorie und Praxis im Denken Hegels a.a.O.; I. Fetscher, Hegels Lehre vom Menschen. Darstellung der Philosophie des subjektiven Geistes und ihres Verhältnisses zum Gesamtsystem, Phil. Diss. Tübingen 1950; J. van der Meulen, Hegels Lehre von Leib, Seele und Geist, Hegel-Studien 2 (1963) 251–274.

7 Hegel ist sich freilich dessen bewußt, daß die Subjektivität »Quelle des weiteren Fortschrittes und des Verderbens« (H 11, 345) sein kann. Die Größe Hegels, Fichtes, Schleiermachers und Schellings besteht darin, daß sie einerseits die Zweideutigkeit des Begriffs und

des Prinzips der Subjektivität in der modernen Welt sichtbar machen und andererseits trotz dieser Zweideutigkeit die Subjektivität neu zu begründen versuchen. Es gibt für Hegel, Fichte, Schleiermacher und Schelling also die gute und die schlechte Subjektivität. Hegels Kritik der schlechten, »sich in sich verhausenden Subjektivität« (Ä 480), die jetzt mit der Wahrheit unvermittelt ist und in der Gesellschaft und im Staat, in der Kunst, in der Philosophie und in der Religion jede Substanz zum Verschwinden bringt, richtet sich gegen fast jede in der Zeit ausgebildete Form und Theorie des menschlichen Selbstverständnisses. Alle Formen der schlechten Subjektivität werden von Hegel als Symptome einer durch und seit der Aufklärung, der Entstehung der industriellen Gesellschaft und der Französischen Revolution entstandenen Entzweiung und Entfremdung des Menschen mit sich und der Wahrheit verstanden. Diese Entzweiung und diese Entfremdung kann für Hegel weder auf dem Boden dieser Aufklärung noch auf dem Boden dieser Gesellschaft mit den von dieser Aufklärung und dieser Gesellschaft ausgebildeten Fortschritts- und Verfallstheorien gelöst werden. Alle Formen der schlechten Subjektivität treiben daher – und darin sieht Hegel trotz ihrer Negativität ihre Notwendigkeit – zu einer nun nicht mehr zu umgehenden positiven Lösung des Problems der Subjektivität. Seine Philosophie des absoluten Geistes, seine Rechts- und Staatsphilosophie, seine Ästhetik, seine Religionsphilosophie, seine Philosophie der Geschichte und seine Geschichte der Philosophie stellen den Versuch dar, »das Wahre nicht als Substanz, sondern ebenso sehr als Subjekt aufzufassen und auszudrücken« (Phän 19).

8 Werke a.a.O. 5, 823.

9 O. Pöggeler (Hegels Kritik der Romantik, Bonn 1956) stellt im einzelnen Hegels Kritik der Romantiker und ihrer Positionen dar und faßt sie unter drei Begriffen zusammen: die substanzlose Subjektivität der Ironie, die schlechte Subjektivität, die unversöhnte Subjektivität. Er kommt zu dem Ergebnis: »Durch diese drei Momente, durch die substanzlose Subjektivität der Ironie und durch die schlechte und die unversöhnte Subjektivität, sieht Hegel die Lage der Zeit gekennzeichnet« (a.a.O. 62). Zu Hegels Kritik an Schlegel s. auch: E. Behler, Friedrich Schlegel und Hegel, in: Hegel-Studien 2 (1963) 203–250; zu seiner Kritik an Novalis s. auch: W. Malsch, ›Europa‹. Poetische Rede des Novalis. Deutung der französischen Revolution und Reflexion auf die Poesie in der Geschichte, Stuttgart 1965; zu seiner Kritik an Hölderlin s. auch: O. Pöggeler, Hegel

und die griechische Tragödie, in: Hegel-Studien Beiheft 1 (1964) 265–305, vor allem 304–305.

10 E. Heller, Die Reise der Kunst ins Innere und andere Essays, Frankfurt a. M. 1966.

11 R. S. Lucas, Hegel und die Abstraktion. Ein Beitrag zur Problematik der modernen Kunst, in: Dtsch. Vjschr. Lit. wiss. 38 (1964) 361 bis 387.

12 W. Preisendanz, Humor als dichterische Einbildungskraft, München 1963.

13 s. hierzu: D. Jähnig, Schelling. Die Kunst in der Philosophie, 2 Bde., Pfullingen 1966–1969; O. Marquard, Über einige Beziehungen zwischen Ästhetik und Therapeutik in der Philosophie des 19. Jahrhunderts, in: Literatur und Gesellschaft, Bonn 1963, 22–55.

14 Aristoteles setzt die von Xenophanes und Plato durchgeführte Kritik an der ursprünglich mythischen Funktion des Dichters voraus. Wie für Plato, so übernehmen auch für ihn in der Polis die theoretische und die praktische Philosophie die ursprünglich theologischen und politischen Funktionen der Dichtung. Aristoteles weist deshalb jedoch die Kunst nicht wie Plato als unnütz und schädlich aus der Polis aus, sondern gibt ihr eine neue Aufgabe. Nach der ›Poetik‹ gehört die Mimesis, die Ursprung und Aufgabe der Dichtung ist, zum Wesen des Menschen. Der Begriff Mimesis ist für Aristoteles nicht wie für Plato ein Destruktionsbegriff. Da die Mimesis nach Plato als eine Form dichterischer Darstellung auf die Sinnlichkeit des Menschen wirkt und zur Identifizierung verleitet, wird sie von ihm im 2. und 3. Buch der ›Politeia‹ als für die sittliche und politische Erziehung schädlich zurückgewiesen. Nach der in der ›Politeia‹ entwickelten Ontologie werden im 10. Buch Maler und Tragödiendichter als solche charakterisiert, die erst an dritter Stelle – nach Gott und den Handwerkern – die eigentliche Wirklichkeit nachahmen. Sie werden auf Grund dieses ontologischen Mimesisbegriffs endgültig ihrer ursprünglichen Würde beraubt. Gegenstand der Mimesis ist für Aristoteles dagegen, was Menschen von bestimmter Qualität nach Angemessenheit oder Notwendigkeit reden oder tun (Poetik 1451 b 8–9).

15 s. hierzu: O. Kristeller, The Modern System of the Arts a.a.O.

16 Auch für Hegel bleibt die freie Kunst ein Element seines geistigen Lebens. Wenn er, der – sicherlich als Reaktion auf die damals üblichen Konfessionen in der Kunst, der Religion und der Philosophie – nur selten von sich persönlich spricht, am Ende seiner Vorlesungen schreibt: »Von allem Herrlichen der alten und modernen Welt

[kenne ich] so ziemlich alles, und man soll es und kann es kennen« (Ä 1089), so ist das, wie ein Blick in seine Vorlesungen über die Ästhetik zeigt, wahrhaftig kein hybrider Satz. Auch sein Schüler Hotho, der bei aller kritischen Distanz zu Hegels »ceremoniösem Respect« vor »Pairs und Fürsten«, »Ministern und Beamten« (Vorstudien für Leben und Kunst, Stuttgart und Tübingen 1835, 390) und zu Hegels politischen Auffassungen dessen rechtschaffene Gesinnung lobt, bestätigt dies: »Bei dieser rechtschaffenen Sinnesart fehlte ihm die Einsicht in die mannichfachen Schwankungen, Widersprüche und Wunderlichkeiten heutiger Gemüther nicht, und wie er diese Zwiespalte und Untiefen zu schildern verstand, wußte er ihnen, wenn sich nur irgend gehaltreichere Bedürfnisse erschütternd hindurch bewegten, eine dauernde Theilnahme und Schonung zu bewahren. Denn alles was nur in der Menschenbrust Tiefes arbeiten, und sie zerreißen mag, blieb seinem eigenen reichen Gemüthe niemals fremd. Wie hätte sonst auch bis zu den letzten Jahren hin seine Liebe zur Kunst sich immer nur steigern können. Auch in ihr blieb er ganz in seinem eigenen Bereiche, und mit welch universalem Überblick war er alle ihre Gebiete, Epochen und Werke zu durchdringen befähigt. Die Poesie zwar erwies sich ihm am zugänglichsten, doch auch der Baukunst fragte er nicht vergebens ihre Geheimnisse ab, die Sculptur entzog sich weniger noch seiner Erkenntniß, der Blick für Malerei war ihm angeboren, und in der Musik wurden die Meisterwerke aller Art Ohr und Geist immer verständlicher. Der orientalischen Kunst gab er zuerst ihre rechte Stellung, und wußte sie, je mehr er in späteren Jahren sich auch in die chinesische, indische, arabische und persische Anschauungsweise hinein lebte, treffender stets zu würdigen. Die griechische Sculptur, Baukunst und Poesie galt ihm als Kunst aller Kunst, indem er sie als das erreichte wirklichkeitsschönste Ideal bewunderte; mit dem Mittelalter dagegen, die Architektur ausgenommen, so lange es dem Alterthume sich nachzubilden noch kein Bedürfniß empfand, vermochte er sich zu keiner Zeit ganz zu befreunden. Das äußere Gewirr und in sich gezogene Gemüth, welches unbekümmert die Außengestalt der Barbarei des Zufalls anheimgibt, das Diabolische und Häßliche, die anschauungswidrigen Drangsale und Martern, der ganze nicht getilgte Widerspruch des inneren religiös vertieften, weltlich unausgebildeten Herzens und seiner sichtbaren Erscheinung blieben ihm dauernd ein Stein des Anstoßes. Wenn aber ein reicher Gehalt wesentlicher Lebensmächte sich aufthat, oder Liebliches und Zartes naiv hervorlächelte, fühlte er sich auch diesem Kreise verwandt, denn die Tiefe des dargestellten Inhalts war überall seine nächste Forderung, und von dem Reiz innerer oder äußerer Anmuth wendete er sich niemals ab. In Spaß und Heiterkeit fand er sich gleichfalls behaglich, doch die letzte Tiefe des Humors blieb ihm theilweise verschlossen, und die neueste Form der Ironie widerstrebte dermaßen seiner eigenen Richtung, daß es ihm fast an dem Organ gebrach, auch das Aechte in ihr anzuerkennen oder gar zu genießen. –« (a.a.O. 391–394).

17 Bibliographische Hinweise zu Hegels Religionsphilosophie in: Rel. 2, 2, 245–256; Besprechungen der neueren Literatur besonders in den Hegel-Studien a.a.O.

18 L 8, 190 und z. B. Rel 1, 1, 38.

19 W. Ritzel (Zur Herkunft eines Hegelschen Ausdrucks, in: Hegel-Studien 2 (1963) 278–281) zeigt, daß Hegel die Wendung von der Krätze sehr wahrscheinlich von Lessing übernahm.

20 s. auch die Fassung dieser Stelle in Re 2, 2, 230–231. In der ›Phänomenologie‹ schreibt Hegel: »Der Glaube hat ... den Inhalt, der sein Element erfüllte, verloren, und sinkt in ein dumpfes Weben des Geistes in ihm selbst zusammen. Er ist aus seinem Reiche vertrieben, oder dies Reich ist ausgeplündert, indem alle Unterscheidung und Ausbreitung desselben das wahre Bewußtsein an sich riß und seine Teile alle der Erde als ihr Eigentum vindizierte und zurückgab. Aber befriedigt ist er darum nicht, denn durch diese Beleuchtung ist allenthalben nur einzelnes Wesen entstanden, so daß den Geist nur wesenlose Wirklichkeit und von ihm verlaßne Endlichkeit anspricht. – Indem er ohne Inhalt ist und in dieser Leere nicht bleiben kann, oder indem er über das Endliche, das der einzige Inhalt ist, hinausgehend nur das Leere findet, ist er ein reines Sehnen, seine Wahrheit ein leeres Jenseits, dem sich kein gemäßer Inhalt mehr finden läßt, denn alles ist anders verwandt. – Der Glaube ist in der Tat hiemit dasselbe geworden, was die Aufklärung, nämlich das Bewußtsein der Beziehung des an sich seienden Endlichen auf das prädikatlose, unerkannte und unerkennbare Absolute; nur daß sie die befriedigte, er aber die unbefriedigte Aufklärung ist« (Phän 406–407). Schon in seinen Jugendschriften stellte Hegel die Frage: »Ist die Religion, die einst für das Volk zweckmäßig war – es würde sich sonst nicht zu ihr gewandt haben – ist diese Religion in der gleichen Gestalt – unter ganz veränderten Umständen immer noch ebenso zweckmäßig – war die Religion in ihrem ersten Ursprung so beschaffen, daß sie fähig war, bei jeder Veränderung der Regierungsform, der Aufklärung – als allgemeine Religion sowohl als als Privatreligion ihre

Würde, ihre Zweckmäßigkeit zu behalten, und ihre Wirksamkeit gleich auszuüben? Hat der Geist der Völker das, was an ihr etwa temporale war, selbst nach und nach abgelegt oder verändert –?« (JSch 61).

21 Zu Hegels Deutung der gesellschaftlichen und politischen Verhältnisse seiner Zeit s.: J. Ritter, Hegel und die französische Revolution, Frankfurt a. M. 1965.

22 Zu Kant s. Kapitel III. Zu Hegel s.: die von Marx ausgehenden Arbeiten von Lukács, Bloch, Adorno, Horkheimer, Habermas; die von einer pragmatischen politischen Philosophie ausgehenden Arbeiten von Lübbe (Politische Philosophie in Deutschland, Basel–Stuttgart 1963; ders., Hegels Kritik der politisierten Gesellschaft, in: Schweizer Monatshefte 47 (1967) 237–251); zur liberal-rechtsstaatlichen Hegel-Interpretation s. die Arbeiten von Weil, J. Ritter, Fleischmann (s. hierzu: K.-H. Ilting, in: Hegel-Studien 3 (1965) 386–392; M. Riedel, Tradition und Revolution in Hegels ›Philosophie des Rechts‹, in: Z. philos. Forsch. 16 (1962) 203–230; ders., Hegels ›bürgerliche Gesellschaft‹ und das Problem ihres geschichtlichen Ursprungs, in: Arch. Rechts- u. Soz.-Philos. 48 (1962) 539 bis 566; ders., Hegels Kritik des Naturrechts, in: Hegel-Studien 4 (1967) 177–204; ders., Hegel und Gans, in: Natur und Geschichte. Karl Löwith zum 70. Geburtstag, Stuttgart–Berlin–Köln–Mainz 1967, 257–273).

23 zit. in: T. Rendtorff, Zur Säkularisierungsproblematik, in: J. Matthes, Religion und Gesellschaft a.a.O. 228 Anm.

24 Kant, Die Religion innerhalb . . . a.a.O. XCVI.

25 zit. nach: Riedel, Hegels Kritik des Naturrechts a.a.O. 190. In der Jenaer Realphilosophie schreibt Hegel: »Die Kirche hat ihren Gegensatz am Staate, d. h. an dem daseienden Geiste. Sie ist er. . . . Der Fanatismus der Kirche ist, das Ewige, das Himmelreich als solches auf Erden einführen zu wollen, d. h. der Wirklichkeit des Staates entgegen, Feuer im Wasser zu erhalten. Eben die Wirklichkeit des Himmelreichs ist der Staat, Versöhnung im Denken, oder Wesen beider miteinander durch die Kirche. Sind sie unversöhnt, so ist der Staat und die Kirche unvollkommen. Der Staat ist der Geist der Wirklichkeit; was in ihm sich zeigt, muß ihm gemäß sein. Er hat das Gewissen nicht zu respektieren« (Jen 270).

26 Die Vernunft in der Geschichte a.a.O. 114.

27 s. hierzu: M. Theunissen, Skeptische Betrachtungen über den anthropologischen Personbegriff a.a.O.

28 Hegel sieht in der Inkarnation das ungeheure Moment im Christen-

tum, das Wissen darum, daß Christus ein wirklicher, dieser Mensch gewesen ist, womit der Geist eben in dieser Geschichte expliziert ist als »innige Vereinigung von Idee und geschichtlicher Gestalt. Es ist also die wahrhafte Idee des Geistes in der bestimmten Form der Geschichtlichkeit zugleich« (H 19, 137). Die Erkenntnis der Geschichtlichkeit impliziert auch die der Ungeschichtlichkeit. Es ist daher nicht zufällig, daß bei Hegel nicht nur der Begriff Geschichtlichkeit, sondern auch sein Gegenbegriff zum erstenmal begegnet. Hegel spricht der Negerrasse in Afrika jede Erkenntnis Gottes, des Gesetzes und der Sittlichkeit und damit des Wertes der Subjektivität ab: »Was wir eigentlich unter Afrika verstehen, das ist das Geschichtslose und Unaufgeschlossene, das noch ganz im natürlichen Geiste befangen ist, und das hier bloß an der Schwelle der Weltgeschichte vorgeführt werden mußte« (H 11, 145). Auch in der Darstellung Asiens schließt er Hochasien und Sibirien als »ungeschichtliche« Gebiete aus (H 11, 159).

29 s. hierzu: G. Bauer, Geschichtlichkeit. Wege und Irrwege eines Begriffs, Berlin 1963; L. von Renthe-Fink, Geschichtlichkeit. Ihr terminologischer und begrifflicher Ursprung bei Hegel, Haym, Dilthey und Yorck, Göttingen 1964.

30 s. hierzu: G. E. Mueller, The Hegel Legend of ›Thesis-Antithesis-Synthesis‹, in: J. Hist. Ideas 19 (1958) 411–414.

31 Es geht hier nur um Hegels Systembegriff innerhalb seiner religionsphilosophischen Schriften. Wie sich dieser zu dem der anderen ›Disziplinen‹ (z. B. der Ästhetik, der Rechtsphilosophie, der Geschichtsphilosophie usw.) und vor allem zu dem der Philosophie Hegels überhaupt verhält, wie sich der Systembegriff der ›Phänomenologie‹ zu dem der ›Logik‹ und ›Enzyklopädie‹ verhält, wird hier nicht erörtert.

32 s. z. B. Rel 1, 1, 66; 1, 1, 164; 1, 2, 105. Einmal wird die Geschichte der Religion nach den »Bestimmungen der logischen Idee« (Rel 1, 2, 21), dann wird diese Geschichte mit den Stufen des »Menschenalters« verglichen (Rel 1, 2, 17–18). H. J. Schoeps zeigt in seiner Untersuchung ›Die außerchristlichen Religionen bei Hegel‹ (in: Z. Rel.-u. Geistesgesch. 7 (1955) 1–34), daß Hegel zwar eine für seine Zeit außergewöhnliche Kenntnis der nichtchristlichen Religionen besaß, daß seine Konstruktionen jedoch »weder dem wirklichen Gang der Weltgeschichte noch der immanenten Logik des Geistesprozesses« (a.a.O. 18) entsprechen.

33 s. hierzu: Rel 2, 1, 245–251; 2, 1, 55–57.

34 J. G. Fichte, Briefwechsel, hrsg. v. H. Schulz, ²Leipzig 1930, 2, 148.

35 Löwith in: Feuerbach, Sämtliche Werke, hrsg. v. W. Bolin u. F. Jodl, eingel. v. K. Löwith, ²Stuttgart-Bad Cannstatt 1960, 1, XXV.

36 »Das Christentum ist negirt – negirt selbst von denen, die es noch festzuhalten scheinen; aber man will es nicht laut werden lassen, daß es negirt ist. Man gesteht es sich aus Politik nicht ein, macht ein Geheimnis daraus; man täuscht sich absichtlich und unabsichtlich darüber; ja man giebt die Negation des Christenthums für Christenthum aus, macht das Christenthum nur zu einem Namen. Man geht in der Negation des Christenthums so weit, daß man alle positive Richtschnur wegwirft, weder die symbolischen Bücher, noch die Kirchenväter, noch die Bibel als Maass des Christlichen verlangt« (Sämtliche Werke a.a.O. 2, 216–217). Für das Ende der bisherigen, durch das Christentum geprägten Periode der Weltgeschichte spricht für Feuerbach auch die Tatsache, daß »dem Historiker . . . dem Juristen, dem Theologen, dem Philologen, auch dem gewöhnlichen Philosophen, der nur von überlieferten Begriffen lebt – nur das ›Historische‹ . . . das Wahre, das Wesentliche [ist]. Alle Dinge und Wesen interessiren ihn nur insofern sie Gegenstände historischer Gelehrsamkeit geworden« (a.a.O. 2, 325).

37 Schon in seinem Brief an Hegel aus dem Jahre 1828 sieht Feuerbach das Ziel der »neuesten Philosophie« in der »neuern Weltperiode« darin, »das Ich, das Selbst überhaupt, das, seit Anfang der christlichen Aera besonders, die Welt beherrscht hat, und sich als den einzigen Geist, der ist, erfaßt hat . . ., von seinem Herrscherthron zu stoßen« (Kleine Schriften hrsg. v. K. Löwith, Frankfurt a. M. 1966, 9). Es sei notwendig, »das Ich, das Selbst (nebst dem unendlich Vielen, was damit zusammenhängt) als das absolut feste, als das allgemeine und bestimmende Prinzip der Welt und der Anschauung« zu überwinden und »die bisherigen weltgeschichtlichen Anschauungsweisen von Zeit, Tod, Diesseits, Jenseits, Ich, Individuum, Person und der außer der Endlichkeit im Absoluten und als absolut angeschauten Person, nämlich Gott usw., in welchen der Grund der bisherigen Geschichte und auch die Quelle des Systems der christlichen sowohl orthodoxen als rationalistischen Vorstellungen enthalten ist, wahrhaft zu vernichten« (a.a.O. 10–11).

38 Werke, Schriften, Briefe a.a.O. 3, 1, 271.

Abkürzungen

Die Werke von Lessing, Kant und Hegel werden nach folgenden Ausgaben zitiert:

L   Gotthold Ephraim Lessing, Gesammelte Werke, hrsg. v. P. Rilla, 1–10, (Ost-)Berlin 1954–1958

K   Immanuel Kants Werke, hrsg. v. E. Cassirer, 1–11, Berlin 1912 bis 1921

KA   Kant's gesammelte Schriften, hrsg. v. d. Königlich Preußischen (später Preußischen, dann Deutschen) Akademie der Wissenschaften, Berlin 1910 ff.

H   Georg Wilhelm Friedrich Hegel, Sämtliche Werke, hrsg. v. H. Glockner, Stuttgart 1927 ff.

JSch Hegels theologische Jugendschriften, hrsg. v. H. Nohl, Tübingen 1907. Unveränderter Nachdruck Frankfurt a. M. 1966

GW   Glauben und Wissen, hrsg. v. J. Hoffmeister, Hamburg 1928/62

Jen   Jenaer Realphilosophie, hrsg. v. J. Hoffmeister, Hamburg 1931/67

Phän Phänomenologie des Geistes, hrsg. v. J. Hoffmeister, [6]Hamburg 1952

RPh   Grundlinien der Philosophie des Rechts, hrsg. v. J. Hoffmeister, [4]Hamburg 1955

Enz   Enzyklopädie der philosophischen Wissenschaften im Grundrisse (1830), hrsg. v. F. Nicolin u. O. Pöggeler, [6]Hamburg 1959

Ä   Ästhetik, hrsg. v. F. Bassenge, (Ost-)Berlin 1955

Rel   Vorlesungen über die Philosophie der Religion, hrsg. v. G. Lasson, Hamburg 1966 (unveränderter Nachdruck der 1. Auflage von 1925)

BSch Berliner Schriften 1818–1831, hrsg. v. J. Hoffmeister, Hamburg 1956

Personenregister

Das Register erfaßt nicht alle in der Arbeit genannten Autoren: Lessing, Kant und Hegel werden nicht aufgeführt, obgleich sie in allen Kapiteln ausführlich behandelt werden.